郭俊次著

組織設計學

臺灣商務印書館發行

自序

人類生活雖有種種不同方式，但今天工商社會所表現的「組織的生活方式」，已成爲目前全球人類的共同文化之一。組織的範圍日益廣大，內容更見複雜，究其原因，不外乎：⑴社會哲學與政策日益崇尚個人自由與尊嚴；⑵人類合作與瞭解的進展；⑶多元的組織目標；以及⑷工作專業化的運動。

今日組織已成爲高度複雜的社會體系，凡社會所有的矛盾與合作機會，都可能滲透於組織之中。而個人寄託、生存於組織，藉着組織來完成個人所無法完成的目標。大型組織是現在及將來生活的一項事實，但組織的效能有其最大的發展限度，「自動化」所導發的「組織革命」（organizational revolution），一方面增加組織的使命，另一方面也帶來組織的危機。組織能否應付內外環境的需求與變動，同時維持原有的績效或提高其績效，便成爲今天組織學界最富有挑戰性的主要問題之一。

組織設計（organization design）乃是：「設計一套能適應內外環境的組織，在達成其目標的過程中，不但有其效率（efficiency）也有其效能（effectiveness）的一門學問。」如何研究、設計此一「理想型」的組織，最近幾年來學者們所提方法甚多，觀點亦不盡相同。本書綜合各家的說法，所建構之概念模型，假設透過「程序」（process）、「行爲」（behavior）、「情境」（situation）等三個「面向」（side）來探討此問題，所得結論或許會比較週全詳密。這是本書所以設置三「篇」的緣起。

組織設計脫離不了「管理」（management），沒有好的「管理」，最好的「組織」也發生不了「效能」。組織與管理是相互依存、息息相關的。K. Lewin 的名言：「好的理論，必是切合實際的理論。」R. Beckhard 說的好：「組織設計的發展，總不能忘記管理生命的現實。」當代最傑出的管理大師Peter F. Drucker 曾公開指出：「管理人才幾乎處處都缺乏，在開發中國家，更是一項極其稀有的資源。事實上，『開發中國家』和『已開發國家』的區別並不在於國民生產毛額或技術，而是能幹的管理人員太少，尤其是在高級管理方面。」本書之所以採用「管理研究途徑」（management approach），其理在此。

行政機關組織欲達成其任務，「工作」必須先作合理的劃分，「結構」並應力求全面的整合。這些「分」、「合」的步驟，就是本書第二、第三兩章的由來。又因組織決策乃係集個人決策的連續過程，組織設計的目的即在使此一「過程」臻於理性，故列專章，亦即本書之第四章。

一般而言，現行公務人員的最大「需求」為「生理需求」（著者一項經驗性的調查研究發現），——這是一個最低層次的需求，如何使此一「需求層次」升高，並給予「適度」的滿足，這是組織設計的重大課題，本書第五章即由此而生。

其次，著者從另一項研究發現：目前公務人員的最大「願望」是：「開明的主管」，其次是「良好的環境」——如何做一位開明的主管，使其「權威」能有效的鞏固；如何妥當規劃外在環境，以符公務人員之願望，這是本書第七、八兩章用力的焦點。

組織效能的提高，貴乎其有高度的「管理發展」，為此，研究組織設計，就不能不討論此一問題，此即本書第九章的旨趣所在。

本書在概念建構方面，比較偏重於「規範性」的探討，綜合各家之言，並印證假設概念，計得左列八點發現：

第一，機關工作應合理劃分；

第二，組織結構要全面整合；

第三，決策過程應客觀理性；

第四，個人需求要適度滿足；

第五，溝通網路應普遍建立；

第六，主管權威要有力鞏固；

第七，外在環境應妥當規劃；

第八，管理發展要高度開發。

以上八項「變項」，可為中國行政機關提高組織效能及工作效率之參考。——假設的情況是：八種「變項」若能普遍「肯定」，則組織效能的增強，工作效率的提高，就成為「必然」的結果。文成之日，若有助於現階段政府的行政革新與組織發展，書生報國，心願足矣！

（民國六十八年九月六日誌於景美南望書舍，時為家母不幸因病仙逝百日。）

組織設計學 目次

第二篇　組織設計的行為面……二一九

第一章　導　論

第一節　組織設計與管理學說

由於現代與傳統學派管理學說的顯著差異，已經將管理學說究爲「目的」抑「手段」之爭論，給予顯著的劃分，並指明其利弊得失（註一）。傳統學派的管理學說，係本世紀最初數十年所發展的，而管理學者們不但予以「接受」，而且欣然彼此予以闡揚發揮；但若深究其鼓吹讚譽之原因，則愈是盲目地信仰，似愈遠於理智的選擇。若從另一方面來看，現代管理學說，乃是從各種不同的方面，對管理予以研討，由於其使用方法之彼此有別，故其學說亦各異，以致困難叢生（註二），不勝枚舉。

傳統學派和現代管理學說的分水嶺，約略言之，若從其形成之時間上說，則可以分別以一九一〇年和一九五〇年爲界。當然，這只是粗略的區分，無論在傳統學派或現代學派之學說形成以前，均有許多先進的學人，已經作不少的貢獻。但是如就每一派學說茁壯的過程和研究的方法而言，則此一分界，似可確信。此地先就「史」的發展，探究此一學說的演進過程，以作爲組織設計的註脚。

一、傳統學派的管理學說

爲徹底了解傳統學派以及與傳統學派相關的管理學說，這些學說，雖然仍存在於今日，但我人實需探究其歷史發展的一般背景，期能獲致更深入的瞭解。至少，我人必須暢曉其三大重要發展的階段：(1)約自一九一〇年起始的科學管理說；⑵約從一九三〇年開端的行政組織論；和⑶一九三〇年代末期所崛起的人群關係學說。

至於每一階段確切起始的時間，實在難以一一指明，每一時期的認定，乃是以廣泛爲人們所注意並接受爲劃分的準則，若談到每一學說或觀念起源，則遠可追溯其更早的時期。因爲傳統學派的管理學說，頗能與現代許多名家及研究的結論相符合，以下將集中其重要概念和要旨，以供本文理論建構之指引。

1科學管理說

傳統學派第一個重要觀點爲「科學管理」，就其歷史發展之情況言，則與泰勒（Frederick W. Taylor）和其伙伴們所努力的成果相一致。泰勒（一八五六——一九一七）是一位曾受過工程訓練的人。在米地威爾鋼鐵工廠（Midvale Steel Works），從工人晉升到主任工程師，後來，他又進入貝斯里罕鋼鐵公司（Bethelehem Steel Works）任職，並曾作過企業顧問。他對科學管理的意志，第一次發表於一八九五年，而後又分別在一九〇三年和一九一一年兩次予以補充、擴大，並印行。

科學管理係以左列四大原則爲基幹：（註三）

⑴一個理想或最佳方法之發展。對每一工作，予以分析，期能決定一個處理並完成每一工作之最妥適和最經濟的方法。並將經由時間和動作研究所得的合適方法，詳明記錄在工作卡上，對雇員們的工資，則以激勵的方式給付之，每項工作之完成，既訂有適當的衡量標準，則凡是在質量方面，超過是項明訂之標準者，則付給較高的工資，以資鼓勵。

⑵工人的選擇與提升。對每項特殊工作，則愼選適當的人員擔任之，並以適宜的方法，施以訓練，以

增進其技能。

(3)工人選訓和工作方法之合一化，此點，依泰勒的看法，足以促成管理方面的革命。他認爲：由於工人們可以獲致較高的工資，所以他們將不會對改進的工作方法，加以反對。

(4)領導人和部屬的密切合作。此一原則，使領導人與工作者之間，妥善分工，相輔相成。

除泰勒以外，對科學管理學說，曾有重要貢獻的人物，計有甘特（H. L. Gantt, 1916, 1919）、愛莫生（Harrington Emerson, 1912），和吉爾布來斯（Frank, Gilberth, 1912）以及其夫人琳廉（Lillian）。

對科學管理學說，實際引用的例子，乃是一九一一年，泰勒將吉爾布來斯所設計改良「砌磚法」，予以說明並採行。

此一「例子」，充份證明了工作研究和工作程序標準化的顯著效果。也暗示泰勒，他對以後所强調的是，在工作者實際從事於工作，和領導者對工作方法和程序的設計與訂定之間，常有差異。設計者的職責，本在協助工作者，若能安適地予以配合，則不必要的浪費，自可消除，而工作之效率，亦可隨之提高。

2行政組織論

只就低級工作階層，對標準技術，予以研究，在組織內，則應集中其注意力，去探究其高級行政階層者，對管理的結論，則大相逕庭。因此，組織的行政乃成爲傳統學派管理學說的另一境界，而另成一派之說。約自一九三〇年起，「傳統學派的行政組織論」開始爲人們所重視，而自成一家之言。此說與科學管理不同，其方法爲「演繹的」而非「歸納的」，其所注意的問題。乃爲一組織的整體業務，而非只顧及某一部門的生產方法。其所啟示者，乃是梯形組織的整個結構——若監督的範疇、業務系統和幕僚單位的規化，業務部門的劃分等理想的設計。它並將管理行動劃分爲計畫、組織、和控制，此一分類法，迄今在管理文獻中，仍視之爲當然之論。

傳統學派學者，視組織爲一部大型的機器。他們認爲：吾人可以發現經營企業的通用而普遍有效的「定律」，並創造永久而不變的知識，以管理這一部機器——組織，而使之發揮其功能。此種通用而萬能的定律，稱爲「原理」。

對這一學說，貢獻最大的創造人，是法國的工業家費堯（Henri Fayol），其學說之英譯版印行於一九三〇年，但其法文版之「工業和一般管理」一書，早於一九一六年出版。然此書直至一九三〇年代，方始風行於美國。對行政組織論有貢獻的學者甚多，擇其卓著聲譽者，則有 J. D. Mooney.; A. C. Reiley 1931.; L. Urwick, 1933.; L. Gulick and L. Urwick, 1937.; M. P. Follett, 1942.; R. C. Davis, 1951 等人，他們的著作均曾暢銷一時，膾炙人口。Max Weber 的名著。於一九二一年出版於德國，直至一九四七年方譯行美國，但他對此一學說之形成，貢獻卓越，功不可沒，Weber 的學說，雖在一九三〇年代，尚未爲管理理論家所聞知，但因其見解超衆，似應必須納之於行政組織論的作家之林。（註四）

傳統學派的行政組織學說，其具體梗概，可以Davis的作品爲範例。他的貢獻，乃是綜合早期管理作者的意見，而增益之以一己所獨創的管理體系之說，因而對行政的管理和組織的設計，提供了易解、易曉，而內涵一致的完整理論。（註五）

Davis認爲組織，只不過是一個抽象的和合法的實體，它之所以存在，乃是由一個理性的法規與權責體系，予以創建和統治。至於一個組織，必須適應其生存的條件，並滿足其相關構成份子的需求，其所使用的方法，在於實現其原始服務的目標。當此項目標圓滿完成時，則這個組織，方有能力對其相關人員，以合理的報酬，藉以「答謝」其服務與貢獻。然而欲實現此一原則的目標，就非依賴其次一目標之達成不可。那就是經濟和效率。

行政的組織理論，主張各種組織務須作橫形的劃分，成立各種獨立一面的「單位」，組織橫面分劃以後，其所產生的指揮關係，應是每單位之工作人員，其最理想的工作方式，都直接向其直屬上司報告而負責。至於組織的縱式劃分，自然產生。指揮權的大小高低問題，從組織之結構而言，此一指揮權，好像是源自最高管理當局的授權，因爲就權力的結構來觀察，則指揮之行使，至少在表面上，確係由上而下。但事實上，權力之產生，乃是依據功能之差異和需要，而組成兩種部門，並依各部門的不同使命，以制定其目標，乃構成組織的兩大部門，卽「業務單位」與「幕僚單位」。前者之任務在完成組織的原始目標；而後者之使命，則在達成次一目標——維持或提高工作效率，並促使工作成本之極小化。

以上各點的分析，其目的，在指出構成傳統學派行政組織理論之基石而已。其實，傳統學派學說之失——其所未能言及者，遠比已言者爲多。考其主要限制，則可包括以下各點：

第一，傳統學說，實受時間因素之限制。他們强調人類金錢之動機，就本世紀最初之數十年而言，其適當之程度，遠比今日爲强，自無可厚非。在當時，多數工人，俱在關注其基本的生理需求，姑從今日一般家庭而言，則此種基本的生理需求，業已獲致適度的滿足，乃是由於其收入水準之提高所致；因此他們的需求，已經提升到另一些較高水準方面。

第二，傳統學派的學說，乃是屬於「決定論」的類型。據他們觀之，若將原則甲適切地實現，則無論對一團體或一組織之成功，其「必要」與「充份」之條件將俱備。他們每忽於有關組織行爲「變數」中之彼此相互依存關係，因此，他們的判斷，其「獨斷性」往往遠超過其「必要性」。例如，傳統學派的「一個人只能有一個上司」（one boss and one boss only）的規定，表面觀之，似可減少角色衝突或曖昧不明的可能性，殊不知在組織管理上，任何一個成員，應同時受幾個上司的督導，乃是組織功能發揮的一種必須與必要的「手段」。

第三，傳統學派的學說，其主要的缺點，乃是將管理和組織行爲之重要元素，予以略去，因此，對領導、抉擇、激勵、權力，和非正式的組織關係之問題，無法予以妥當的處理。

第四，傳統學派的管理學說，在未能將其應有的假定，予以明確地述出。因此，往往其不完全和謬誤的假定，才會不時出現於傳統學派的管理學說中。

第五，傳統學派的管理學說，諸多假定是極爲不智的。殊不知邏輯上的一致性，往往會與眞實相含混，舉例言之，從實驗研究所得的發現言之，對組織行爲效率提高的政策，如何使那一群工作者，合作無間，協調親睦，藉以維護其工作的熱忱於不衰，實爲重要條件之一，而傳統學派的理論，則反而忽略。維護工作的熱忱之所以重要，是因爲人類的組織行爲，每爲兩大因素所支配：第一是人類心靈上的需要之滿足，第二爲完善的理性過程之遵循。同時，傳統學派的管理學說每失於認識：個人欲增加滿足之追尋，乃多是明辨是非的。因此，社會價值和規範，常會形成自然的社會控制，而組織行爲功能之失敗，又起源於過份的監督和嚴格的控制，在任何一個健全的組織內，總有許多人確實樂於從事其本身所應擔當以處的工作，並非在强制壓迫的情況下，孜孜矻矻，善盡職責，專心以達成組織的目標爲職志！從現實世界所獲的許多實驗論斷來觀察，今日的行爲研究，確供給我人一大有效的工具，那就是將傳統學派管理學說的假定，一一予以精鍊、修正、改善，而使之完美化。

當行爲科學之理論，尚未肇始以前，如果認爲傳統學派的理論，了無反對之論著，那就錯誤。巴納德（Chester Barnard）的著作，是一部最重要、最早，也最有力量的一部反傳統學派理論之作品，他的「主管的功能」（註六）一書中的許多論點，業已成爲現代組織和管理學說的依據，巴氏的意念，經過西蒙（Herbert Simon）於其巨著「行政行爲」（註七）一書中，予以闡揚、解說、補充，和發揮，巴氏之說，乃益形彰明。另外也有不少人，也曾努力將巴氏學說所提到的諸點，予以闡釋，並使之抽象化。其重要成就，似可歸納並簡化爲以下諸點：

⑴決策過程之重要價值，乃是因爲組織的成員，須要經過此一過程，方能發揮其才智，共同爲達成組織的目標而奮鬥，任何一個組織成員，均有其有限度選擇之權力，正和傳統學派「理性人」（rational-man）之假定，恰恰相反。

⑵一個組織，乃是「一個行動或權力意識協調的體系」，遠勝於一個抽象的組織整體說。

⑶合作乃是組織成員們，在其個人的成就上，能夠克服個人先天內在所限制的最佳方法。一個合作的團體，選擇一個目標，而一個組織的體系，論其使命，亦唯在適當達成此一目標而已。

⑷一個合作的體系，其所强調之重點，端視其適當合作目標之成效，和其所滿足個人需要之程度而

定。

⑸所謂「效率」，應以組織的均衡（Organizational - equilibrium）是賴——那就是組織所提供的吸引力與個人所付出的貢獻的平衡。如巴氏所云：「……一個合作體系的效率，乃爲其所能提供給個人滿足之能力是依。此可稱爲均衡之能力，也就是滿足平衡負擔之均衡，唯賴此一均衡，方足以維繫組織之繼續存在。」

⑹無形非正式組織的角色：有形正式的組織，起源於無形的非正式組織。而令人極饒趣味的，有形正式的組織，反足以創造而且需要依賴無形非正式的組織，其重要的功能有：①輔導消息的傳播；②以管束個人服務的志願，和維護組織目標的權力行爲手段，藉以保持有形正式組織之團結；③維護個人的完全，自尊、和獨立的選擇。

⑺權力之存在，唯賴組織個人的接受或同意——若一命令之發布，對接受此一命令者之是否具有其權威性，唯視接受人的態度，而非賴高高在上者權勢之大小或何人發布是項命令。巴氏此一假定，正與傳統學派的理論相反，然而證據確鑿，爲衆所稱讚。

⑻職權——或者說個人對組織之貢獻，全賴「無差異範疇」（Zero of indifference）一觀念之存在。「如果所有從事於實際動作的命令，其發布的次第，一視其所涉及的人員可能接受的程度而妥善的訂定，則將有部份工作者，將會不願意接受那些命令，也不願遵從那些命令；另一群工作者，則多多少少會站在中立的立場，似乎沒有表示出其明確的贊成或反對態度……但却有另外一批人，則是了無問題地予以欣然接受，依令從事，而他們就是居於無差異的範疇之內。此一無差異範疇之狹濶，端視一組織的情境而

定，那就是組織的吸引力所能超越個人負擔和犧牲的程度，從此兩者之間差異的程度來觀察，則個人對組織的向心力和熱忱，俱賴其差異之大小而決定。」

(9)大規模而複雜的組織，無非是由組織內各個小型單位組織而成。大型組織的行政人員，其任務每為雙重的，一為其本身的基本工作崗位，另一則為行政單位。

以上的觀念和學理的形成，乃是傳統管理學派學說和現代管理學派學說分離的重心所在。現代管理理論的作家們一再有意或無意中，將Barnard 所提供的諸點，如個人和組織的關係，決策的限制，權力之接受，組織工作單位之叠床架屋等，予以擴展和發揮，而使之臻於完善之境。

其次，再談一談傳統學派管理學說中的「原理」。

傳統學派的組織理論。無非為「行政的設計」學說而已（註八）。很顯然的，傳統學派的學說，是屬於「規範性」的。

傳統學派的組織理論，主張組織的結構，愈簡單愈妙、管理的階層越少越好，而且對每一職位，要賦予明確的權力和責任。他們主張：對組織內的每一位工作者的工作任務，如屬可能，則予以嚴格限制其範圍（即所謂專業化的原則），而且所有的職位的功能和行動之範圍，一以直接或間接對組織目標的貢獻為依歸（即所謂目標的原則）。

所有職位的功能，應當以書面說明之（即所謂詳細說明的原則），而相關的機能，應當集中於一個上司的管轄之下；而相近功能的單位，也應當集中於較高一級的領袖指揮之，直至最高行政主管為止，如此，則組織自然形成一個「金字塔」形的結構。在此種組織結構中，明確的指揮連鎖（chain of command）和統一指揮（the unity of command）就成為組織設計的金科玉律。——即每一工作人員，只從一個上司處接受命令，其成績亦僅受其一人的考核。為了保證橫的緊密協調，只有最高領導者才能創立和控制組織的政策、法規和程序。

然而，由於專業化的結果，使指揮連鎖簡單化一原則的本身，就發生了動搖。

此種二元性的情形，乃促使「業務」和「幕僚」行動（line and staff activities）之間，作較為明確的分析：業務工作人員，對原始作業的目標，有其直接的貢獻。而幕僚人員，他們為業務工作人員，發展各種計畫程序，指導他們從事於經濟有效方法的使用，有時也會加以監督和校正他們的作業步驟和效果。

在傳統學派的學說裏，幕僚人員，無權指揮業務工作人員。依據此一原則——業務指揮人員和幕僚的劃分——方可得以維持於不墜。

傳統學派學說的另一原則，乃是權責的相稱（Parity between authority and responsibility）。那就是，在一個組織內，凡是佔有某一位置的管理人員，必須要賦予充份的權力，以使其勇於負責。此一原則，乃是屬於一般常識性的原則，因為，如果責成某一人，使其務必妥善達其任務，但是却不賦予他以必須完成是項任務的權力，自然是天大的不公平。然而，在實際作業的過程中。此一原則，甚難察知，尤其當幕僚人員可以預訂工作方法及工作次序時，則此一原則，就益為曖昧不明，因為這些幕僚人員，無形中已侵犯了業務人員的職權。

最後，傳統學派學說諸原則中，一個最為明確的原則，乃是「督導幅度」（span of control）。所謂「幅度」，乃是指對某一管理人員，直接報告的部屬人數，宜有所限制。如果部屬所擔任的工作，是彼此相關的，在行政階層的主管人員，直接向其負責報告的人數，應當爲三至八人爲最適當。

傳統學派的管理原則，係由各作家們所創立，從其創立的基礎來看，一部份係來自「演繹」思考，一部份是由富有經驗的管理從業人員，從其非控制的觀察中，所得的結論。但是這些原則，已變成激烈爭論的主題。對這些原則加以攻擊的人，主要係來自行爲科學家，或者來自主張管理學說，應當與行爲研究的結論相配合的人們。

因此，Chris Argyris 曾經寫著：

「……有形的組織原則，對相當健康的人們，提出了與其需要不相調和的要求，由於此一基本上不調和結果，沮喪、衝突、失敗，和缺乏遠慮的種種弊端，遂緣之而生。」(註九)

接著H.A. Simon乃武斷地說，這些傳統學派的管理原則，可視之爲「格言」(Proverb)，就其用途而言。則一無可取(註一〇)。

對傳統學派的管理原則，另外一位批評者，爲Douglas McGregor，他認爲這些「原則」，只是從一個人性學說(a theory of human nature)所「演化」而來，他稱此一人性學說爲「Theory X」。(註一一)

至於對傳統學派管理學說原則的批評者，則指出「業務」和「幕僚」之間，有關權力的劃分，已成爲陳腐之論，因爲幕僚人員，在他們所精通的範圍內，既是專家，他們自有在某一方面，行使指揮權力的必要。如Gerald Fisch 所討論的有關其「功能的合作」(Functional teamwork)學說，認爲代替作用，乃爲形成組織功能發揮的一大力量，因爲在任何一個組織之內，管理人員掌管不同類別的專門工作，宜具有適當的權力。

Rensis Likert對傳統學派的組織設計，認爲只是「工作組織的設計」（Job-organization plan）而已。（註一二）

他並試以群體爲取向的「合作激勵制度」（Cooperative motivation system），來取代以傳統學派學說爲依據的管理。他主張群體決策方法，和設計另一套組織結構，以使在一個組織之內，任何一個組織成員，全可以經常不斷地與興趣各別的部門相影響。如此，則組織的管理，乃是以工作人員的交互影響爲基礎。

簡言之，對傳統學派組織和管理學說的主要批評，主要的內容，總不外乎以下重要的幾點：

(1)傳統學派的學說，無形中培育了部屬們依賴其上司的心理，一切聽指示，一切聽命令而行，自己了無見地。

(2)對個人的發展，乃予以窒息，縱有才俊之士，亦只好埋沒。

(3)阻止個人認識組織的目標，個人既昧然於組織的目的，自無以貢獻其智慧與才華，一切也只好以消極而不正確的人性觀念空耗時日（註一三）。

二、過渡學派的管理學說——新古典學派的人群關係

如前所述，傳統學派作家們，對人的因素，不是疏略，就是過度地予以簡化。因而，另一派管理思想，乃將傳統學派的學說，加以補充、修正，當其發展之過程中，對傳統學派的學說，形同挑戰。而這一

派的思想體系，卽有名之：「人群關係」（Human Relations）的學說。而人群關係學說，每被稱爲「新傳說學派」或「新古典學派」而非爲「現代管理學說」。

人群關係學說，亦可視爲工業關係（industrial relations）之擴張與演變。就其貢獻而言，對第一次大戰後所逐漸發展而成的人事管理學說，非但多予補充，而且掀起了熱烈研究的熱潮；另外，對一九三〇年代中期所出現的勞動關係，亦大爲鼓吹和强調，遂引起人類的重視。人事管理在一九二〇年代所以變成普遍化，乃是在一次大戰期間，在軍事指揮人員的選擇方面，先施以測驗，而後再決定其任用，期能收「位得其人，人展其才」之效；接著當戰後的繁榮時期，企業生產機構的僱主們，由於錢容易賺又賺得多，乃都對勞工們採取親密而慈善的態度，以金錢給付的增加，藉以維持其和諧的勞資關係，期以提高其工作效率，故人事管理之內涵，益形張大，並普遍爲人們所重視。勞動關係一課題，其所以能夠爲管理學說學者們所嚴密注意者，乃是緊接著工業工會組織形成之後，若工業組織聯盟（CIO）之成立，和一九三五年瓦格納勞動法案（Wagnes Act of 1935）通過後，非但勞動者組成其正式的組織，以爭取其應享的權利，而政府當局復以立法的手段，予以保障，乃使管理當局不得不承認工會之合法化，並誠意地重視集團議價之重要性。

一九四〇年代的末期和一九五〇年代的早期之間，人群關係運動，乃變得極爲普遍。人群關係學者們，曾提出許多「規律」，其所討論的主題，計有：非正式的組織、領導、激勵、改變的抗拒，和組織衝突的消除等，它一則反對傳統學派的理論，二則擴張工業關係之範圍，人群關係之硏究，乃觸發了管理領袖們的警惕，一致承認一個重要的原則，那就是組織成員的個人行爲，乃是組織成敗關鍵所繫之焦點。

人群關係的方法，若追本求源，應從芝加哥西部電器公司霍桑工廠（Chicago Hawthorne Plant of Western Electric）邀請哈佛大學梅育（Elton Mayo）等的研究開始。在一九二七與一九三二年之間，此一長期實驗的結果，經羅里斯堡（F. J. Roethlisberger）和廸克遜（W. J. Dickson）於其一九三九年所發表的巨著「管理與工人」一書中，予以詳明的分析和敘述，乃引起人們廣泛的注意。早於一九三三年，梅育在其有關工作環境與人類問題一書中，也曾討論到此一問題，但遠不及羅、廸二氏巨著內容之詳明而中肯。

1.霍桑研究（The Hawthorne Studies）

參加霍桑研究人員，曾首先將人類工作環境之各項變數，例如：光線、溫度、疲勞情況，和環境設計等，予以試驗，以期從而探究其對人類生產力之影響。

此一「試驗」，其包括：「照明的實驗」、「替班式集合線的室內試驗」、「面對面訪問計畫」、「接線生的觀察實驗」等。

2.所得結論（The Resulting Theory）

從霍桑研究的這些「試驗」中，人群關係學說，獲致了一個中心的論點（The resulting theory），那就是在一個工作環境內，個人的態度與情緒，對工作的結果，永居於最重要的地位。若依照傳統學派的管理學說，爲了提高工作效率所作的物質環境之改變，論其效果，必能自動產生其預期的結果；那就是說，人類之行爲，是依照下列公式進行。

變化 ——→ 反應

然而經過霍桑實驗之後，工作者對物質環境改變之反應，並非如此簡單，而是以下列方式進行：

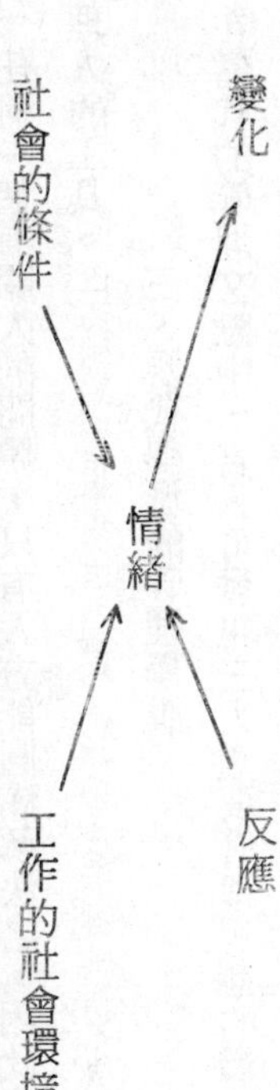

就一個工作者而言——其對物質環境改變的反應，當視其社會的條件（如價值標準、希望，和恐懼等）而轉移。而此一社會條件之形成，乃由其工作環境以外的家庭和團體的關聯，以及其工作環境的影響，在其工作環境內，團體的壓力，實具有決定其態度和情緒的力量。

如已經由研究所發現者，一個工作團體，確能自行發展出一個獨特的社會組織，並促成其群體的安定，因爲唯有在工作的社會環境裏，每個人所擔當的角色和其社會地位，方被清楚地了解。而且對此一群體的安定，如果有任何威脅性之變更，將會使組織成員們心懷恐懼、不安，和反抗。此一種改變的恐懼心理，將會使對任何技術方面的改變，而所懷的預期效果，予以一筆勾消。

從霍桑研究的結論中，業已獲致的結果，已足以明示吾人，一個聰明的管理者，絕不應專爭於工作效率的增加和工作情緒的提高，相反地，一個成功的組織領導者，唯在努力追尋一個平衡點，冀使兩者取得適切的聯合。

霍桑研究之效果，代表人類對人類行爲研究之分界點。此一研究，對工作環境中有關「人」的問題之研究，大大增强其研究之興趣，反過來說，由研究所獲之結果，對人群關係學說，也提供綺麗的遠景，然而若謂今日現代管理學說所强調之行爲科學，即爲人群關係之主要擴展動力，則並無不可，雖然有差別，但亦無大錯，因爲其焦點亦集中在「人」的身上。

3.人群關係學說之缺失

人群關係學說，創始於一九三〇年代，而暢行第二次世界大戰之後。此後，在企業生產機構或政府機關的訓練中，人群關係乃被列爲「必修」的科目。當然，人群關係亦有其缺失，如其大前題——也就是人群關係學者們的共同信仰——認爲凡是一個快樂的團體，其生產力必然是很高的。此一假定，殊爲武斷而謬誤，但許多企業生產機構的訓練計畫——卽緣之以爲基礎。直至研究結論發表以後，人群關係的訓練，對生產力並無任何影響，此點才爲人們所發現。此後，人群關係的實質，只是爲適度理智的運用而已。許多新近的研究，業已開始將必須限制的因素，予以明晰地指出；如人群關係訓練，對出產量會產生積極的效果。乃暗示出團體出產量之所以變化，應歸功於社會的因素，如霍桑群體出產量之所以變化，應歸功於社會的因素，故霍桑研究所提出的論點，宜擴大解釋之。

霍桑研究的不朽收穫，乃爲其所强調的原則，那就是：

「任何一個有關人的問題，只有人方能圓滿解決之，因此處理此等問題，就不能擺脫了人的資料和處理人的工具。」

三、現代學派的管理學說

在當代的管理文獻中，吾人可發現三大重要管理思想的體系，那就是：⑴行爲科學，⑵作業研究，⑶傳統學派和人群關係學派所綜合而成的管理學說。在過去二十年來，行爲科學和作業研究的研究與其所使用的方法之成長，確與日俱增。兩者之發展，極爲迅速、時髦，和引人注目，而且對管理的實際行爲，以及管理決策方法之影響，亦至深且鉅，但迄今日爲止，此兩者却均未能演化成爲一個獨立的、一致的和統一的學說體系。

1.行爲研究（Behavioral Research）

「行爲科學」一名辭，在管理學上的應用，由來已久，但其驟然變成爲普遍化而廣泛的應用工具，實始於「福特基金會」（Ford Foundation）「個人行爲和人群關係」的六年研究計畫。接著，於一九五二年，「人類行爲研究基金會」（The Foundation for Research on Human Behavior），正式成立。從此行爲科學之運用，就益爲普遍化。此一基金會成立之目的，在於支持企業家、政府和其他機構有關行爲之研究。對管理而言，行爲科學之研究方法，若廣泛而言，似可謂：運用科學的程序，對組織內的人類行爲，作觀察和實證的探究。此一方法爲「歸納」的，和以問題解決爲中心的。其目光集中在人類行爲，其方法却採自有關的科學，尤其是心理學、社會學，和人類學的原理。

「依照行爲科學的觀點，管理當局的任務，簡言之，並非在組織成員中，激起合作的熱潮，運用一切的行爲方法，以達成組織的目標。若與其他管理方法相比較，則所謂行爲的觀點，其所以異於其他管理方法者，乃是由於行爲方法的管理，是集中其注意力在『人』的身上，並探究人與人之間的交互影響和合作的關係。遠非傳統學派的管理方法可以比擬，行爲科學以實驗研究，作爲觀察和了解人類行爲之依據。行爲科學鼓勵並促進管理人員和學者們，去了解理性的與非理性的，有形的與無形的組織行爲。」（註一四）

若從行爲科學管理方法的演化程序而論，如一般學者及實際從事於管理業務人員之所深信者，行爲科學理論之形成，論其範圍，實遠超越其本身的科學有效之界限。無疑地，就早期的管理學說而言，行爲科學已爲之大爲擴張，而且對早期管理理論所討論之各點，亦已提供實驗的方法。在許多情況下，早期的管理學說，的確是經得起實驗的，但亦有不少的管理學說，在行爲科學的指導下，或予以改正，或予以拋棄。那就是⑴從行爲科學的觀點，對管理學說，有所損益；⑵由最近實驗的研究結論中，對早期的管理學說，予以褒貶。

自一九五〇年代以來，行爲的研究，可歸納爲三大階段。

第一，乃是對組織內個人行爲的窺察。如以主題分之，則可分爲人格、變遷、學習、激勵、態度，和領導方式。從一般組織及管理學說而言，對個人行爲之强調，沒有超過行爲研究者。（註一五）

第二，是團體行爲之討論。在小型實驗處所，不少的研究成果，已經由小規模的研究團體所完成。此類研究，頗富有實用之價值，因爲有些人類行爲的現象，確可予以審愼地控制（註一六）。團體研究所討論的主題，爲：規範、交互影響模式、團體衝突、突出的領導，和問題解決等。由於研究方法的新穎和研究態度的認眞，成績斐然。

第三，行爲研究，將一個複雜的組織，視爲一個整體的一有機體構。對此一包括全部相類似組織的大宇宙，將就其相關處，與其他類型的組織相比較——亦即是依組織的性質，分成各色各類的體系（System）——或從各類體系行爲設計的效果上，加以研究（註一七）

以上所提及的個人、團體，和組織行爲，已成爲採用行爲科學方法，而從事於管理研究者和寫作者的中心研討問題。從個人行爲到組織行爲，從其範圍或水平上看，自可分爲三階——個人、團體，和組織行爲，然而問題的中心，唯在「行爲」的研究，由於此一方法之被强調，乃迫使許多存有偏狹觀念和固執成見的管理教育和研究者，約自一九五〇年起，不得不放棄其原來的主張，在以往，就管理實務而言，由於組織的性質不同，其管理之學說，亦每自成體系，各立門戶，彼此互異。但自行爲科學崛起以後，儘管各類組織的性質有別，然若從個人和組織行爲方面，予以觀察分析，其類似或共同之處甚多，因而促成管理指針的統一化，其原因，乃是管理科學和行爲科學，全是從相同的研究和有關的文獻中所演化而來。有了此一共同的學說來源，因而鼓勵人們，使他們集中其注意力於「人治問題」（Problem, management by People），儘管其所採用學理上的原則有異，但却能作到「道並行而不悖」的地步。同時，迄今仍在繼續擴展中共同研究的焦點，還是行爲的研究，因此遂使從事實際管理業務的領袖、學術研究者和專家們，對其本身的使命，有一共同的瞭解和認識，他們也因消除了對管理業務一個錯誤的觀點，那就是「理論是理論，實務是實務」。而促成了理論和實務的結合，其功甚偉。

2.作業研究（Operation Research）

對管理之研究而言，作業研究之方法，唯在注重於管理決策方法之探討。「作業研究」一詞之解釋，簡言之，可謂爲：組織以及其成員們，爲著某些理由，而從事於以目標爲導向而努力之行爲，均可名之爲「作業」（Operation）。爲了圓滿完成某些作業，對決策方面，先作成系統的探究，以期制訂如何促使是類作業於至善之境，卽稱之爲「研究」（research）。R.L.Ackoff說：「吾人可給予作業研究一個簡明的定義，那就是凡是作業研究所探討的現象，而予以條分理析者，此一套組織的行動，卽爲作業研究。」（註一八）

當然，行爲科學家也在從事於組織作業行動的研究，但二者之間，有一個顯著的鴻溝：行爲科學家主要的任務，是在行爲本質的描繪；而作業研究學者的意圖，却放在行爲的指揮上。行爲科學家注意到組織決策之「如何」訂定；而作業研究者乃關切決策「應當如何」來制訂，也就是要決定最佳的問題解決方式，政策的抉擇，和行動進行程序之訂定。

作業研究者，並不能經常採用實驗的方法，因爲環境、時間，和經費未必許可。而且有賴實驗研究的行動，亦往往難以將實驗的環境，予以妥善地安排和控制，甚至於該決策必須立卽有所決定時，而其所需要的實驗研究之條件，那時根本不存在，如此，則實驗自無從著手，正由於此種障礙之困擾，所以作業研究者，才不得不創造一些數學模型，藉以巧妙地處理其所面臨的問題。此類數學模型，每包括一個方程式，以組織效果之可能數值，作爲從屬的變數，而以管理當局所能控制的資源數量，作爲獨立的變數。此一方程式，稱爲目標的函數（Objective function），它至少反映出某種程度的組織目標。此一模型的另一部份，包括各項變數所能許可範圍的說明，而名之爲限制的函數。此種方程式對某項問題的妥善解答，乃是求得獨立變數之數值，冀使目標的函數之值，臻於極大化（如利潤或產量）或極小化（如成本或時間），同時，並能滿足某項問題的限制函數。

如上所述，行爲科學乃是以問題解決爲中心的，其方法是「歸納」的。而作業研究也是以問題解決爲中心的，所不同於行爲科學者，一般說，其所使用的方法，乃是「演繹」的，行爲科學是從心理學、社會學，和人類學的學說中應用其原理，所演化而成。但作業研究，則是從數學、統計學，和經濟學的原理裏，蛻變而出。雖然作業研究學者所處理的各項問題，人的因素，亦極端重要，然而他們的興趣，端在某項作業所牽涉的特性上，卽使將有關的人員和設備予以更調，就作業研究者看來，這些特性，也不會改變。至於心理方面的因素，……作業研究者所關切者，祇是任何一團體爲實現某項作業，所應具有的共同心理因素，而非爲各別個人所特具的心理特質。（註一九）

作業研究誕生於第二次世界大戰期間，當時，一個由科學家所組成的工作隊，被派遣在英國，專從事於如何使雷達系統更爲有效的研究。在一九五〇年代的早期，英國的企業界，業經廣泛而普遍地援引作業研究的技術，從事於生產。

3.系統分析（Systems Analysis）

與作業研究關係極爲密切而且頗爲近似者，乃爲「系統分析」的一種研究法，二者間的關係，可簡述之如下：

「系統分析，是從作業研究中，分化而來。當第二次大戰期間，許多科學家發現，只需運用簡單的數量分析，卽可就現有的軍事設備中，獲致其最大的效果，因此系統分析法，遂得以形成，並付諸應用。主要是運用統計的模型，若一個合理的目標旣已訂定，則完成是項目標所需要的成本，應設法予以大大地減降，系統分析卽爲達成此種任務的有效方法。今日的作業研究，多與一些特殊的技術相一致，諸如：線型規劃、孟德卡羅（Monte Carlo）方法、賭賽和賭賽學說等。從系統分析和作業研究之性質而言，二者並無嚴格的分野、就是勉强予以劃分，也祇是粗略的概述，並無明確的界說。簡言之，若對目標所了解的程度愈低，則彼此間之衝突亦愈大；所考慮的因素愈多，則情境之不穩定程度亦愈烈：處理此類問題之工具，似應卽爲系統分析。在系統分析中，涵蘊著很多理智的判斷和人類直覺的評價，而依賴數量方法的程

度，亦遠比作業研究爲低。」（註二〇）

總而言之，在管理學說中，其顯著的變化，乃是由一個靜態的、抽象的、以規範爲取向的學說，而轉變爲一個動態的、實驗的，和以問題爲中心的學說，由於學說上的激烈變化，遂爲從事於管理工作的人——研究學者和實行家，引發了不少的衝突。因此許多現代管理作家，很快地將過去六十年來所逐漸發展而成的組織和管理理論，一概予以拋棄；相反地，今日的許多傳統學派作者，却仍然堅持己見，將行爲科學所得之豐富而廣博的整體——包括研究的發現和學說，亦悉予以忽視。兩者都未免有些固步自封，矯枉過正，各走極端。其實，對組織設計而言，兩者之間，並非水火不相容，而是相輔相成，互相補充，並有其連繫性的。

第二節　組織設計的理論建構與概念模型

一、組織設計的定義

所謂「組織設計」（Organization Design），根據 J. L. Gibson 的說法，乃是：「設計一套能適應內外環境的組織，在達成其『目標』的過程中，不但有其效率（efficiency)也有其效能（effectiveness）的一門學問。」（註二一）

那麼，什麼叫做「組織」？

F. E. Kast and J. E. Rosenzweig 說：「組織乃是人類朝着一個共同目標，使用知識及技術，在社

會心理環境下工作，相互依存、整合、協調而達成任務的一種社會體系。」(註二二)

什麼叫做「效率」與「效能」呢？

Amitai Etzioni 曾經指出：「效能乃指組織達成其目標的程度」，「效率係指組織達成目標所運用的資源情況」(註二三)；前者係指「對政令忠實的去執行」問題；後者係指「選擇代價最低的手段去完成」問題。(註二四)

一個有效而成功的「組織」，就必須同時兼具「效率」與「效能」的雙重條件，這是當代組織設計的嚴肅課題。

二、組織設計的研究方法

組織設計的研究者，「方法」甚多，端視研究者所欲決定的目標爲準。

1. W. G. Scott 曾把組織的研究方法，分爲三類或三「層次」(levels)。在進行組織的研究中，第一層次是：研究者志在將組織成員的行爲和組織的結構關聯起來；第二層次是：解釋組織結構的特徵；第三層次是：研究者將組織視爲一個整體，亦卽將一個組織，視爲一個具有大規模關係體系(system of relations)的全體。(註二五)

2. S. Krupp 認爲組織設計，實質上，卽爲「行政的設計」(Administrative Design)因此，他認爲：「一個組織，若就其本體言，無異是一部機器，而行政主管，乃是一個工程師，他可從一套有關管理和組織的原則中，找出一些根據，設計一個對他的目標最爲妥適的結構」，因此，他自問：「適當的組織和管理的原則是什麼呢？而又如何依照這些原則，以使工作臻於完成呢？」(註二六)

3. A. C. Felley 認爲組織設計，乃是在制訂一個組織結構的關係模式，它應包括：第一，各種不同的任務，必須一以達成組織的目標爲依歸；第二，組織的成員們，應各能完成其應完成的任務。（註二七）

4. M. Weber 認爲一個「官僚化的組織模型」（bureaucratic model of organization），必須具備左列六種條件與特性：（註二八）

第一，明確訂定各階層的職權；

第二，依據功能專業化，實施分工；

第三，各行政主管的權利和責任，應包括於明訂的辦事細則中；

第四，妥善訂定處理工作情境的程序；

第五，個人與個人之間的關係，乃是非人格化的關係；

第六，凡對新進人員的選、用、升遷，一以其技術的才能爲依據。

5. G. Hutton 認爲一個好的組織設計應如後表所示：（註二九）

6. J.L.Gibson認爲組織設計應從三個角度加以探討，第一是「結構」（Structure），第二是「程序」（Processes），第三是「行爲」（Behavior）。（註三〇）

Framework for the Study of Organization Design

（組織設計研究之架構）

What they are（是什麼）	What they have（有什麼）	What they do（做什麼）
Organized（組織）	Structure（結構）	Grow（生長） Develop（發展） Change（變遷） Decay（衰退） Combine（融合） Divide（分化）
People doing some activity（人的活動）	Processes（程序）	Communicate（溝通） Make decisions（決策）
People（人）	Human behavior（人類行爲）	Motivate（激勵） Lead（領導） Develop groups（群體發展） Develop an organizational climate（組織氣候之發展）

7. R. H. Hall 認爲組織設計，最少應包括兩個面向，即：「結構」（Structure）與「程序」（Processes），並認爲「環境」（Environment）亦不可忽略。（註三一）

8. J. A. Litterer 主張組織設計，應從：「結構」（Structure）、「行爲」（Behavior）、「系統」（Systems）、「控制」（Control）、「適應」（Adaptation）等五部份加以建構，並且認爲「結構」應涉及到「正式」與「非正式」兩種。（註三二）

9. J. H. Turner 認爲組織設計應包括兩部份，即「程序」（Process）與「行爲」（Behavior）：前者並包括：決策、分工、授權……等，後者宜包括：激勵、領導、管理發展，及組織成長。（註三三）

10. B. J. Hodge 認爲組織設計，本質上，就是一種組織體系的設計（the organization's systems design），其情形如圖二所示。（註三四）

11. H. C. Ganguli 認爲組織設計應包括「結構」（Structure）與「程序」（Process）。（註三五）

12. A. J. Melcher 也主張組織設計，少不了「結構」與「程序」。（註三六）

13. F. Luthans 認爲組織設計，本質上，乃是組織「行爲」的設計。其情形如左：（註三七）

14. Joe Kelly 認爲組織設計，應涉及到「方法」（Method）、「技術」（Technology）、「概念」（Concept）與「影響力」（Influence）等因素。（註三八）

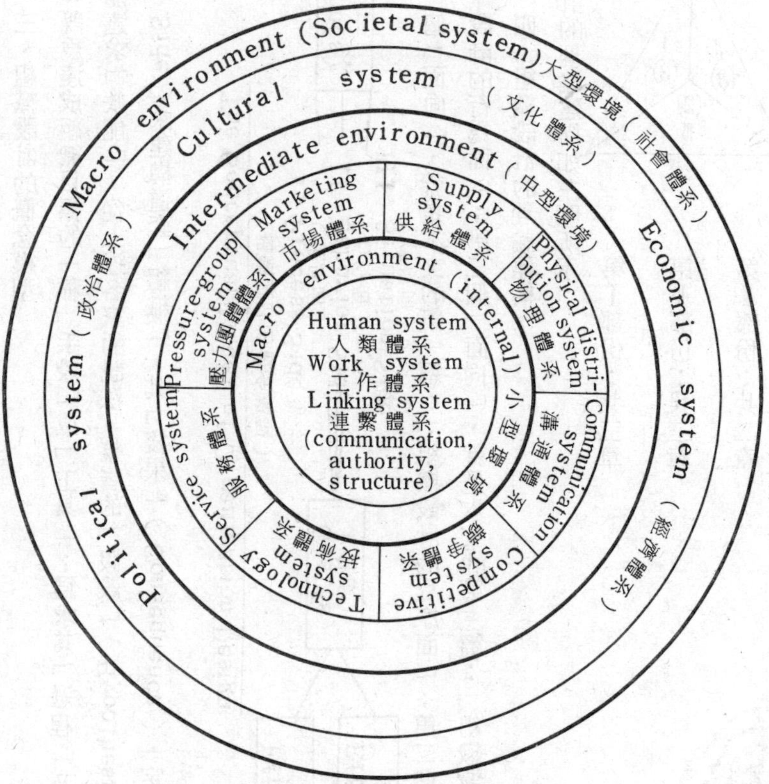

The Organization's System Design

圖一(組織體系設計)

三、組織設計的概念模型

「組織設計」既爲達成組織目標的一種「手段」或「工具」；爲求其「過程」及「結果」，皆能符合「效率」，也能達求「效能」，從上述各家的說法，筆者的「假設」（Hypothesis）是：假如能從左列三個「面向」（Side）來建構這套「組織」，其「後果」（Consequence）一定會比較好得多。其情形如左表所示：

The Conceptual Model of Organization Design
（組織設計的概念模型）

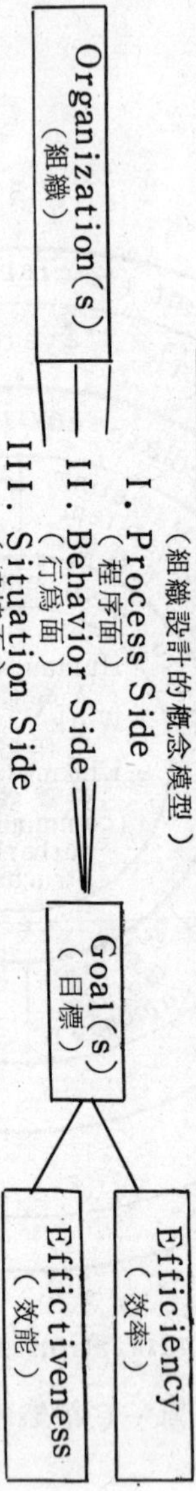

換言之，第一個「面向」，就是本文的第一篇：「組織設計的程序面」；第二個「面向」，就是本文的第二篇：「組織設計的行爲面」；第三個「面向」，就是本文的第三篇：「組織設計的情境面」。

四、組織設計的理論建構

本文組織設計的理論建構如左圖所示：

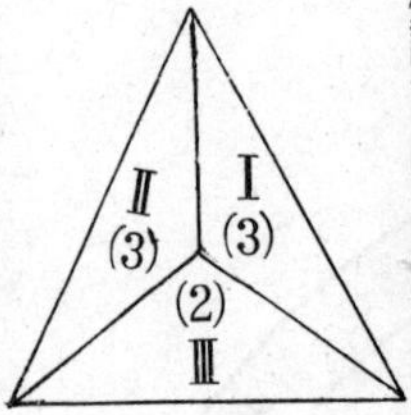

第Ⅰ部份：共三章
第Ⅱ部份：共三章
第Ⅲ部份：共二章

在第一篇的「程序面」中，共有三章，首先討論：機關工作的水平與垂直「分化」問題；繼之，研析組織結構的全面「整合」問題；最後，探討決策過程的「理性」問題。

在第二篇的「行爲面」中，共有三章，首先研究「人性需求」與組織設計的關係；進而建立一套組織設計中的「溝通網路」；最後，研討：「鞏固」主管權威的組織設計問題。

在第三篇的「情境面」中，共有二章，首先研討組織設計與變動環境的「適應」，其次探究組織設計與「能力發展」。

附註

註一：A. C. Felley and R. J. House, *Managerial Process and Organizational Behavior* (N. J.: Prentice-Hall, 1971), P. 1.

註二：H. Koont (ed.), *Toward a Unified Theory of Management* (N. Y.: McGraw-Hill, 1964), P. 104.

註三：A. C. Felley, et al, *op. cit.*, P. 8.

註四：*Ibid.*, P. 10.

註五：R. C. Davis, *The Fundamentals of Top Management* (N. Y.: Harper & Row, 1951).

註六：C. Barnard, *The Functions of the Executive* (Harvard University Press, 1938).

註七：H. A. Simon, *Administrative Behavior: A Study of Decision-Making Processes in Administrative Organization* (Macmillan, 1947).

註八：A. C. Felley, et al, *op. cit.*, P. 21.

註九：C. Argyris, *Management and Organizational Development: The Paths from XA to YB* (N. Y.: McGraw-Hill, 1971), P. 34.

註一〇：H. A. Simon, *op. cit.*, PP. 20-36.

註一一：D. McGregor, *The Human Side of Enterprise* (N. Y. : McGraw-Hill Book Company, Inc.), chap. 3

註一二：R. Likert, S. P. Hayes, eds., *Some Applications of Behavioral Research* (UNSECO, Paris : 1957), P. 43.

註一三：A. C. Felley, et al, *op. cit.*, P. 54.

註一四：P. J. Gordon, " The Current Debate on Administrative Theory, " *Academy of Management Journal*, Uo. 16, No. 4 (December, 1963), P. 295.

註一五：A. Zabeznik, D. Moment, *The Dynamics of Interpersonal Behavior* (N. Y. : Wiley 1964), P. 102.

註一六：I. G. March, Handbook of Organization (N. Y. : Rand McNally, 1965), P. 48.

註一七：F. Luthans, *Organizational Behavior: A Modern Behavioral Approach to Management* (N. Y.:McGraw-Hill Book Company), P. 102.

註一八：R. L. AcKoff, *Progress in Operation Research* (N. Y. :Wiley, 1961), P. 112.

註一九：*Ibid.*, P. 115ff.

註二〇：T. B. Glans, B. Grad, D. Holstein, W. E. Meyers, R. N. Schmidt, *Management Systems* (N.Y. :Holt, Rinehart and Winston, Inc., 1968), P. 109.

註二一：J. L. Gibson, *Organizations : Structure, Process, Behavior* (Dallas, Texas : Business Publications, Inc. 1973), Chap. 3, P. 58.

註二二：F. E. Kast and J. E. Rosenzweig, *Organization and Management : A System Approach* (N. Y. :McGraw-Hill Book Company, 1970), P. 6.

註二三：Amitai Etzion, *Modern Organizations* (Englewood Cliffs, N. J. : Prentice-Hall, Inc., 1964), P. 8.

註二四：R. H. Hall, *Organizations : Structure and Process* (N. Y. : Prentice-Hall, Inc., 1972), P. 96.

註二五：W. G. Scott, " Field Methods in the Study of Organizations" in J. March, *Hand-book of Organizations* (N. Y. : Rand-McNally, 1965) P. 43.

註二六：S. Krupp, *Patterns in Organizations Analysis : A Critical Examination* (Holt, Rinehart and Winston,

1961), PP. 77-78.

註二七：A. C. Felley and R. J. House, *op. cit.*, P. 83.

註二八：M. Weber, *The Theory of Social and Economic Organization*, Tr. A. M. Hendeson and T. Parsons (The Free Press, 1947).

註二九：G. Hutton, *Thinking about Organizations* (London : Tavistock Publications, 1972), P. 162.

註三〇：J. L. Gibson, *op. cit.*, P. 2.

註三一：R. H. Hall, *op. cit.*, P. 5.

註三二：J. A. Litterer, *Organizations : Structure, Behavior, Systems, Control and Adaptation* (N. Y. : John Wiley & Sons, Inc., 1963), P. 6.

註三三：J. H. Turner, *Studies in Managerial Process and Organizational Behavior* (Ill. : Glenview, Scott Foresman and Company, 1972), Preface.

註三四：B. J. Hodge, H. J. Johnson, *Mangement and Organizational Behavior : A Multidimensienal Approach* (N. Y. : Intext Educational Publisher, 1974), P. 9.

註三五：H. C. Ganguli, *Structure and Processes of Organization* (N. Y. : Random House, 1964), P. 12.

註三六：A. J. Melcher, *Structure and Process of Organization* (N. Y. : Prentice-Hall, 1975), P. 3.

註三七：F. Luthans, *Organizational Behavior : A Modern Behavioral Approach to Management* (N. Y. : McGraw-Hill Book Company, 1973), P. 103.

註三八：Joe Kelly, *Organizational Behavior : An Existential-systems Approach* (Homewood, Ill. : Richard D. Irwin, Inc., 1974), Preface.

第一篇　組織設計的程序面

第二章　機關工作的合理劃分

在組織設計上，吾人必須明瞭組織結構（organizational structure）是如何被建立的？是如何來維持此一結構之存在的？今天的行政機關是一個複雜又開放的有機體，且具有一共同的特性－即高度的工作專業化（highly task specialization）。即使在最簡單的機關中，亦須運用某些程度的專業分工，以維持機關組織之健全與發展。

行政機關由於「分工」的結果，乃造成機關工作的「分化」（differentiation）－即將組織體系變為許多「次級體系」（subsystems）的分割形態（state of segmentation），而由每一次級的體系去發展符合其外在環境條件的特殊屬性（particular attributes）。（註1）

在行政機關中，「分化」見諸於兩方面：

一是工作的垂直分化（vertical differentiation），也即劃分機關組織中的層級節制體系或階梯體系（hierarchy or scalar level）；

二是工作的水平分化（horizontal differentiation），也即所謂的「部門分劃」（departmentalization）。

垂直的分化，形成了「管理層級」（以管理工作為主）；水平的分化，形成了「基本部門」（以作業工作為主）；兩種分化即構成行政機關的整個「正式結構」（Formal Structure）（註十二）

本章將就此一觀點逐一探討行政機關組織結構（Organizational Structure）的設計問題。

第一節　機關工作的水平分化：部門劃分—作業工作的橫面分工

在歷史上，早就知道工作劃分的重要。例如在亞里斯多德（Aristotle）的「政治論」（Treatise on Politics）中，便有這樣的一段：

「政府的規模越大，便越需按照憲法原則和民主原則分設為許多公務部門，分由許多人來處理。任何工作經過多次處理後，必愈加熟能生巧，速度加快」。（註三）

事實上，任何工作如需由兩人或兩人以上共同辦理時，便有賴「分工」，因此，問題不在於行政機關中是否需要分工，而在於「如何」分工。誰也不願看到機關中的大小主管去動手草擬公文；同樣也不願看到「人人都是大將而無小兵」的怪現象。

行政機關的工作W. H. Newman 的說法，大致上可以歸併為兩類，即「作業性的工作」和「管理性的工作」（註四）。所謂「作業工作」（Operation），是指「完成某一工作」所必需的活動而言；至於所謂「管理工作」（management），則是指「指導他人工作」的活動而言。因此，可概括用同樣的方式將行政機關人員劃分爲兩類。一類是「作業人員」（Operators）。有時也稱爲「工作人員」或「職員」。—但是此一名稱似有不妥，因爲既稱作業人員爲「工作人員」，則似乎管理人員便可以無需「工作」。另一類是「管理人員」，或「主管人」或「領導人」。從最基層的課長、股長，到機關的首長止，凡是管理他人工作的人員，都莫不是「管理人員」、「主管人」、「領導人」或「管理階層」。

本節討論的工作分化，係以「水平分化」（或稱爲部門分劃）爲主。因爲：如果水平分化進行的沒有效率，沒有成果，則後面兩節所討論的「垂直分化」無論劃分得如何出色，都必將毫無用處。

一、部門分劃的定義

什麼叫做「部門分劃」（departmentalization）？

關於此一問題，學者論說甚多，茲舉數例以對：

第一，T. Haimann 認爲：部門分劃乃係一種將各式各樣的活動「類歸」（grouping）到個別單位之中的過程，俾使各單位皆有明確的工作範圍，而每一工作範圍的主管皆有管轄的權力和負責的義務。（註五）

第二，H. H. Albers 認爲：部門分劃乃係將行政機關的工作劃分成許多半自治的單位或部門（autonomous units or departments），部門分劃的結果，可使主管的責任及運作的活動有個詳細明確的說明，在層級結構體系中，頂尖的層級（apex level）即採行部門分劃，而往下的每一較低階層更採進一步的分化。（註六）

第三，G. R. Terry 認爲：部門分劃乃是行政機關同一層級中各主管人員權力與義務（authority

and responsibility）的劃分，在此組織結構中，最高主管之下的每一層級皆採部門分劃，而順下之每一較低層級則採進一步的分化。（註七）

第四，H. Koontz & C. O'Donnel 認爲：部門分劃是指如何將行政機關組織按照各層級的業務與權責分劃爲許多部門。（註八）

第五，D. E. McGarland 認爲：部門分劃乃指將組織按功能、活動或工作建立許多部門或單位的過程，其目的乃在使這些部門或單位能夠成爲特殊之人或職位負責的對象。換言之，部門分劃乃機關組織水平擴張的過程。（註九）

第六，Pan Voich Jr. 認爲：部門分劃乃係將機關組織的活動以不同之方式獲致協調的結果，這些不同方式的單位，都有其適合的特殊功能，其目的乃在促使各單位皆有專司且由於合理之安排而獲致協調的結果，以達成組織的既定目標。（註一〇）

第七，W. H. New man 認爲：部門分劃旨在將活動類歸到許多單位和部門（sections and departments）（註一一）

第八，W. G. Scott認爲：部門分劃乃是分工及協調需要的結果，它是一種將活動類歸到各種自然單位的過程。（註一二）

第九，H. L. Sisk 認爲：部門分劃係將工作分析、分劃和安排到可以管理的單位上去之一種過程。（註一三）

綜上所述，吾人可將「部門分劃」做一暫定性的看法：

—部門分劃是行政機關組織水平擴張的過程；

—部門分劃是一種依工作性質，將許多活動類歸到各單位的過程；

—行政機關在分化過程中，同一階層的各部門都是平行的，而且各部門皆有明確的工作範圍和適切的權責劃分；

—部門分劃的主要目的，乃在藉分工以求取更大的組織效能和工作效率。

二、部門分劃的基礎或方式（Bases and Means）

關於此一問題學者論見不一，茲舉數例以對：

第一，D. E. MeGarland 認爲：行政機關組織結構的部門分劃，主要來自下列四種型態：即依「功能」（function）；依「過程」（process）；依「地域或位置」（geographical area or location）；依「產品」（product）。（註一四）

第二，L. Gulick認爲部門分劃的基礎有四，即依「主要目的」（major purpose）；「主要過程」（major process）；「人或物」（clientele or material）；「地區」（place）。（註一五）

第三，G. R. Terry 認爲部門分劃的基礎有六種：即「功能」、「產品」、「地域」、「顧客」（customer）、「過程」與「工作團體」（task group）。（註一六）

第四，H. Albers 則認爲有七種，即「功能」、「服務」（service）、「產品」、「地域」、「設備」（equipment）、「時間」（time）、「字母或數字」（alpha- numberical）。（註一七）

第五，W. H. Newman 認爲有五種，即：「產品或服務」、「地點」、「顧客」、「工作程序」（

work procedures ）與「功能」等。（註一八）

第六，S. C. Wallace，認爲分部結構是決定於部門分劃的過程，而部門分劃的過程，又決定於下列四個主要基礎。卽第一是「功能」，第二是「工作程序」，第三是「服務對象」，第四是「地域」。（註一九）

第七，A. K. Wickesberg 認爲部門分劃的基礎有五，卽：「產品或有關產品的服務」、「功能或與功能有密切關係之事項」、「地理區域」、「技術或過程」、「顧客服務」。（註二〇）

第八，H. L. Sisk，認爲有六種，卽：「功能」、「產品」、「顧客」、「地理區」、「過程」、「順序關係」。（註二一）

以上所述，乃是有關機關組織之部門分劃基礎（或「方式」）（註二二）。部門分劃之目的，在協助機關組織達成目標，機關組織在部門分劃時，應卽按照機關本身的特殊性質和其所面臨的內、外環境因素以及其所要完成的特定目標，酌採上述諸因素、方式，綜合運用，審愼擇取最有利之組織分化方式，俾能提高工作效率，增强組織效能。

以現行中國行政機關爲例：部門分劃的「基礎」或「方式」，共有左列各型態：

第一型態：功能型（ Function or purpose model ）

這一型態者現行機關中最多，如內政部的民政司、戶政司、役政司、社會司、勞工司、地政司、營建司……；教育部的高教司、技職司、中教司、國教司、社教司、體育司……他如各縣市政府、各鄉鎭市區公所的「部門分劃」，其「基礎」均採此一「功能型」。

第二型態：數目型（Numberial model）

這一型態，在台灣省政府及台北市政府最多，如：省政府財政廳的第一科、第二科、第三科、第四科、第五科；台北市政府社會局的第一科、第二科、第三科、第四科、第五科、第六科……便是。

第三型態：服務對象型（Clientele model）

以「機關」言：如行政院的「退輔會」、「青輔會」；以「單位」言，如外交部的「禮賓司」、教育部的「學生軍訓處」……便是。

第四型態：地域型（Place or geographical model）

以「機關」而言，如各縣市政府；各鄉鎮市區公所；以「單位」而言，如外交部的「亞東太平洋司」、「亞西司」、「非洲司」、「歐洲司」、「北美司」、「中南美司」……便是。

第五型態：物品型（Meterial model）

以「機關」而言，如省政府的「物資局」、「糧食局」；以「單位」而言，如各機關的「總務司」、「事務科」或「庶務股」……便是。

第六型態：功能—數目型（Function - Numberial Model）

本型態以台北市政府最多，如台北市政府民政局之「第一科（區里行政）」、「第二科（自治選舉）」、「第三科（宗教禮俗）」；又如教育局之「第一科（高等教育）」、「第二科（中等教育）」、「第三科（國民教育）」、「第四科（社會教育）」……便是。

第七型態：功能—地域型（Function - Place or geographical model）

如外交部之「北美司」、「歐洲司」……與「條約司」、「情報司」、「國際司」……等併列是。

三、部門分劃的一些問題：內部磨擦的發生

行政機關組織結構的問題，由於技術的重大革新而發生者，多能很快的也很清楚的察覺出來。但是，在大多數的情況下，改變是「漸進」的，是一步一步發生的。而每一步改變都不大，不足以顯出有考慮調整組織的必要。因此，只需小作調整，便能應付裕如。可是，這樣逐步改變的結果，終難免會造成磨擦，造成作業工作劃分的紛擾。

以下討論幾個有關行政機關內部磨擦的案例；那些磨擦其實正是部門分劃方面的問題。不過，並非由此推論，認爲那樣的磨擦和紛爭一定是每一個機關部門都會發生。而事實正好相反：在逐漸改變的過程中，大多數的行政機關都能保持穩定，而且能保持相當長時期的穩定。但是，既然組織必需以其大部份時間來謀求改進，下面提到的例子便是今天行政機關組織設計應該正視的課題。

1做些什麼？誰來做？

在行政機關中，責任不清，往往產生無謂的磨擦。例如在某一縣政府的某一單位裡，有位服務多年的「課長」退休，這位課長的資歷很深，在該單位服務將近二十年，平時他的責任範圍，和他的任事方法，都是傳統的方式。他退休後，該單位起用了一位「青年才俊」型的張三來接替，此人見識廣，經驗亦豐，但自接事以後，很快發現他與該單位的老同事，格格不入，他的許多觀念不能爲老同事所接受，當然，許多「創新」的方案，也就無法推行。甚至於爲了一些新的措施，往往與其他單位主管發生爭辯，甚至衝突。其實，問題是張三的責任範圍沒有澄清。所以，種種人事的磨擦就因而發生。因此，迫得這位年輕的主管只好不多過問。

其次，責任劃分不清，也常會使人不肯做他應做的事。

2.對本單位的熱心

主管對於自己主管的單位表現高度熱心，也常會使他在作業時越出規定範圍外。如過去台北市政府的警察局與建設局對於交通局的許多案例。當然，想把自己的本位工作澈底做好，總歸是值得稱許的事，不過認眞辦事也會帶來困擾。如被其他單位批評爲「高效率的怪物」則是。

3.踏進衝突的陷坑

管理人員侵犯他人的權責，總會有個藉口；會說那是事實所需。如前述台北市政府警察局之對於交通局是。雖然解決了事實上的問題，但卻「踏入了衝突的陷坑裏」。因此，在行政機關的其他許多例子中，處理非屬本份內的業務而常造成部門和部門間或單位與單位間的敵對與磨擦。

4.建立自己的王國

「建立自己的王國」(Empire Building)，和「踏進衝突的陷坑」非常類似；這兩個現象之間不易劃分界限。如行政機關安全室併入人事室，研考室併入行政室的實例。很自然的結果，在安全、研考單位主管人眼中看來，人事、行政兩單位的主管，是有意在建立他「自己的王國」。

5.逕向高級主管提出報告

大多數做主管的人，都希望自己能向組織金字塔的尖端直接報告。因此，縣政府的「農林課」認爲他們應該脫離建設局，另成立「農林科」，俾能直接隸屬於縣長。目前各機關的研究發展部門也提出類似的要求，認爲研究工作性質特殊，不宜老受別人指揮，研究的盡是眼前急功近利的小問題。爲甚麼都希望能向高階層報告？一部份原因，是因爲他們認爲自己的業務太重要，非讓高階層人士親自瞭解不可。另一項原因，則牽涉到個人地位的問題；縱然向高階層報告之後，他們的責任未變，單位的大小未變，他們的薪水也未變，但是他們會覺得自己的地位已經提高。（如目前縣政府的農林科長，已經與其他各局、科長並排並坐是。）

上述提出這些有關部門分劃的例子。這類問題有時不能純靠機械式的方式來處理。其中牽涉到社會價值觀，牽涉到傳統，牽涉到「非正式的意見溝通」（informal communication），也牽涉到有關人員的個別差異。但是此地討論的是「正式的組織結構」，我人只是從「理性」的立場來研究「工作」應如何劃分。這是因爲：如何主管不能客觀的分析工作結構的程序面、正式面、技術面和法制面，而想立即從人性行爲方面或情境面向來處理的話，恐將會陷入困境。

四、部門分劃的檢討

部門分劃理論（Theory of Departmentalization）是萌源於傳統組織理論時期，早於一九三七年即爲 L. H. Gulick 和 L. Urwick 所倡導（註二三），甚至更可遠溯至亞里斯多德（Aristotle）所著之「政治篇」（politics）。

儘管目前組織理論已進展到「系統理論」的階段，但此絕非意謂其對傳統組織理論的排斥和反抗，而是予以修正和補充而已。誠如我國行政學家張金鑑教授所謂：「組織不僅當視爲權責分配的體系，更是職員對權責觀念的體認，情況和意見溝通以及感情交流的心理狀態。」（註二四）張氏又謂：「組織的觀察，應該來自三方面的途徑，即靜態結構的觀察，動態功能的觀察以及生態發展的觀察。」（註二五）另外，H. Sisk在其所著「管理原則」（Principles of Management）一書中亦說：「管理之理論有如拱門（archway）一般，是由三部份所構成，拱門垂直的兩支圓柱（two vertical columns）分別代表相互對立的傳統正式組織理論和人群關係的非正式組織理論二者，頭頂上的『拱』則代表聯結和融合此二理論之系統理論，因此，一個完整的管理理論是由此三部分共同組成，故吾人研究管理理論即須同時重視三者而不可偏廢。」（註二六）部門分劃理論雖屬傳統組織理論，然至今仍甚具研究和應用價值，這是吾首先應加說明者。

由於部門分劃理論所研究者乃是一種過程，一種如何將機關中的工作、人員加以分析（analyzing）、劃分（dividing），和類歸（grouping）到每一管理部門（managerial units）的過程，而此種管理部門之建立，即是機關組織結構（organizational structure）建立之第一步。由此可知部門分劃在行政機關組織設計中實具有極其重要之意義和地位。

既然部門分劃理論所研究者乃是一種過程，故其本身並非「目的」，而是一種「手段」，一種爲達成機關目標的手段；而在這些手段（方式）之中，並無一種是盡善盡美可資遵循者（註二七）。因此，筆者擬在此簡單歸納其優劣點，並針對這些缺點提出補救辦法。

部門分劃理論之優點，常因其所採方式之不同而異，惟一般可略見者有下列數點：

第一，可減輕機關高級主管負擔，並培養其管理幹部：近代機關組織因爲業務十分繁雜，而且各級主管之管理幅度皆有一定之限度，因此，主管人員實在無法單獨負擔是項繁雜之工作，亦不可能「無限制」

地增加其屬員數額。部門分劃理論，正是針對該項困難期使機關主管人員能將工作和人員依其性質分劃部門，而使這些部門皆能具備各項職能並依權責處理事務，如此卽可減輕主管人員之負擔，使其專心致力於重大問題之思慮，而不必爲例行瑣務煞費心思。

第二，可使各部門間更加密切合作，以提高行政效率：機關採用部門分劃後，各部門職能完整，皆在主管人員監督下悉力爲組織目標共赴事功，自易妥善配合，且因各部門皆有一定業務範圍，責任分明，事權確實，可免爭權諉責之弊而收效率高彰之功。

第三，可以充分利用分工和專業化之優點與利益：由於社會日趨繁榮進步，各機關事務日趨龐雜專殊，採用部門分化理論正是依據工作和人員之特性予以分劃部門者，必能充分利用分工和專業化之所有優點與利益。

第四，可使機關各部門對其負責之業務妥作全盤性之考慮：機關部門分劃後，各部門管理人員對其主管業務負有全責，爲求妥善達成任務，勢必對其主管業務之各項職能從事全盤性之考慮思量。

部門分劃之缺點，亦因其所採方式之不同而異，通常可見者約有下列數端(註二八)：

第一，易導致「本位主義」而忽視機關之整體和長期性目標：部門分劃組織下之各機關的部門，爲建立「自己王國」，達成本單位目標，常形成本位自私之弊而忽視機關整體目標；亦卽各部門均以達成自身目標爲急務，而對機關整體目標和長期研究發展工作缺乏熱忱和興趣，影響機關之整體發展。

第二，易使專業人力分散，人才難以充分發揮：部門分劃組織後，其原本所保有之各項專才，皆因分散使用，而無法集中管制運用，且分化後之各部門組成規模較小，專業工作亦較簡單而輕鬆，故專才難有充分發揮之機會和需要。

第三，各部門工作有時會有重複之處：部門分劃組織後仍有部份事項須賴總機關核示，二者之間權責固可作適當之劃分，但少部份重複之處在所難免。例如總機關之幕僚單位和分支機關之幕僚人員應如何協調？其政策方針應如何謀求一致？實爲一項難題。

第四，部門分劃理論之最主要缺點，乃是將機關中之各種活動視爲明確而具有高度例行性的事務，並並將人視爲固定不變的工具（inert instrument），忽略了人類行爲的動機。事實上，機關之活動常因環境之刺激而改變；而人員之活動亦多受其「動機」之影響。

第五，部門分劃理論未正視動態計畫的發展：由於科學技術進展日新月異，隨時會有許多新的活動產生。對於這些新活動應如何安排處理，部門分化理論中並未提及。

五、部門分劃的建議

對於上述部門分劃理論之缺點，筆者擬從組織設計之觀點提出幾點建議以爲補救。

第一，針對「專業人力分散，人才難以充分發揮」之缺點，吾人可以採用「矩陣的組織方式」（matrix organization）補救之（註二九）。此種矩陣組織方式亦稱之爲「新的臨時性組織結構」（New AD-Hocracy）（註三〇），是一種臨時性之組織新組合，它打破原有的組織結構，而臨時構成一種以主持「計畫」者爲主的新結構，來解決機關內短期性特殊問題。例如醫院之會診制度，卽是爲了解決特殊病患或病症所設者，由各部門有關人員臨時組成，打破機關各部門之原有結構；一旦病症治癒後，此臨時機構卽告解散，而所有人員又回原單位繼續服務。

行政機關矩陣組織結構圖可從左圖示之（機關內部之矩陣組織）：

二維的行政組織（以教育部爲例）

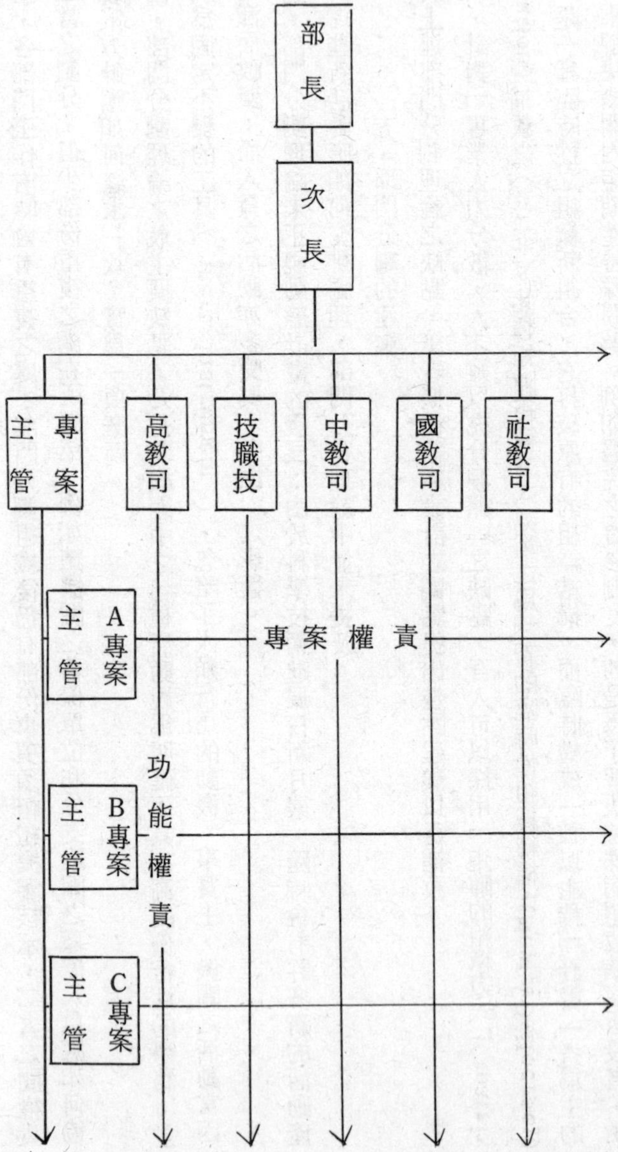

「矩陣式組織」（matrix organization）代表傳統縱向功能部門與專案組織的結合。本質上，它是導源於權力的二維特性（two - dimensional），換句話說，它除具有傳統由上而下的一維特性（one - dimensional）外，還兼具橫方向的性質。在這種矩陣式組織中，專案將橫跨多個功能部門。專案小組是由各功能部門的人員所組成，在專案進行期間，爲專案效力，一俟專案完成之後，即回到原來的功能部門。再以機關與機關間之矩陣組織爲例，如後圖所示：

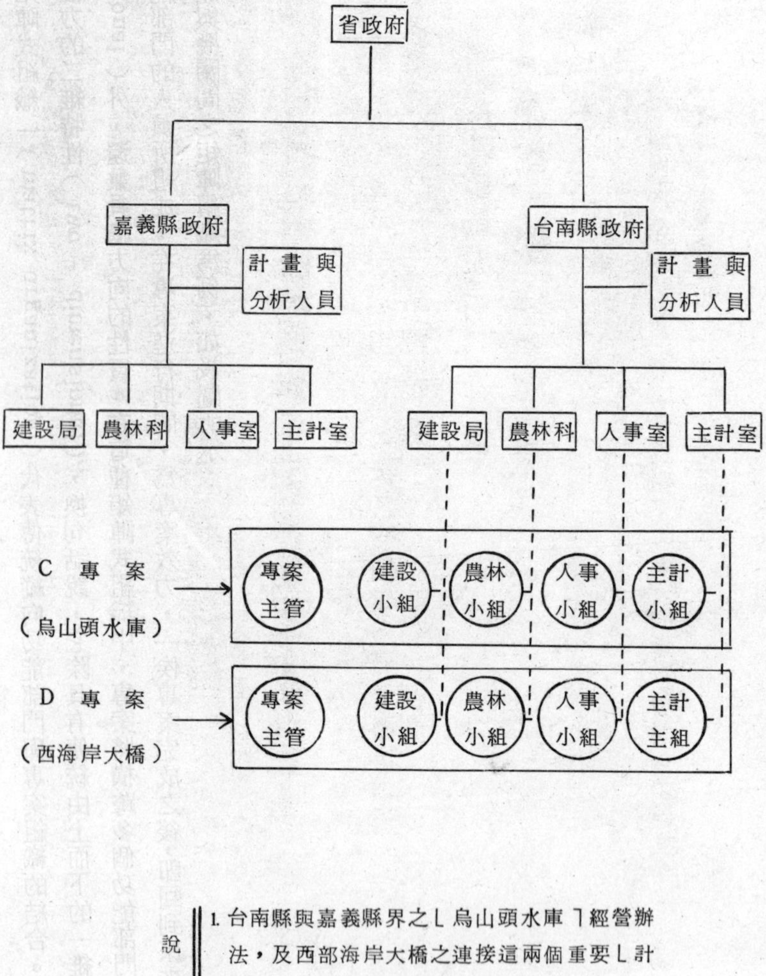

說明

1. 台南縣與嘉義縣界之「烏山頭水庫」經營辦法，及西部海岸大橋之連接這兩個重要「計畫」，係依「矩陣式組織」加以完成的。
2. 圖例以台南縣為個案。

在矩陣式組織中，專案主管（project manager）與功能主管（function manager）各自扮演不同的角色，然卻須互相依賴。形成一種「互補組織」（complementary organizations）。專案主管在專案工作中行使總主管的權力，而功能主管則負責維持其功能的完整性；兩者間若不相互支援，則無法成事。

在這樣一個組織中，專案主管與功能主管乃免不了會發生衝突，只有藉彼此間的協調與會商，方能獲取有效的行動而使工作順利推展。不過若衝突的起因是惡意的中傷，而非出之於善意的建議，則將有害於組織。因此，這種矩陣式的組織環境是動態的，它可能會有很大的成就，而也可能造成極大的混亂，結果如何，完全要看主管人處理的技巧。

第二，針對「導致本位主義及工作重複」之缺點，吾人可以「授權」和「目標管理」予以補救之。機關授權後，非但可以減輕主管之負擔，而且可使溝通孔道（channel of communication）清晰化，使機關上下層級間之「社會距離」減少。由於溝通孔道之清晰，乃使各部門間容易有效的溝通、協調，能對主管事務做出明確合理之規劃和決定，可以免除工作重複的現象。（詳情請見本文下節）

此外，吾人亦可採用「目標管理」（management by objective）來矯治上述缺點。「目標管理」乃係Peter F. Drucker於一九五四年在其成名鉅著「管理實務」一文中提出，旨在期使機關組織能藉著溝通和交換意見來決定重要目標和方針，而使各部門之目標密切配合，且由各單位自我控制其工作進度並自我評核其工作績效，用以激發部屬之責任心和榮譽感，使各部門皆能善盡其本身職責，個個皆能達成既定目標，進而促使整體總目標之如期完成。由於目標管理之實施，能使各部門獲得充分協調溝通之機會，使各部門業務密切配合，則必可消除工作重複和本位主義之弊病。

第三，針對「因科學及技術進步日新月異，許多臨時產生之新活動不知如何安排」之缺點，吾人可以「系統理論」之觀點，採用「例外管理」（Management by Exception）的原則補救之。所謂例外管理乃是機關主管對於經常性和一慣性之事項不加注意而特別重視臨時偶發性事務之處理。

第四，針對「視人爲固定工作，忽視人類行爲動機」之缺失，可以「激勵管理」（Management by Motivation）之原則補救之。所謂激勵，乃指有機體在行動時所欲滿足之需求而言。一個機關組織之領導者，倘能瞭解並應用激勵管理之原則，在滿足部屬之生理和物質需要外，並能滿足屬員們心理上和精神上的表現慾、尊榮感以及成就慾等高層次之需求；如此，必能瞭解和重視人性尊嚴，善知人類行爲動機，使每位屬員皆成爲快樂而有效率的工作員，同心協力，妥善達成機關目標和任務。

第二節　機關工作的垂直分化：分權與授權
——管理工作的縱面分工（一）

一、分權

在任何行政機關之組織設計中，不論規模大小，上至首長、副首長、各單位主管，以至於第一線單位的主管，都能看到管理人員有不同層次的劃分。主管的職銜儘管有所不同，可是古往今來，這種人類社會較高級的結構，都能表現出同樣的管理上的層次。

(一)分權的特質與意義

所謂：「授權」（Delegation of Authority），是屬於上層職位的人，把自己的責任中之一部份，連同負起這項責任所必具的權限，交付給下級職位人員，授權也就是各個職位間部份權限的轉移。而「分權」（De-centralization）則為把組織的全體性的權限，儘可能分散到組織的下級階層。其不同之處：授權是從特定職位授權給另一個下級特定職位的個別的權限的轉移。而分權則是從組織的上級階層分授權限給下級階層的組織之全體的授權（註三一）。但是像組織地區分散，往往被拿來與分權混為一談，事實上分權與組織之地區的分散，完全是兩件事。地區的分散誠然也往往會因此促進組織的分權化，但決不能說地區的分散就是分權化的實施。

要說明分權，固然先得把「分權」與「授權」的不同與其關連性說明白，同時也要與分權的反對概念，也就是「集權」，加以比較研究。

H. A. Arlun 認為：「集權與分權，都是不離授權範圍的，授權本來就意味着由某一個職位把權限責任，轉授給另外一個職位。而所謂分權，則為關於組織全體權限的、體制性的權限轉授。」（註三二）也就是說授權是個人的行為；而分權則為組織間的行為。這可以說是其不同處最明顯的特徵。

此外還有第二個特徵，就是授權是以涉及權限之「質」的問題為主，而分權是把重點放在權限之「量」的方面。雖然在上下級職位的，究竟以多少權限交給部屬為宜？也就是量的方面亦屬重要的考慮因素，但是在授權的過程中成為問題的，還是在到底以那種權限交付給部屬為主。反過來說，在分權方面究竟以何種權限交付下去，雖然亦屬重要，但是重點却還是在權限的分散到下級組織到底該到怎樣的程度？也就是量的多少。

至於分權與集權的不相同處，H. A. Arlun 認爲：「所謂分權，是把只有中央所能行使的權限以外的全部權限，統統交到最下級階層裡去的一種發揮組織力量的制度。」「所謂集權是把權限都保留於組織的中央部的一種制度。」（註三三），其實這也只是程度上的問題，權限的分配到底是分散在組織內，還是相反的集中在最高機構內，這是要看實施程度的差別來決定的。而絕對的集權或分權，是不可能的。如果眞有一個絕對集權的組織，那就是一個完全沒有下級組織層的單一組織。再從相反方面來說，假如也有所謂絕對的分權組織，把所有的一切權限完全授予下層，那麼其上層組織豈非形同虛設？像這樣的組織，在現實組織中也是根本不可能存在的。

不過，如說集權或分權，只是程度問題的話，那麼要怎樣才知道這程度上的差別之所在呢？H. O. Deal 認爲，下面所列舉的要素在分權化中其程度越高的，分權程度也就越高。（註三四）

(1) 低級階層所作的決定越多，分權的程度越高。

(2) 低級階層所決定的事越是重要，分權化的程度也越高。

(3) 低階層所作的決定涉及到的機能越多，分權化的程度也越高。

(4) 在決定方面的限制越少時，分權化越高；分權化的所有決定都不必經過核准，其程度最高，當決定後還得向上級報告的，在程度上就要差一點；如決定時必須向上級請示的，其程度更低；要經過請示的層次人數越少，而發出請示人在管理上地位越低，分權化的程度就越高。

要之，在判斷分權化的程度高低時，應以管理者參與決定的程度爲基準。

總之，分權與組織（或工作）的地區分散，不能混爲一談，所謂「分權」，是權限在組織內分散的程度問題，不一定要把組織（或工作）作地區性的分散。不過就一般的趨勢來說，凡是組織（或工作）分散在各地的，由於中央方面管理的困難，可以說就更容易促進「分權化」。不過分權（以及工作）與組織的分散，必須要瞭解在本質上根本是不同的。

㈡主管階層的分配

所謂「分權」從另一個角度來看，也可以說：就是管理工作（managerial work）的劃分，並對各「管理階層」分別制定其特定的「責任」（註三五）。

因此，所謂「分權」，其中心課題是：在組織管理之中，到底首長本人應擔任到甚麼程度？有多少工作應分別「下授」（delegate）給低層的管理人員？這些工作，是應該只交到副首長階層為止呢？還是應該一層一層的下授，下授到第一線的基層主管？換言之，各項管理工作究竟應該由甚麼階層來執行？

最高層主持人下授到作業階層的管理工作的範圍越大，這個機關的「分權化」亦就越深。反之，如果一個機關的大部份管理工作都集中在最高層身上，則可以稱之為「集權化」（Centralized）的機關。一般說來，省政府這幾年來是一再趨向於「分權化」的。

這是管理工作的分配問題，是組織設計程序中最為微妙的一面。在同一個機關內，此一部門和彼一部門之間，分權的程度也可能有極大的差異。

常說：某一機關是「集權化」的；某一個機關又是「分權化」的。台北市某市長時代是「集權」的，某市長時代又是「分權」的。這種說法其實只是一種籠統的描寫。這樣的描寫，聽起來似乎言之成理，因為整個機關的「集權」或「分權」好像都已經一致。可是實際上，這問題却有待逐項分析來研究。一個機關的「集權」或「分權」情況如何，究竟不是一句簡單的描寫所能答覆的。這一個問題，對每一位主管而言，都有程度深淺之分。任何一位主管，既不可能將他的管理工作完全「集體化」，也不可能完全「分權化」。

㈢不列入考慮的課題

使用「分權化」這個名詞，有三件事情是不列入考慮範圍之內。

第一，不能考慮「作業」的本身。「作業」的本身，是實際的「工作執行」，那是非授權不可的。任何一位主管，都不可能有時間和精力，將他所監督的一切工作都由自己來執行。事實上他之所以名爲「主管」，就表示說他必需將「作業」交給他認爲靠得住的部屬去做。所以，用「分權化」這個名詞，只以爲作業執行所必需的「管理工作」爲限。當然，有時候主管本身也免不了偶爾有些「作業」性的工作。但是在他做那些「作業」性的工作時，却並不是因爲他是「主管」而做的。「分權化」的問題，只有在已經將實際作業工作分派給他人擔任之後，纔會發生。

其他，工作的實際執行的地點分散，也不能看成爲「分權化」。如財政部關務總署的台北關、基隆關及高雄關是。

第三，不能考慮到「功能化」（functionalization）的問題。在上一節裏已經討論過：所謂「功能化」，是將同一類別的工作集中在一個單位內，而不是將這類工作分散。這是一個關於部門分劃的問題。因此，在本節裏，是先假定各項工作已經分配給某些部門擔任，從而研究如何「管理」這些部門的問題。

㈣分權問題自古而然

機關首長自己應該擔任多少工作，又應該將多少工作分派給部屬擔任，這一問題困惑了多少個世紀。聖經中有一段最早的參考資料，說明摩西如何爲此一問題所困。現抄錄舊約出埃及記中的一段如下：

「第二天，摩西坐着審判百姓，百姓從早到晚都站在摩西的左右。摩西的岳父看見他向百姓所做的一切事，……摩西的岳父說：『你這做的不好。你和這些百姓都必疲憊，因爲這事太重，你獨自一人辦理不了。

現在你要聽我的話，我爲你出個主意。願神與你同在，你要替百姓到神面前，將案件奏告神。又要將律例和法度教訓他們，指示他們當行之道，當作之事。

並要從百姓中揀選有才能的人，就是敬畏神、誠實無妄、恨不義之財的人，派他們作千夫長、百夫長、五十夫長、十夫長，管理百姓。叫他們隨時審判百姓，大事都要呈到你這裏，小事他們自己可以審判。這樣，你就輕省些，他們也可以同當此任。你若這樣行，……你就能受得住，這些百姓也都平平安安歸回他們的住處。』

於是……摩西從以色列人中揀選了有才能的人，立他們爲百姓的首領，作千夫長、百夫長、五十夫長、十夫長。他們隨時審判百姓，有難斷的案件，就呈到摩西那裏；但各樣小事他們自己審判。」

摩西當年面臨的基本問題，今天在行政機關依然存在。當然，過去在行政機關中，常聽到說做主管的人每天可以遲到早退，而一般職員却需長時間的辛苦。這種情形，今天却不是這樣。今天大多數的主管，工作時間遠比他們的部屬爲長。他們「盡心、盡力、盡責」，他們「任勞、任怨、任謗」，他們沉重的工作負擔，再加上整天的精神緊張，已經造成了許多人胃潰瘍的「職業病」。因此，何以行政機關在每一次有關管理的會議中，「分權化」總是討論得最多的課題之一，也就不足爲奇。主管應如何減輕工作負荷，實在是一項必需研究的問題。更何況一旦主管在實施「分權」之後，他們總能夠發現部屬的士氣、單位的協調，以及行動的速度等等，往往都能有所改進。

機關組織愈大部屬成員愈多，身爲首長，必將發現越來越承受不了那沉重的負荷，無法將注意力集中在管理問題上。如果不採行「分權化」，也會像摩西一樣的受不了。在五六位主管的訪問中證實了這一點。因此，將管理工作劃分開來，向下推移，其必要性是無可置疑的。但是問題是應該如何進行。任何一位主管，在承擔責任後。莫不希望能夠圓滿地善盡職責。那麼，實施分權，將各項例行問題交付給部門去自由處理，他又如何能夠保持適當的「控制」（Control）呢？有些甚麼決策工作，應該保留在高級主管手中呢？較低階層的主管，獲得了上級分派給他的改進作業的責任，應該對執行的成果負責嗎？

這些問題，看起來雖然簡單，可是並不是在決定管理工作分派給他人的時候就能得到答案的。事實上，外在的情況隨時在變化，在在都足以造成一種趨勢，使人覺得有將已經授權的管理決策收回來的必要。因此，實需對每一位主管的工作再作進一步的研究，纔能確定到底有些甚麼項目可以分派給較低階層的主管。

㈤分權的考慮因素

1.處理問題時若需要作適當的「決策」（Decision of Making），誰最易獲得決策所需的資料？或誰最清楚那些資料？

對某一問題需作適當的決策時，其有關決策所需的資料，有時從頭到尾都握在某一位個人的手裏，在這樣的情況下，此類問題最適當的決策人，當莫過於此人本身。

2.誰纔最具有作「最佳決策」的條件？

很明顯的是：如果較低層人員的能力和經驗不夠，不足以對某一問題作最佳的決策，則不宜輕率授權給他們決策。不過，所謂能力和經驗是相對的。

3.是否必需「迅速」和「當場」的決策，纔能配合當地的情勢？

緊急的業務這一類問題，應由負責人員當場立作決定。

4.是否需與其他有關業務作密切的協調聯繫？

有時候若需要有「一致」的行動；因此同類事件的決策，便應採集權方式。

5.決策是否具有足夠的重要性？

機關遭遇的問題，有些較爲次要。自不妨交由較低層人員決定。這一類的小事情，如果也由高層來處理，那麼上下之間的指揮溝通，和高層人員所花時間的成本，恐將遠比決策好壞所引起的節省或損失大上好幾倍。

6.在準備將一項任務交付某一主管，此人的工作繁重程度如何？

分配工作時，勢必需避免使人負荷過重。也許一位高級主管，本身既有的責任已經夠重大；再給他以另一件務，他不免無法承擔。一位主管已經夠忙夠累，實在再也找不出時間來深思熟慮，作出最好的決策。一位繁忙的主管，我人瞭解他對某一方面必能有出色的貢獻，非借重他不可；那麼最好請他只擔負某一個階段的計畫；至於其他階段的工作，就不必再勞他去處理。

7.採行分權化的辦法，是否足以鼓勵士氣，提高主動精神？

分權化的辦法，對較低層主管人員，通常具有鼓勵士氣和促成主動的作用。但是，這却是「可能」而非「必然」；必需先有把握，纔能付之實行。（註三六）

上述各項，都是在面臨一項特定情勢時，考慮採行分權化應注意的因素。這些因素，有輕重之別，並知各因素的輕重如何。而且，這各項因素之間，有時候其性質是相反的—例如重視決策的速度，則宜採行「分權」；而如果重視協調，則宜採行「集權」，因此，衡量時，必需愼密考慮各項因素的平衡。同時，還得一面顧及組織的傳統，一面也顧及個人能力的培養。在這裏，吾人當又能瞭解有關組織方面的管理問題，是多麼需要高度的判斷？

總之，「分權」是民主的產物，管理的眞理，它已被人公認爲是一個很好的制度，其主要原因不外乎：第一，意志的決定迅速；第二，下一代管理者的培養；第三，減輕管理者的負擔；第四，費用的減輕。（註三七）組織設計的學者，從未藐視「分權」其理在此。

二、授　權

㈠授權的認識：將組織緊密的聯結起來

行政機關工作既經劃分之後，就產生許多職位；應分別由作業人員和管理人員來承擔。很明顯的是：產生許多「職位」，管理階層應設法將各種不同的職位聯結起來，以組成爲「整體性」和「合作性」行動的機關。聯結這些職位，必需用一種「膠接劑」。這項「膠接劑」，便是「授權」（Delegation），和因授權後所造成的內部成員之間的相互關係。（註三八）

在機關中凡是擔任過主管職位的人，對所謂「授權」都能耳熟能詳。授權也者，只不過是將一部份作業工作或管理工作，交付給他人，信任他人的處理而已。授權的結果，造成同仁之間的關係；有人稱之爲老闆與僱員的關係，或主管與部屬的關係。

在任何一個機關裏，總能找到一位最高主持人。在軍隊，稱爲總司令；在慈善機構，稱爲總幹事；在行政機關，稱爲首長；在中央稱爲部會處局署長；省爲主席、縣爲縣長、鄉爲鄉長。此外還有其他別的職銜。無論何種機關，主持人都不是三頭六臂，何能處理全部的業務？因此，他就要將大部份的工作，授權給另外幾位部屬。這幾位部屬，再將一部份工作授權給部屬的部屬。授權，再授權，再再授權，如是逐級授權、分層負責下去，直到所有的作業和管理的工作都有人承擔，而且認爲獲得授權的人確有時間和能力來承擔時爲止。一位主管，每當在授權給下一個階層時，他便在「指揮鏈」（Chain of command）上鑄造一個新的「鏈節」。每一位科員，每一位專員，每一位專門委員，都各有其上級主管；他們的上級主管，又各有其上級主管；如是逐級向上，直到最高主持人爲止。這就是管理人員的一座「金字塔」，也就是組織型態的眞面目。

授權的實務，和因授權而產生的指揮鏈，在歷史上已經存在若干個世紀。例如凱撒（Caesar）的軍隊組織，例如羅馬天主教的組織，例如東印度公司（East India Company），例如美國的社會安全局（Social Security Administration），例如萬國商業機械公司（IBM）都莫不有如此的授權和指揮的成功實務。雖然說還有許多別的方法，也同樣可以促成協調的行動，可是授權的程序，畢竟構成正式組織結構的骨幹。

但是令人奇怪的是：像「授權」這樣重要的一環，久已爲人熟知，可是却一直爲許多人所不瞭解，而且也一直處置得有欠理想。政府遷台二十多年，差不多在任何有關管理的會議上，「授權」總是討論的項目之一。任何一位較高層的主管，或任何一位新上任的主管，也總是為授權問題而頭痛。從許多主管的經驗看來，大概可以想到所謂「授權」，必不只是字面看來那樣簡單，其中一定有些甚麼「花樣」存在。因此，覺得有加以研究的必要；如果能指陳出授權的眞正涵義以及是有些甚麼「特性」，也許對行政機關中的主管和部屬都將是頗有意義的事，也是組織設計所用力之目標。

授權的意義有三，第一，「授權是使別人做你的部分工作。」第二，「授權是給予別人權限，來做你的決定。」第三，「授權是授予權限以伴隨責任。」（註三九）

上面三種定義中，最能切合眞正授權的精神與意義者，應該是：「給予別人權限，來做你的決定。」這也正是一個被人證明為最難使一位主管「接受」的定義。

主管一定會問到：「我如何能夠給別人權限，去做我受薪要做的事？這原就是我與我的部屬不同之處，我是被預期和受薪要承擔風險與責任，去作決策的，他們則不是。」

對於所有主管職位的人，這也許有點道理，不過任何重大的決定，常常是集合較小的決定而形成的。這就是主管決定要授權多少給其部屬的關鍵之所在。

Theodore Roosevelt 的名言，可以做此一小節的結語。

「一個最好的行政人員，乃是一個具有充分意念去選擇最適當的人，以完成其所欲完成的工作，同時，當他們在進行其工作時，你必須要嚴謹地自治，以期極力避免對他們有所干擾。」

㈡授權的三大特性

主管對部屬授權時通常總得有下面的三種行動：（註四〇）

第一，他要對部屬指明他們的「責任」（duties or responsibilities）所在。也就是說：授權者應說明部屬應該做些甚麼？

第二，他要對部屬授予適當的「權限」（authority or power）。主管指明了部屬應該進行些甚麼工作，就得同時交給部屬一份適當的權力；例如：使部屬擁有支出費用的權力，擁有指揮他人的權力，擁有對外代表機關的權力，擁有採取必要行動的權力等等，以使其能履行「責任」。

第三，他要對部屬交付必要的「義務」（obligation or accountability）。部屬在接受主管的授權後，便對主管有必需完成某一工作的義務。

因此主管在對部屬授權，必需明瞭「責任、權限、義務」三者，乃是完成授權的三項要素。主管能明瞭這一點，纔能減少他授權時可能遇到的困擾。這三項要素，正像是三脚櫈的三個脚，彼此相互依恃，纔能支持全體。

現在分別說明如下：

1責任

所謂「責任」，可以從兩方面來說明。第一，可以從「功能」（function）方面來看「責任」。也許說：張三的「責任」，是做什麼，做什麼……。照這個方向看來，所謂「授權」，當是一套如何對個人指派工作的程序。所以O. Blean 認爲：「責任，乃是分配給組織中特定成員的管理活動中的工作」（註四一）；而H. A. Alun 也認爲：「所謂責任，乃是被分派於一個職位的工作。」（註四二）

第二，也可以從「期望」部屬達成何項成果來看「責任」。從這方面來看，則應該說：張三的「責任」，是遵照職位說明書來做什麼？所說的「責任」，並不僅僅是「應該如何如何」，而是應該說明「需要完成甚麼甚麼」。所訂的「責任」就不止是一項「平實的說明」，而是對接受授權者有所「期望」。一個人的「責任」如何，只有在他瞭解應如何做，應完成如何的任務，纔能算是明確不移。

2.權限

已經將某一責任交付給某人，自必需同時賦予他所要的「權限」，使他能順利遂行其責任。要張三工作，自需同時給他應有的權限。所以O. Blean 說：「權限是在完成責任上所必需而正當的一切手段。」（註四三）

然而，賦予權限，往往並不簡單。事實上許多主管在授權時，常忽略這一環的重要性，因而造成授權的困難。吾人應當瞭解，主管賦予部屬以權限時，有那些種類的權限可賦。此外還該認清在這方面有些甚麼實質上的限制。

管理上的權限，是由許多「特許」（Permissions）或「權力」（Rights）所組成的。其中包括：在某些特定範圍內採取行動的權利。這些權利。爲機關的首長所享有；以法律或習慣爲其依據，同時也爲社會的道德力量所支持。這些權利部份來自「私有權」的觀念；部份來自政治制度的認定；也有部份來自人類在群體合作時，有一種一向寄望於追隨上層領導的習性。這就是權利何以產生的背景。機關的成員，事實上可以說是一個整體社會，都承認機關的首長應該擁有某些權限，同時也都承認機關首長可以將其權限賦予他人。

當一位職員從事一項工作時，會希望得到機關裏某一人士給他的指令；會希望管理當局「特許」他做爲機關的代表；也會希望在他工作優良時，有人給他賞識，在他工作不良時，有人督促他改進。這些也是一種「權限」，是一種所謂「社會接受的權限」。社會接受的權限，就是「正式權限」之所由生。機關在建立一種正式組織後，管理階層自會將這些「正式權限」分散在各階層職位上。所以Fayol便說「權限是一種命令權，使人服從的一種力量。」（註四四）

但是所謂「正式權限」（formal authority），在歷史上却常受到挑戰。例如英國的「大憲章」（Magan Charta）的故事；十八世紀時的所謂「波士頓茶黨」（Boston Tea Party）的故事；「潘迪號艦」（Bounty）叛變的故事；以及本世紀六十年代中常見的靜坐示威等等，在在都是對當時的正式權限的挑戰。但是，這些對正式權限挑戰的故事，究竟只是一種例外。通常的情況，人類都是自願承認正式權限的存在的。大體言之，人都希望看到權限，也都常依賴權限來行事。但是，從時代上來比較，將可發現今天，跟過去中古時代相比，已經有兩項非常明顯的變化。第一，行政機關的首長對其屬員所能執行的權限程度，已較過去大爲降低。第二，因此，人事管理方面所需採行的其他激勵技術，也就相對的增加其重要性。

不過，在任何一個現代化的行政機關中，權限仍是一項非常重要的要素。但是談到「權限」，切不可與「無限制的權力」（unlimited power）相混。任何一位主管，都不可能授下級以大權，聽任其攪混宇宙的物理定律；聽任其隨便趕走屬員；或聽任其阻礙熱心屬員的合作。主管所授的「權」，是一種「權限」，而不是一種「霸力」。

其次，權限的下授，除了先天的限制外，尚有機關本身內部的種種限制。

3.義務

義務，是有關授權程序的第三項特性。所謂「義務」，是指部屬的一種「感受」；部屬獲得授權後，會感到必需完成其任務的「道德壓力」。部屬獲得授權，便已經身不由己，便不能隨自己的喜歡，愛做就做，不愛做就不做。因此，H. A. Alun 便說：「接受責任時，就產生一種與完成這責任同量的義務。」（註四五）

一位部屬接受上級的任務指派，事實上卽等於是簽署了一份「工作契約」（Work contract）。部屬既經接受，就表示已承諾其應完成的責任。當他承擔下來，在道德責任上便該完成。他應對此一任務的成果負責。因此，所謂「義務」二字，可以解釋爲「獲得授權者應有的一種態度」。一個人任事是否可靠，端在其有無「義務感」（Sense of obligation）。個人如不可靠，則整個機關都必將崩潰。

A. C. Felley 和 R. J. House 對於授權曾有如下的看法：（註四六）

(1)對角色的明確說明，乃是有效的權責授予，和義務接受的先決條件。

(2)對決定和任務完成所需要的責任，權限的授予，應當授至組織的最下層，然後他們才會有充分的能力和資料，以從事於有效的決策或任務的擔當。

(3)對決策或任務完成責任的賦予，必須同時相伴隨著正式而「等量」的權限。

(4)對達成決策或任務的責任賦予，應當同時配以與此項責任相配合的「義務」，和控制的範圍，所以個人和高級主管當局，在需要採取改正行動時，均易於發現計畫與實際行動之間的偏差，而予以適當適時的校正。

㈢授權觀念的應用

1.責任、權限、義務三者的關聯。

在許多組織設計的文獻中，常看到一種非常流行的說明，認爲「權限（authority）應與職責（responsibility）相等」。這種說法的基本依據是：如對某人課以應負的責任（duties），則應該同時賦予其足夠的權限（authority）—不宜過多，也不宜過少—以使其遂行其責任。反之，如果對某人賦予權限，便也同時希望此人能負起善盡其運用此一權限的義務（duties）。這一種說法，誠然有其道理。但是推究起來，實嫌過於簡單。今研究其原因何在。

這種說法的第一項困難，是其中的「相等」（equal）一詞。所謂「責任」，是指「目標及作業」；所謂「權限」是指「權利」（rights）；而所謂「義務」，則是指一種「態度」（attitude）。這三件事情，各有其不同的等級，殊難在其中找出可以測量三者是否「相等」的公分母來。這三者之間，彼此互有密切關聯，誠然不錯。但是這三者有如孩子的蘋果、湯匙，和果醬，彼此何能「相等」？也許可以用「等强度」（Co-extensive）來形容；可是「等强度」一詞也不盡妥當，同樣會造成困擾。

如果假定：在對某人課以「責任」後，某人便將必然需要擁有「一切必要的權限」；作這樣的假定，恐將不免會陷入困境。當然，在課某人以「責任」後，必需賦某人以部份「權限」，例如賦其以說服他人之權是。但是賦予某人的權限，也許僅能止此而已。

進一步說，要說是「義務」應與「權限」相等，也同樣會造成困擾。許多主管在機關中沒有盡到他應盡的義務時，多是用「我沒有足夠的權限」來作爲遁詞。事實上要求部屬盡責，大都有賴於道德的壓力。但是不幸的是在行政機關中許多身爲部屬者，對「義務與權限相等」的觀念太深，常以此來掩飾其未能全心努力的藉口。

因此，籠統的說一句「責任、權限，和義務應該相等」，其所造成的影響，常是弊多於利。這句話說得正確一點（雖然不夠簡潔），應該是這樣的：（註四七）

第一，對於對他人授權的主管來說：

「責任、權限，及義務，乃是互爲依靠的；因此應該極爲妥善的將三者關聯起來。」

第二，對於接受他人授權的部屬來說：

「你應善盡自己的義務，在你所擁有的權限和你的工作條件的情況下，使你的責任遂行到最大的程度。」

2.義務不能下授

主管將責任及權限下授給部屬，部屬又再轉授給部屬，那又會發生甚麼情況呢？經過這樣一層「轉授」（redelegation）後，主管所負的義務是否就此減輕？舉例來說，行政院主計處主計長，授權給其會計主任，命會計主任建立一套「應付帳款」（accounts-payable）分類帳（ledger）。會計主任得到這樣的指示後，便擁有一份權限，一面建立起一套分類帳的登帳程序，一面指派一位會計員，指導他做這些帳務工作，會計員分派的任務，是保持帳目的正確，並應在應付帳款到期時分別通知出納準備付款。會計主任的工作太忙，不能親自處理這份帳務，因此纔授權給會計員，按照他製訂的登帳程序來處理。因此，保持帳目正確和通知出納付款，也就成爲會計員的「義務」。

會計主任將工作交給會計員，便是權限的「轉授」。會計主任與主計長之間，原有一層相對關係；但在經過會計主任的「轉授」後，他們之間的這層相對關係，絕沒有任何改變。會計主任固然將大部份工作交付給會計員，但是他仍然負有同樣的責任，也仍然享有同樣的權限。他如果願意，自可將工作收回來自辦。更重要的是，會計主任對於主計長，仍然有同樣的「義務」。轉授之後，雖然會計員也有相同的「義務」，可是會計主任本身對主計長的「義務」並未減輕。這種情況，就像是主計長借給會計主任十塊錢；會計主任又將這十塊錢轉借給會計員，但是會計主任却不能對主計長說：現在是會計員欠您的錢了。

所以，如果不顧此一原則，那就無異說是一位高級主管在向部屬授權之後，連他本身的「義務」也一併下授，推行成果如何，他便可推諉責任。而且，假定說做主管的這樣簡單就能不負責任，那麼所謂「指揮鏈」也必將因此斷裂；到頭來說不定就會找不到一件事情究應由誰負責。

3.雙層隸屬問題

組織設計授權問題中，有一件經常碰到的課題：是不是每個人「只」能有一位上司。關於這項問題，傳統的組織設計理論說得非常清楚「一個人只能有一個上司」(One boss and one boss only)現行機關人員也就有百分之四十八・一一的人持這種看法。機關中的成員（包括部屬和主管）通常必與許多人有密切往來；因此常需得到他人的協助。可是他却只能有一位上司；也只有這一位上司的指導纔是他最後決定性的指導。這就是所謂「單線式的指揮鏈」。問題是：這種「單線式指揮鏈」，有些甚麼理由來支持呢？

(1)上司有兩位以上所造成的窘境

首先研究這樣一種情況：假定有某人要同時爲三位上司效勞；替每位上司效勞的時間，各約佔他的工作時間三分之一。其實這種情況，在行政機關中很是常見。事實上在工作量不大時，這也許正是最可行的一種辦法。可是等到工作量增大時，三位上司要求他的效勞增加，他便會陷於左右爲難無法處理的窘境：究竟該以那一位上司的工作最爲優先呢？他必將難以同時使三位上司都同時「滿意」，到頭來總會有一位或兩位上司給他指責。其結果，要不是上司對他不滿，就必是他本人的士氣低落。

要解除這一層困難，管理階層應該指定「一位」主管爲他的「直線主管」（line boss）；同時說明此人雖然也不妨爲別的主管效勞。但那種效勞應該只是「服務」的性質。這樣一來，此人就能確定他自己的工作優先順序。這也就是說：工作人員「可以」同時有幾位上司，但是應該在工作人員能夠適當分配其工作時間的範圍內爲限。

(2)越級指揮所造成的困擾

一位主管對比他低兩級或兩級以上的部屬發布指令，也會造成問題。接受命令的部屬，一定會感到非常尷尬。試想，他怎麼能夠不聽高階層的「副處長」的指揮呢？事實上也許他還以能直接替高階層的主持人工作而沾沾自喜，引爲自豪，這是對高階層建立關係的大好機會，可是，他又究竟該替誰工作爲優先呢？先替「副處長」工作？還是先替直屬上司（科長）工作？如果說兩方面都認爲他沒有盡心盡力，他可就吃力不討好。再說，那位直屬主管（科長），也一定會覺得不快。因爲他對自己的部屬的影響力，將因上級主管越級指揮而降低。當然，地位較低的主管，也許不敢有所抗議，可是部屬在做些甚麼和應該如何做，他都不能瞭解；因此，他也就無法善盡督導自己部屬的責任。

在行政機關中，越級指揮既然會造成如此的困擾，因此主管都知道在發布指令時，只能沿「指揮鏈」

逐級的傳遞下來。不過，雖然有這樣的一條守則，却不妨礙高級主管和基層人員的直接討論和見面。事實上這種高低層「面對面」的直接溝通（face to face communication），乃正是應該鼓勵的事。但是在談話時，高級主管却不能不慎重將事，顧全其中間主管的立場和地位；直接督導，畢竟應該是直接主管和部屬之間的事。

⑶整體性的督導

任何一位主管和任何一位部屬之間，都相互有種種的影響力。所謂「影響力」（influence），實不僅止以直線隸屬關係上的主管部屬爲限。不過，雖說一個人的行爲，免不了要受到其他人員的影響，最重要的還是其直接主管的影響。其原因何在，任何人都不難發現。通常訓練和督導部屬的，是主管；告訴部屬應做些甚麼的，也是主管。主管授權給部屬；協助部屬取得他所需的資料和工具；充分表現出「部屬」是他的「人」。他審查部屬的工作成果，督促部屬作必要的改進。他讚美部屬，懲罰部屬，糾正部屬，建議給部屬加薪和升級，也用其他種種方法來激勵部屬。主管對部屬採行的這許許多多的措施，都是密切關聯的。這種種措施，要想獲致最大的效果，應該都是來自同一的來源，應該是整體性的。

但是如果同時有兩位主管，對同一位部屬實施種種督導行動，便可能造成彼此不一致；甚至於可能會互相矛盾。在機關中就常聽到一位主管正在誇獎某人，而另一位主管却在說他還需多加改進。一位主管正說某人的工作應加速和多加主動，而另一位主管却緊緊抓住，不肯授權；他們兩人分配給某人的工作，說不定正好衝突。人與人之間的相處，可以同時跟兩位主管都極爲融洽，正像孩子可以同時聽命於父母二人一樣。可是，如果兩人的意見不同，正像父母管教孩子可能不同，那麼說不定部屬會從中玩弄手段，居間得「利」；或者說不定也會造成對部屬的不平。反之，如果只有一位主管，指揮矛盾的事情便將大爲減少。這正是大多數主管的管理經驗：雙層隸屬關係最好應該力求避免。

㈣實務上的幾項困難

客觀的來說，所謂授權，實在是既簡單又自然的一種「程序」，是任何人都有的日常經驗。但是，在機關的實務上却也常會遇到許多困難。

雖然說主管和部屬雙方，都明白了授權的必要，可是往往由於某些原因，行政機關實際上的授權並沒有成爲「事實」。所謂授權，因此變成「有名無實」。要究明造成此一現象的原因，應該先分析一下主管和部屬雙方的「態度」和「行爲」。

1主管不願授權的可能原因

有許多主管，委實感覺到有將其沉重的工作負荷轉移給部屬的必要。可是結果却未能如願。何以會產生此一現象呢？

第一，有些主管陷進在「我自己可以比別人做得更好」的錯誤中，在六十五位接受訪問的主管中，就有四十二位持這種說法。其實，即使說主管自己確能比別人做得更好（事實上並不盡然），也應該交給別人，交給另一位做得「夠好」的人去擔任。做主管的人，殊不應該斤斤計較於自己動手和別人動手的工作品質；而應該衡量一下：縱然他自己動手可以得到第一流的績效，但是在整個作業的比重上看起來，他是否更應該在計畫和督導方面多花些精力？

第二，也許主管本人，並無「督導他人的能力」。這也是授權的一項阻礙。記得某機關有一位主管，其本人對業務判斷極爲敏銳，而且待人友善，可是要他指揮別人，告訴別人應做些什麼工作，却很難成功。身爲他的部屬者，往往在心理上有幾分不安，因爲他們的工作成敗，常需看他們對這位主管的意圖是否猜測得正確而定。而這一位主管，却正是最需要對部屬授權的人。但不幸他授權時有很大的困難；因爲他常常不能將自己心中的構想對部屬交待清楚。

第三，有效授權的第三項阻礙，是有些主管「對部屬不肯信任」。主管不肯信任部屬，因而吝於授權，這在「主管」與「部屬」的分別訪問中，都有同樣的說法。其補救辦法其實至爲簡單：他可以立刻籌辦一項訓練計畫，也可以另找一批新人。但是有時候問題却並不如此單純。往往一位主管，並不明瞭自已有不信任部屬的缺點。他往往只是憑主觀的反應，對別人如何進行工作，老會有不放心的感覺。有了這種種情況，主管的授權，很可能只是一種「口惠」，實際上却不肯鬆手。

第四，此外還有一層阻礙，是「對卽將出現的困難，缺乏應變的靈活管制」。一位好的主管，在授權後也必仍然會隨時感到自已的「義務」所在；因此他會需要一套「回報制度」（feed-back），以便掌握工作情況。他會設法在事前推斷可能出現的困難，以便協助克服。如果管制辦法不良，不能隨時掌握情況，也許他對授權就會格外地小心。

第五，最後還有一項授權的阻礙，是主管可能「具有不肯冒險的性格」。主管在授權時，對多少要冒一點風險。卽使他對部屬的指示極爲明確，部屬也至爲可靠，而且也有了必要的管制措施，仍舊可能發生差錯。如果一位主管不能在情緒上和理智上，對這種「風險」作適當的適應，很可能他便不肯對部屬授權。

2. 部屬不願接受授權的可能原因

縱然說主管準備授權，可是說不定部屬也不敢承擔下來。何以如此？

第一，在機關中常看到有些人遇到問題時，都覺得「向上級請示較爲方便」，而不難自行決定。決策本來就是心智工作上非常困難的事。如果部屬覺得可以將困難問題交給主管去解決，很自然的，他大概就會這樣交給上級。這種辦法，除了「方便」而外，還有一種好處：「事情既然是主管決定的，則將來發生問題，受批評也不會輪到了我」。

部屬喜歡將困難問題交給主管，主管也有辦法解決。他可以將問題交回去，或者要部屬自作決定，或者至少要部屬釐訂出一套考慮成熟的解決方案來。當然，主管仍不妨對部屬提供協助；但是他的協助，是屬於顧問或指導立場。不過，他還必需經常注意「防衞」，否則他提供的協助，恐又不免影響他辛辛苦苦爲部屬建立的主動和義務感。

第二，部屬怯於接受授權，第二項原因當是「害怕在發生錯誤後會受到批評」。善意的建設性的檢討，他會樂於接受；可是反面的和無理的批評，他就會感到受不了。一位部屬如果從經驗中知道，有了更大的責任，則其受到批評的可能性也越大，那麼他就會特別小心，事事從「安全」着眼。他也許會想：「我爲甚麼要伸出脖子來請人宰割呢？」

第三，如果部屬覺得自己「缺乏必要的資料和資源」，恐不能圓滿達成任務，將也不免不敢輕易承擔新任務，一個人明知道預算有限制，人事有束縛，倘使接受了新任務，就必然會每一步都得準備打一場硬仗。一般說來，任何人受制於資料不全，資源不足，工作中必遇挫折，自然會拒絕接受交待的任務。

第四，「缺乏自信」，也是一項阻礙，使人不敢接受授權。不能說命某人建立自信，某人就能有自信。

不過，在許多情況下，却能逐漸增加一個人的工作負擔，使其處理的問題由易而難，當可以協助其發展其自信，自行體驗自己的潛能。

第五，還有一項原因，也許是「缺少積極的激勵」。接受一項額外的責任，通常牽涉到理智方面的努力，也牽涉到情緒方面的壓力。因此希望一個人勇於接受新增的負荷，就該給予積極的誘導；所謂誘導，也許是薪資的提高，也許是升遷機會的增大，也許是一項好聽的頭銜，也許是在組織中的地位的提高，也許是主管的讚譽和賞識；此外，還有其他種種有形和無形的激勵，這些問題將在第五章中討論。在這裏，應先行强調的是：如果能給予某人以配合其需要的適當鼓勵，則其欣然接受新責任的可能性也會越大。

總之，所謂授權，包括有責任的指派，權力的授予，義務的形成等等。如果知道此一要義，那麼在建立一項有效的指揮鏈時，當能有所助益，使行政組織的各部門合成為一體。

主管和部屬之間的關係，必需經常調節。工作有所變動時，工作人員有所變動時，都需將授權作適當的變動。不過，雖然需要這種變動，主管和部屬的關係大體上仍是穩定的－至少相當時間之內是穩定的。這種穩定性，殊為必要。工作人員應能知道其所期望於主管者是甚麼？主管能知道其所能依靠於其部屬者又是甚麼？工作人員相互間也應能知道彼此有些什麼關聯？這種種上下之間和相互之間的期望，正是順利迅速處理日常業務之所寄。如果授權不良，如果主管部屬關係的界限不清，則必成為磨擦的肇因。

第三節　機關工作的垂直分化：幕僚的運用

—管理工作的縱面分工（二）

關係。

幕僚的運用，是管理工作縱面分工的「一種特殊方式」（註四八），因此，「授權」之後，也產生另一種

一、幕僚的概念與種類

㈠幕僚的概念

幕僚工作，原是管理工作之一部；是機關首長或主管對「指揮鏈」以外人員的工作分派。一位首長或主管爲減輕其本身的管理工作負荷，可以將部份工作分派給一位幕僚助理，來代替對部屬的授權；因爲部屬除管理工作之外，通常還需對作業工作負荷。

上節說過：關於作業方面的責任，主管固然可以授給一位直線的部屬負責，但是他本人還保留有領導、激勵等等的管理工作。如果他能運用幕僚協助，他就可以將這部份管理工作授給第三者。這位第三者，便稱之爲「幕僚人員」（staff man）或簡稱之爲「幕僚」（ staff ）。

機關首長或規模較大的部門主管，常將其各階段的管理工作分別交付給數位幕僚人員擔任。有些幕僚人員本身又自有其部屬，因此組成爲一個「幕僚單位」（staff section or staff unit ）。但是一個幕僚單位，不論其人數多少，規模多大，目的總是相同的－都是協助首長或單位主管辦理管理工作。

行政機關運用幕僚的觀念，來自軍事上的參謀制度。軍事參謀制度已經有將近一個世紀的歷史。但是行政機關運用幕僚，一直還不及軍方參謀制度那樣圓滿。幕僚實務，此一機關與彼一機關不同，此一工作也與彼一工作不同。因此，幕僚的任務何在，變化極大，常使人迷惑不解。很難找出一項幕僚人員應如何運用的簡單「模式」。所以首長運用幕僚，常需自行分別設計其幕僚職位，決定其幕僚的工作分派。在行

政機關中最顯著的幕僚實例，諸如：

第一，研究發展（research development），是所謂「專業化幕僚工作」（specialized staff work）之一例。

第二，人事人員（personnel engineers），也是專業性幕僚人員之一例。

第三，管制考核（auditor and evaluation），也是專業性幕僚人員之一。

但是所謂幕僚人員，却也並不像上面所舉的三個例子那樣，不一定全是擔任某一項「專業性」的工作。有時一位首長，希望能有一位助理來幫忙他處理種種問題。助理的責任，千變萬化，從所謂高級秘書以至於專責處理特殊問題的機要秘書，各種職能均備。有時他並兼主管的私人助手；但在大多數情形下，都是協助主管辦理管制方面的工作。像這樣一位沒有特定專業任務的幕僚，職銜也有種種不同。不過通常以稱之爲「秘書」者爲多。

在機關常能發現，一位秘書今天也許在爲首長搜集組織發展的資料，明天也許在替首長編撰一份對議會的報告書，後天也許又在草擬有關首長的講演稿。

像上面所介紹的幕僚人員，得到的是管理工作的授權；他們並不直接經管作業。這樣的授權，也像其他種類的授權一樣，有「責任」，有「權限」，也有「義務」。不過幕僚的責任，只是不包括直接督導的管理責任而已（註四九）

至於幕僚的演進，是漸進的，而非突變的，其情形，如後表所示（註五〇）：

幕僚的演進圖：

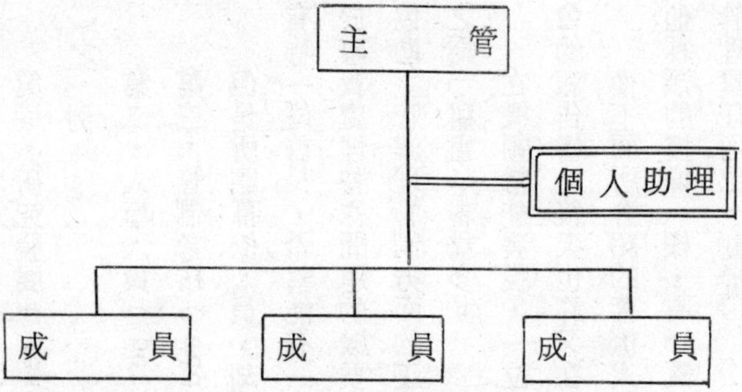

第一階段—個人助理

═══ 幕僚

——— 直線

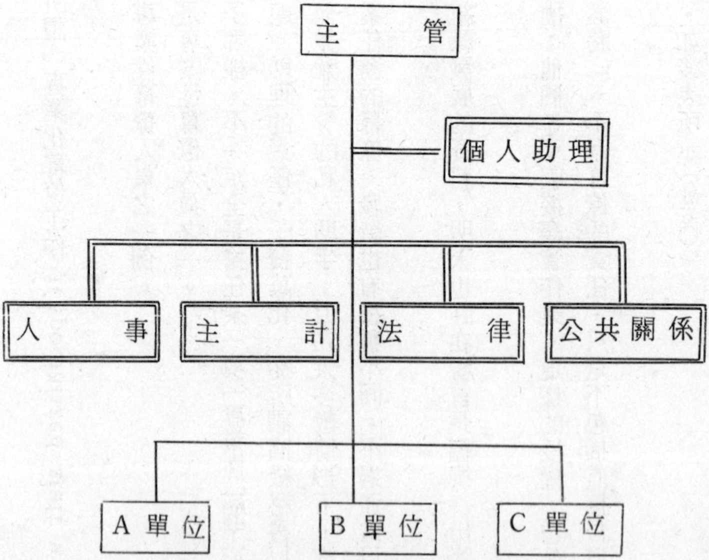

第二階段—專業特別幕僚

㈡幕僚的種類

關於幕僚，因爲看法的不同，而有種種分類的方法。例如因幕僚工作內容的不同，而把幕僚分爲「統制型」、「服務型」、「調整型」、「建議型」等種種類型（註五一），或者因幕僚在組織地位上的區別，而分爲「中央幕僚」或「地方幕僚」（註五二），也因幕僚在工作上所作的貢獻不同，而分爲「個人的幕僚」與「專門的幕僚」（註五三）。但不管是那一種分類法，總是根據幕僚所具有的某一方面的意義的，所以都屬正確，此地姑且把幕僚分爲「個人幕僚」與「專門幕僚」兩大類分別討論。因爲這樣的分類，最爲組織設計學者所採取，同時要使經常成爲問題的作業系統與幕僚間的關係分明起見，這樣的分類亦屬合適。還有依服務、統制、協調、建議等幕僚工作的內容，而把幕僚分爲各種類型的分類法，也可以應用個人幕僚與專門幕僚的分類方法，來作某種程度的說明。此外，像中央幕僚與地方幕僚的分類，在說明幕僚的相互間關係上是有用處的，但從作業系統與幕僚的觀點而言，就不一定有甚麼直接的關連性。

從上面的主旨，我人把個人幕僚與專門幕僚來加以說明，而對於時常成爲問題的參謀本部，這問題，將在論到個人幕僚時，加以討論。

就一般的說法，個人的幕僚，大多是在組織的初期發展階段內的。之後隨著主管者工作範圍的擴大至複雜化時，如果只是設置個人的幕僚便不夠用，這時的主管者極需解決作業管理上專門知識與技術的協助人手，於是便促成專門幕僚的設置。這也就是說：組織發展到複雜化時，專門幕僚的需要應就發展的形勢而迅速增加，但也因幕僚的增加，故最高管理層內的協調就隨着發生困難，這些專門幕僚的各種活動，就有調整的必要，於是便有參謀本部的發生，作爲最高管理者個人的幕僚。

1屬於個人的幕僚（Personal Staff）

屬於個人的幕僚（Personal Staff）是爲協助特定的管理者而設置的，其所協助的對象，只限於一個機關的首長，這就是所以稱爲個人的幕僚的由來。H. A. Arlun把個人的幕僚，定義爲：「爲了管理者遂行其所負責任（Responsibilities），給管理者提供協助與建議的襄助職位」(註五四)。因爲這是一個對特定的管理者襄助的職位，所以，凡是有關襄助首長的工作，都要去做，其工作範圍大多是非常廣泛的。

個人的幕僚，因其襄助的範圍與業務性質的不同，而被分爲作業系統襄助幕僚、幕僚人員以及參謀本部人員三種：

(1)業務系統襄助幕僚（Line Assistant）

業務系統襄助幕僚，通常都佔的是副處長、代理主任、副主任等職位，幫助主管處理全部業務。當主管不在時，代理行使其職權，所有主管的責任與權限，在主管不在期間，要全部肩負起來。

像這樣的業務系統襄助幕僚，有種種不同的使用方式，而多數爲下列三種，即(a)作爲主管的替身；(b)與主管結成一體，一起工作；(c)作爲業務系統的管理者性質。所謂作爲主管的替身來工作的說法，其意爲即使主管在時，也還是要分擔一部份特定的工作，以主管的身份來處理。至於所謂與主管結成一體，一起工作，那是兩個人共同做一個管理者所做的工作，當然這並不是全盤的工作而是指需要一起去做的工作。再則所謂作爲一個業務系統的管理者性質而工作的。意思是指在主管的一部份責任、權限的交付下，代替主管實際去處理直接的業務，其名雖爲幕僚，而實際上屬於業務系統的性質比較濃厚，所以這已使幕僚與業務系統的區分含糊不清，因此，像這樣的幕僚制度是被認爲不足取的。

(2)幕僚人員（Staff Assistant）

幕僚人員普通總是以機關首長的秘書（助理），主任的襄理等職稱的，這「秘書」名義的稱呼與作業系統中的副手不同，這種秘書職務的特徵，只在主管限定的部份內，以建議、協助來協助主管的工作，對於別人也沒有任何命令權限的。

本質上說，他的身份，就是主管身份的延展（Extension），其個人人格的擴展，只能夠傳遞主管的命令，本身並無發佈命令的權利（註五五）。他只能夠依照主管的意志行事，在主管的名義下推展工作，而且一般的情形，連主管不在任所時，他也沒有代理權限的。

使用這種幕僚人員的業務，並無規定首長或主管所做的事，他都得受其命令去做，即秉承首長或主管的指示，去遂行其任務，有時也和專門幕僚一樣，在某一特定範圍內，例如在法律、人事、主計等方面作專門性的建議或協助。但這與專門幕僚不同，專門幕僚能對許多組織部門，或作建議，或作協助，而這種幕僚人員，只對於特定的管理職位，提供協助。也有分擔一點管理上而比較不重要的日常事務，如接待賓客、發表書面文字、接受報告、回答詢問等工作，以協助首長或主管。

(3)參謀部助手（General Staff Assistant）

參謀部通常是組織中最高階層的協助者，擔任與專門幕僚人員同樣性質的活動，以及保持機關內協調的工作，在最高機構所具有的管理範圍活動的責任限度內，提供建議與協助。

參謀部的工作，一如其名稱，是以涉及全面管理範圍，爲其特徵的。這所謂全面的意義，並不是所擔任的工作之範圍既大而紛歧，而是指其工作性質本身的全面。也就是站在機關的全面的立場上來處理其業務。就因爲這樣，也可以稱爲最高管理幕僚。不過，到最近，把參謀部份構成爲一個獨立部門的已經很少。

2 專門幕僚（Specialized Staff）

⑴ 專門幕僚的特徵

專門幕僚是在一定的專門範圍內，例如人事、主計、法律、事務等方面，提供專門知識、技術以至建議，供各部門參考應用的，這就是求工作的專門化，就這些專門性的業務範圍內，提供建議給組織全體。其特徵如左：

第一，只限於提供建議與協助，在其他組織要素方面，絕無任何權限。

第二，對於業務系統以及幕僚部門，都有幫助。

第三，對於工作的專門化部份，提供建議與協助。

此地所說明的專門幕僚，只在限定的範圍內，提供協助與建議，是沒有命令權。同時，這與屬於個人的幕僚也不同，不擔任特定的職位，並以對於組織全體提供建議及協助爲其明顯的特徵。

不過專門幕僚與屬於個人的幕僚不同，要給專門幕僚分類，並沒有甚麼意義。假如勉强分類，最多只能分爲專業幕僚與服務幕僚兩種。

所謂「專業幕僚」，是需要有法律、主計、人事等方面的特殊專門知識與技術的，而且並不只是提供實際的協助，而是專門提供建議的。而「服務幕僚」，是專在採購、庶務等限定的範圍內，提供實際協助的，如事務、庶務。

⑵專門幕僚的任務─建議、協助

專門幕僚，除提供專門性質的協助外，同時也提供在客觀上確有用處的意見，所以，專門幕僚的設置確有其用處。在今天行政組織日趨龐大而複雜的情況下，需要專門知識與技術的職能，就以幕僚來充任，從工作的效果與經濟性說來，實在是非常好的一種現象。他們在特定職能方面，多不喜歡以部門的觀點來處理其業務，而是一種從客觀性的專門立場出發的要求。這方面最好的例子就是人事部門與管理部門。

那麼，所謂專門的建議與協助，到底是些甚麼呢？對於這個問題，有人下了這樣一個定義：「所謂建議，是在被徵詢意見或一起商量問題時，提出建設性的意見」（註五六）。至於「協助，則由於其他組織單位，缺少實施時的專門能力與時間或是客觀性時，就由這負專門責任的幕僚去處理　。」（註五七）。

專門幕僚的任務，如左圖所示：

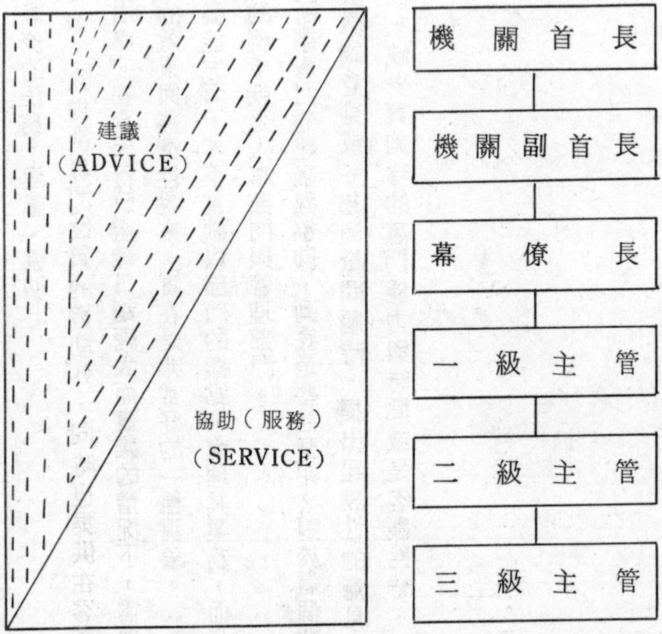

在組織各階層內幕僚的建議與協助（服務）的程度

二、幕僚和主管的關係

在行政機關中，幕僚與主管關係的運用，常構成左列幾種類型（註五八）：

㈠正常的幕僚關係

幕僚協助作業（或業務）主管，其與作業主管的關係，部份要看上述所討論的幕僚的責任而定。舉例來說，如果一位幕僚的責任僅只是搜集事實資料，或僅只是檢查績效，則其與主管的關係，當與另一位享有「同意權」的幕僚與其主管的關係則頗不相同。不過，我人可以就行政機關一般成功的幕僚關係來觀察，指出幾項特徵如下：

1.幕僚人員主要是其主管的代表人，也是主管人格的擴大。其執行的工作，只有主管有時間和能力，是應由主管來執行的。他應該是「主管的延長」；是主管的個性、指導、調查、想像、鼓勵，和追查等等工作的延長。幕僚所處的地位如此，所以幕僚人員不能成爲主管的「錯誤代表人」。縱然偶爾幕僚人員也會表達他的個人觀點，其個人觀點也許與其主管不同，但在表達時他必需設法明辨清楚。一般人總相信幕僚必與主管甚爲接近，因此幕僚的意見多也必能反映主管的意見。所以我人願說明：主管本人實也必需多花時間與幕僚接近，以便雙方的觀點易於一致。

2.幕僚人員要使其觀點爲他人所接受，主要應該採用「說服」（Persuasion）的方式。幕僚沒有指揮權，因此他必需建立起對自己的自信；必需具有充分的「問題感」，能覺察出對方的問題所在，使對方接受他的建議。幕僚人員希望能做些甚麼，如果無法贏得對方的合作，那就有虧職責。

3.一位幕僚人員應隨時「收斂自己的個性」，也必需隨時「收斂自己追求榮譽的慾望」。應該熱衷於團隊，應該瞭解將成功的榮譽歸於主管，或歸於其他的作業主管。有些主意也許是他費了九牛二虎之力纔構想出來，可是爲了要達成團體的成就感，他應該樂於看到別人因他的主意而獲得榮譽。

上述三項，是幕僚工作的「特性」。幕僚和主管的關係，本來是一種「兩人關係」；在中間有第三者介入時，則常不免會發生磨擦。但是如果妥善保持上述三項特性，則磨擦便可克服而有餘。

一般說起幕僚時，總以爲幕僚的工作是由幕僚自己完成。事實上許多行政機關，一位幕僚常自有幾位「助理」，甚至還自成一個小單位，由幕僚督導。不過，這並不影響幕僚和作業主管之間的關係。當然，在「幕僚單位」的本身，其內部也有「直線」關係。因此在幕僚單位之內，也像其他單位一樣，主管也可以對其所屬授權－包括「責任」、「權力」，和「義務」等等。對於這些幕僚單位內部的「部屬」，也稱之爲「幕僚」；那是因爲他們做的是幕僚性的工作；而不能以「主管與部屬」的關係去看他們。

㈡幕僚對指揮系統的影響

幕僚在其本職範圍內希望有所改進時，通常可以採取兩種行動。第一、他可以向作業主管（也許是他本人的直接上司，也許是他的間接上司）提出建議，請由作業主管發布必要的行動指令。第二、他也可以使其他的主管接受他的意見，而不必透過指揮系統。第二種方式在機關中行之非常普遍，如各縣市政府的「機要秘書」。因爲一位高級主管通常甚忙，不一定有時間來發布種種指令；同時也有許多主管不一定願意干擾分權化的制度。

那麼在這樣的情況下，幕僚應如何遂行其任務呢？以下請看一個實例。某一高級作業主管已將某一工作授權給他的下級主管張三，他對張三訂明了「責任」，授予了「權力」，張三也因此對他有了「義務」

感。張三在與其高級主管的直接關係之下，自覺有權可以接受或拒絕幕僚的建議。那麼一位幕僚人員又何以能期望對他人施展其影響力呢？

第一，一般人常將幕僚看成爲「技術專家」，因此常願意聽取幕僚的建議。例如工程人員、統計人員、人事人員、法律人員等類，皆各有專長；他們的意見常被認爲具有權威性。除非是作業主管自己也極爲內行，他對一位具有知識權威之人士的意見，通常總會仔細考慮的。

第二，一位幕僚有時擁有至爲響亮的頭銜，可以直接向首長報告，也擁有一間佈滿了各式重要圖表的辦公室，顯示出他享有崇高的「地位」。僅就這一崇高的地位來說，他的意見也就會爲人所重視。

此外，幕僚人員也常有優秀的表達技巧，常能贏取他人的信服。這也是幕僚之所以能影響他人的另一因素。

除此以外，還有另一項微妙的因素，促成了幕僚的影響力。那就是，他們可能都有高級作業主管的支持。在指揮系統下方的作業人員，如果都相信假使拒絕了幕僚的建議，很可能便會有「旨令」跟着下來，那麼他們便不由得會想到還是早些接受的好。

最後，如果幕僚的意見足以影響對方的薪資待遇或職位升遷，則對方對他的意見恐怕也會不僅是禮貌上的考慮而已。

總而言之，在行政機關中，幕僚人員雖然沒有指揮權，但是只要他靈活，只要他有說服力，只要他能給人深刻印象，只要他具有影響力，他的建議仍然很容易爲他人所接受。當然，幕僚影響力的深淺如何，最後還是因人因情況而異的。

㈢強迫性的幕僚諮詢

雖然說幕僚人員可以施展其影響力，可是有時候他也會發現自己經常「坐冷板櫈」（on the side-lines）：只能注意情況的進行，而不能親身參與。在一個健全的組織中，作業主管常是堅決果敢的强人；除了涉及高度技術的問題或情況特殊之外，不一定歡迎幕僚的協助。因此，有些機關推行了所謂「强迫性的幕僚諮詢」（Compulsory staff consultation）的制度。在這種制度之下，作業單位「必需」徵詢幕僚的意見後纔能採取行動。舉例來說：一位單位主管，儘管答應提拔某人擔任某職位工作，但是他有時辦不到；他非要與人事主管先行諮商不可。

强迫幕僚諮詢，有助於通常的幕僚工作之成功。所謂通常的幕僚工作，是要求幕僚人員能夠充分掌握與其業務有關的任何情況。但是要掌握情況，不是單靠發布指令所能成功的。有許多情況是表面的，幕僚人員有時需瞭解表面以下的基本動機。如果他們能與他人互相尊重和信任，這些情況就易於取得。不過，最好還是由管理階層作一宣布，告訴有關人員應隨時與幕僚保持連繫。

此外還有些機關用另一種相關的辦法。那就是：每一幕僚單位應每年或每半年作一報告，說明在他業務範圍內所發現的各項缺點。機關對幕僚單位的此一要求，常使幕僚單位的立場頗感爲難。較低層次的作業主管，對自己的缺點自然希望能夠瞞住上級；而幕僚單位却要揭露出來。因此幕僚人員會覺得自己的身份有如偵探，充滿危險，日後會成爲不受歡迎的人物。但是從另一方面而言，這種辦法却也有其優點：可以促成作業主管採行改正的措施；同時也會因此歡迎幕僚人員的協助，以便他在報告缺點之餘，也能說幾句建設性的意見。從基本觀之，機關組織需要的是建立起一種環境，使人人的缺點固然足以勇敢的顯露，也使人人能夠得到同情性和建設性的協助，來改正那些缺點。爲了害怕批評而掩蓋事實，不是一種健全的現象。可是，也只有在作業人員能夠深信他們的確能夠得到建設性的協助，作業人員和幕僚人員之間有關缺點的情況資料纔有自由溝通的可能。

㈣同意的權力

在某些情況下，主管常願加强其幕僚權力。如果認爲某些作業有强化管制的必要時，可對幕僚介以「同意的權力」（concurring authority or power），以使在未經某一指定幕僚的同意前，不得採取行動。這種「同意權」，最爲人所熟知者，當莫過於各縣市政府有關教育人事調動的決定問題。以及人事室同意後，單位主管才能進用新人是。

凡在幕僚人員擁有同意權時，都必是因爲機關的高級管理階層希望在有關的作業決策中，能有幕僚人員參加意見。這是一種「保險」的辦法，用以防止作業主管採取不當行動。但是這個辦法却同時也不免有減緩行動的可能：要是幕僚人員和作業人員雙方意見不一，就恐怕要沿線而上，甚至於爭執到有權督導雙方的高階層去。如縣教育局長與縣長機要秘書爲教育人事調動之爭執是。除此以外，雖然說管理階層可以命雙方都需對任何行動負責，可是雙方也可能都不採取行動，而將責任推給對方。

從上面的討論，可以推想到：只有在某類課題幕僚的意見特別重要時；只有在某類課題萬一雙方意見不同而延誤行動時間其後果不致於太嚴重時，纔最應該考慮授幕僚以「同意權」。

然而卽使在這樣的情況下，仍舊需注意明確訂定幕僚應在甚麼條件下纔能否決。在政府機關，通常是「安全」重於「速度」。因此如果案件較爲重要，常能看到需由四五個幕僚單位以上的同意。在這種制度之下，要談「靈活行動」（dynamic action），自然會有困難。

㈤功能的權限

增大幕僚的影響力，最極端，也最爲正式的一項辦法，是授予幕僚以「功能的權限」（functional authority）。這是說：一位幕僚人員可以直接指揮作業人員，而不必採用提供建議的方式。因此，幕僚的意見，具有指揮鏈上的主管意見同等的效力。不過這也跟直接直線隸屬的關係一樣，幕僚人員在發布其指示之前，也許也會跟有關當事人商議，當事人自然也會對說明執行的困難。但是除非指示修改或撤回，有關人員總得遵照推行。

當然，幕僚的「功能權」，應以幕僚本身具有技術資格的範圍，及幕僚意見能爲作業單位接受者爲限。因此，會計主任可以對全機關使用的會計表報和會計制度具有「功能權」，醫療人員可以對體格檢查具有「功能權」，法律顧問可以對法律訴訟事件具有「功能權」。在這些事例中，幕僚的意見大概總有百分之九十九能被他人所接受；說他們的意見便是最後的決定，當是人人易於瞭解的。

在軍事組織中，功能權的行使，通常可由幕僚人員「以司令官名義」發布命令。何以說是「以司令官的名義」，目的只是爲了說明「指揮鏈仍然存在」而已。事實上幕僚以司令官名義發布的命令，司令官本人也許根本不知道。當然，如果說一位幕僚會發布他自己也認爲司令官不會同意的命令，當必是最糊塗的幕僚。

但是功能權也有問題，那是因爲功能權本身有其誘惑性。功能權可能至爲簡單，但極易爲人誤用。舉例言之，在機關中常說人事主管對一切人事業務具有功能權；這種「一言蔽之」的說法，看起來很是簡單，但是却有破壞整個機關的危險，那是因爲：如果說人事主管的「功能權」，果眞包括全體員工的遴用、訓練，和激勵，那麼事實上恐怕他已是綜攬一切大權。所以，機關授予幕僚的功能權如太廣泛，很可能會使作業主管在他們部屬眼中的地位大爲貶低。而且，其中也牽涉到責任不清的後果。作業發生錯誤，那該算是幕僚人員的責任呢？還是作業主管督導不力之所致？這就是功能權授受時可能導致的問題。

那麼究竟該在甚麼情況下纔採用這種「功能權」的辦法？下面提出三個條件。三個條件全能符合，便能對幕僚授予功能權；至少也得要符合其中兩個條件纔足夠。

第一，功能權的範圍，僅能包括整體作業工作中的次要部份。例如會計表報的業務，和員工醫療保險的業務等等，在整個作業中只不過是偶然性的業務。這些業務，自然需有人詳加研討。但是，其有關的方案，却也不致對整個作業影響過大。

第二，有關業務處理時需有特別的技術或專業知識，而爲作業主管所無者。例如縣政府建設局長，有時需要工程設計專家的協助，自不妨將功能權授予這位專家，以資簡化手續。

第三，有關業務牽涉到多個部門，各部門的行動，必需相互一致，或至少彼此相符者。例如員工出勤的問題，各部門都存在；處理時自應求彼此的一致，這種問題，便不妨用功能權的方式，由幕僚單位負責處理，自較易於一致。

以上討論强化幕僚影響力的各種辦法中，「功能的權限」最爲突出，與「提供協助和顧問」的距離最遠；「强迫性的幕僚諮詢」和「同意的權力」兩者，則較接近協助與顧問的性質。在機關推行幕僚作業，殊應多加愼重；從建立一種簡單的協助關係開始，慢慢走到必需聽取幕僚意見的方向去。事實上如果要走上「功能權」，尤需按照上文所說的三項條件，多加考慮和限制。簡單地說：幕僚的權力越大，則其工作範圍應該越加限制。

最後，在行政機關中，尙有一種特殊的幕僚方式，那就是：將各種不同的責任，混合授與幕僚人員。例如，有些機關設有「實權」的「顧問」，機關各方面的業務都集結於其一身，在許多業務上，他需對作業單位提供協助和建議，在某一兩項業務上，他具有「强迫性的幕僚諮詢」的地位，在若干有限度的決策方面，他又擁有「同意的權力」，而在另幾項技術性的問題方面，他又可以行使其「功能的權限」。不過，這種「混成式」的幕僚關係，究竟容易引起混淆。如果將幕僚人員的責任侷限於提供協助諮商，可能遭遇的痲煩當會最小。

三、幕僚的運用與難題

㈠幕僚的運用

由於行政機關組織的日趨龐大，業務極端繁雜，無論在能力上、精力上，機關首長決不能單獨的完成其使命，勢不得不求助於一批有精力、有能力、有時間的人們組成幕僚單位，幫助去加强首長，作爲首長人格的擴大和伸張，用以輔助首長完成任務。因此在機關中成立了許多幕僚單位，分別扮演著各種不同的幕僚功能（詳見第三章）。但機關首長如何對這些幕僚單位作有效的運用，不使閒置，自屬重要。

幕僚單位設立的主要目的，乃在輔助首長的不足，恢宏其管理功能。因此各種性質不同的幕僚單位均具有其不同的功能。這些幕僚功能欲能發揮，則首長必需予以重視，否則幕僚單位被摒棄在那無關重要的地位，或視爲安置閒散人員的單位，便失去設置的意義。譬如技術性的幕僚單位，乃是爲了解決某些技術性、專門性的問題或工作而設立的。他們的主要功用在提供方案、計畫及專門意見，經首長採納後付諸實施。但首長遇到專門性的問題，若未能聽取這些幕僚人員的意見，或對他們不予重視，則這些單位的設置便屬多餘。William H. Newman 指出，幕僚單位必需善加利用，使其發生功能，否則在組織中必會產生反功能作用（dysfunctionality）。第一，它增加了行政的浪費。一個單位的建制，不知花費了多少財力與物力，若不能發揮作用，則純屬浪費。第二，增加了組織關係的複雜性。機關中單位多，則溝通的障礙就增多，而且幕僚人員與業務人員本身又存在著許多矛盾與衝突，其關係隨著單位的增多，更行混亂（註五九）。

因此，W. H. Newman 進而指出，幕僚單位有效發揮其功能的先決條件，乃是機關首長要予以重視。其方法有下列二項（註六〇）。

第一，提供幕僚接近的機會：假使幕僚的功能是在於擴張首長的人格，則其必需要熟悉首長的人格。除非幕僚人員能夠經常與首長保持接觸，他們便無法瞭解首長的意圖與需要，也就無法爲首長運籌帷幄，獻計策略。故首長運用幕僚的方法之一，便是讓幕僚人員有機會接近自己，其方法可以是私人的接觸、會議或資料、書信、報告的傳達均可以達到此目的。

第二，在決策前先與幕僚協商：機關首長的主要功能，就是作行政決定（Decision-Making）。首長在作行政決定時，常會因知識經驗與能力的不夠；或因事實資料與事態眞貌的不完全清楚，而遭遇到困難，幕僚人員正可以補足首長此項缺陷。因此，首長在決策前須先聽取幕僚的建議或勸告，然後作成的決策，可以減少不必要的障礙，增加其可行性。此外，幕僚人員因負責決策執行時的監督與協調功能，其本身若參與此項決策，必更能積極推行。

總之，首長運用幕僚之道，首要重視幕僚單位與人員，多讓幕僚人員接近，多與他們諮商，聽取他們的建議，使幕僚人員感覺受到相當重視，增加其滿意感，實有利於其功能的發揮。

首長運用幕僚的方法之二，乃在於促使幕僚單位發揮其應有的功能，以輔助首長服務業務單位。惟幕僚單位的功能，雖各有異，但其職務乃在於給各階層的管理上提供專業上的輔助。Douglas McGregor認爲典型的幕僚人員所要提供的「輔助」包括下列四種（註六一）：

第一，策略研擬上的輔助：幕僚人員具有專門的知識與技能，對於專門性的問題，可以清楚的分析與研究，作爲首長研擬策略時的參考。因此，幕僚人員的知識與研究工作，往往是組織政策或管理政策的主要決定因素。

第二，協助解決問題：這項協助與上項有所不同，(1)很可能牽涉到直接而特殊的問題；(2)是協助組織裡的各階層。幕僚單位設立的目的之一，就是要便利業務單位，協助業務單位解決問題的。但是幕僚提供專業上的協助時，很可能居於象牙之塔內，憑空臆斷，因此，其對於業務單位的協助，不僅不能被接受，反被視爲是一種累贅。如果幕僚人員要達到其專業上的協助功能，則他們必然要花費許多時間，去瞭解尋求業務單位的需要，才能給以滿意的協助。

第三，有關管理管制上的協助：幕僚單位的另一職務，乃在於代替首長，負責管制與監督機關決策的執行情形。

第四，協助推行服務工作：幕僚人員的第四種活動，主要是屬於業務單位的功能。該項工作包括推行某種服務工作，裝備的維護，機關的安全，薪資的分發，膳食的設施，法定的活動，資料的處理設施，福利計畫等等。這些事項往往比較需要管理方面的能力，而不是特殊專業上的技能，但是這些事項很自然地需要由一些特定幕僚人員的能力來擔當，因此，就由他們來負責推行。

幕僚單位的設置，均有其特殊的任務，但其功能是否有效的發揮，常視機關首長是否善加運用而定。故身爲主管者應予以妥善運用，始不違建制之意。

雖然幕僚單位在機關中，係屬必需，且可使工作的處理更趨有效與提高效率，但由於幕僚權限之本質，及瞭解幕僚權限之困難，因此在運用上，應予相當的限制。William H. Newman 認爲：使用幕僚應先考慮下列二個情況：第一，當主管人員，時間及精力均感不足，或缺乏專門知識無法達成任務時；第二，上項負荷，因考慮到有關單位之協調一致或增設幕僚代爲處理較爲經濟有效，或有關部屬欠缺必需的能力等因素，不便交由業務單位承擔時（註六二）。由此，可見機關首長運用幕僚單位時，並非是沒有限制的。否則首長過份信賴幕僚單位，造成幕僚人員侵害到首長與業務單位主管權限之危險。

第一，過份信賴幕僚易使幕僚「篡竊」首長之權。古今中外的行政學說，都以爲行政首長運用幕僚，應本「君逸臣勞」的原則，首長只管大事，不親小事。韓非說：「明君不躬小事」。但幕僚所能爲首長分勞者，有其限度。換言之，首長要自己掌握大權，乾綱不失，便有些事情必須親自處理，不能由幕僚代勞。首長在作決定之前，必須獲知一切利弊得失的有關資料，在作決定後，必須獲知執行的詳細情形，以檢討其決策是否有誤，是否需要加以修正。當然，決策資料和執行情形，可以由幕僚整理分類，但決不能由幕僚揀選剔除，否則，首長的聰明會被矇蔽。Richard E. Neustadt 說：首長必須作自己的情報局長和執行助理（註六三），即係此意。此外，因為幕僚本身不免有識見的偏差和利害牽掛，決不能完全信賴；完全信賴幕僚卽發生偏聽專信的後果，同樣是聰明受其矇蔽。由於不能偏聽專信，所以韓信主張人君用七術，以察臣下之姦（註六四），美國總統羅斯福（Franklin D. Roosevelt）運用幕僚的方式，著重下列各點：⑴不固定分配工作；⑵挾知而問，以防隱瞞；⑶隨機用人，多道觸角；⑷直接溝通，無人總管（註六五）。羅氏用幕僚的一套方法，和韓非的主張非常類似，目的卽在防止僚屬竊權。美國艾森豪總統，非常重視幕僚制度，其對幕僚採完全信賴的態度，自己優游歲月的作風，在美國已受到普遍反對的批評，激烈一點的說他是個橡皮圖章，傀儡總統；溫和一點的也說他是個好享現成的總統（註六六），似乎是不足為訓的。

第二，首長過份信賴幕僚，會使幕僚破壞業務主管的權限。在機關裡有一種危險，卽首長將屬於業務部門運作職能交與幕僚人員，因為首長視幕僚人員為心腹，比較信任，所以他說：「你將此事先弄出頭緒來再說」，因此發生職責重複，或使幕僚侵害到業務單位的權責（註六七）。故業務單位的人員，常常嫉妒幕僚人員干預他們的權限，往往對幕僚人員發生不滿與仇恨，造成兩單位磨擦與衝突，破壞了組織合作的關係。

機關首長除需善於運用各種幕僚之外，最重要者，更需有效地運用幕僚長。總統　蔣公曾說：「各機關要建立一種幕僚長的制度，像軍隊中的參謀長一樣，機關內部的任務，完全由幕僚長負責，則主管長官，可以有時間去主持要務與考慮較大的問題」（註六八）。因此，幕僚長的職責及地位在機關組織中是很特別的。幕僚長雖亦為幕僚之一，但常居於幕僚圈子之外，和幕僚相周旋，雖不是機關首長，但行政授權的方式則有代表機關首長的職能，其地位介於機關首長與幕僚之間。因而幕僚長在機關組織中產生下列二種功能：

第一，代下陳上：幕僚長是幕僚單位之長官，他必需把幕僚單位的意見，條分縷析，擇精取要的轉陳首長裁決，必要時安排適當的時機使僚屬向機關首長詳陳細述。當幕僚單位或業務單位與首長有鴻溝或扞格時，幕僚長應坦城的並持客觀的見解，力促雙方意見溝通，互摒成見，使雙方對機關問題與任務獲得共同的瞭解，而能思想一致，群策群力的達成機關的任務。

第二，承上啟下：幕僚長秉承機關首長的指示，將機關既定的行政措施，用解釋及啟發性的方式向各單位傳達，並溝通協調彼此間的意見，使機關各單位成員能深切明瞭機關的使命、目標、計畫及行政決策上的指導原則，並敦促各單位主管對所屬成員的工作指派、工作指導、工作控制等三方面做適切且有效的行政指引與考核。

幕僚長上佐首長，統贊全局，承上啟下，掌機樞之任，當宰輔之職，地位重要，可想而知。然其與首長的關係，仍自有其一定的分寸與界限；幕僚長若有過份，則侵及首長權限，而有「篡竊」之譏，不是爲首長所不容，而被斥退，便是使體制蕩然，歸於失敗。首長若過份信賴幕僚長，亦必形成大權旁落，太阿倒持，致法紀破壞。幕僚長若不能盡職責，代首長分勞，則失其所以設官分職的意義與效用。故二者必須各盡其職，各守其份，互爲運用，相得益彰。首長與幕僚長保持這適當的法定關係外，在人與人相處的立場上和彼此對待的態度上亦須有合理的看法與適當的調節，方能臻於理想的境地。張金鑑教授認爲下述的四種關係是應特別注意的（註六九）：

第一，爲親信之人。這裡所謂「親」，一則指幕僚長的任用與去職，每隨行政首長的去留爲轉移，普通率不以永業者的事務官視之，不必經過一般的考試手續。次則謂二者間的來往異常親密，因隨時隨地皆有商洽的必要與機會。然所謂「親」者決非狎瀆與阿私。幕僚長不得陷行政首長於不義，不能以姑息爲仁，一切行爲，循理遵法，守分盡己。若徒能「巧敏佞說，善取寵乎上」，便不爲輔弼而爲「態臣」。幕僚長輔佐首領時的一切行動須莊重嚴肅，公正無私，親而不暱，近而不狎。如漢武帝衣冠不整不敢見汲黯的情形則庶幾乎近之。幕僚長須以理義愛其首長，於緊要關頭，須有「合則留不合則去」的氣度，更要有「面折廷諍的古社稷臣之風」，如魏徵之與唐太宗然。行政首長對幕僚長亦須有完全的信賴，疑者不用，用者不疑，授以全權，專以責成。應如張居正所謂「欲用一人，須愼之於始，務求相應，既得其人，則必信而任之，如魏文侯之用樂羊，雖謗書盈篋而終不爲之動」。

第二，爲師友之間。古稱「用師者王，用友則霸」。故成功的行政首領，用人不可不求於師友之間。惟就行政首領與幕僚長的關係言之，若爲師將不免失之過於尊重與嚴肅，在指揮與運用上恐反不便，若爲友將有近狎阿私，遇事敷衍之慮。故最理想最適當的關係則在於師友之間，如劉邦之與張良、劉備與諸葛亮、朱元璋之與劉基。至於爲師爲友者的修養與立場則應如賈誼所謂「王者官人六等，一曰師，二曰友……知足以爲源泉，行足以爲表儀，問焉則應，求焉則得，入人之家足以重人之家，入人之國足以重人之國謂之師。知足以爲礱礪，行足以爲輔，仁足以訪議，明於進賢，敢於退不肖，內相匡正，外相揚美謂之友」。

第三，爲際遇之會。幕僚長與行政首領在關係上甚爲密切重要，故二人彼此間必須十分投契，完全瞭解方能獲得圓滿的結果。古稱「君擇臣，臣亦擇君」，實有至理；蓋上下不相知，彼此不相洽，絕不能發生水乳交融的關係而生輔車相依的效用。若劉備之與諸葛亮，苻堅之與王猛，如魚水之歡，風雲之會，同聲相應，同氣相通，則事半功倍，無往而不獲。行政首領固應視幕僚長的長短而為適宜的馭用；幕僚長亦當就行政首領的性格而為因勢之輔助。故荀子曰：「事聖君者有聽從無諫諍，事中君者有諫諍無諂諛，事暴君者有補削無撟拂」。

第四，為輔弼之資。無論幕僚長的能力與才具為如何，他終必須居於輔助贊佐的次要地位，不得懷具政治野心，不可強自出頭，只是供行政首領所運用的憑藉與工具。其應具的服務美德或必要條件是默、順、隱三字，否則勢必發生兩種可能的不良結果。其一為幕僚長者因大權在握功高明顯，而遭行政首領的嫉視，被排撤以去。若考之歷史，歷代宰輔因此而遭竄謫或殺身之禍者實不可勝數。其另一結果是幕僚長實際上代為行政首領，如伊尹、王莽、曹操一流的人物。這就是荀子所謂「上不忠乎君，下善取譽於民，不卹公道通義，朋黨比周，以環主應私為務」的篡臣了。

上面道出了機關首長與幕僚長最理想的關係。因為幕僚在機關中扮演著極重要的角色，機關首長應特為重視。通常其選用的條件，除須受機關首長信任外，尚需與各方面的關係深厚且經驗豐富者，始能擔當重任。

(二)幕僚運用的實際難題

以上的討論，已多少觸及運用幕僚可能遭遇的困難。下面再將各項困難歸併成為四類。認清這些問題，當有助於行政機關組織設計的幕僚運用，和幕僚之如何遂行其責任（註七〇）。

1責任的權限的界說不清

幕僚的任務如何，往往由於界說不清，一而再的造成作業主管和幕僚人員之間的許多磨擦。至今，幕僚人員擔任何事，應該是已能澈底澄清。事實上不能從「幕僚」這兩個字的字面上知道其責任何在。在行政機關裡，許多人都以爲所謂「幕僚」只是負責搜集事實資料，至多也只是作爲上級主管的「顧問」。一位主管需要幕僚，也許是希望他能對各部門提供建議；而幕僚人員自己也許過份熱心，認爲他不但應該計畫，而且應該管制。作業人員、主管，和幕僚之間三者的看法有了不同，這個機關遲早有一天會發生爭執和不快。再加上機關當局也許期望幕僚能對某一類管理問題管得面面俱顧；但實際上幕僚却並非如此。因此，幕僚的「職位定義」（job definition）問題就變得更爲複雜。因此，幕僚人員的職責應有明確的說明，纔能避免因「責任」和「權限」模糊不清所造成的誤解。

但是含糊籠統的規定幕僚權限，也同樣會造成麻煩。常見一些機關，偶爾採用「强迫幕僚諮詢」，採用「同意權」，甚至採用「功能權」，來加强幕僚的影響力。但是縱然名義上用這些加强辦法，實際上幕僚獲得的權力，只不過是比幕僚人員所期望者略多一點而已。值得注意的是：運用幕僚遭遇的困擾，恐怕沒有比因幕僚責任不清更大的了。

要克服這類問題，最需要的，便是凡與每一幕僚有關的各方面人員，都必需相互認清幕僚的「責任」和「權限」。而尤其重要的，是從經驗中建立起一層工作關係來，以使大家的瞭解能變成大家的工作「習慣」和「態度」。

2.優秀幕僚人才的缺乏

運用幕僚之所以失敗，常可以歸之於用錯人選。一位幕僚人員除需具備專業條件外，還需具備處理幕僚工作的才幹。專業技術誠然至爲重要，沒有專業技術的幕僚人員對其他作業人員所造成的麻煩便將無以補償；但是徒有專業技術仍然不夠，一位幕僚人員，還必需具備友善、靈敏、聰慧，和忠誠的條件，纔能贏取他人的信任；還必需具備表達力和說服力，纔能使建議而爲他人所接受。幕僚人員殊不宜經常求助於上級主管的指令，因此他又必需具備耐心和意志，致力於成果的追求。他還應該能夠從良好的團隊工作中得到滿足，而不介意於個人的榮譽。他必需對主管忠誠，對責任有義務感；卽使遭遇挫折也不失其盡職負責的態度。然而不幸的是：目前在機關中實在不易找出這樣既有專業技術，而又具備這類能力和態度的理想人選。

有些機關利用幕僚職位，來訓練未來的作業主管。也有些機關，把這個職位當做是不合格的作業主管的「垃圾場」。其實如果幕僚人選不當，結果是原有的問題沒有解決，新的問題又會出現。幕僚工作，其本質就在於創造出一層微妙的關係。假定找不到合格的人選，就該縮小幕僚職位的範圍，或是根本取消此一職位。

3.幕僚責任和作業責任的混淆

幕僚的責任和作業的責任，其實倒並不一定非要明確地截然劃分不可。例如前文曾經說過，一位人事主管除主要擔任幕僚工作以外，也還有一部份作業方面的工作。

此外還有一種幕僚責任和作業責任界限不清的情況，那就是一位高級作業主管，需要同時作爲機關首長的幕僚，協助有關整個機關的問題。其擁有的兩個頭銜：一方面是某一個單位的主管，一方面也是整個機關的「顧問」。

務。從理論上說，這種責任的組合，並不應該發生甚麼困難。因爲一個人在工作時究竟是以作業主管的身分還是以幕僚的身分，任何人都該明瞭。但在實務却常有問題：作業和幕僚的分際往往難於保持。這也許是由於主管本人不能隨時掌握分寸，一會兒身爲作業部門的主管，一會兒又轉變成爲幕僚顧問。而且，即使他能夠清楚地掌握，也許也會疏於讓別人瞭解。同時又因爲往往對任何工作都沒有明訂責任和權限，所以困難便可能更形加重。說不定終於會以「幕僚」身分，來干預別人的問題。

要改正此一困難，只有力求瞭解幕僚工作的範圍，認清每一個人應做何事，同時審愼地選擇技術和性格都能合適的人選。

4.主管本人忽視幕僚

主管設置幕僚，但運用幕僚的困難，有時也正是主管本人所造成的，主管設置幕僚，毫無疑問地，是爲減輕自己的管理工作負荷。可是如果以爲設置幕僚之後，一切困難都已解決，結果忘記幕僚存在，就自己布下未來糾紛的火種。

身爲主管者，必需和幕僚人員保持密切和足夠的接觸，纔能使幕僚眞正成爲他的耳、目，和心智的延長。如果說一位幕僚不能眞正成爲主管的代表，他對這個機關的價值便大可懷疑。再說，如果對於某些業務，幕僚採取的立場竟不爲其主管所支持，他和作業主管也都必會浪費時間和精力。但是這却並非說是一位幕僚必需和他的主管天天見面。主要只是說他們要保持充分的接觸，以使兩人的處事方式和價值觀都能一致。

此外更爲嚴重的，是有些主管往往已將某些「責任」分派給幕僚，而仍舊一切自己決定，甚至於沒有跟幕僚洽商過。因此，做主管者既然設置幕僚單位，就該同時注意「自律」（to discipline himself），注意運用其幕僚，別人也纔會與幕僚諮商（註七一）。

總而言之：運用幕僚人員，可使主管擴大其綜攬全局的管理能量，所以聽來頗足令人心動。主管事情過忙時，或因需專業技術時，主管都可以設置幕僚，來代爲處理各項管理工作。可是設置幕僚後却甚易造成困擾。如果各方對幕僚的工作項目和範圍不甚瞭解，則主管和幕僚間的關係很可能混淆。

而且，像幕僚關係這樣微妙的課題，往往難於適可而止。有時某人會一步步地趨於積極，某人又會踏上別人的脚趾。因此雖然說是與幕僚諮商，實際上諮商者僅止於表面，失去諮商的基本精神；嫉妒排擠便可能應運而生。要想保持心平氣和，要想保持幕僚和作業人員的理想關係，主管因此必需與其幕僚不斷協調和指導。身爲主管者，必需頭腦靈敏，隨時知道幕僚工作的實情，知道何時應該收緊，何時應該鼓勵。他也必需知道幕僚是否已變成官僚，是否已變得懶散，幕僚的協助是否具有建設性，是否能成爲他的觀點的推銷員。同時也該知道作業人員，是否過於依賴幕僚的協助，或是否撇開了幕僚的協助。

換句話說，機關設置幕僚的目的，乃在於有助於全盤工作的達成。幕僚雖然爲主管分擔工作負荷，但是却也因此爲主管增加新的工作負荷：主管應與幕僚接觸，應注意各級作業主管和幕僚的關係是否和諧。同時也應該學會「自我節制」：確實按照自己所訂的規定來運用幕僚。

附註

註一：Paul R. Lawrence and Jay W. Lorsch, "Differentiation and Integration in Complex Organizations,"

Administrative Science Quarterly 1967, PP. 3-4.

註　二：Peter M. Blau, "A Formal Theory of Differentiation in Organizations," *American Sociological Review*, (April 1970), PP. 201-218. also to see :
D. E. McGarland, *Management : Principles and Practices*, 3rd ed., (N. Y. : The Macmillan Co.,1970) P. 340.

註　三：W. H. Newman, C. E. Summer, E. K. Warren, *The Process of Management : Concepts, Behavioral, and practice* (N. J. : Prentice-Hall, 1972), P. 22.

註　四：*Ibid*., P. 23.

註　五：T. Haimann, *Professional Management : Theory and Practice* (Boston : Houghton Mifflin co., 1962), P. 156.

註　六：H. H. Albers, *Principles of Management : A Modern Approach*, 3rd ed.,(N.Y.: John Wiley and Sons, Inc., 1969), P. 120.

註　七：George R. Terry, *Principles of Management* (Homewood, Ill : Richard D. Irwin, Inc., 1972), P. 382.

註　八：H. Koontz and C. O'Donnell, *Principles of Management : An Analysis of Managerial Functions* (N. Y. : Mcgraw-Hill, 1968), P. 301.

註　九：Dalton E. McGarland, *op. cit*., P. 342.

註一〇：Pan Voich Jr., and Daniel A. Wren, *Principles of Management : Resources and Systems* (N. Y. : McGraw-Hill, 1970), P. 182.

註一一：W. H. Newman, et al, *op. cit*., P. 21.

註一二：T. Haimann and W. G. Scott, *Management in the Modern Organization* (Boston : Houghton Mifflin Co., 1970), P. 175.

註一三：H. L. Sisk, *Principles of Management* (Ohio : S-W Publishing Co., 1969), P. 264.

註一四：D. E. McGarland, *op. cit*., PP. 342-346.

註一五：L. Gulick and L. F. Urwick eds., *Papers on the Science of Administration* (Columbia University, 1957), P. 15.

註一六：G. R. Terry, *op. cit.*, PP. 382-385.

註一七：H. Albers, *op. cit.*, PP. 121-152.

註一八：W. H. Newman, *Administrative Action : The Techniques of Organization and Management* (Englewood Cliffs, N. J. : Prentice-Hall Inc., 1951), P. 125.

註一九：S. C. Wallace, *Federal Departmentalization : A Critique of Theories of Organization* (N.Y. :Columbia University Press, 1941), P. 91.

註二〇：A. K. Wickesberg, *Management Organization* (N. Y. : Appleton-Century-Crofts, 1966),PP. 47-48.

註二一：H. L. Sisk, *op. cit.*, PP. 265-267.

註二二：H. L. Sisk,在其「管理原則」一書中，稱之爲「部門分劃的基礎」(Base of Departmentalization)；而在G. Terry 所著之「管理原則」一書中，則稱之爲「部門分劃的方式」(Means of Departmentali - zation).

註二三：L. Gulick and L. Urwick (eds.), *op. cit.*, P. 48.

註二四：張金鑑，行政學典範（台北市：中國行政學會出版，五十九年增訂初版），頁一六三。

註二五：張金鑑，同前註，頁一六九。

註二六：H. Sisk, *op. cit.*, PP. 25-26.

註二七：*Ibid.*, PP. 264-267.

註二八：G. Terry, *op. cit.*, P. 382.

註二九：K. Davis, *Human Behavior at Work : Human Relations and Organizational Behavior* (Reprinted in Taipei, 1972), P. 358.

註三〇：A. Toffer, *Future Shock* (Reprinted in Taipei, 1970), P. 119.

註三一：J. D. Thompson and U. H. Uroom (eds.) *Organizational Design and Research* (Pittsburgh:University of Pittsburgh, 1971), P. 42.

註三二：P. M. Blau, *On the Nature of Organizations* (N. Y.: John Wiley and Sons, 1973), P. 101.

註三三：*Ibid*., 103.

註三四：B. C. Lievegoed, *The Developing Organization* (N.Y.: John Wiley and Sons, 1973), P. 42.

註三五：W. H. Newman, et al, *op. cit*., P. 41.

註三六：*Ibid*., P. 43ff.

註三七：J. A. Litterer, *Organizations: Structure and Behavior*, Vol. I (N. Y.: John Wiley and Sons, Inc. 1969), P. 73.

註三八：W. H. Newman, et al, *op. cit*.; P. 42.

註三九：J. Galbraith, *Designing Complex Organizations* (Mass.: Addison-Wesley Publishing Company, 1973), P. 43.

註四〇：W. H. Newman, et al, *op. cit*., P. 43ff.

註四一：P. M. Blan, *op. cit*., P. 101.

註四二：*Ibid*., P. 102.

註四三：*Ibid*., P. 103.

註四四：O. M. Pfiffner, F. P. Sherwood, *Administrative Organization* (N. Y.: Ronald Press Co., 1960), P. 48.

註四五：P. M. Blan, *op. cit*., P. 101.

註四六：A. C. Felley and R. J. House, *Managerial Process and Organizational Behavior* (N. J.: Prentice-Hall, 1971), chap, 10. P. 339.

註四七：W. H. Newman, et al, *op. cit*., P. 46f.

註四八：W. H. Newman, et al, *op. cit*., P. 64.

註四九：*Ibid*., P. 65.

註五〇：James L. Gibson, et al, *op. cit.*, P. 43.

註五一：John H. Turner, A. C. Filley, R. J. House, *Studies in Managerial Process and Organizational Behavior* (Ill. : Scott, Foresman and Company, 1972), P. 252.

註五二：*Ibid.*, P. 253.

註五三：*Id.*

註五四：F. Luthans, R. Kreitner, *Organizational Behavior Modification* (Glenview, Ill. : Scott Foresman , 1975), P. 103.

註五五：J. M. Pfiffner, F. P. Sherwood, *Administrative Organization* (N. J. : Prentice-Hall, Inc., 1960), Chap. 10, P. 151.

註五六：H. L. Fromkin, J. J. Sherwood, *Integrating the Organization : A Social Psychological Analysis* (Ill. : Free Press, 1974) P. 112.

註五七：*Ibid.*, P. 113.

註五八：W. H. Newman, et al, *op. cit.*, Chap. 4.

註五九：W. H. Newman, *Administrative Action : The Techniques of Organization and Management* (N. J. : Prentice-Hall, Inc., 1963), P. 203.

註六〇：*Ibid.*, PP. 204-208.

註六一：D. McGregor, *The Human Side of Enterprise* (N. Y. : McGraw-Hill Book Company, Inc., 1960), Chap. 12.

註六二：W. H. Newman, *op. cit.*, P. 203.

註六三：R. E. Neustadt, *Presidential Power : The Polifics of Leadership* (N. Y. : John Wiley, 1962), P. 157.

註六四：雷飛龍，美國總統的幕僚機關（台北市：台灣商務印書館印行，民國五十七年）頁五六。

註六五：雷飛龍，同前註，頁四九——五一。

註六六：H. Finer, *The Presidency* (Chicago : The Univ. of Chicago Press, 1960), P. 185.

註六七：湯絢章，行政領導的理論與實際（台北市：自印，民國五十七年），頁八六——八八。

註六八：蔣總統言論選集，上冊（台北市：中興山莊印行，民國六十年再版），頁三一二。

註六九：張金鑑，前揭書，頁二五八——二六〇。

註七〇：W. H. Newman, et al, *op. cit.*, Chap. 4.

註七一：許多人認爲理想的幕僚運用，應該達成所謂「完全幕僚工作」（Completed staff work）。這是李希將軍（General Archer H. Lerch）提出的一項觀念；李希將軍說：

「所謂『完全幕僚工作』，是由幕僚對某一問題進行研究，提供解決辦法；並應力求完整，以使其主管或司令官僅需作『可』或『不可』的決定。這裏強調的是『完全』兩字。那是因爲在問題越是困難的情況下，呈送給主管的報告往往越是零碎。因此，應將問題盡量詳細列具出來，乃是幕僚的責任。不論問題如何複雜困擾，都不宜向主管請示。但可以而且應該與其他幕僚人員協商。幕僚研究的問題，不管是新政策的制訂，還是既定政策的影響，在提呈主管作『可』『否』的裁決時，都應該是完整詳細。

經驗不足的幕僚，對於這種不能向主管請示的幕僚工作方式，常不免會感到一股巨大的壓力。尤其是在問題特別困人的時候，更常會在心中反復激盪，不免產生一份心智方面的挫折感。如果可以向主管請示，那就簡單。主管回答一句，在他也是最簡單不過的事。克服這股壓力，這正是幕僚的責任。幕僚的責任是：向主管提供行動的建議。我們不能請示主管應如何行動。主管需要的是答案，不是問題。我們的工作，在於研究，撰寫，再研究，再撰寫，直到我們找到了一個最佳行動建議時爲止。於是，便只需說『可』或『不可』。

對主管提出說明或提報備忘錄時，別過於拖沓。我們有時要主管呈送一份備忘錄，備忘錄並不需要『完全幕僚工作』。不過，如果是替主管發布一份給他人的備忘錄時，則需採『完全幕僚工作』的方式，我們對主管提出的意見，應該具備完全方式；所以主管只需簽上名字，便可以成爲主管的意見。有時候，只需要一份文件，以備主管簽章，即可以成爲一項『完全幕僚工作』，而不需另附其他說明。主管認爲可行，自會立即簽署；主管認爲需補充說明資料，則也會提出要求。

所謂『完全幕僚工作』，並不是說不能再有『初稿』（rough draft）。但是即使是『初稿』，也不能『半生不熟』。『初稿』也必需各面完全，只不過也許份量不足，也許並不周全而已。而且，即使是『初稿』，也不能請示主管。

實施『完全幕僚工作』後，幕僚人員的工作負荷自不免加重，但主管的負荷却能減輕。而這正是應該的。此外，『完全幕僚工作』還有下列兩項優點：

第一、使主管不至爲不成熟的意見、過多的備忘錄，和生澀的口頭報告等等所困。

第二、幹練的幕僚人員有其獨特精彩的看法時，也易於由此而找到一個『市場』。

完成『完全幕僚工作』後，尙需經過一次驗證。驗證的方法是：如果我自己是主管，我會願意簽署此一文件嗎？如果答案是『否』，那便還得拿回去再行研究和修改；這一份文件，還不能算是一件『完全幕僚工作』。」

第三章 組織結構的全面整合

有一個頗爲人熟悉的「盲人摸象」故事。第一位盲人摸着象腿，認爲象有如一株大樹的樹幹；第二位盲人摸着象身的一側，便說大象像一面牆；第三位盲人摸着象鼻子，以爲象有如一條大蛇；最後一位摸着尾巴，認爲象不過是一條繩子。四位盲人對於象的看法，都有欠完整。很明顯的是，要知象爲何物，需將四人的印象「綜合」起來。行政機關的組織設計，也正像此一故事一樣，需將各部份結構加以綜合，纔能獲得全貌。

前章已分別研究「部門分劃」、「分權」、「授權」及運用「幕僚」問題。那麼，應該如何將那幾項課題加以「綜合」或「整合」（integration），以期獲知組織結構的全貌呢？此一組織設計問題，當包括下列三項基本考慮：

第一，如何對各部門作適當的「平衡」或作適當的「偏重」；

第二，如何克服各主管有關「督導幅度」方面的限制；

第三，如何將單位與單位間，人與人間「相互依存」的關係加强，「整體意識」的觀念提高。

本章的討論，將以機關整體的組織結構爲主，一位「主管」，不論其主持者爲整個「機關」，或僅爲一個「部門」，均必需設計一套有效的結構，俾能提高工作效率，加强組織效能。

第一節 組織結構的平衡及偏重

一個組織結構如何作業，至少一部份要看組織着重其中的甚麼部門而定。組織內每一部門，自然均應力求其堅强及穩固，但是尤需注意其間的平衡。研究發展部門過於凸出，說不定會損害機關。同樣地，幕僚單位太優秀，管理發展的成績過於斐然，整個機關便不免全是大將，而無小兵。因此，在安排一個機關的部門時，應該按照組織的特殊需要，將某些部門作必要的「偏重」（emphasis），同時，也力求各部門間的「平衡」（balance）。

一、關鍵部門與平行部門

㈠關鍵部門（Key Departments）

行政組織通常需將其足以影響機關成敗的重要業務，設置單獨部門來處理。這些部門的主管，通常直接對最高主持人負責，以便最高主持人得以掌握其關鍵性的業務。如近年縣政府「農林科」，市政府「工務局」的單獨設立。

要知道一個部門在整個組織結構中的重要性，不能憑這個部門的員工人數，或其公文的多寡來決定。在通常情形下，凡是直接對同一位主管負責的人員，在組織結構中的地位應該大致相等。因此，直接對首長報告者，只能是機關中關鍵性的主管。這是所謂「層次相當」的安排。但是這種「層次相當」的安排，有時也不盡然。如同樣都是縣政府的一級主管，但「科長」就不如「局長」重要，至少目前的社會觀念是如此。

還有，各機關的「關鍵部門」，常是「可意會而不能言傳」的，但又是「公開的秘密的」；以現行各機關而言：

——中央政府方面：如外交部的「北美司」；教育部的「高教司」；司法行政部的「民事司」、「刑事司」；交通部的「郵電司」、「路政司」……。

——省市政府方面：如建設廳、社會處；台北市政府工務局、建設局……。

——各縣市政府方面：縣的「農林科」；市的「工務局」……。

——各鄉鎮市區公所方面：鄉鎮之「民政課」；市之「工務課」；區之「社會課」或「社經課」……。

以上這些「單位」，都是屬於現階段各行政機關的「關鍵部門」，雖然，它們與各單位都「一視同仁」，但對組織目標、機關任務的達成，畢竟扮演着比較重大的角色，有人說：「如果沒有它，那該機關的目標就覺得渺小」。

㈡平行部門

設計組織結構，考慮「平衡」及「偏重」的另一問題是：不同的部門或單位宜採用齊一的方式來設置。如各平行的單位，「副主管」職位，在機關中，有則均應有，沒有則均應沒有，不應有偏，萬一有所「偏重」，則「業務單位」應優先於「幕僚單位」(註一)。此之所謂「平行式的部門分劃」(Parallel departmentation)。

以中央政府的「副首長」而言，有四位者，如國防部；有三位者，如教育部、經濟部、外交部；有二位者，如內政部、財政部、司法行政部、交通部、……也有沒設置者，如蒙藏委員會。

以省政府各廳處及縣市政府的一級副主管爲例，「業務單位」全無「副主管」的設置；反而「幕僚單位」的「人事」、「主計」、「行政」或「秘書」均有「副主管」，這是現行機關「組織結構」的病態現象。雖有其歷史的傳統，總是不宜長此以往的「病態」下去。

有關現行各機關的「平行部門」設置情形，可參閱本論文第六章第二節的現況表。

二、主要的決策層次

在設計一項組織結構時，除有關「關鍵部門」及「平行部門」的考慮外，還得考慮到決策的層次（level of decision-making）。如一個機關中究竟應有多少個「決策層次」，一個？兩個？或三個呢？——此一問題與實施分權化及授權的程度有關。

以目前現行行政機關爲例：

——中央政府方面，除財政部的「賦稅署」有三層外（署長——處長——科長），其餘均爲兩層。（司處長——科長）；

——台灣省、台北市政府方面，均爲兩層次（科長——股長）；

——各縣市政府方面，亦爲兩層次（局科長——課股長）；

——各鄉鎮市區公所（包括台北市）方面，均爲一個層次（課長）。

決策層次，可影響組織結構中各層次服務單位及幕僚單位的設置，也將影響各層次的主管應具的素質與條件，並且也會影響有關溝通網路（communication networks）的設計，和組織的型態。（註二）

三、服務單位及幕僚單位的設置

主管在設計組織結構時，決定了主要部門如何設置，又決定了分權化的程度，下一步便應該是考慮如何設置服務單位及幕僚單位的問題。這一類的單位，一方面有助於管理的順利遂行，但另一方面却難免使組織結構益形複雜。因此，主管除非感覺到設置後確能「利多於弊」，當以審愼爲尙。需知「保持簡單」，應是重要的原則；尤以在設計機關組織時爲然。（註三）

㈠需設置服務單位的情況

設置一個「輔助性」的服務單位（ auxiliary service units ），應該是在作業單位的主管對該類服務工作外行，不具備所需技術時；和應該是在作業單位主管實在過於繁忙，應減輕其工作負荷時，如聯合服務中心的設置。（註四）

㈡需設置幕僚單位的情況

幕僚單位的設置，同樣也是基於工作負荷的考慮。一般說來，一位主管感到工作負荷過重時，缺乏必要的技術時，或在基於下述的理由，不願將管理工作授權給其所屬的作業部屬時，便可考慮設置幕僚單位。

第一，作業部門人員對某一業務不甚重視時。

第二，某一工作需由專才擔任時。

第三，某數個單位間，需力求行動的協調一致時。

第四，最高主持人需有一位協助其管制各作業部門業務的人選時。

第五，高層管理當局認爲有需人協助分析問題的必要時。（註五）

㈢將服務單位及幕僚單位納入於組織結構中

在既經決定將服務及幕僚劃分開來，另行設置服務及幕僚單位後，進一步解決的問題，便是這類單位應設於何處。

設置的原則是：

服務單位或幕僚單位，應設置在最需要這類服務的地方。一個服務或幕僚單位，如果在組織上設置的距離，離最需要其服務的單位越遠，則協調和反應也必越易發生問題，不必要的麻煩也必將越多。如機關的「檔案室」，有些很遠，有些則很近。

總之，設置幕僚單位和服務單位，殊不宜像聖誕樹裝飾一樣，當做是組織結構上的點綴。設置這類單位，目的是為彌補缺口。而組織結構上何處有缺口，當需從組織的「平衡」和「偏重」的觀點來衡量。

四、運用「委員會」以執行幕僚工作

上文討論幕僚的任務在於協助管理階層；討論運用幕僚，有賴幕僚責任和關係的明確澄清；也討論除非迫切有其需要，幕僚的設置應審慎。這許多問題，也都同樣適用於「委員會」（committees）。事實上，委員會不妨看做是一種「特殊的幕僚方式」（special form of staff）。

所謂「委員會」，是指一群指定的人員，執行某一項管理工作。委員會有其優點，也有其缺點。其優點和缺點，都是因主管將工作交付給一個「群體」（group）而產生的；如果交付的對象，只是一位「個人」，情況將有所不同。委員會中的成員，通常都各有他們的正常責任，因此只能以「部份時間」來做委員會的工作。

本質上，委員會乃是會議的「一種特殊型式」，論其特性，則第一，出席人數有限制；第二，具有特定的任務和目標；第三，有一個被指定的主席；第四，具有一個顯形或潛形的行動計畫。委員會在行政機關中算是一個額外的組織結構，也就是說：委員會乃是在一個大型機關組織內，一個自我組成的「幕僚群體」（staff group）。（註六）

其「功能」，不外乎：⑴觀點和消息的交換；⑵行動的推薦；⑶意念的創設；和⑷政策的決定。（註七）

現行各機關的「委員會」名目甚多，這幾年的「精簡」政策與計畫下，已有不少「委員會」被裁併或取消，一個具有積極性的正功能「委員會」實在不易多見，因此，減少「委員會」的呼聲，在機關中也就時有所聞。

不過，A. C. Felley and Robert J. House 說的好：「如何消除委員會的運行，遠不如妥適運用委員會為重要。」（註八）他們對於有效的委員會，並曾有許多珍貴的建議，玆述之如下：（註九）

⑴對委員會的目標、功能，和權力，應在一個委員會的說明中予以一一述明。

⑵在組織結構上，應將委員會的位置放妥，並言明每人應向何人負責。

⑶委員會的規模，必須加以限制。

⑷對委員會主席選擇的方法和委員的來源，應予以一一作特定的規定。

⑸委員會集會的日期，應預行規定為每週或每月的那一天。

⑹在開會之先，對每一委員，應設計分發備忘錄以及有關文件。

⑺在開會以前，對技術性的資料，應妥予搜集。

(8)在適當之處所，要儘量設法運用附屬委員會，和一個行政委員會。

(9)對每一委員會要紀錄亦送給議事錄。

(10)指定一個長久性的秘書，經由他，則有關聯繫可責成爲之。

(11)對投票的程序（多數通過常比全體一致通過爲佳，因爲如此可避免少數人的專制行爲）應予以明確說明。

總之，對於運用委員會來執行機關中的幕僚工作，A.C.Felley, R. J. House，曾作如下的三點結論與建議：（註一〇）

(1)最理想的委員會構成人數，最好爲五人。

(2)有效和積極的委員會作業，則需要一個具有領導才華和以任務爲導向的領袖（leader of the orientation of task）。

(3)一致與合作的委員會所組成的委員會，與不一致和互相競爭的委員會所組成的委員會相較，則更能有效地完成其目標。

W. H. Newman 也會指出：

在甚麼情況下，纔宜運用委員會的幕僚方式呢？主要有兩種情況。第一，有賴運用「群體判斷」(group judgement）時及第二，需要鼓勵「自動協調」時。（註一一）

第二節　督導幅度與組織型態

在行政機關中，任何一位主管，究應可以有多少部屬？幾乎人人都同意，認爲主管所能督導的部屬人數必有一個限度。至於這個限度究是多少，則有許多不同的看法。但是這一項限度，却是設計組織結構時非常重要的課題。此一限度，直接影響應設置多少位主管。舉例來說，某新成立機關有編制員額二百人；倘認爲每一主管可以督導直接部屬十四人或十五人，則除最高主持人外，設置十四位中層主管就夠；因此共需主管十五人。但是倘認爲每一主管只能督導六人，那麼在最高主持人下便只能有六位主管，因此便需增設一個組織層次，將另六位人員分別隸屬於六位主管之下。於是便將共有四十位主管；而前一種情況却只需十五位主管，將這兩種情況分別製成組織圖，將可見前者是一種「單層式結構」或「鈀式結構」（Flat structure）；而後者是一種「多層式結構」或「徒式結構」（Tall structure）。其情形如左列各圖所示：（註 一二）

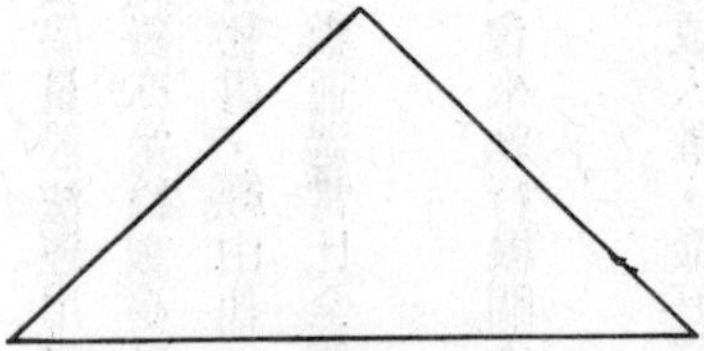

Flat Structure
（鈀式結構）

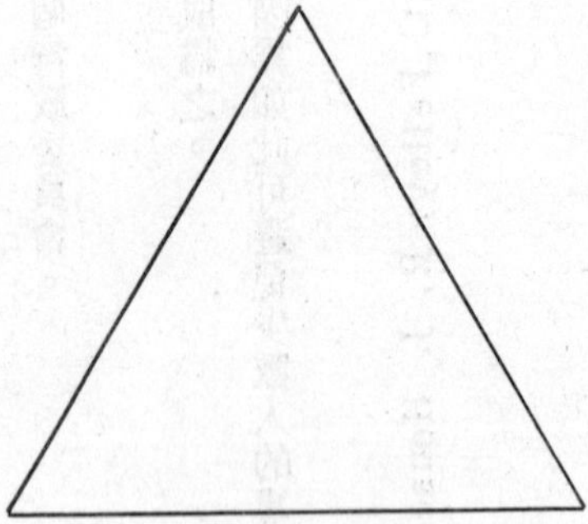

Tall Structure
（徒式結構）

The Pyramid Versus The Flat System

（徒式結構與鈀式結構）

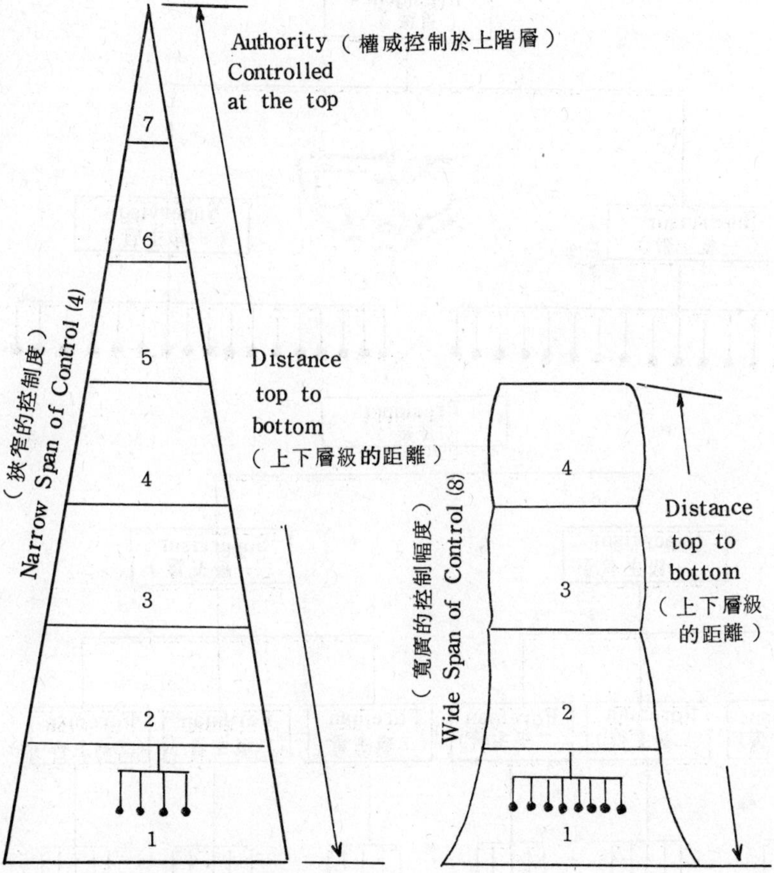

7 Layers of management
（七層級管理）

4 Layer of management
（四層級管理）

Wide and Narrow Spans of Control

（寬與窄的控制幅度）

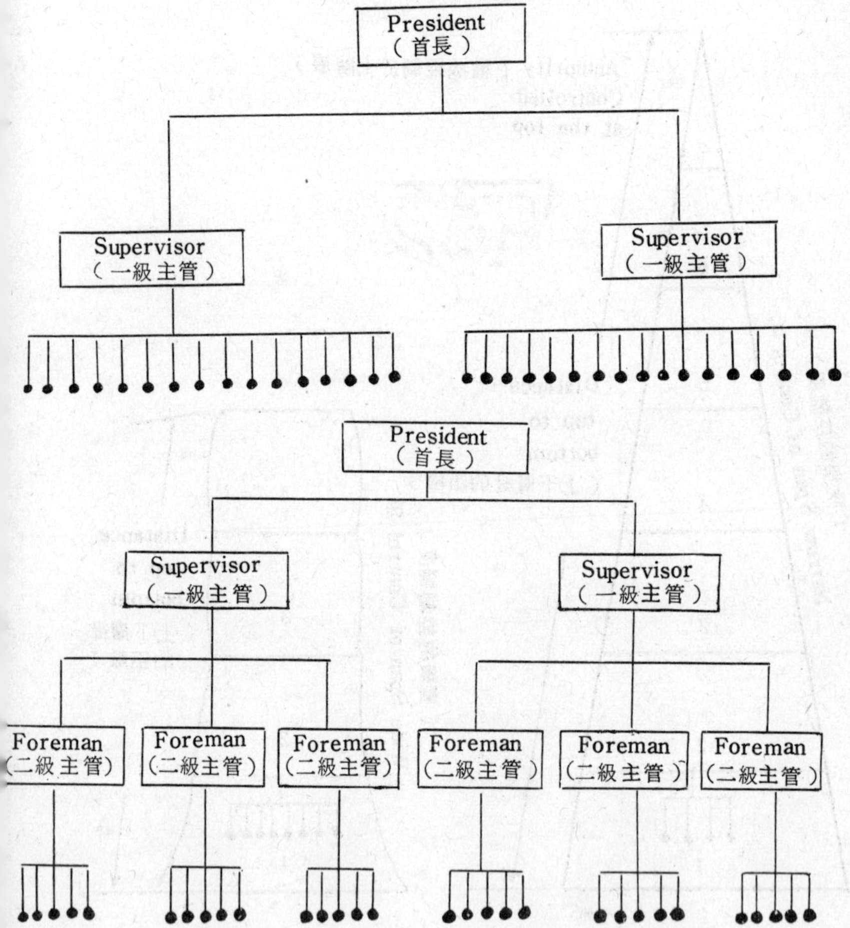

很明顯的是：採行「多層式結構」，主管的人數較多。另一項缺點，是從最高主持人到最基層的作業人員之間，由上而下及由下而上的溝通必將較爲複雜。因此，實有將「督導幅度」擴大的必要。

從另一方面來說，宜將主管的督導幅度加以適當的限制，也有許多理由。最明顯，也是最重要的理由是：任何一位主管，督導人數過多時，則誰也無法有效遂行其督導。主管對部屬分派工作，答覆問題，激勵部屬，平息爭論，與本單位內部及與其他單位的工作協調，確保工作所需的資料，以及與其他種種督導的責任，都需確實承擔。部屬人數逐漸增加後，終必會有一天使他不能順利有效遂行其責任。也許時間還有餘，可是精力却已耗竭，警覺程度也不夠。因此，督導幅度的限度，往往多在於「能力」，而不在於「時間」。

另一項理由，是因爲督導幅度過大，主管對部屬的領導恐將流於無效。主管的領導，常有賴主管與部屬間的「面對面的相互接觸」，以協助部屬推進其工作，達成其希望，滿足其需求。這種人與人間的溝通，往往至爲費時，一位主管疏於與其部屬經常接觸，或竟長時期沒有接觸，則部屬對組織的貢獻必將日低；部屬在工作中所能獲致的個人滿足也必將日少。

因此一個組織規模（Organizational Size）的理想模型，H. J. Leavitt 所說的：「一九八〇年的管理」便如後圖所示：（註一三）

Football - Bell Design Model

（足球型與鐘型之設計模型）

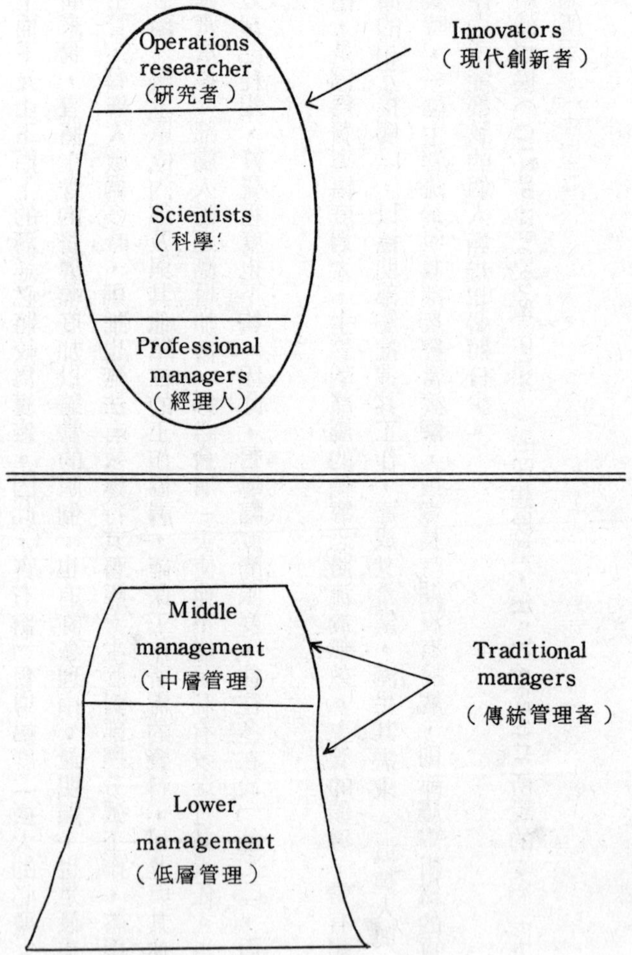

一、督導幅度的意義與發展

㈠意義

所謂「督導幅度」（Span of Control），依照A.C.Felley的說法，乃是指一個監督人（首長或主管），麾下指揮着若干人，而這些人直接向他報告、請示，和負責之謂（註一四）。依照傳統學派的管理學說，一個主管的督導幅度，應當是四至六人，較大的督導幅度，對組織的結構而言，具有重大的影響。因爲督導幅度太濶時，經常須要在組織結構中，挿入一些介於主管和部屬之間的「監督階層」，以期能將督導幅度縮小。擧例言之，在基督教的聖經裡，當「出埃及記」（Exodus）時代，猶太人旣有十萬人之衆，爲了管理他們，直接向摩西（Moses）報告的管轄千人的統治者，就有百人之衆，因此，就必須要設置一些「統率萬人的統治者」，藉以縮短管理的比率。

㈡發展

督導幅度的學說，考其來源，乃是由一些富有經驗的主管，以演繹的方法，從日常的觀察爲依據，所創造的理論。Henri Fayol可能是一個提倡「管理科學」（Science of administration）（註一五）——也就是認爲管理是一門科學——的第一人，他曾說過：「只要是行政人員，不管階級的高低如何，任何一個人，只能統轄極少數直接向他報告的部屬，一般說要少於六人，除非一個工頭，他所處理的人，只是一些極簡單的作業，所以一個工頭則可指揮二十至三十人。」經過歲月的奔流，有關督導幅度，一般言之，被發現是穩定在：⑴一個階層的主管，只可指揮四至八位部屬，⑵較低階層的主管，則可指揮八——十五或更多些的部屬（註一六）。

一九三三年V. A. Graicunas（註一七）曾運用演繹的思考，對督導幅度問題，以數學方法，加以表示，那就是：第一，直接向主管報告的部屬人數，其增加的速率，係以算術級數進行，但第二，同時相伴着一個幾何級數的方式，那就是主管間個人交往的關係次數日趨增加。

在數學方面，主管與部屬間的各種關係，他認爲包含着下面的三種關係。

第一，主管與個個部屬關係（Direct single relationships）

以A作爲主管，而BCD作爲部屬時。這中間的關係，就只有部屬的數字。見圖一。

第二，直接的群體關係（direct group relationships）

這個關係，只有主管與部屬混和起來的數字。

如以A作爲主管時，A就在下列的配合方式下，保有着與部屬的關係。見圖二。

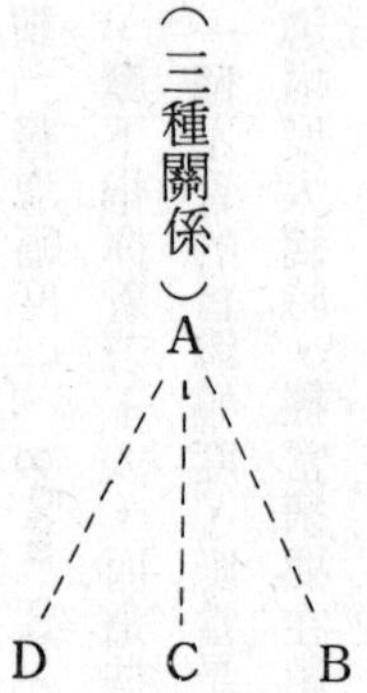

圖一

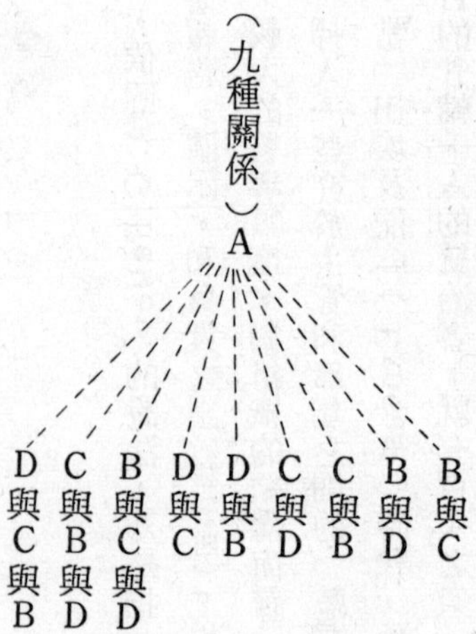

圖二

第三，交錯關係（Cross relationships）

這個關係，只有那些可以當面商量的部屬的數字，以A作為主管，BCD作為部屬時，就有下面這樣的關係。

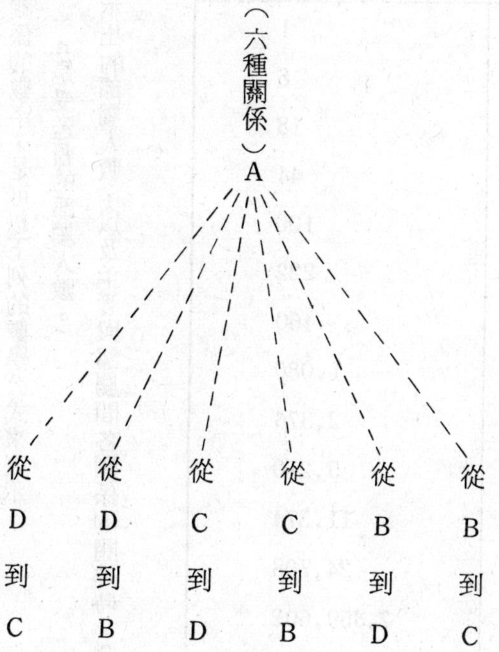

一個主管，在擁有三個部屬時，可以預想到的各種關係的總數，就如下式：

3（各人的關係）＋9（直接群體關係）＋6（交錯關係）＝18

上面所有各種關係的數字，是可以下列的數學公式來表示：

$n\left(\frac{2^n}{2}+n-1\right)$　n是受監督的部屬人數。

從這公式所表示出的部屬人數，以及主管與部屬間各關係的關連時，就得出左表所示：

部屬人數與各關係數字

部屬數	諸關係總數
1	1
2	6
3	18
4	44
5	100
6	222
7	460
8	1,080
9	2,376
10	5,210
11	11,374
12	24,708
18	2,359,602

由此觀之，部屬的人數到達十八人時，就可以想像那將成爲「天文學數字」的關係。這些關係，雖然不可能同時發生，不過在部屬的人數增加時，各種關係就會怎樣的擴大，這就不言可喻了。如左圖所示：

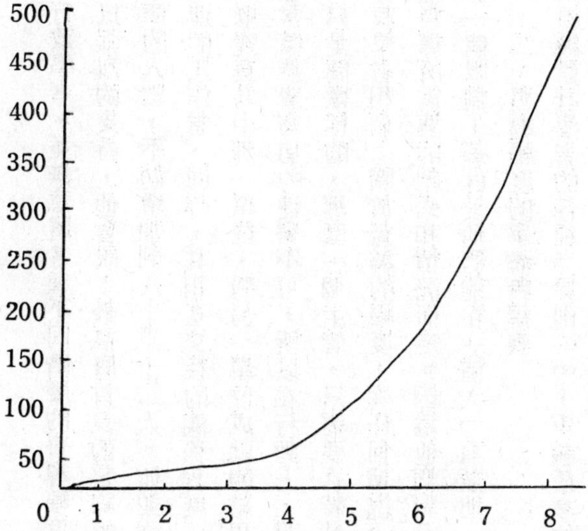

說明‖部屬的人數達於4人時，種種關係就急速增加，到了5人，6人時，就作飛躍的增加，這在表裡表示得十分清楚。

其他如：J. Bossard, D. R. Entwisle, J. Walton R. C. Davis. 等人都對此一問題有繼續擴大的研究。（註一八）

傳統學派的行政學者，並無意將各種不同階層的督導幅度，侷限於相同的部屬人數。例如L. Urwick就對此一原則予以强烈的支持，他曾說：最高層首長的督導幅度，最理想爲四人，但對一個監督階層的主管而言，其所指揮的人數，不妨增加到八——十二人。他並强調（註一九）：此一原則，僅可應用於那些從事於彼此交互牽連的工作者，同時，其相互交往的關係程度，亦不容忽視，如果兩個單位的工作，是彼此密切關聯的，那麼究竟其中那一單位，對另一單位成就的結果，具有重大的影響？既無法分辨，那麼，這兩個單位就非經常保持着密切的連繫不可，所以在行動上，務必取得協調一致不可。但如果這兩個單位之間的交往關係，只是間歇性的，那麼一個主管，只需要在特殊時，給予關切就夠。

另外一些行政學者相信：關於督導的幅度，在任何情況下，俱不應當加以明確的限制，至於督導人數的多少，則宜視督導所需要的型式和情況而定。因爲他們對督導幅度原則，作下列修正的複述：就督導的人員而言，應有一個限制，那就是他們能在一個人「有效地」督導下，盡心竭力地去工作。（註二〇）

二、督導幅度的爭辯與辯護

在傳統學派組織設計學者的各種「原則」中，爭論最多的，當首推「督導幅度」，對此一「原則」的批評者，每從兩種方法中選用一種。一派主張保留此一原則，雖然督導的幅度，可能有一限度，但是那不是眞實可行的，然而却具有其優點，因爲果依之爲據，則可令督導的幅度，比一般特定的幅度，要寬廣得多——如果工作的性質，是彼此交互相關的話。另一些人則相信此一「原則」的本身是虛無飄渺之幻覺，因為此一「原則」的主要弊端，厥為徒然的假定——一如Rensis Likert 所說的——管理只是「人對人」（man - to - man）的型式，而獨不知實際上，却可「人對群體」（Man - to - Group）的行為。

主張採用一個較為寬廣的督導幅度，其理由之一，乃是因為較狹的幅度，自會形成一個「徒式」的組織結構（Tall），其弊端為：第一，官僚形式化的作風日熾；第二，上下間的連繫極為困難；第三，授權的程度很低；第四，監督嚴格，以致形成浪費、工作情緒消沉，和組織的僵化。而最值得注意的一點，乃是士氣的低落（註二一）。所以J.Worthy主張：當我人顧及成員的工作情趣時，分權和「鈀式」（Flat）組織結構的形成，自然需要將較濶的督導幅度，放在中級和高級的組織階層上，故比以狹隘的督導幅度為基礎的「徒式」和集權的組織結構為優越。（註二二）

在另外一方面W. W. Soujanen 强調說：對一個妥當而適宜的督導幅度的全部論述，實乃無意義，而這一個督導幅度的原則，也就變成空談的神話。他認為此一「原則」的形成，首先是從組織那裡，作了錯誤的剽竊，此後，由於第一，新決策過程的引用，諸如團隊式的管理；第二，高級通訊技術的應用；第三，對正式組織中「非正式組織」的角色關係，已為社會科學家的見識所確認，所以使此一原則，日趨式微。為支持其觀點，他遂引用E. Dale 一九五二年的報告：在管理極為成功的機構中，一個行政主管所督導的人數，往往比傳統學派管理學者所認為最適宜的部屬人數，要多得多，足證傳統學派的學說，未必就能切合實用。（註二三）

為堅守傳統學派的崗位，並對W. W. Soujonen 的見解，加以反駁，L. Urwick 曾指出：E. Dale

所計算在內而直接向行政主管報告的部屬人數，實包括所有與主管有機會接近的一切部屬，但並非全是在督導連鎖中直接向他負責報告的人（註二四）。L. Urwick 的意見表示：對直接向行政主管報告的部屬人數，具有效的計算方法，應當是那些「在正式組織原則下，所涉及對部屬行動，負有直接督導責任的主管，麾下所統轄的人數而言。」而那些有機會和主管接近的人，不應包括在內。（註二五）

有不少的研究者，想盡辦法去瞭解一般機關對督導幅度原則，實際運用的情況究是如何呢？其調查研究的方式，乃是以一個假定爲基礎，那就是：如果一個機關對督導幅度原則，雖不予以重視，但却「管理」得很成功，頗有欣欣向榮之勢，則此一督導幅度的原則，就不能視爲有效。在此一正題上之研究，其主要的調查方式，乃係以最高階層的主管人員爲骨幹，從其研究結論中顯示，發現其督導幅度的變化極大，一個最高行政主管所直接督導的人數，有的只有一個，有的多至二十四個。（註二六）

事實上，在任何一個時間和任何一個成功有效的機關內，其現行運用的督導幅度，對督導幅度原則的有效性，未必就能予以證明或否定。有些機關，從其最高層的督導幅度來觀察，其幅度甚爲寬廣，而管理又極成功，但當其組織在「成長」「發展」中時，却存有領導階層不斷增加的趨勢，這也表示出：廣濶的督導幅度，在某些範圍之內，負擔過重，而減低此一幅度的步驟，勢所難免。

三、最佳督導幅度的決定因素

在設計有效的督導幅度時，發現除管理者的個人能力、理解能力、做人態度及爲人敬服等因素外，最重要的因素，要看管理者能否減少與部屬接觸的次數和時間，而不影響其管理績效，這種技能行行不同，且亦因人因地而異，但下列七個一般性因素，H. Koonty，C. O'Donnell則認爲對此關係至鉅。（註二七）

㈠部屬訓練

部屬的訓練愈好，就愈不需要督導或請示。一個具有良好訓練的部屬，不但可減少主管監督的時間，且可減少主管與其接觸的次數。

新成立及較複雜的組織中，訓練的問題常告增多。例如，在鐵路工業中的管理者，其所受訓練遠比航空業的主管們更爲完整；同樣的，在複雜的電子及飛彈工業中，由于政策及方法迅速改變，訓練的問題也日趨嚴重。

㈡授權

雖然訓練可使管理者減少督導次數及時間；但浪費時間的主要原因，常源於含混不良的組織。不良組織影響管轄幅度最嚴重的病癥乃爲授權的不足與不清。倘若主管能把工作說明清楚再授權下去完成，則一個訓練有素的下屬就能自行辦理，而不需主管過份操心；但若該下屬不能勝任或不清楚該做何事，抑或下屬並無職權採取有效的方式去辦理，則他不是無法完成，就是不斷地向其主管請示，主管只好費時費力去督導他。

㈢規劃

部屬工作的許多內涵，載明於他所應執行的計畫，設若計畫安排適當，應作工作在他的業務範圍內，他也有權處理一切，且了解預期的效果，則工作時不必其主管太費時費力去操心。

反之，若計畫不明確，部屬必須自己加以策劃，則他在作決策時，就需要處處請示；但是如果主管能事先訂出明確的政策以幫助抉擇，使能步調一致，配合本部門目標，或讓部屬瞭解此項政策的意義，則比起那些政策含混無人瞭解的計畫，主管所用於督導的時間，必然較少。

㈣變動率

有些機關的變動顯然較其他機關迅速。在形成政策與維持既定政策上，變動率（ rate of change ）關係重大，有不少機關的組織結構，就明顯地受其變動率的影響。由於變動率較少，常使組織中的管理幅度較大，而因爲變動率大，常使組織的管理幅度極爲狹小。

㈤採用客觀標準

管理者應親自觀察，或應用客觀標準，以考核部屬是否按照計畫行動，完善的客觀標準能使偏差易於發現，能減少主管和下屬的接洽時間，而使主管能致力於計畫的要點部份。

㈥溝通的技術

運用溝通技術的效果對管理幅度也有影響。應用客觀的控制標準可算是溝通技術之一，但是還有許多其他技術，可減少主管與部屬間的接洽次數。

如果每一項計畫、說明、命令或指示都要主管親自傳達，每一改組或人事問題，都要主管口頭說明，則主管的時間顯將不夠支配，若干主管利用助理人員或行政幕僚人員，作爲溝通意見的工具，經由彼等會同主要屬員共謀解決各項問題。屬員的書面報告，常經過周詳的綜合考量，而便於主管的決策。筆者曾見到某些忙碌的高級首長，凡事無分鉅細，堅持要屬員提出扼要的書面報告，此項摘要表甚至包括了大量的重要決策。主管藉此而擴充其管轄幅度，因爲凡經詳愼編送的報告書往往可以使主管在幾分鐘內作出正確的決定，若改以開會商討，就是最有效的開會，亦需一個鐘頭的時間。

一位主管如果善於傳達計畫並能明確施令，亦能加大管轄幅度；反之，如果部屬離開主管辦公桌或是接到他的指示備忘錄後，對主管的企圖及指示，仍是茫然無所知，則其與主管的接洽次數會加多，遲早還得去找他麻煩。能有一位言詞清晰善於表達的長官，實在是人生一樂事；而平易近人的長官，自然為部屬所喜愛，但是如果平易到迷糊不清以至浪費時間的地步。則管理幅度一定得減少，甚至會使士氣低落。

近代溝通技術五花八門，有機械的、有電氣的，如電話、錄音機、發音機等。電子計算機促使訊息傳達更為迅速，更為正確，也更為完整，若使用得宜，對管轄幅度會有很大的影響。溝通的技術隨著發明而日新月異，今日受限的管轄幅度，也許明天就可以寬放。

(七)親身商洽

許多狀況中面對面的接觸有其必要，有時書面報告、備忘錄、政策聲明、規劃文件，或是其他的傳達方式都不如親自商洽來的更有效。主管會知道利用會議和部屬商討一件問題，對自己有益，對部屬也有激勵作用，有時由於微妙的政治原因，一項問題若不當面商議將無法解決。而考核下屬的工作績效或與其檢討時，一樣需要面談。另外，為了指導部屬，或是為了瞭解別人的眞正意向也都得耐心慢慢面談。

然而，有人認為機關首長時間消耗於會議或是委員會中太多，如果能夠妥善訓練，善為決策規劃、明確授權、改善幕僚作業、改進控制系統及目標標準或是善用管理原則，則他們在會議桌上的時間可以減少。但也有人認為，與其浪費時間與別人商討，不如閉門思考，潛心研究可為更為有效。

(八)均衡的需要

無可懷疑地，儘管組織結構有趨于平坦的傾向，但管轄幅度的有其限度則是一個實際且重要的問題。

一個主管，雖然他拚命授權、努力訓練、潛心規劃、明訂政策，並運用有效的控制與溝通技術。他仍然會覺得自己實在不該管那麼多人。隨著組織的成長，其管轄幅度也會增大，而迫使部門與階層也相對增加。不過，在某些情況下，我人所應注重者，乃是一切有關因素的均衡，不可顧此失彼。將幅度擴大並減少階層，當然在某些情況下為可行的；但在某些不同情況下，可能並不如此。

關於管轄的幅度，由于混淆不清，而產生許多的誤解。很多人常認為理論上有效的督導幅度大約是三至七人。正確的督導幅度原則應為：每一個職位所能管轄的人數是有一定限制的，但其實際的人數，則應按每一不同的情況，根據有關的重要變動因素，以及有效管轄所需的時間，作成不同的訂定。此基本原則早就存在，再沒有更好的原則可以替代。它可作為管理者增多轄屬及簡化組織的參考。

組織設計的督導幅度，其大小無論是理論上還是實務上，都有極大的差異。因此釐訂組織結構的主管督導幅度時，常有設定一項「上限」（upper limit）和「下限」（Lower limit）的必要。主管個人精力的高低，對其所能有效督導部屬的人數也有相當程度的影響。此外還有許多別的因素，需多加考慮，以便配合各種不同的特定情況。這些考慮因素根據W. H. Newmam 等人的說法如下：（註二八）

第一，主管用於管理督導的時間之多少

幾乎每一位主管，都需花一部份的時間來親自處理作業性的工作。很明顯的是：一位只能花百分之八十的時間於督導其本身工作中的主管，就比不上另一位能多花時間來督導部屬的主管；故其部屬人數自也必需減少。

第二，督導的作業類別和重要性

主管遇到的問題，如果都是麻煩複雜的問題，牽涉到許多人，則這位主管自需比別人多花些時間。因此，一位處長或司長，便與第一線的基層主管不同。第一線基層主管所處理者，多屬例行問題；而處長或司長却需花時間與每一位直屬部屬接觸。

第三，作業的複現性

新問題及不同問題，處理起來通常總是比碰見過多次的老問題費時。這也跟學習一種技能一樣，反復複習可以增加熟練；對於性質類似的管理問題，也能因多次處理而較爲輕鬆。這就是說：一位主管的能力，在積有長期經驗時，和其在第一次處理某一問題時，會有很大的差別，可以多督導幾位部屬。不過事實上往往有些職位，經常都需處理大量的新問題。

第四，部屬的能力

部屬是生手，沒有經驗，則主管的督導自也必須費時間。反之，倘部屬都已具有判斷力，都能主動，且都有義務感，則主管所需的督導時間自可大爲減少。

此一情形如後圖所示：

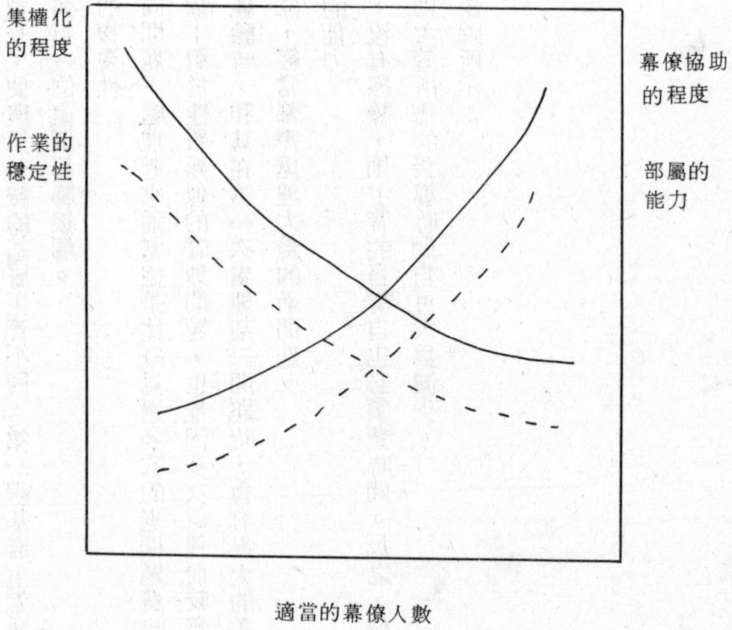

說明：主管最適當的督導幅度，不是固定不變的；需分別就各種情況，依據許多必要的因素來決定。

第五，分權化的程度

一位主管經常要親自作許多決策，則其所能有效督導的人數必較少，比不上經常只需指導和鼓勵別人工作的主管。

第六，幕僚協助的程度

如果部屬能夠經常得到幕僚單位的協助，例如工作方法、人事問題，及其他種種工作，他們所需主管的指導自可減少，身爲主管者，如只是在部屬遭遇困難時纔去與部屬增多接觸。在這種情況下，主管所能督導的人數自必較多。

基本上，設計組織結構時，對每一位管理職位，都應按照上列各項因素來檢討，以確定該一管理職位的督導幅度。例如一位第一線基層主管，手下擁有能夠處理複現性作業的有經驗部屬，同時也有足夠的幕僚協助，又能以其大部份時間來督導部屬，那麼卽使其部屬多至三十人到四十人，當也能應付自如。反之，一位高級主管，只能以其極少部份的時間來督導部屬；而又由於部屬的經驗不足，常不得不採行集權式的決策方式。

第三節　相互依存與共同意識

組織結構不能單獨存在，正像人類的神經系統不能夠分割開來一樣。因此，組織結構必須視之爲一個有機的整體。組織不但應其「偏重」與「平衡」，又要求其「適當」，更要求其「互依」（interdependency）與「共識」（Conciousness of kind）這樣的組織才會有生命，能如此，組織設計才容易開花結果。以下，擬分三個「面向」來探究此一問題：

一、業務單位與幕僚單位

幕僚單位與業務單位不融洽的工作關係，是目前行政機關感到磨擦與無效的主要因素之一。因此如何調適兩者的關係，乃為組織設計上一大課題。

如果我人知道兩者為何會有衝突，在什麼情形下就可能發生衝突，就知道必須滿足什麼條件，才能獲致合作，欲使兩單位關係的改善，必先清楚兩者發生衝突的因素。玆分述如下：

㈠背景不同，價值觀念有異的心理

幕僚與業務單位的人員，在未進入機關以前，其所有的經歷，包括所受的教育、工作經驗、職業觀念，以及社會地位的不同，均會影響其在組織中的行為，產生不同的價值觀念，是為衝突的一大因素。

1.以教育程度的不同而言：

通常業務人員與幕僚人員在教育水準上有很大的差別。Melvill E. Dalton 曾對一機關的人員作過教育程度的調查，其中三十六個幕僚人員，包括幕僚主管、助理及幕僚專家，平均受教育的年數為十四·六年，三十五個業務單位管理人員平均十三·一年，六十位中層監督人員平均為一一·三年，以及九十三位第一線的工頭平均為一〇·五年（註二九）。由上述數字顯示幕僚人員所受的教育平均比業務人員高，因為兩者所受教育的差距，易造成彼此關係的不和諧。業務單位的人員會對幕僚人員產生猜忌，認為幕僚人員是「無聊人物」（College Punks），是「計算尺」（Slide rules），是「狂想的人」（Crack－pots），不太相信幕僚人員的能力，亦不欣賞他們的作法（註三〇）。此外，幕僚人員因所受教育的不同，以及他們負責專門性工作的緣故，常會有他們自己的字彙和名詞，用來溝通意思。而這些專門性的語言（Special language）是他們討論及溝通專門性問題所必需的，當然這些語言是業務單位人員所無法瞭解的。但據調查幕僚人員經常喜歡用這些語言與業務人員溝通。由此可知幕僚與業務人員由於所受教育的不同，產生了許多衝突與隔閡。

2.以年齡的不同而言：

各機關中幕僚人員的年齡平均比業務人員輕，據M.E.Dalton的調查，在某一機構中，有三十六位幕僚主管平均年齡爲四二·九歲，有五十位業務單位主管平均年齡四八·七歲，有六十一位中層監督人員平均年齡五〇歲，九十三位第一線工頭平均年齡四八·五歲，而有二七〇位非主管的幕僚人員平均年齡只有卅一歲（註三一）。上述調查數字可證明幕僚單位人員年齡均較輕。當他們擔任一位年長主管的籌劃工作時常招致年長主管的反應，尤以一個重視年齡與經驗的環境中爲然。因此年齡上的差異亦是造成幕僚與業務人員衝突的因素之一。

3.以職業意識的不同（Difference in Professional Consciousness）而言：

幕僚人員均受過高等教育，較爲重視理論與書本知識，他們往往用理論的方法以求解決實際問題，所以時常改變傳統的習慣與方法。反之業務單位的人員，則側重實際，針對缺點以解決問題，對幕僚所提出的理論與方法，時常予以鄙視。

此外，幕僚人員年紀較輕，他們有抱負、求進心切、重視個人主義，他們希求個人的榮譽，時常勝過團體的意識。因此幕僚人員的流動性（Turnover）很大，甚至被視爲四海爲家的人（Cosmopolitiants）

（註三二）。業務人員則較為保守、趨求穩定，他們較重視團體意識，流動性極小。

由於幕僚與業務人員，具有不同的職業意識，兩者在機關組織中，勢必會產生不合作與衝突的現象。

4.以社會地位的不同而言：

幕僚人員在社會階級中所佔的地位，通常比一般業務人員為高。他們比較注意服裝與儀容，善於辭令，長於編寫報告。在社交場合中，他們擧止大方、態度溫和，而又極為活躍，因此幕僚人員容易爭取機關首長的喜愛，他們善於利用言辭為其擬訂之計劃解說，以獲取支持。反之，業務單位人員則不注意那些事情，他們平日忙於事務，不重視衣著，不喜愛社交活動，因此他們顯得比幕僚人員寒酸，亦不易引起首長注意。上述幕僚與業務人員在社會地位及性格上之差異，很容易引起對方的猜忌，產生衝突。

㈡互相猜忌，互不信任的心理

縱使沒有背景上的不同，幕僚與業務單位間的衝突，也可能因團體意識的不同而產生。每個團體都有其強烈的趨勢，認為自己的工作，較之其他團體對該機關最為重要。業務單位認為他們負有辦理具有社會重要性的工作之責任，而幕僚單位則沒有，因此對幕僚單位的職責，往往加以輕視。而幕僚單位認為他們對於具有社會重要性的業務單位之工作有重大的影響，所以他們的工作更趨重要。因此彼此都希望「建立王國」（empire building），擴充自己的職掌與權力（註三三）。於是在爭奪權力情況下，互相猜忌，彼此產生不信任，兩單位之間的衝突更趨嚴重。幕僚與業務單位，彼此不信任的原因，雙方均振振有詞（註三四）。茲分別析論之：

1.先就業務單位的觀點而言：

①幕僚人員僭取他們的權力

業務單位主管最大的顧忌是幕僚人員侵犯他們的權力。雖然他們承認幕僚人員的存在，是組織中所必需且有價值的，但他們的觀念認爲在理論上，幕僚人員是不能有權力的。然而誠如羅素（Bertrand Russell）所言：「只要是具有活力的人，都會喜愛權力，因爲它是人類的本性。因此，我們可以肯定的說，大多數的官員，都希望爭得更多的權力——比他們所應該具有的還要多。」（註三五）。幕僚人員是非常活躍的。他們當然也是一個權力的追求者（Power Seeker），希望獲取更多的權力。幕僚人員爭求權力的方法很多，他們可因與首長有特別關係，或有特殊才能，或因業務單位主管的某方面欠缺，而獲取得權力。譬如：新的首長到職，帶來一位幕僚並親自交待各業務單位主管要與其合作，幕僚之建議，首長很熱誠的接受，並囑各業務單位付諸實施，是則業務單位主管之權力已被破壞，而業務主管對幕僚亦將發生不滿與仇恨。

②幕僚人員不能給以完善的建議

許多業務的單位主管，均抱怨幕僚人員所提供的意見或方案，往往不夠仔細，缺乏完整以及未經有效的試驗。幕僚人員在學校所學的，在於求得「最好的解決方案」，他們對於科學技術的客觀性，抱持極大的信心，因此，他們擬訂的方案或提供的建議，極富理論性，如付諸實施，恐有些困難。在許多行政機關裡，幕僚人員被認爲是「理論者」（academic）、「象牙之塔」（ivory tower）、「不實際的」（Unrealistic），以及「太過於原理化」（too theoretical）。

③幕僚人員偷取信任（Staff Steals Credit）

業務人員經常埋怨幕僚人員爭功諉過。當某種方案施行成功時，幕僚人員則爭首功；萬一失敗，則將責備推至業務單位的人員。曾有一位業務主管人員這麼說：「當事情做壞時，幕僚人員會認為那是我們的責任，但是，當事情成功時，每一個幕僚人員都會爭著去領取褒獎與信任。」

此外，業務人員認為幕僚們較容易贏得機關首長的信任，因為他們較接近首長，有更多的機會引起首長注意。更因他們是首長的耳目，掌握機關稀有的消息（Scarce resources），並負責監督視察業務單位的工作情形，扮演著告密者的角色（the role of informant），負起告密功能（fink function），此皆易為業務單位人員所不能諒解（註三六）。

④幕僚人員無法瞭解問題的全貌

業務單位主管們常會指出幕僚人員所提出的計畫或方案，僅限於他們專家的意見，對於整個機關的利益，很少有幫助。因為專家的能力、知識、技術、經驗只能適用於某一特殊的事務或範圍。專家對一個問題的看法或事務的處理易陷於「鑽牛角尖」的窮境，「知偏不知全」，「見樹而不見林」。幕僚專家們本身有此偏陂，所以他們擬出的方案，無法顧及全局。此外，幕僚人員因本身未參予執行業務，無法瞭解機關確實的目標，也無法體會問題執行時的困難。因之，他們的意見易流於空洞，缺少可行性。

2.再就幕僚單位的觀點而言：

幕僚單位與業務單位之間所產生的抱怨，並非是單方面，幕僚人員也同樣對業務人員有許多不滿，他們的觀點，通常包括下列三項：

①業務單位不能有效地應用幕僚人員。

有許多業務單位主管，具有堅強與支配性的人格，他們甚爲聰明且能幹，因此他們認爲不需要聽取幕僚人員的建議。

又有些業務主管們，因爲他個人的能力無法接受建議或者故意反對接受建議，使得幕僚變成無用武之地。其實業務主管必須瞭解，由於機關工作之複雜及自己之忙碌，對有些問題必須借重較爲空閒之專家意見之協助，如對幕僚之意見不予聽取，則設置幕僚實屬浪費，若認爲設置幕僚是需要的，則業務主管應該聽取幕僚的意見，善於應用幕僚人員。

②業務單位拒絕接受新觀念

許多幕僚人員指責業務人員眼光短視，經常拒絕接受新的改革建議。幕僚人員的功能是負責思考、研究，而不負責執行，因此當他們有新的創見或擬訂新的方案時，必須交由業務單位去推動。然而業務單位對此新方案，經常考慮再三，有時甚至置之不理。業務單位所以會拒絕變革，因爲他們曉得一種新方法的改變或新制度的推行，將會帶來很大的人事變動，設備的更張，必須迫使組織重組，更會減少他們的權力，增長幕僚人員的影響力。此外，他們對於幕僚人員所提出的計劃，不敢寄以信任，因爲它們可能不夠穩定，不夠實際，以及缺乏可預期的效果(註三七)。幕僚人員善於改變，而業務人員力求穩定，兩者取向（orientation）不同，難免要衝突(註三八)。

③業務單位不能給以幕僚足夠的權力。

幕僚人員有一共同的抱怨，就是他們缺少權力。在傳統的命令統一的觀念裡，認爲幕僚只能提供意見，不能具有命令，卽使幕僚可以行使命令，也是附著業務權力而行使的，幕僚權力的大小，完全視業務主管授與的多寡而定。因此，幕僚人員常感到他們無法施展抱負，因爲他們缺少權力去大力推展。有一位工業工程師慨嘆道：「我們被視爲是專家，我們比業務人員知道的要多，研究的要徹底，但是我們的建議，常不能付諸實施，只因爲我們沒有權力去貫徹它。」幕僚人員希望擴張權力，而業務單位主管則恐懼幕僚人員會侵害到他們的權限，彼此猜忌，衝突緊張，於焉而生。

總之，業務單位與幕僚單位在機關中的「依存關係」極其龐大，兩者之間只有依照Douglas McGregor的建議，力謀建立一個互相信任的環境領域，依靠群體合作的努力，共同達成組織的目標。（註三九）

二、組織目標與個人目標

「目標（objective）」一詞，可以解釋爲個人的欲望、或經由某些行動的成就而獲得的價值(value)（註四〇）。從第一種意義言，乃是某一人自其需求中所演化而成的個人動機。此類目標是屬於個人的，而非屬於組織。就第二意義言，所謂目標，乃係有待達成的價值，而此等價值可能爲個人或組織所追求者。限定於團體或組織的價值，即構成組織的目標。

關於個人目標和組織目標間的分野，Chester Barnard 曾作如下的敍述：

「組織的目的和個人的動機之間，吾人已予以明辨劃清了。在一般思考中，所謂組織，則其共同的目的和個人的動機，乃是或應當是一致的。不幸得很，除了以下所述的特別情況外，則此一假定，絕非事實，在近代的社會環境中，此一假定中的情況，却絕無僅有。個人的目的，必須是統一的、個人的，和主觀的事物；而共同的目的，則必須爲一個外在的、非人格的，和客觀的事物，雖然個人對此種共同目的解釋，亦每以『那是主觀的』（It is subjective）名之，但却非爲事實。對此一般性的規則而言，却有一種例外的事例，其重要性乃不容或忽者，那就是一個組織目標的完成，其本身乃成爲個人滿足的來源，同時，亦爲許多組織中多數成員的動機，然而，此種例外的事例並不多，如果有的話，我想也只有和家庭的、愛國的，和宗教的組織相關聯，而且也只有某種特殊的情況下，組織的目的會變成、或可能變成爲個人僅有的或主要的動機（註四一）。」

在最近的組織設計文獻中，組織的和個人的目標其確切本質，已成爲一個重要的爭論主題。首先，爭論的重點，業已置於一大疑問，總想獲悉如何去決定「眞正的」組織目標。許多學者相信，企業營利機構的主要目標，無非爲利潤的「極大化」；與此一論調相反者，乃確信組織的原始目標，厥爲對消費者和社會提供其服務而已。就行政機關而言，其主要目標，有人認爲是「爲國效命」，有人則認爲應是「爲民服務」，有人則主張兩者並兼而有之。其目標層次顯然已比企業機構高得多。關於個人的目標，不少學者們說：個人的行爲，很自然地，自以較大的金錢報酬、較短的工作時間，和適當的安全感爲導向。另外一些學者，則認爲個人的行爲，其方向厥在(1)在組織發展的機會，(2)完成其有興趣和有意義的工作，和(3)發展其技術和職業的才華（註四二）

任何一個主管，如果被詢及：你是否同意一個明確而淸楚的組織和個人之目標，是對一個有效的組織成就，爲一個基本的條件呢？無疑地，其回答將是「對」。但是，從許多的證明中顯示：此一明白的命題，並非一如其命題所宣佈之易於實施者。

根據本文的實地訪問，業已發現：多數行政人員，並不知組織對其所期冀者爲何？並認爲管理當局，亦未必知之。當他們回答下列問題：「是否工作的方向、目的，和意願，業已爲你的機關所明訂？」，大多數的人回答說：「未曾」，或者說他們對目標為何？均感懷疑。

㈠組織的目標

有關組織目標的討論，大多強調：一個組織，必有其「理性化」的目標，而此種目標，比組織全體構成份子各別目標的總和為大。但組織成員的個人目標，往往與其組織的目標緊相聯結，形成血肉難分之狀，因為他們對組織共同的任務，以分工的狀況，各別分擔，人人有其位而盡其才。通過共同任務的分擔，自然形成人各有責，個人非但要對其所分擔的任務，予以尊重，而且組織的本身，乃成為彼等從事於工作的媒介物。因此，一如 Philip Zelznick 所指明者：一個組織的目標，遠比其成員們個別補足的特殊任務為大，因而變成一個社會的結構。「……（組織）所灌輸給個人的價值，遠超過其擔負任務的技術要求（註四三）。」各別個人會將組織以及其目標，予以認知和統合，而組織於是能形成一特殊的整體，不是就表面所看到的各別個人的滙集團體，所可比擬，因此，有人所以稱組織為一有靈魂的有機體（organism），而非為簡單的機械（mechanism）其理在此。

組織目標，又可分為三種，一曰「原始目標」（Primary Objectives）；二曰「演生目標」（Secondary Objectives）；三曰「社會目標」（Social Objectives）（註四四）。

㈡個人目標

組織中的成員若欲達成其個人的目標，傳統學派的組織設計，只有將他們個人目標「依附」於組織目標之內。同樣的行為學派的組織設計也暗示；如果組織的目標能夠滙集成為一個體系，在此一體系內，實際上，個人的目標能得以培育、發展，而抵於實現之域，則此一組織必將能更佳地達成其目標。依此而言，唯有當個人目標與組織目標合而爲一時，則此一組織的成就乃可達於理想之境。

依照行爲學派的組織設計，作爲機關首長者，對其組織內成員們所欲滿足的需求，應特加注意，不可掉以輕心，也就是說，他們所希望的報酬，對組織而言，乃變成個人資源的投資（investment of their personal resources），因爲這些報酬，乃是使他們繼續爲組織效命的必要條件，否則，由於組織的誘因缺乏，他們或作尸位素餐式的慢性怠工，或是望望然而離去。

至於工作人員個人的希望，究竟是什麼？已有許多的研究，加以探尋，期待決定那些是組織應給與其成員們所作貢獻的適當報償。其所研究的結果，一般俱指出：在組織誘因和個人貢獻之間的關係，乃是極其複雜而且是相互依存的（Complex and interdependent）。（詳見第五章）

Ctris Argris 曾斷言：在組織的目標和個人的目標之間，實存有先天的衝突。他指出：有形的組織，每創造一種環境，就使工作於其中的個人，被迫變爲依賴、服從，和鼓勵，而且他們充分發揮其才智的機會，也飽受阻礙。因此，他倡議：驅除這些困擾的唯一辦法，就是培養一個良好的組織氣氛（Organizational Atmosphere）（也卽今日習用的組織氣候"Organizational Climate"），將個人自我的成就和組織的成就，作等量齊觀的平行强調（註四五）。

R. C. Davis 極力强調將組織和個人的興趣，予以統一化的重要性，從傳統學派組織設計的觀點裡，也曾敘述此種情況，多少年來的努力，R.C.Davis 於是仍倡議，完成是項統合行爲的有效方法之一，乃是使部屬們增加其參與決策的機會。（註四六）

Peter Drucker 對個人和組織目標的統合，也曾提出意見，他極力倡議「目標管理」（management

by objectives）和「自我控制」（Selfcontrol）的管理意念。（註四七）

從Davis・Drucker兩人的觀點中，不難看出，他們所要求者，便是個人的目標，必須要與組織的目標相一致。

與Davis的主張相近者，首推Douglas McGregor，其所倡議的統一化，乃以個人參與組織目標的程度而定；質言之，若一組織上下一心，則唯視組織成員們是否能視組織的目標，乃係其個人成功的必要手段，相互關聯，洵不可改。

關於組織與各人的統一化組織設計，McGregor 認爲：⑴工作擴展、⑵以成員爲中心的領導、⑶民主式的領導、⑷以個人需要爲中心的群體之培育、⑸參與式的決策方針，或⑹將權力和責任授予組織下層的執行人，如此，即可實現統一化的目的。

依照此等「意念」，一個個人目標的評價，自亦可用作一個有效的管理工具（an effective management tool）。明瞭「個人之所需要者，乃是其所貢獻的結果」（What the individual as a result of his contributions）之道理，則組織自能依據以上的「意念」，去整理其組織的結構和作業，期能提供個人以充份的機會，使之逐步接近其個人的目標，藉以對組織的主要目標，既相符合，又可盡其力而有所貢獻。因此，吾人所可見的目標，非徒爲組織設計的基石，而且是引發動機和促成組織成員團結一致的原動力。

㈢如何促成目標的實現

現行情況是：由於許多主管未能使部屬們明確認識組織的目標，乃形成步調不一，難以如期達成目標的實現；也就是說，組織的目標，並未能轉化成爲各別特定的目標，則組織的各單位和個人，自然手足無措，無法盡其才而竭其力。

只有明確訂定的目標，方可使組織成員們了解其責任之所在，和其權力範圍的大小，乃能著手進行其獨立的行動，發揮其潛能。所謂明確訂定的目標，自然，也同時牽涉到達成目標的參與。

如何促成目標的實現問題，現已有兩種途徑可循，第一是：訂定附屬目標，如環境地位、創新、效果、主管的成就和發展、工作人員之成績和態度，以及公共責任等；第二是：採行目標管理，使其達成：⑴使目標明確化；⑵使組織和個人的目標，得以逐步實現；⑶在組織各階層之間，意見之溝通，自可改進；在個人與組織之間，一切衝突，亦可化爲烏有。（註四八）

A.C.Felley, R.J. house 兩人已將傳統學派與現代學派有關「個人目標」與「組織目標」予以簡化、歸納及設計如下：

1.被服務者（人民或顧客）其滿足的價值，對一組織的長期擴展、生存，和有利的作業而言，其間函數關係，極爲明顯，且不可忽視。相反地，組織連續的接受挑戰而無法承擔時，自會失去其競爭的地位，甚或造成徹底的失敗與存在的價值。

2.如果一個組織，其作業行爲，無論以何種方式，若爲社會或多數組織成員所厭惡，又如果一組織的舉措，與現行社會法律或風俗相衝突，則不可思議的後果，將會發生。

3.對組織目標的清晰說明，則可使組織成員們⑴直接貢獻其才智於組織、⑵改進個人的成績、⑶協調團體行動，即可促進個人的努力，又可鼓勵合作的精神。

4.當一個組織目標的達成，變爲達成個人目標的手段（means）時，則此一組織的成員，無論就⑴工作熱情和意志、⑵對組織工作的滿足，均將會大大提高。（註四九）

總之，組織目標與個人目標，並非始終一致。個人投身組織之初，很可能懷有不同的目的，或爲名，或爲利，或兼而有之，有些甚至以組織作爲進階之踏脚石，跳槽前過度時期之委身地。一般而言，大多數的「公僕」，初進組織之時，心目中只有個人目標，而不重視組織目標，換言之，認同於個人目標者深，認同於組織目標者淺。

管理者處理「目標問題」時，首應認清組織目標爲何，管理者本身的個人目標爲何，成員們的個人目標爲何，然後就此三方面目標，進行協調工作。在這些過程中，最困難的是，如何劃清組織的目標與管理者本身的目標。

管理者在刻劃組織目標時，應立於「客觀」立場，否則很容易淪入「投射作用」而不自覺——即將個人的目標，投射成組織的目標——這種毛病，是許多管理者常犯的。管理者的個人目標，必須與組織目標劃分清楚，再使自己認同於組織目標，否則還將個人目標與組織目標合而爲一，缺少對目標客觀檢討的階段，則此種目標之形成，對組織是否有益，頗値商榷。

管理者將組織描繪清楚後，再返身檢討自己的個人目標，如果發現利害衝突之處，應以組織目標爲先，考慮修正其個人目標（公私之權衡取捨，對主管人而言，乃是一大考驗），經過觀念上的調整，再認同於組織的目標。

其次，管理者應設法瞭解部屬們的個人目標。其具體的辦法，除面談、意見調查，或其他意見溝通方式外，還可由部屬日常生活中觀察（任何「行爲管理」，都必須經過仔細的觀察與調查，方得進行）。待資料充分後，再進行分類統計，權衡分析，依部屬們個人目標的類別，視其與組織目標相異程度，先後施以「調和工作」。所謂「調和工作」，實卽組織成員其教育內容之一，無非在使組織成員與組織的目標，避免發生衝突，進而使部屬向組織目標認同，以組織目標爲成員個人目標。

協調組織與個人目標之有效辦法之一是：尋求雙方面的「共同利害關係」，加以强調，並配合激勵制度，促進成員向組織目標認同。例如，强調「共同意識」、「團隊精神」，使成員們發揮熱愛組織的情感，這些均足以產生「催化作用」，使組織的目標，溶入成員們的個人目標之中。

三、主管與部屬

一個行政組織要想達成它的任務，其組成的每一個分子必須同心協力，這些事情個人是沒有辦法獨立完成的。因此，組織必須要分工合作以及權力劃分。經由組織內某些人的決定來協調組織的人力物力，這是組織設計的着眼點。掌有這項決定權力的人就是管理人員，其他的人就是組織內的基層人員如作業人員或部屬。組織如何決定那些人去管人？那些人被人管？以及用那種方法來管？關係如何？不一而是（註五〇）。在歷史上，有過極權專制，純以强迫力量來決定那些人去管那些人，也有較仁慈的極權，把權力分給許多人而且以合理合法的方式來決定權力。至於那種方法才是正確的，並沒有一定的答案，這得視其歷史背景、組織的任務而定，但是最重要的還是組織對人的假設（assumption），必須符合組織成員實際上的特質。自知或不自知，至少對人是什麼東西，用什麼可以激勵他們，如何來應付他們這些問題，組織有自己一套的看法和假設。主管的這些看法，不但多少決定組織的形式，而且決定它的管理方策。這項對人的看法最明顯卽表示於對他人的期望，而這些就是組成心理契約中的「雇方」。

可是「雇員」也有他們的期望。他們對組織也有一套看法，並且希望組織以某種方式來對待他們。因此，組織與雇員間的相互作用就是經由這種相互期望而形成，E. H. Schein 所謂之「心理契約」（Psychological contract ）。組織必須爲「雇員」做某些事，但是不得做另外某些事。例如，組織付薪給「雇員」，給予「雇員」工作和地位，但是不得要求「雇員」去做與本身工作離譜太遠的份外事。交換的代價是「雇員」的賣力工作，以及不准惡意批評組織或有損組織名譽。組織希望「雇員」服從它的權力，「雇員」希望組織能夠公平合理。組織以它的權力及賞罰制度來加强它的期望；「雇員」加强他的期望，其辦法則是以間接的方式去影響組織，所圖不遂時則拒絕工作或參與，例如離職或變的冷漠不關心。雇傭雙方就是以這些看法與假設來決定什麼是公平的，什麼是合理的。

孟子曾說：「君之視臣如手足，則臣視君如腹心；君之視臣如犬馬，則臣視君如路人；君之視臣如土芥，則臣視君如寇讎。」其理相同。

歷史上，組織與其成員間的心理契約之本質歷經數種變遷，這種變遷可以Amitai Etzioni 的組織分類來了解。

A. Etzioni 的組織設計試圖提供分類所有各形各色組織的標準。他分類時所根據之標準是組織所用的權力之種類以及組成分子的獻身方式（ the type of involvement ）。他的三種組織爲：(1)以强制權力來控制屬下；(2)以經濟的利益來報答工作並且以合理合法的方法來取得權力；(3)志願的參加工作，工作的報酬是內在的、精神上的。下面將列出各類組織的例子以及混合型的組織。（註五一）

以所用權力爲準的組織分類

(1)威逼式或强制式的（coercive），以强制力量控制。如：集中營、監獄、管訓隊、戰俘營、看管瘋子的醫院。

(2)利誘式的（utilitarian），用合理合法的權力及物質經濟獎賞。如：公司行號、商業公會、農會、和平時期的軍隊。

(3)心願式或民主式的（normative），以地位、精神上的安慰爲獎賞。如：宗教團體、政黨、醫院、學校、社會慈善團體、互助性的組織、學會。

(4)混合型

心願——强迫式的如：敢死隊。

利誘——心願式的如：大部分的工會。

利誘——强迫式的如：船上的海員。

A. O. Etzioni 對組織成員的獻身方式也分爲三種：

(1)貌合神離（alienative），成員並不想獻身組織，只是因爲某種强迫力量而勉强做爲組織一份子。

(2)精打細算（calculative），成員只在「一天拿多少錢就幹多少事」的範圍內獻身組織，絕不多做，毫不吃虧。

(3)志願參與（moral），成員內心裏認爲組織的任務有價值，他的工作有意義，因此而自動志願參加。

組織的種類及獻身方式即成後表所示：

	貌合神離	精打細算	志願參與
威迫	※		
利誘		※	
心願			※

右表中列出不同組織及不同獻身方式的九種可能情況，A. Etzioni 認爲成員的獻身方式與組織所用的權力有密切相關，因此表中劃有「※」號者爲最可能的結果。所以從右表的例子，不難看出：威迫式的組織其成員多是貌合神離的，他是被迫做爲組織的一份子，一有機會他一定設法脫出掌握；在利誘式組織中的分子關心的是工作的代價，他們並不需要去喜愛他們的工作或他們的部屬；心願式團體的分子認爲工作有意義而自願參加，並且喜歡他們所做的事情，認爲從精神道德的觀點上看，他們該加入組織。

不過，上述那種「純粹型」的組織倒很少眞正存在，大部的組織都是「混合型」，但是描述一下這些純粹型並討論一下它的權力方式及獻身方式，對吾人討論組織設計大有幫助。它可以給我們一些通盤的概括觀念。有一種趨勢從純粹的威迫和志願性的組織轉向利誘與威逼或志願的混合型。尤其在今天工商界發展時爲是。

當組織社會變的更爲複雜，更加需要管理人員和作業人員的質優工作時，就更迫使「心理契約」愈爲利誘——心願性。機關力求與成員建立新的關係，這種新關係有一種棄「利誘」而取「心願」觀念的趨勢。逐漸期望成員能愛好他的工作，全心全力投效於組織的目標，在服務中多表現些創造性的主意；相對的，成員在上級做的決定上也有更大的影響力，也減低管理的權力。（註五二）

這種人與組織間基本契約的改變，正顯示其對人的基本本性所做的假設正逐漸改變。爲求了解這項趨勢，本文第五章第二節將繼續討論此一問題。

行政機關的各層「主管」，有其「權力」乃不爭的事實，其權力的運用，產生三種典型的組織型態，基於「君」「臣」相對觀，組織中的成員，必然也會有三種典型的「獻身方式」。此一理論有如上述。

總之，一個有效能與有效率的組織，必然地，應使其組織走向「民主」或「心願」型；並誘導其部屬的獻身方式爲「志願參與」，這是組織設計學者的一項嚴肅與艱難的使命。

附註

註一：C. Argyris, *Management and Organizational Development: The Paths from XA to YB*(N. Y.: McGraw Hill, 1971), P. 108.

註二：行政機關兩個決策層次的「次系統」表如後：

A Two-Rank Executive Subsystem

（二層級的行政次級體系）

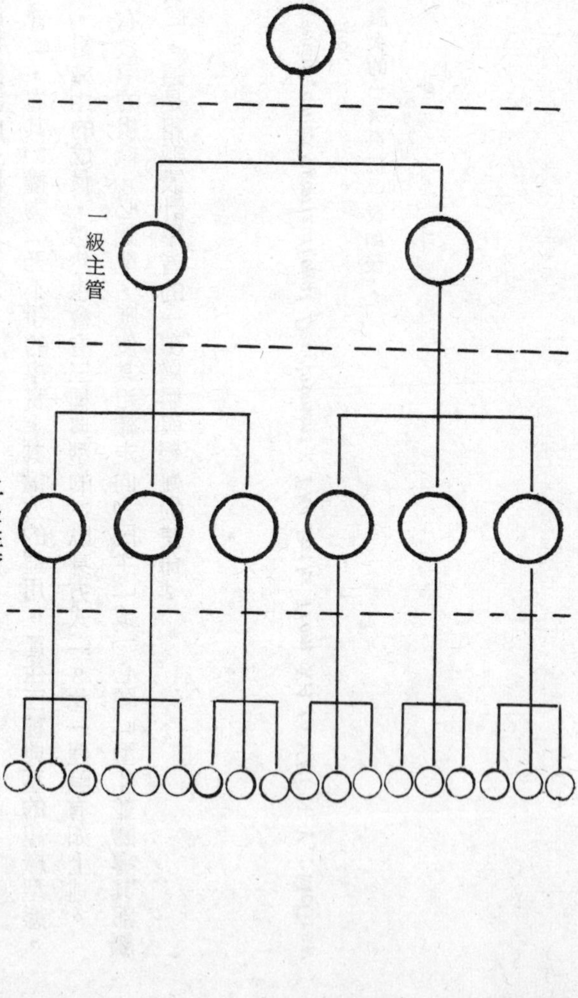

註三：W. H. Newman, C. E. Summer, E. K. Warren, *The Process of Management : Concepts, Behavioral, and Practice*（N. J. : Prentice-Hall, 1972）, P. 92.

註四：服務單位或部門（service department）是把機關中各單位的專門性業務集結起來統籌辦理，以提高工作效率，爲民服務或便於控制，所以他也算是一種「部門」或「單位」。

提到服務部門，經常令人聯想到「幕僚」，但它不同於幕僚與業務的職權關係。「服務」、「便利（facilitating）」、「輔助（auxiliary）」，或更常用的「支援（support）」等名詞，都曾經用來表示服務作業的特性，所以服務部所從事的是一種「輔助性」業務，它把各單位的專門性工作分門別類，分由專門人員去執行，以便利各單位的工作運行，服務單位的發展與機關組織的生長有關。

註　五：G. W. Dalton, et al, eds., *Organizational Structure and Design* (N. Y. : Irwin, 1970) P. 113. also to see : W. H. Newman, et al, *op. cit.*, P. 91ff.

註　六：A. C. Felley and R. J. House, *Managerial Process and Organizational Behavior* (N. J. : Prentice-Hall, 1971), chap. 14 P. 104.

註　七：R. Tillman, Jr. "Problems in Review : Committess on Trial," *Harvard Business Review* (May-June 1960), PP. 6-12.

註　八：A. C. Felley and R. J. House, *op. cit.*, chap. 14. P. 135.

註　九：*Ibid.*, chap. 14.

註一〇：*Id.*

註一一：W. H. Newman, et al, *op. cit.*, P. 95.

註一二：J. I. Gibson, J. M. Ivancevich, J. H. Donnelly, Jr., *Organizations : Structure, Process, Behavior* (Dallas, Texas : Business Publications, Ic. 1973), P. 141.

註一三：*Ibid.*, P. 143 also to see : H. J. Leavitt, T. L. Whisler, "Management in the 1980's," Harvard Business Review, Vol. 36 (November-December 1958), P. 9 41-48.

註一四：*Ibid.*, P. 438.

註一五：Henri Fayol, *General and Industrial Management* (London : Pitman, 1949).

註一六：H. Koontz and C. O'Donnell, *Principles of Management : An Analysis of Managerial Functions* (N. Y. : McGran-Hill, 1968), Chap. 12, P. 249.

註一七：V. A. Graicunas, "Relationship in Organization" in L. Gulick and L. Urwick, *Papers On the Science of Administration* (N. Y. : Intitute of Public Admin Btration, 1937)

註一八：J. Bossard, " The Law of Family Interaction ", *American Journal of Sociology*, Vol. 50(Jan. 1945), PP. 292-294

R. C. Davis, *Fundamentals of Top Management* (N. Y. : Harper & Row, 1951), P. 103.

D. R. Entwisle, J. Walton, " Observations on the Span of Control, " *Administrative Science Quarterly*, Vol. 5 (March, 1961), PP. 522-533.

註一九：L. Urwick, *Organization is a Technical Problem* (International Management Institute, 1933),P. 405.

註二〇：Richard H. Hall, *Organizations* : *Structure and Process* (N. T. Prentice-Hall, Inc., 1972)P. 114.

註二一：A. C. Felley, R. G. House, *op. cit.*, Chap. 12, P. 342.

註二二：G. Worthy, " Organization Structures and Employee Morale ", *American Sociological Review*, Vol. 15 (April 1950), PP. 169-179.

註二三：如果嚴守控制並強調這一原則，那直屬部屬的人數，勢必要加以限制，所以首長所直接接觸的部屬範圍，必須限定於一定人數，而組織的階層數必也將因而增加，因此，很多人反對意見。反對者的意見可說是形形色色不一而定，E. Dale　在「控制限度擴大傾向」這一問題中所提出的主張，可以說把所有各種主要的反對意見都網羅無遺。

(1)有些人爲了要以此爲進身之階，同時也爲了表示自己的地位，他們會儘可能與管理之上層部保持高度的接觸。

(2)因爲命令系統有儘可能縮短的必要，如把控制的限度收緊時，監督權因而擴大，但傳達意見的經路却變長，而會招至不利。

(3)這雖然是管理的自然傾向，首長會儘可能對於很多種工作發生個人掌握的興趣來，而對部屬的能力，不加信任，也是怕會有競爭對手的出現，因此首長對於個人權力的欲望非常強烈。

(4)也有一種政治性的批評，首長會儘可能使自己成爲許多利害關係的代表人物。

(5)過度仔細的監督，會妨礙創造性與自信心。

關於控制的限度，還有很多人提出關於一般性傳達意見的效果方面。以及政治觀點的反對意見來，所以，大家一致認爲控制的限度，實在祇是一種自然傾向，應該把限度加以擴大才對。

另外還有自心理學方面提出的反對意見。最近由於心理學的進步，對於這一問題之反對批評簡直要把過去所存在的控制限度，澈底撤除，有人從心理學的觀點提出一聯串的事實與研究結果，完全否認控制限度的實際效果。

註二四：L. Urwick, "The span of Control-Some Facts About the Fable," *Advanced Management*, Vol.21(1965) PP. 5-15.

註二五：*Ibid.*, P. 18.

註二六：A. C. Felley and R. J. House, *op. cit.*, P. 365.

註二七：H. Koontz and C. O'Domell, *Essentials of Management* (N. Y.: McGraw-Hill, 1972), P. 303 ff.

註二八：W. H. Newman, et al, *op. cit.*, P. 152 ff.

美國 The Lock-Reed Missile and Space Company 曾提出了七個「因素」，即：功能的相同性，地位的鄰近性、功能的複雜性、指揮和控制、協調、計畫、組織的協助：National Industrial Conference Board 也曾提出如下的幾個「因素」；

第一，主管和其所轄部屬的才能。

第二，在單位與單位或統轄的人員之間，須要其彼此交互影響的程度如何？

第三，在某種限度之內，主管必須要完成一些管理性的責任，而且需要花費一些時間，去和其他的單位和個人相往還。

第四，所負督導指揮的行動，其相同或相異的情況如何？

第五，在其領導的部門內，偶然發生意外的問題有多少？

第六，在其組織之內，標準化程序的範疇如何？

第七，有關行動實際分散的情況如何？

註二九：M. Dalton, "Conflicts Between Staff and Line Managerial Officers", *American Sociological Review*, 15, 1950, P9. 342-351. also to see：Goseph A. Litterer, *The Analysis of Organization* (N.Y.：John Wiley & Sons, Inc, 1965), P. 362.

註三〇：M. Dalton, *Men Who Management* (N. Y.：John Wiley and Sons, Inc, 1964), P9. 87-88.

註三一：*Ibid.*, P. 89.

註三二：R. T. Golembiewski, *Organization Men and Power*：*Patterns of Behavior and Line Staff Models* (Chicago：Rand Menally and Company, 1967), P. 71.

註三三：雷飛龍譯：行政學（台北市：正中書局，民國五十八年）頁三二〇。

註三四：L. A. Allen, "Developing Round Line and Staff Relationships, *Management Record*, Vol, XVII, NO.9 (September, 1955), PP. 346-349.

註三五：R. C. Sampson, *The Staff Role in Management*：*Its Cretive Uses* (N.Y.：Harper, 1955)P. 33.

註三六：R. T. Golembiewski, *op. cit.*, P. 65.

註三七：M. Dalton, *Men Who Management*, *op. cit.*, P. 100.

註三八：R. T. Golembiewaki, *op. cit.*, PP. 69-70.

註三九：Douglas McGregor, *The Human Side of Enterprise* (N. Y.：McGraw-Hill Book Company, Inc., 1960), Chap. 12.

註四〇：A. C. Felley and R. J. House, *op. cit.*, Chap. 6. P. 169.

註四一：C. Barnard, *The Functions of the Exective* (Harvard University Press 11938), P. 43.

註四二：A. C. Felley and R. J. House, *op. cit.*, P. 170.

註四三：P. Zelznick, *Leadership in Administration* (N. Y.：Harper and Row, 1957), P. 17.

註四四：A. C. Felley, and R. J. House, *op. cit.*, Chap. 6.

註四五：C. Argyris, "The Individual and Organization：Some Problems of Mutual Adjustment," *Administrative Science Quarterly*, Vol. 2 No. 1 (1957), PP. 1-24; also to see：C. Argyris, *Personality and*

Organization : The Conflict Between System and the Individual（N.Y.:Harper and Row 1957）.

註四六：R. C. Davis, *Fundamentals of Top Management*（N. Y. : Harper and Row, 1951）, Chap. 3.

註四七：Peter Drucker *The Practice of Management*（N. Y. : Harper and Row, 1954）, P. 126.

註五八：A. C. Felley, R. J. House, *op. cit.*, P. 180.

註四九：*Ibid*, PP. 183-194.

註五〇：主管與部屬之「關係」，請見三章二節 V. A. Graicynas 的理論。

註五一：A. Etzioni, *A Comparative Analysis of Complex Organizations*（Glencoe, Ill,:Free Press, 1961）.

註五二：E. H. Schein, *Organizational Psychology*, and（N. Y. : P-H, Inc., 1970）, Chap. 4. Also to see : D. A. Kolb, I. M. Rubin, J. M. McIntyre, *Organizational Psychology :A Book of Readings*（N.Y.: P-H, Inc., 1971）, Chap. 4.

第四章　決策過程的客觀理性

計畫（Plan）：是組織管理的基本要務之一，在行政機關中，管理階層人士常必須面臨許多有待決策的問題。計畫，畢竟並非主管人「唯一」的工作，只是其「主要」的工作，行政機關如果沒有計畫，很可能迅即趨於解體。

計畫所包括的內容甚爲廣泛，從最初感覺到「有問題存在，應該做點什麼」起，到最後作成決定時爲止，都屬於計畫的工作。而且，計畫也者，決不僅僅是搜集和分析一大堆資料，不僅僅是想像應該如何如何，也決不僅是憑推想，憑想像，和憑判斷。計畫是這許許多多要務的綜合，融和爲一種決策——一種應如何行動的決策。

行政機關的各級主管人，在作成一項決策之前，通常須經過許多人心智方面的活動。這是決策的一種準備過程：包括有關事實資料的搜集，各種不同方案的擬訂，以及對未來的預測等等。在這些過程中，每一步驟都需要判斷。如「事實判斷」、「價值判斷」。換言之，機關的各級主管需作許許多多的決策，可是我人談到「決策」這個名詞時，通常是指：「達成某一行動之決定的整個過程而言」。（註一）

本章對決策的分析，是假定以「個人」爲主，研究行政人員「單獨」作一項決策時的過程。事實上，行政機關的決策，常牽涉到各部門、各階層的人員，上下左右關係至爲複雜，此地的討論，將集中在決策的「要素」與「程序」上。這種研討方式，有幾項好處，第一，有許多決策，事實上大部份是由個人單獨釐訂的，因此，如果能强化個人的決策能力，則自然能有更好的組織決策；第二，瞭解個人決策所需經歷的各項階段後，則行政機關的組織背景究竟有助於決策，抑或有礙於決策，當更易掌握。

組織設計脫離不了人性。「組織人」固然有以「理性」爲基礎者，但也有完全以「情緒」爲基礎者，因此，若要眞正瞭解一個行政人員決策時的心理狀態，恐怕爲時尙早，可是主管人却不能拋棄管理，甚至置之不問，這正像今天的醫學界雖然還不瞭解癌症，却必需盡其所能來治療癌症一樣。

雖然今天管理的知識尙不甚完備，但已有相當充分的資料，足夠使決策過程臻於「理性」，這是可以肯定的。

第一節　診斷：良好決策的基礎

一、理性的決策

良好的決策，是管理成功的關鍵。但是現行行政機關的許多主管却往往不能瞭解決策「過程」中所牽涉的各項「要素」。

在機關中，有許多決策，可以說是由「直覺」決定的；換言之，決策時並未經過任何「理性」或「意識」的過程。但是很有趣的是：這一類憑「靈感」（Hunch）的決策，根據經驗，大部份都極爲成功。其原因何在？頗値深思。

此地不宜花太多的篇幅來討論直覺。這有兩個原因。第一，無論是直覺決策者本人還是別人，誰都說不出他們如何動腦筋的過程來；因此，某甲的經驗如何能有助於某乙，也就無從說起。第二，在今天的組織管理下，行政人員的直覺之能有助於問題的處理，也不若過去之多。在過去，許多主管作決策，可能還不明白其所以然，他們擁有多年累積的經驗，在決策時無意地運用出來。但是今天的組織和社會情況變化萬千，發展迅速，問題因而日趨複雜，所以今天的主管也不像過去一樣能僅憑其多年經驗來解決問題。而且，近半個世紀以來，運用科學管理而獲成功的例子，也促使今天的主管不再重視直覺。

但是也不能否認在決策中，天賦、想像，和主觀仍舊佔有相當的份量。不過在近代管理中，這一類的個人特質，已經融化於理性的過程之中而已。一位現代組織的主管，在考慮新建一棟辦公廳或修改一套文官的退休制度時，其有賴於系統化的統計意見之分析者，實不亞於軍事首長對敵作戰時之有賴於情報與後勤的客觀和徹底的研究。總之，在決策中，直覺固然仍佔有一席之地，可是却已經爲「理性」的規劃所融合。

所謂「理性的決策」（Rational decision-making），基本上非常簡單，但在實務上，往往將其中某一步驟省略，或進行的不夠圓滿。

所謂「理性的決策」，依照H. A. Simon 的說法，它必須符合三個條件：（註二）

—在決策時知道所有可供抉擇的可能行動；

—知道每一種可能行動所產生的全部結果；

—依價值體系選取結果上能達到最大效用的一種行動。

能照此一「準則」進行決策，H. A. Simon 謂之「客觀理性決策」（Objectively Rational Decision Making），否則謂之「有限理性」（Bounded Rationality）（註三）。

W. G. Scott認爲「理性的決策」，必須經過四項「程序」：

第一，找尋目標的搜尋步序；

第二，搜尋後的擬具目標步序；

第三，選擇達成目標的可行方案；

第四，評估成果。（註四）

但依照W. H. Newman 等人的說法，它必須具有四個主要階段，那就是：（註五）

—問題的診斷；

—尋求可能的解決途徑；

—各途徑的分析和比較；

—選定最佳途徑，以爲行動的方案。

本文卽以此一論點爲着眼，進行各程序階段的探討。

在未討論這四個階段之前，且先以一個「實例」來說明。

醫療方面的問題分析案例：

醫師診治病人，在檢查病症和處方時，都遵照Newman 所述的四個步驟。實際上最困難者，通常在於「診斷」；因爲往往同一個病癥，可能由許多不同的病因引起。因此有時需先作種種特殊的試驗來檢查病因，如果因弄錯將腎結石誤爲闌尾炎（俗稱盲腸炎），則治療不但無效，甚至可能致命。有正確的診斷後，醫師才開始研究治療的方式。——也許更換一種飲食，也許是服用幾劑藥劑，也許是動一次手術。有些治療方式，是「標準化」的，但是也許病人本身有特別原因，標準化的治療不能施用。例如病人的心臟或動脈衰弱，則必需另求別的方法。其次，對於各種不同的治療方式，醫師需分別一一衡量其利弊。病人的疾病還將繼續多久？是否有足夠的治療設備？病人的經濟情況如何？最後，他纔爲病人作一「判斷」，選定一項他認爲最佳的方案，這便是他的「處方」。他當然考慮到治療的成功和失敗的機率（Probability）。也許在採行某項較積極的治療之前，他會先用較溫和的方法來試一試，也許他會認爲目前不宜作任何處置。也許他還會覺得病況嚴重。應馬上召喚一部救護車，轉送到較大的醫院去，如台大或榮總。總而言之，這就是說，任何一位有責任感的醫師都必會經過這四個步驟：診斷，提出可行的治療方法，考慮每一治療方法的後果，和最後的處方。

從以上案例，可以進一步說明「理性的決策」的幾項要素（Basic Phases）。

第一，問題的診斷（Making a diagnosis）

何以需要有所決策，往往是由於感覺到「不安」或「緊張情況」而引起，也許看起來是甚麼地方出了差錯，有待矯正。也許是可能有甚麼良機，如果不作適當的決策，良機便將錯過。至於在決策前之所以要先作診斷，其目的，第一，是要確定所感到「不安」之點何在，是要確定所期望達成者，和可能達成者之間的「差距」。第二，有審愼的診斷，將易於探尋造成此一「差距」的原因，將易於發現在達成目標過程中可能存在的「障礙」。第三，經過診斷，則對於所面臨的問題，當能從「較高層次」的觀念來檢討。作過詳盡的診斷，在日後解決某一問題，採行某一行動時，是否將受到時間的限制，環境的限制，和人力的限制等等，也較易明瞭。

第二，尋求可能的解決途徑（Finding alternative Solutions）

第二步，就是診斷的結果，研究有些甚麼辦法可以消除或避免可能的阻礙。在這一步驟裏，需有充分的想像和創見，所謂「不同途徑」（alternative），包羅往往甚廣。不採任何行動，也不失爲「途徑」之一。他如設法解決困難，消除阻礙，以至於修改目標等等，都可能是可行的解決途徑，如果不能詳審研究其每一個可能性，最後的決策將恐怕難逃失敗的命運。

第三，各種途徑的分析和比較（Analyzing and Comparing alternatives）

已經釐訂幾項不同的方案，要在其中選定一個。到這一步，主管應該注意的，是認清問題的「關鍵因素」（Crucial factors）。要以這些關鍵因素爲中心，搜集有關的意見和資料，作一必要的分析，分析的結果，纔能得到每一途徑的正反兩面（Pros and cons），也纔能瞭解每一途徑的利弊得失。

第四，選定最佳途徑以爲行動方案（Selecting the plan to follow）

作過上述的分析後，有時可以很明顯的得到最後的答案。可是在行政機關中像這樣的情況畢竟不多，單靠分析並不能指出應該選定那一項途徑。負責決策的主管，還得進一步考慮其他許多因素（例如士氣問題、管理問題、部屬是否接受的問題，以及社會大衆的反應問題等是）。這許多因素，從理論上說來，都應該以「效率」（Efficiency）「效能」（Effectiveness）或「效用」（Utility）爲考慮的基礎；可是實際上這些因素往往很難「換算」成爲「效率」、「效能」與「效用」。此外還需衡量其失敗的機率，衡量其成功的可能性。但是在機關日常遭遇的管理問題中，時間有限，能力有限，都不容許「從容地」進行澈底的分析。因此，作爲一位主管，還需決定一下是值得再花時間和精力，去作更爲正確的分析。作這種考慮之後，再配合客觀分析的結果，綜合起來，便可以「選定」一項最後的行動決策。

不過，話又說回來。任何一項管理行動的準則，運用時仍必需靠主管的「自由心證」(discretion)。人類這種動物，行爲的變化極大；任何一項「通則」都無法概括全體，都不一定能包括所有的個別情況。上述「理性的決策」的四個階段又何獨不然？例如主管在處理某一項特殊問題時，各階段的困難程度必會有輕重之不同，有時所遭遇的問題，太簡單，也太顯而易見，因之殊不必花費太多時間在「診斷」的階段上。例如：機關首長的汽車輪胎漏氣，顯然的需要是修胎，有時，也許早有人對某一問題有過最佳的解決途徑，因之「分析」階段也可以大爲簡化，因而可以很快的踏上「決定」的階段。其情形如後圖所示。（註六）

但是更重要的是，通常所遭遇的問題，很少容許那樣一步一步的處理。也許半路上忽然發現新的可行途徑；也許在分析過程中和在價值的認定中，忽然發現需對某一問題重新檢討：而且也許在整個決策過程中都必需不斷地搜集事實資料和判斷。因此，以上所討論的，與其說是一種「程序」（Procedure），倒不如說是一種「概念的架構」（Conceptual Framework）。但是就一般而論，通常的工作過程是與上述的順序相符的；問題只是理念的活動常從某一階段跳越到另一階段，而且不斷地「精鍊」思考。但必需具備一份「概念的架構」，纔能使主管雜亂的理念有一清晰的系統和線索，似成定論。以上四個階段，正足以導引主管的思考，使其能將有關的事實資料和構想，納入於一個「理性的模式」(Rational Pattern）之中（註七）。

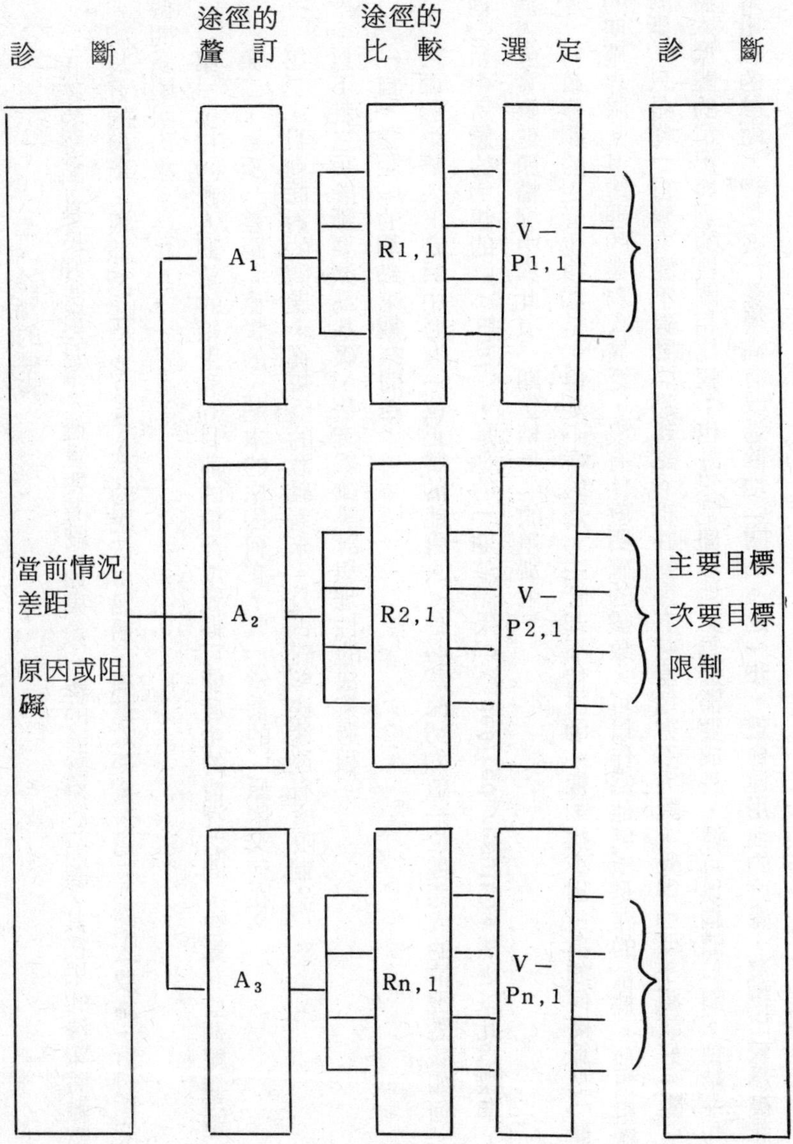
診　斷
途徑的
釐　訂
途徑的
比　較
選　定
診　斷
當前情況
差距
原因或阻礙
A1
A2
A3
R1,1
R2,1
Rn,1
V－
P1,1
V－
P2,1
V－
Pn,1
主要目標
次要目標
限制

決策要素圖

二、診斷的要素

正確的診斷，是良好決策的第一個重要階段。如果第一步的診斷發生錯誤，其後果的決策將難望其正確。良好的診斷，根據 W. H. Newman 的說法：包括三項基本要素，這三項基本要素，可以由下面的三個問題顯現出來。（註八）

第一，在(a)我人期望的結果和(b)目前的情況或預期可能發生的情況之間，究竟有些甚麼「差距」存在？

第二，這項「差距」直接的、基本的原因何在？其「當前的」原因又何在？

第三，目前面對的問題，從更廣的意義看來，是否對解決途徑有所限制？

以下就三項診斷要素為基礎，研究組織設計與理性的決策過程。

(一)自「差距」的觀點來觀察問題

醫師診斷病人，心目中必有一位正常的健康人。他必然深切知道一位健康人的情況應該如何。這便是他心目中所懸的「鵠的」（goal），是他的「期望結果」（desired result）。然後以此為標準，尋求出病人的實際健康情況中與此項「期望結果」的差別來。

行政機關的主管也復如是，但是不幸的是，主管卻不像醫師一樣，找不出一項如何纔算是「健康人」的明確界限。其處理的業務太廣泛，沒有什麼明確的徵象，可以作為他判斷是非的依據。他對組織情況的診斷，只是從「自覺有點不對勁」為起點。也許覺得有甚麼地方不大對，覺得「似乎應該好一點」。也許將本機關的情況與別的機關相比較；也許只是簡單地認為還需要成長，還可以精簡員額。總結一句，主管對組織的診斷，總是從「覺得尚有改進餘地」開始。進一步，就會運用他的直覺，發掘出較為複雜的課題來，他會發掘出(a)他的「期望結果」，和(b)實際的或可能的結果如何，這就是說，他能夠從「差距」（gap）的觀點，來更精確地感受他的困難或改進機會。

如果說這一步很容易地完成，如果說「差距」能夠很明確地表現出來，他便可以很快進入到診斷的下一步。然而，實際上的機關實務却有許多「差距」，不是這樣容易確定的。

(二)根本原因或障礙的發掘

決策人在研究彌補「差距」的途徑時，通常心目中總隨時會想到此項差距的某項原因。但是此項想法，往往是一種直覺的假設，往往是一種「下意識」的假設。這種假設通常不盡可靠，輕則僅是抓住問題的表面原因，重則所抓到的原因完全與眞正的原因「風馬牛不相及」。

有時在追求一項原因或障礙時，常需用「步步追踪」的辦法，找出原因，再進而去找原因的原因，一步一步的探究下去，直到找出根本原因時爲止。例如美國一家管理顧問公司—（Kepner-Tregoe Associates），對診斷的問題曾有深度的研究。他們對於追究原因的問題有下列兩套建議。（註九）

第一，他們特別强調這樣的一點：一位決策人在追究何以某一目標無法達成時，便應該注意「差異」，期望目標和實際情況之間有些甚麼差異；這也就是說，何以有時期望目標「能夠達成」，而另一情況下却「沒有達成」，兩種情況的差異何在，探究這些差異，探究其「甚麼」、「何處」，及「何時」等等，當可追究出其「可能原因」（Hypothetical Causes）來。

第二，又强調所謂「否決思考」（Negative Thinking）的重要性。一位決策人已經發現問題的某些「可能原因」，便大可不必再努力去尋找支持此一「可能原因」的其他證據。反之，他應該努力設法去尋找反面的證據，看看是否可以推翻此一「可能原因」。他應該以此一「可能原因」爲中心，探求出其「何處發生」、「何時發生」等等的差異來。這就是所謂「否決方式」。這種「否決方式」的邏輯根據是：縱然能夠找出支持某一「可能原因」的一百項證據，却也不一定能「證明」此一「可能原因」之「必然」；然而只有一項證據證明其「不然」，則此一「可能原因」便可以「否決」。

總之，這就是說：有「可能原因」後，便應從「甚麼」、「何時」、「何處」等等問題來考量其情況差異，則大部份「可能原因」將都能一一否決或消除。經過否決或消除後，剩下的「可能原因」當已爲數不多。此時便易於處理。

㈢從「表面」發掘到「根本」

在發掘問題的根本原因時，有時需要抽絲剝繭，一層一層的深入。甚至於卽使可以立卽看問題的根本原因來，最好也應該從各層次的因果關係上逐步推進。經過這樣的邏輯程序後，最後果然證明根本原因，當能使原因更爲澄清，避免各項枝節。

舉一例說，機關中有位同事，年齡已五十左右，有一天下午，他說他感到視線模糊，頭暈目眩。眼科醫師告訴他，說他的頭暈目眩是因爲視力衰退；而視力衰退又是因爲年老的緣故。診斷便到此爲止；於是眼科醫師爲他配了一副眼鏡。

這位同事戴上眼鏡，起初頗不習慣。有一天不小心上樓梯時摔了一交，臀部跌青，一大塊瘀血。於是他又去看內科醫師提起他視線模糊和頭痛的事。醫師爲他量血壓，發現他血壓太高，說這就是他眼睛不好和頭痛的原因。

照上文的討論來說，這位醫師的診斷，纔是將他的實際健康情況跟他應有的情況（期望情況）作過比較，發現差異的原因。其時，這位內科醫師和起初那位眼科醫師一樣，都沒有進行到「診斷」爲止。兩位醫師都作同樣的檢討：「造成其視線不良和頭痛的原因何在？」眼科醫師碰到此一問題，逕自「假定」其基本原因在於年老。但是內科醫師却進一步，找出高血壓，認爲高血壓纔是「立卽原因」（Immediate Cause）。於是，他又繼續追問「高血壓的原因又是甚麼呢？」

可是到這一步，這位醫師又犯眼科醫師同樣的錯誤，他認爲這位同事之所以患高血壓，是因爲年老的緣故。於是，他便開出處方，讓病人服藥，指導病人的飲食，以期降低血壓。因此，他也跟眼科醫師一樣，針對「病症」來治療。他仍舊沒有把握住眞正原因，誤以爲年老纔是「根本原因」。

幾個月後，這位同事去看牙齒。根據牙科醫師的看法，纔知道第二位內科醫師也沒有將問題再向前推進一步，沒有發掘問題的全部「立卽原因」。牙科醫師發現病人的臼齒的神經已經敗壞，發生腐爛。因此，敗壞的臼齒摻進血液，血壓因而增高；血壓的增高，纔造成病人的視線不良和頭暈眼花。

這一段故事，說明診斷時不能僅到因果關係的第一級爲止。必須逐步追問：「某一症候的原因是甚麼？原因的原因是甚麼？原因的原因的原因又是甚麼？」不斷追究究底，直到發掘其「根本原因」時爲止。就像這位同事，他的頭痛的「根本原因」看起來似乎應該在於那一枚敗壞的臼齒。

但是，這裏也許有人又要爭辯，既然照此邏輯，要一步一步追根究底，也不應該追問到臼齒爲止。似乎還應該繼續下去：「牙齒敗壞的原因是甚麼？」對於這一問題，也許可以像第一位和第二位醫師一樣，說是因爲年老的緣故。不過，既然逐步追究到這裏，事實上已經對各層次的「立卽原因」有充分的瞭解。

此地所要强調的，只是這種層層抽剝的程度。即使到最後，對於找到的根本原因，可能會束手無策，但是在這一步已經比先前的幾步更接近根本原因，所提出的對策，自然也更能有效些。

嚴格說來，如果不能解決這位同事的「年老」問題，一切治療都仍舊只是「頭痛醫頭，脚痛醫脚」。但是，只要能逐步努力，越接近「根本原因」，治療纔越易收效，這是可以肯定的。

以上討論，指出對於某一問題，必需追根究底，逐步深入，探尋出「根本原因」來。這一種「程序」，正是診斷工作中最爲重要的一點；也是有效決策之所寄。以下再以另一案例來作進一步的說明。

某一機關，因有許多職員相繼辭職。根據人事單位初步的「診斷」，這是因爲「士氣低落」的緣故。如果診斷到此爲止，其解決途徑，可想而知的，不外乎下列幾項：

第一，提高待遇（使他們更高興）。

第二，增加各項活動（例如組織一支棒球隊）。

第三，對優秀同事酌予鼓勵（例如獎給一隻手錶）。

這種種方案，當然並無不可，可是在這個階段，並不敢確定「士氣低落」是否就是「根本原因」。因此，所作的任何努力，都不一定能夠成功；至多只是能夠有一時的改善。而且，縱然士氣低落確實是紛紛辭職的原因，那麼士氣低落的原因又何在呢？舉例來說，假定其原因在於成員的訓練不夠，假如其原因在於主管的領導不當，那麼上述三項行動便將無濟於事。而且即使上述行動能收到效果，也恐怕要比其他更適當的行動費時費事得多。上述三項活動，將僅是情況改善的一種「外圍方式」。至多是在人事上增加一層潤滑劑，減輕人事關係的磨擦而已。

在這個案例裏，假定發現士氣低落是由於訓練不夠；又發現訓練不夠的原因乃在於幕僚人員的缺少，便可以針對「根本原因」來尋求解決。又假定發現預算太少，不足以增加幕僚，那麼此一情況又將像前述例子中的「年老」問題一樣，「根本問題」成爲行動上的一項「阻礙」。所謂「阻礙」，也就是「限制因素」（Limiting Factor），通常是消除不了的。在這樣的情況下，便將只有尋找最適當的辦法，來克服幕僚不足的困難。

此外還有另一條路可走。那就是：可以重新考量目標，從較高層次的觀點來着眼。這一條路，有待回頭來，重新「認定」問題；以俟「認定」問題之後，再來尋求對策。

因爲往往許多「限制因素」，只有在將診斷工作推展到較高層次時纔能明確地顯示出來。

上述重點在於對一項「已知需要」（Recognized Need）的診斷。所謂「已知需要」，可能是一項特定的困難，可能是進步或改善的機會（註一〇）。前面指出：在診斷時，應注意期望和實際的差距的澄清；應注意差距原因的發掘；應注意限制因素的指陳。對行政機關大部份日常遭遇的問題來說，這樣的診斷應已綽綽有餘。

但是有時這樣的診斷仍嫌不足，有待將視界擴大，這就是說，需作一項「整體情況的診斷」（Diagnosis of the Whole Situation）。其理由有二：其一，可能原有的問題，實無法找出一條可行的解決之道來；因此不能不將「已知需要」重新認定。其二，也許對於改善方案，總覺得有不澈底之感，其方法有：（註一一）

第一，向「方法目的」的鏈鎖線上推進（Up the means-end chain to go）。

第二，情況診斷應推演到適當的高度。

第三，向「未知需要或機會」（Unrecognized Need or Opportunities）探索。

第四，以未來情況的觀點作思考。

總之，良好的診斷，基本要素在於正確的辨識和清晰。主管通常能保持診斷的簡潔有力—「命中要害」。主管當能明瞭：診斷中常含有高度的個人判斷，舉例來說，某一問題也許本無限制，而主管却自己認定一些限制；因此，本來他可以找到最好的解決途徑，只因爲其「自我限制」而作繭自縛。又如有時也許主管操之過急，沿「方法目的」的鏈鎖線向「下」推究過深，以致於忽略問題的寬廣面。

除此以外，問題的認定決非是一成不變的。卽使在診斷已經推進的相當澈底，卽使是對有關的情況、差距、原因，和限制因素等等已經有結論，仍可能隨時獲得新的靈感。在探尋解決途徑的過程中，隨時都可能發現新的證據，隨時都可能發現新的問題。所以，必要時需對問題「重新認定」。在機關中，身爲主管者應隨時保持開明的態度，隨時自問：「我們究竟將向何處前進？我們面對的究竟是些甚麼問題？」

第二節　創新：「好主意」的需要

良好的決策（sound decisions），需要創新（creative element）（註一二）；創新需要「好環境」（註一三）更需要「好主意」（need for bright ideas）。「好主意」的培養來自個人創新力與團體創新力（individual and group creativity）（註一四），以下逐一討論組織設計中有關創新的這些問題。

作過審愼的診斷後，纔能對遭遇的問題及問題發生的情況均能有明確的認定。決策人旣能有明確的認定，則便有利於解決途徑的探尋，可是，誰也不能「一箭中的」，一下子就能找出最好的解決途徑來，事實上任何一項阻礙，往往都有若干項不同的解決辦法；各項解決辦法也往往各有其優點和缺點，機關中通常探尋解決途徑的根據，一不外決策人自己過去的經驗，二不外他人或其他機關的經驗。

主管面臨一項問題時，先檢討自己過去類似情況中的經驗，毋寧是極爲自然的事。過去解決某一問題時得到成功，他自會先回顧過去的情況與當前有何不同。因此，他便會據以構想出一項解決當前問題的途徑來。如果他對某一類似情況，過去曾有多次經驗，則他將會從經驗中「選出」他自以爲最佳的途徑來。

行政組織上的許多方案和個人的種種行爲，其完全以過去經驗爲根據者頗多，這也正是解決問題最簡便的方法；事實上就大多數情況而言，也頗能符合需要。既然過去行之有效，自然照辦不誤。久而久之，就形成一種「習慣」或「傳統」。可是問題在於有時昨天的「答案」，並不能完全適合今天的「問題」。

有許多問題，在機關中說不定十年二十年難得出現一次。如果能借重別人的經驗，便易於獲得適當的解決途徑。根據自己和別人的經驗，誠然能獲知解決途徑；但並不一定必能有效，不過，話雖如此，仿效他人總不失爲解決途徑之一。

有時由於時間的壓力及預算的限制，使甲機關不能不小心翼翼地仿效乙機關。但是在某些地方，却不能不力求「青出於藍而勝於藍」，處於今天動態的和競爭的社會裏，機關要想長期存在，至少必需有幾分創新力」（Creativity）（註一五）。人民的需要在變，技術在變，競爭在變，組織中成員的態度和士氣也在變；事事都在變。因此，過去的經驗有時不能完全有效。而且，每一機關都各有其與衆不同的特點，所以完全仿效他人，常不免造成危險。主管需要的，是新穎的、有創見的、突出的，和與他人所不同的思考。

這樣才能發掘出新的解決途徑來；既不是因襲自己的過去，也不是抄自他人，而是能配合當前情況的新途徑。

凡是有新的和有效的成份之決策，便是「創新性」的決策。但是，一項決策縱然含有許多因襲性或抄襲性的成性，只要其在某項重要方面與人不同，具有創見（original），便可以稱之爲「創新性的決策」（Creativeness Decision-Making）(註一六)。

這樣的創新性，是人人所共知的。例如在行政機關一套繁雜等因奉此的公文簡化爲「主旨」、「說明」、「辦法」三種段落，這種種努力和設計，可以說都是創新性的。

正因爲隨時隨地都有創新的機會和需要，所以身爲主管不免會想到部屬的創新力是否可以培養的問題。有的人天生就比他人更具有創新的能力。意大利社會學家巴瑞托（Pareto）說得好，有一種人天生具有「合併」（Combination）的才幹：別人能夠滿足，而他們不能，仍在孜孜於如何改變現狀。但是同時也有另一種人，只能在「安定」中生活，每遇「革新」恒視爲是一種無可奈何的「忍受」。比較起來，前面那類人物自更具有創見。

但是，創新却並非某些人所獨有；人人都至少有幾分創新性。

很明顯的是，任何人想要成爲一位有效而成功的主管，便必需切實培養和發揚創新能力。

實際的「情況」雖很令人滿意，惟有關此一方面的「學問」，很遺憾的是，在這方面還缺少有系統的研究。以下根據片斷的資料，歸納成爲下述三類課題：(1)創新的歷程問題；(2)個人創新力的培養問題；及(3)群體創新力的培養問題。

一、創新歷程中常見的階段

雖說找不出任何兩個人完全相同的心智活動，但是就大部份發明家和科學家說，他們的創新歷程（Creative process）常可以歸納爲下述的幾個階段：（註一七）

第一，浸潤（saturation）—這是指澈底浸潤於某一問題中的階段。在此一階段中，對問題已有充分的瞭解；對問題產生的背景已有充分的瞭解；對與問題有關的一切活動和觀念，也都已有充分的瞭解。

第二，審思（deliberation）—這是從各種不同的觀點，對各項主意（idea）的思索、分析、推敲，以及反覆的安排和考慮等等。

第三，潛化（incubation）—到這一階段，意識的和刻意的研究都將暫時拋開和擱置起來，忘却一切苦思，而任由自己的下意識繼續活動。

第四，突現（illumination）—這又是另一個新階段，一個「好主意」突然出現，也許是一個看來有點荒唐（a bit crazy）的主意，但却是新穎的、有希望的主意。此一主意很可能正是苦苦追求的創新性的答案。

第五，適應（accommodation）—這是最後的階段。主意逐漸明朗化，逐漸能看出是否合乎要求。於是加以修整，加以調節，將之描繪下來，取得他人的接受。

以下逐一加以細述：

㈠浸潤階段

在機關常聽人說：創新主意之來，常是「突然從天而降」，「如有神助」；只要能等，等到靈感的到來。許多發明家的故事，幾乎都能「證實」此一說法。當年Charls Goodyear之發明硫化橡膠，豈不正是偶然將生膠潑潑在厨房火爐上纔發現的結果。意大利歌劇作曲家Pietro Mascagni之創造「鄉村騎兵隊」(Cavalleria Rusticana)，豈不正是得自夢中的靈感，一覺醒來，幾天之內便創作完成。可是，這一種說法，未免忽略他們多年的辛苦耕耘。C. Goodyear能有他那一次幸運的意外，固然不錯；但是如果沒有他多年的沉潛於橡膠的研究和實驗，則他雖然遇到意外，也僅是一次意外而已，他將絕不能由於這次意外而得到任何收穫。P. Mascagni早年的貧困，全家不得溫飽，而他仍不斷孜孜於作曲。同樣的道理，在行政機關中聽得別人如何如何的獲得一項「好主意」，殊不知在他得到此一主意之前，早已是辛苦不少時日。當然，也不能完全否認世上的確有完全偶然的幸運；但那畢竟太少。要靠完全偶然的幸運來培養創新主意，畢竟不是一條靠得住的路。要想得到「好主意」，也唯有靠平日浸潤於某一問題，靠辛勤的努力為基礎。

Brewster Ghiselin研究過許多創新活動後，曾提出這樣一段結論：「即使最能幹和最有創見的人，也必需對某一專門課題先有專精的瞭解，對其中應有的行動先有深切的認識，和對其表達方式先有精進的技能，纔能夠冀求其天賦的能力有所成就。」(註一八)

至於行政機關的主管，通常需在解決其面臨的各項特定問題時運用其創新性的思考。每一情況不同，因而其所需集中注意之點也各異。對主管來說，其「浸潤階段」通常以其對問題有深切的瞭解為起點：包括其對問題本身的瞭解，對問題之歷史的瞭解，以及對問題之發生背景的瞭解。當然，如果他自始即與問題的情況共處，自始即參與問題的「診斷」，則他對問題當然已臻於熟悉。反之，如果他對問題僅只是偶一接觸，例如幕僚人員之於業務工作卽不免如此，則他必需先深入於問題的背景資料，纔能期望其能有所貢獻。

(二)審思階段

僅只具備知識，不管知識如何完備，均難產生創新的主意。必需對各項資料作反覆的深思，直到所謂「心智消化」（mental digestion）的程度時爲止。但是，由於事先不能知道在甚麼地方可能有創新觀念的突破（breakthrough），所以誰也說不出應該如何進行分析。

從資料的搜集到新主意的獲得，雖然說不出有甚麼簡單可靠的途徑可尋，但是所謂「審思」，通常可以包括下列三個步驟：(1)分析；(2)確定關係或模式；及(3)探尋適當的「重排」（rearrangements）或「組合」（combination）。

1分析

有一堆資料，總可以劃分成爲主要成份及次要成份。至於如何劃分，通常有若干種方式。在審思階段中，可以先採用一種方式，再採用另一種，然後比較，看那一種方式最能引發對問題的解決。將問題劃分爲許多成份，往往能觸發思路。Charles F. Kettering曾說：「所謂研究，其實便是將問題分解，分解成爲我們所熟悉的小項目。我們在這樣分解之後，便能從這些已知的小項目尋求出未知的事項來。」（註一九）

2關係的發掘

審思的第二步，是從許多事實和問題的構成成份中，尋求其間的相互關係。有時能將這種種關係，歸併成爲各類「模式」(patterns)。「關係」和「模式」，均足以引導走向可能的解決之道。至於關係應如何尋求呢？──吾人的瞭解，大致不外乎下列各種方法：思考其各項成份中的相似之點；思考其彼此的不同之點；及思考其結果與關聯等等。

3.重排及組合

在研究事實和問題的關係時，應該默默地在內心中試作適當的變化。可以設法將各項成份試作必要的「重排」和「組合」。重排和組合越多，可能獲得新主意的機會也就越大；越能從其中發現有用的途徑。也許剛作出一項重排及組合，立即便能發現其無濟於事，因而隨時棄之腦後。但是最重要的，便是應在此一階段中養成默默自問的習慣：「將這個項目變化一下，結果如何？將那個項目變化一下，結果又將如何呢？」

㈢潛化階段

如果運氣好，說不定在上述的「浸潤階段」和「審思階段」中，就已能找到許多可行的解決途徑。在審愼思索之際，說不定忽然能有一絲靈感的出現，即可獲得一項「好主意」。果眞能夠如此，自然不必經過「潛化階段」，便可以直接跳到「適應階段」中去。

但是通常畢竟不會這麼容易。雖然有過至爲詳盡的準備，有過深思熟慮，却仍舊不一定能夠發現出一項眞正理想的解決途徑來。於是不能不再從另一個角度繼續思考；然而，恐怕此時的心智已因此一片混亂。這種現象，通常極爲常見；許多學者認爲此一「暫停」現象，也是創新性歷程中的階段之一。

關於此一階段，處理的方法至爲簡單。那就是：將整個問題擱開，暫時拋在腦後，出去釣魚，出去看場電影，到花園裏澆澆花、鋤鋤草，到外面去散步，去聽一場音樂演奏；或者隨便作點甚麼，輕鬆一番。在這一個階段裏，已經對問題煩厭，正該清醒清醒，讓潛意識接班。至少在回復到問題中時，已能有一副清醒的頭腦；說不定一項創新性的主意便能豁然跳出。

㈣突現階段

前曾指出許多心智活動中的「曙光突現」（sudden illumination）的故事。James Watt 蒸氣機上的冷凝器，據說是他在一個星期日的下午，散步時突然想到的。數學家 Hemri Poincare 說，關於胡熙函數（Fuchsian Functions）的意義，是他在某日下午一脚踏上公共汽車時，恍然領悟出來的。發明照相網線印刷的 F. E. Lves，談到他的經驗時說：「那天晚上，我帶着滿腦子的問題。糊裏糊塗地入睡。第二天清早一覺醒來，竟然很清晰地好像看見天花板上出現了整個機器設備和操作的程序。」（註二〇）諸如此類的例子很多，都足以證實突然「靈感」往往並非從「意識思考」中獲得。

㈤適應階段

得到一項「好主意」，是否一切齊備，立卽可用呢？James W. Young 說：「你最初獲得的好主意，是一名新生的嬰兒，你要將他帶進到現實世界中來。而當你眞正採行的時候，你也許會發現這項好主意並不如你當初想像中那樣完善。」（註二一）

行政機關的各項「主意」，亦復如此。必需將新主意，拿到實際問題中來印證。面對冰冷的現實世界，也許會發現此一新主意必需先經過一番修改和精煉。在這樣的一段歷程中，其目的在於爲解決某一問題尋求一項可行的方案，得到創新性的想法之後，常需酌予「加工」（rounding out an original idea）。

二、個人創新力的培養

以上關於創新的歷程的討論，可以得到兩項初步的結論：⑴所謂創新力，決不是少數具有天賦的人所獨有，任何人都能有所創見。⑵個人在得到一項新主意之前，通常需先經過一段辛勤的心智工作。因此，創新能力的培養，必需先具有美國律師兼童話作家Horatio Alger般的氣質：有充分的自信，且肯努力工作。需知一位創新者，必先深具問題的意識；而其想像力的豐瘠，則常與其「問題意識」的強度、明晰直接有關。

那麼是否還有別的激發創新力的方法呢？以下列舉三項原則，可供各機關研討組織設計發展「新主意」的參考：

㈠認清心理障礙（Recognizing Psychological Barriers）

雖說心理學家還不能指陳一套發掘創見靈感的可靠方式，可是却也告訴吾人許多有關創新思想的障礙因素。如能對這些障礙因素提高警覺，當也能消極地減低障礙的阻撓。常見的心理障礙，不外有「文化障礙」（cultural blocks）及「知覺障礙」（perceptual blocks）兩端；玆分述如次。

1文化障礙（Cultural blocks）

在社會中常感到有「社會一致」（social conformity）的壓力。此種壓力對思考的影響極大。每一個人都常在意識或非意識中，有符合他人的生活方式及態度的傾向。雖然有時也會「與衆不同」，例如偶而穿着旁人所未穿過的衣着領帶之類；但是如果敢於穿着小丑的服裝或以赤脚大仙的姿態走進辦公室者，則此人的「勇氣」也就不可思議。

這一種附和群衆的傾向，對於想像力和行動有很大的影響。

但是，如果不敢脫出「流行思想」的束縛，創新主意便恐將難於發展。關於這一點，C. H. Greene-watt 曾在他的一次講演中，說過下面的一段話：

「在我們人類每一項進步的背後，都必有某些人的創新思想的成長；他們深更半夜爲自己的夢想所驚醒，而別人却都在沉睡如泥。」（註一二）

政府機關正需要他們的夢想。因爲今天的夢想，正是明天的現實。可是，在機關的群體活動中往往潛存着一種重大的不利——所謂不利，並不在於個人之控制團體意志；而在於個人會深受趨勢或潮流之控制，因而埋沒突出的創見。行政機關本具有群體性質，因而本質上卽不利於突出或特殊。因此，目前最大的困難，最大的問題，卽在於如何在群體的「格局」（framework）中發掘個人的創見……。

我人認爲再也沒有第二項問題比此更爲迫切；再也沒有第二項課題比此更爲重大。除非確能保證那些「非常人」（uncommon man）的鼓勵和成果。則全體人類之前途，也必將喪失其德性、其智慧，和其希望。

2知覺障礙（Perceptual blocks）。

除上述社會背景所造成的障礙之外，還受到來自本身的知覺方面的障礙。心理學家曾經作過許多試驗，顯示知覺的重要。例如其中有一個最簡單的試驗，是請人用六根火柴，一根接一根，排成四個三角形。大多數人都做不出來，最後都宣布放棄。他們做不出來，是因爲他們只想到在「平面」上排成四個三角形。如果他們能夠想到空間，便很快可以堆成三角錐體，而排出四個三角形來。

此外還有另一個試驗。那是將許多雜物放在桌子上。如幾盒圖釘、幾盒鈕扣之類；然後命人利用這些雜物，將兩根蠟燭豎立在桌上。這也是一個相當困難的問題；但是如果有人想到圖釘「盒」及鈕扣「盒」也是雜物之一，將圖釘鈕扣倒出來，利用空盒作爲燭台，這問題便迎刄而解。如果只想到「盒子」乃是圖釘或鈕扣的盛器，而沒有想到「盒子」本身也是問題中的物件之一，這問題便會難以解決。

盤尼西林（Penicillin）的發明，最足以作爲克服知覺障礙而創新的說明。多少年來，細菌學家一直認爲黴菌實是培養試驗的大敵。作細菌培養時，培養液長了黴，破壞微生物，使得將之拋棄，重新再來。但是有一天，Alexander Fleming 忽然有「好主意」：這一項破壞培養液的東西，爲甚麼不能作爲一種殺菌劑（germkiller）呢？而殺菌劑的探尋，乃正是研究工作的目的之一。當然，這一個新想法，還需要經過許許多多的試驗和提煉；可是當初 A. Fleming 之所以有此想法，便是因爲他拋開「黴菌無用」的「流行看法」的緣故。

㈠改變原有屬性（Change attributes）

所謂「改變屬性」（Changing attributes），第一步應將所研究的問題的重要屬性，一一列舉出來，其次，再就其中具有相關鍵的屬性，加以特別的注意，研究其可能作些怎樣的改變。然後再進而檢討是否還有別的屬性，也能作類似的改變。也許在想到某一種小改變之後，觸類旁通，又引發其他想法。一點一點地進行，也許一項可行的新主意便會豁然呈現。

舉例來說，也許有如下列的方式：

屬　性	可　能　改　變
長方形外貌	是否可改爲圓形、橢圓形、梯形，立體狀，或連續性外形等等。

㈢培養發掘能力（Serendipity）

主管的最大關注，莫過於目標的達成。因此，行政機關對於創新方面的努力，必都以如何纔能更有效地達成目標爲重。但是，有時却也不儘然：對於某些方法的發掘，也不一定能與問題的解決直接有關。所謂「發掘力」（serendipity），是指如何發掘非人類所意欲追求的事項之技巧。這是一種促成「意外發現」（unexpected discoveries）的竅門。本來的目的，在於對某一問題探尋一項好主意，可是往往會有某一項意外的發現，爲我人解決另一課題。可以說，這是追求新想法的一種「副產品」。但是應該注意的是：主管應有「鑑別此項副產品的價值」的能力，使其能夠得到最妥當的利用。

在組織管理方面，有一個極富戲劇性的例子。那是Elton Mayo在西方電氣公司（Western Electric Company）所作過有名的試驗。E. Mayo和他一群工作助手，原打算測度工作環境的改變，對工人生產力的影響。他們採行的試驗辦法，是變更光線强度、噪音强度，和其他有關的因素。試驗所得，幾乎沒有甚麼明顯的結果。可是他們却「意外地」發現一樁事實—當然他們應該具有「鑑識其發現的價值」的能力纔成，那就是工人之間的社會關係和工人是否願與管理階層合作的問題，廠裏的某一工作群體，頗能表現其合作；每次在工作環境發生變動時，工人的產量都有增加，至少短期內能有增加。甚至於試驗時工作環境實際上已經變壞，但產量竟能同樣增加。但在另一個工作群體中，工作產量則有增有減；其增減的情況，跟工人與其主管間的關係常有密切的關聯。有此一發現，於是E. Mayo領導下的這一組研究人員，沿此一發現繼續進行其他的試驗。結果終於奠定「工作心理學」快速進步的基礎。

但是，「意外發現」固然常能得到「意外收穫」，可是却不能以此爲常規。機會雖然是經常存在，但如果不能具備創新思想，則卽使機會到眼前，也恐怕會輕輕錯過。所以，一位聰明的主管，必對這類「意外發現」隨時具有警覺，隨時準備攫取。

三、群體創新力的培養

在適當安排的情況下，群體所能產生的創新性想法常較個人於個別作業時所能產生者爲多。關於如何激發群體的創新力，此點只討論兩種：「靈腦術」(Brainstorming)及「協力術」(Synectics)。這種討論，一方面固在簡介這兩種方法的實施技巧，但更重要的，則在說明這兩種方法確能打開群體活動對創新力的貢獻。

㈠靈腦活動

假如張三是學生，也許跟同學們聚在一起，大夥兒想盡辦法來開他們老師的玩笑。也許他是在另一種正式群體裏，也是大夥兒聚在一起，想盡辦法來解決某一問題—例如機關爲興建一幢新的建築，大家想辦法如何得到社會的支持。這兩個例子雖是截然不同，可是思想法的流程則可能至爲類似。也許是先有某人，不經意地提出一個主意；另一位則以第一個主意爲根據，再提出第二個主意。大家在思索這兩個主意時，接着第三個人又提出新主意來；可能他的主意看起來荒誕不經，可是也許在某些方面却是前面的主意之修正。

群體中各成員，在這種情況下紛紛提出主意，往往具有「傳染性」。誰也不會想到自己的主意是否實際可行；只要提出來；心中便覺得痛快。很可能一項創新性的好主意，便會這樣的突然產生；倘使是個人獨處，恐將難以出現。

這就是所謂「靈腦術」，Alexander F. Oeborn 曾經指出這種方式的許多特性。他認爲，當面臨一項困難問題，有待創新性的方法來解決時，最好的方式便是將問題提交給一個群體，讓大家共同「靈腦」，盡量提出各種辦法來。他認爲群體在進行這樣的活動時，下列幾項規則非常重要：（註二三）

第一，進行的中途，不得有任何批評。任何人對他人的主意有任何批評，都必需留待活動結束後再提出來。

第二，應鼓勵大家「胡思亂想」（freewheeling）。越是荒唐的主意，應該越受到歡迎。因爲這樣纔具有激發作用；否則的話，思想是壓制容易，而激發難。

第三，數量越多越好。大家提出的主意愈多，其中可能挑出的好主意，自然也可能增多。

第四，盡量運用「組合」（combinations）和「改進」（improvements）。大家除提出各人自己的主意以外，還應該儘量將他人的主意「修正」，將他人的主意「合併」。

這一項靈腦活動應該是屬於前述創新歷程階段中的第四個階段—突現階段。

(二)協力活動

協力活動，是群體活動中激發創新力最近興起的一種方式，也是較爲正式的一種方式。Synectics 原是一個希臘字，其意爲：將各種不同的事物配合在一起。這種激發創新力的方式，主要爲 William J. J.

Gordon所設計，其本人即爲一家以「Synectics」一字爲名的「協力公司」（Synectics, Inc.）的創辦人，並自兼爲董事長。（註二四）

所謂「協力活動」，在有關創新力的基本假定方面，與「靈腦活動」的基本假定相同，計有下列三項：(1)任何人都有相當程度的創新力；問題只是日常不易激發出來罷了。(2)在探尋創新的主意時，「智力」和「理性」的運用固然重要，「情緒」和「非理性」的運用也同等重要。(3)至於情緒和非理性的成份，能否有效運用，關鍵乃在於所採用的方法（methodology）和規則（discipline）。

至於協力活動與靈腦活動的不同之處，大約有下列幾點：

第一，協力活動的第一步，是必需先將問題作澈底的說明。這一步工作主要的用意，是使能對問題有透徹的瞭解；對問題的「技術面」和「背景面」都先有精細的分析。這一步工作，其實也就是對協力活動開始之前的「診斷」，作一檢討和探究。凡是參加協力活動的成員，都必需經過這一步，都必需先澈底明瞭問題的性質和眞相，以便人人都能提出創新的見解來。

第二，第二步，「協力會」的主席（group leader）這時要從問題中選定一個關鍵點，作爲討論的重心。主席將此一關鍵點，對大家提出來，作爲激發大家的主意之起點。

第三，下一步便需進行所謂「潛意識心智的激發」（to invoke the preconscious mind），以期激發出大家的一切想像和希奇古怪的主意來。所有參加這種「協力會」的人員，通常都需先有適當的訓練，能夠運用直接類比、擬人，和其他有關發展想像力的技術。因之，每人均應深切瞭解「協力會」進行時的「荒唐方法」（method in the madness）。

第四，群體中人人都嫻熟這種協力術的技巧之後，便往往能對一個問題翻來覆去的討論。看起來也許大家的討論與問題全無關聯，實際上却是以「問題」爲中心。這時，群體中通常有一位專家，站起來對每個人提出的主意作一評論：某一主意是否新奇，某一主意是否可行。所以，由這一點看來，這也是「協力術」和「靈腦術」的不同處：在進行靈腦活動時，通常是先產生一大批形形色色的主意，不加任何評論；而協力活動則是在每提出一項主意後，隨卽作「評論」或「審查」。

因爲協力活動具有上述的特性，所以比之於靈腦活動，較能適用於行政機關中複雜的和技術的問題。

以上討論靈腦活動和協力活動。這兩種激發創新力的技巧，有些甚麼一般性的通則呢？最重要者，厥爲進行時應保持自由輕鬆的氣氛（permissive Atmosphere）。這兩種方法，運用時都得注意一個要點：對他人提出的主意，在活動進行中應避免批評。任何人都不得說：「你的主意毫無是處。」這樣大家纔能沒有拘束，隨意提出他的主意來。可是，這並非說不需對各項主意嚴加分析，而是說分析應該延後。將判斷暫時保留，纔有利於心理上的輕鬆。在上文中已經說過，所謂「社會障礙」，常有促使「與傳統觀念保持一致」的傾向。如果說有人提出一個新主意，立刻受到他人的哄笑或嘲諷，則新主意便永遠會被壓抑下去。在這樣的情況下，人人有主意，都得小心翼翼，不敢輕易提出。

反之，行政機關有關靈腦術和協力術的設計，正在於撤除這層社會障礙。只要大家能瞭解到：在會中提出一項新奇構想是一回事，此一構想是否可行則是另一回事，那麼大家纔不會覺得不好意思。社會壓力不存在，創見得到鼓勵。參與這類討論者，都將是平常擁有最多各式各樣的主意的人。

卽使平常並沒有採行所謂靈腦術的方式，自由輕鬆的氣氛仍有助於創新力的激發。新奇的主意能受到歡迎，纔會有更多的新主意提出。除此以外，在自由輕鬆的氣氛之下：⑴人纔敢於自由表達其意見；即使他的看法與過去的實務不同，與群體的看法不同，甚至於與主管或領導人不同，他也敢於表達出來。⑵任何人希望試一試某項新構想，其主管和同僚纔會給他鼓勵。⑶人與人之間纔會互相尊重彼此的個別差異，使人不敢擔心提出創新的主意時受到不利的反應。當然，這種自由輕鬆的氣氛，也許在機關中某些一本正經，堅持傳統的人士會大不以爲然。可是，如果沒有這種氣氛，創新的想法便難於滋生。

靈腦術和協力術的另一個特性，是鼓勵「修改」（adaptation）和鼓勵「仿效」（borrowing）。每一個人都受有知覺的障礙或其他心智的障礙，限制思考。但是在靈腦活動時，「反覆交換」；在協力活動時，運用「類比」（analogies），常能克服這種障礙。某人提出一個新主意，另一個人也許將他擻開，也許將他補充，也許將他改變，全憑自由。也許還有第三個人，全不受前兩人的影響，也許根本將第一個意見扭轉。這就是說：各人的意見可以建立在他人意見的基礎上。

這樣的程序，常能打開許多新主意。如果說有人覺得自己的主意，非在完全成熟的時機下不敢輕易示人，要提出來就得「語驚四座」，那麼新主意便將幾乎不可能出現。運用「修改」，運用「仿效」，則任何一項新主意的成敗，當不致是任何個人的成敗。因此，只有在人人不以「個人榮辱」爲念的情況下，自由交換纔能成功。而如何從「修改」和「仿效」中得益，當有賴於「團隊精神」和對整個目標的重視。

這就是說，群體的態度也常有助於創新力的激發。培養自由輕鬆的氣氛，具有「有所取，有所予」（give-and-take）的想法，纔能有利於群體的潛在力量的發揮。這樣的群體態度，行政機關平日便需注意培養；殊不僅以推行靈腦活動和協力活動時爲然。

第三節　比較與抉擇：各種途徑的較量與選定

一、比較：各種途徑的較量

㈠理性的分析（Rational Analysis）

前述討論機關組織設計的診斷及解決途徑。一位主管心目中既已有若干項不同的解決途徑，下一步便是「比較」（Comparative），以便從其中作一選擇。

這種比較分析，範圍甚爲廣泛。決策過程中的前幾個階段，同樣需作比較。例如在探尋問題的根本原因或障礙時，便常需有適當的比較分析。又如在創新的激發歷程中，也同樣常需先作一比較。只不過在這些情況下，不同途徑的選擇和結果的推斷，比較上份量不致太大而已。但在另一些情況下，行動方案的可能結果較爲複雜，不定性較高。因此，便有採行一套適當的推斷方式之必要，以使最後的選擇較易合理地進行。

但是，也不一定任何選擇都非靠「理性」推斷不可。作選擇時，不一定事事都得經過詳審、客觀，和邏輯的思考。最常見的例子，有許多年青畢業的大學生選擇工作便往往很少以純粹的邏輯考慮爲主。但是在近代組織管理方面，主管如能對每一行動途徑的優點和缺點先作「理性」的分析，其決策自能大爲改進。

欲求比較分析之能合於理性，必對問題本身及其各項解決方案先有明確的瞭解。關於這一點，Clarence Day，有一節有趣的故事可以用來說明。

話說他們一家非常節儉；有一天，他母親上街購物回家，覺得很是自得，因爲他買了兩頂帽子，價錢比另外兩頂他想買而未買的便宜，而且她還想再買一套洋裝，結果也省下來沒有買。但他父親頗不以爲然，認爲家中的經濟情況不好，實不應該一次就買了兩頂帽子回來。而且父親還嘀咕着說他早就該新添一套衣服。於是母親坐下來作一番計算，然後很高興地說，她買這兩頂帽子，比之她本來想買的另兩頂帽子和一套洋裝，已經省下不少錢。所以，她說她省下的這筆錢，足夠買一套西服。（註二五）

在這個故事裏，很顯然的是兩人心目中所想到的問題解決途徑彼此不同。父親想到的，一是母親買了這兩頂帽子，一是不買，將錢省下來。而母親想到的，一是買了這兩頂帽子，一是買另外兩頂和一套洋裝。除非是兩人能夠澄清他們的討論，否則的話，只就那兩項方案來作比較，恐怕永遠也不會得到雙方同意的結論。

問題既已澄清，「途徑」也經認定，便可以開始對每一途徑分析其優缺點，這對理性的分析大有助益。上述討論創新歷程時，曾强調刺激想像力、培養輕鬆氣氛，甚至於鼓勵荒誕不經的意見之重要性；其目的，端在於激發新穎及創見性的思想。

但是在對各項途徑進行比較時，需要的却是另一類別的思路。需要的是力求正確。因此，要證據，要把握問題重心，要摒棄一切與問題無關的枝節，要按邏輯規律來進行，還要希望能聽到反對者提出的理由。在這一個階段中，要的是結結實實的、一針見血的思考方式。

在機關中有的人長於創新性的思想，有的人長於踏實的分析（ tough analysis ）。但兩者均擅長的人則爲數不多。事實上在某一類思考方式上突出的人，則另一方式往往見拙。然而在決策的過程中，兩種方式均不可少。兩者均長的人，眞算得是天之驕子。但是作爲一位有效的主管，至少應能瞭解創新思考及邏輯分析之區別所在，也應該瞭解各人的專長是什麼？

㈡後果的推斷

檢討一項行動方案時，必需先推斷其在推行後對組織目標所產生的結果或後果（consequence）。此項後果，有合乎需要者，也可能有不合需要者；有一時的影響，也可能有長期性的影響；有具體可見者，也可能有無形者；有確能預期發生的結果，也可能有不定性的結果。所有各項可能的結果，都必需一一加以認定。

在科學管理早期的萌芽時期中，常有「側重一面」（one-sided emphasis）的情事。例如過去的工業工程師，常能制訂出漂亮的工作簡化方案；常能設計出省工省時的機械方法來；也常能釐訂種種工作標準和工資率，使工人能得到更高的工資收入。這類辦法儘管不錯，可是却常有問題。工人總是抱怨產量標準太高，不肯合作。有時還指派女工來擔任傳統上認爲應由男工擔任的工作，也發生許多困擾，形成許多阻力。有時此一部門的工作誠然是簡化，可是另一部門却甚爲繁複。這種種困難的形成，都不外是由於管理階層在選定某一行動方案之前，沒有對所有「後果」詳加推斷無遺的緣故。

身爲主管，實應對業務有透徹的瞭解，有豐富的構想，纔能對每一行動途徑推斷其一切可能後果。其間牽涉的因素往往極廣。

所謂「認定一項行動途徑的後果」，做起來實不是一件簡單的事。各行政機關管理上的每一問題，均各有其特點；要將各項可能後果完全列舉出來，勢非有充分的想像力不可，而且，資料的搜集與分析，也往往至爲複雜和冗長，因此常感有簡化的必要。

㈢差異的瞭解

途徑的比較，往往非常複雜。最重要的一項簡化辦法，是先將各途徑的共同點一一撇開，只研究其彼此間的差異。

對共同點不必過問，決不是說這些共同點不重要，也不是說不必加以改進。問題只是：既然隨便決定甚麼途徑，這些共同點都不致受到影響，所以自不必牽涉在內，徒然增加問題的複雜性。這些共同點縱然需要改進，也可以當做是一項單獨課題來處理。(註二六)

一項決策所涉及的因素很多，有時主管不一定全能記住；要將各項因素權衡輕重，也往往不大容易。因此，不妨將各項「因素」換算成爲金額，在通常情況下，金額可以相加，合併爲一個或兩個淨額數字。這樣處理起來，就簡便多。不過，這種辦法却也有値得注意之處。第一，各項因素性質上多是「主觀」的，而換算成金額後，也許便會加以過份的重視。其次，事實上許多金額都只是一種假定，可是一看見數字，便易於以爲其一定可靠。但是從另一方面來說，將各項因素以金額來表示，對決策總是優點多於缺點的。

(註二七)

㈣關鍵因素的重視

理性的決策，是一樁艱苦的心智活動。主管的時間和精力有限，而且心理上也都希望能快一點作成他們的方案。所以，總想在決策時，能夠一鋤頭就挖中金礦最好，少花時間爲尙。換句話說，他們希望能及早探出問題的最佳途徑。至於如何纔能做到這一步，當在於掌握問題的「關鍵因素」(crucial factors)。在通常的情況下，重要的關鍵因素大致有兩類。那就是：「必需符合的需求條件」，和「主要的考慮點」。

（註二八）

在前述「診斷」時，曾說過診斷的結果，能使我人瞭解一項解決途徑的限制條件。這些限制條件，便是一種「關鍵因素」。這就是說，每想到一種可能的解決途徑時，便該先看看其是否符合這些限制條件。如果不符，則此一解決途徑便該拋棄，不列入考慮。經過這樣的一層「過濾」之後，解決途徑自然減少數量，就可以集中力量來研究餘下的少數途徑。

另一項「過濾」的方法，是針對「主要考慮點」來檢討初步想到的途徑。在從若干個途徑中作一選擇時，也許發現總會有一個、兩個，或三個因素，在決策中佔有最重要的份量。因此，便不妨先就這類重要因素，挑出幾個最好的途徑來；而將其餘的途徑剔除。

有時由於可行的解決途徑太多，卽使先用一種或兩種關鍵因素作過一次挑選後，餘下的途徑仍嫌太多，比較起來仍將至爲繁重。遇有這樣的情況，不妨先將全部解決途徑歸併爲若干類別；從各類中挑出一個代表性的途徑來，再就這幾項代表途徑來作比較。在選出最佳的代表性途徑後，再來進行同一類別中的各途徑的比較。例如在選定辦公大樓新址時，便常用這種辦法。第一步，先劃分爲幾個地區，從中選定一區；第二步，再從一個地區中來選定一個方位；最後再在某方位中決定最適當的地址。

但是這種「逐步縮小」的程序，也可能有一項危險。那就是：很可能在摒棄的類別中，正有最佳途徑在。如果當初決定的「關鍵因素」不適當，則這種「遺珠之憾」的可能性便更大。不過，事實上有許多情形，眞正要對每一解決途徑的全部可能結果作澈底的分析比較，很可能是辦不到的事。因之，這種「逐步縮小」的辦法，仍不失爲最可行、最不易造成決策錯誤的一種辦法。

總之，所謂途徑之比較，第一步應該是認定每一行動途徑可能產生的結果或後果。在這種「比較」工作上，所關心的，是推斷每一途徑的「全部」後果。但是不幸的是，這種比較有時極爲繁重。所以常需有一種「簡化」的辦法，一方面要易於得到結論，一方面又不致損害探尋解決途徑所持的目的。以上討論三種「簡化」的辦法。第一種辦法，是着重於「差異」的分析，將途徑的共同點捨而不問。第二種辦法，是將各項後果，都用金額來表示，以便利相互的比較。第三種辦法，是注意解決途徑所需强調的「關鍵因素」，俾能將途徑的數量先作一次初步的過濾。

但是應該瞭解：比較，並非就是決策。在作過比較之後，仍需決定應採的途徑何在。在最後決定的過程中，還得進一步對「不定性」（uncertainty）作一番「價值判斷」（value judgement）。（註二九）

(五)個案：「理性人」和「情緒人」

從組織設計的立場來看，人性問題的另一重要課題，是行爲的情緒方面的特性問題，和情緒特性的控制問題。一位思想周密的主管，對人性情緒方面的特性，當至少已能有相當的瞭解。他一定知道：這方面的特性，有些是「無意識的」（Unconscious），因此是個人本身無法控制的。此外，他一定也能瞭解到精神病醫學和臨床心理學上的許多一般性的問題。

在行政機關中，常有意無意地將人分成兩類，好像一個人可以分解成爲兩個不同的人似的：一個是「理性人」（ratioal person），是能運用邏輯推理，重視事實，能夠推繹出純粹客觀的結論的人。另一個是「情緒人」（emotional person），是缺乏理智，蔑視事實，也曲解事實，而且具有高度偏見的人。當然，以機關的首長的立場來說，他希望他所接觸的，都是第一種的「理性人」，而不希望受到後面那種

「情緒人」的影響。

但是，一個人能不能分解成爲「理性人」和「情緒人」呢？一部份要看其敎育和智力而定；可是最主要的，還是在於他是否能運用其意識志力，以及是否具有合理的意識。在機關中，能夠眞正這樣分解的人，恐怕爲數不會很多。

因此，一般人的潛在信念，表現於管理行爲上的，是認爲至少有一部份人，在面對組織方面的問題的時候，可以轉變成爲一具「理性和邏輯的決策機器」。因此，在機關中常聽到有人用言語來勸告別人作這樣的轉變：「讓我們不要把個人因素帶進問題裏去」，「讓我們只考慮事實吧」，「讓我們冷靜下來，客觀的考慮這個問題」。如果人肯作這樣的努力，那麼他就能消除他的需要、恐懼、意願、焦慮、敵意，和侵犯等等因素對他的思想和行爲的影響。

但是這一種看法，却受到了尖銳的挑戰。臨床心理學上，和許多研究工作上，都有許多證據證實了人性不完全如此。人的行爲，不管他是在思想、在分析、在推理，還是在與他人溝通，總免不了要受到情緒因素的影響—充其量，也許只有一些很細微的小事可以例外。我們自己一定都知道這一點，雖然我們不一定知道得詳細。一般說來，考慮的問題越是重要，其所受到的情緒因素的影響也越大。決不是說：別人命令我們不受影響，要求我們不受影響，我們就能夠不受影響。也不是說：我們自己想要不受影響，努力去設法不受影響，我們就能夠不受影響。一個人的「情緒面」，是非常複雜的相互交錯的。要說是「情緒面」和「理性面」能夠分解開來，那只是一種幻覺而已。

有許多生理上和心理上的證據，都支持這一論點。許多的研究，已證明：人的情緒反應，雖然有時候自己不自覺，但是却對人的行爲極有關聯。最顯著的是：要說是可以用言語來勸說一個人不受情緒影響，那是辦不到的。

在行政機關中，如果牽涉到權力的問題，或者是牽涉到地位的問題，便特別易於受到情緒力量的影響。這類關係，對於情緒因素的靈敏度特別高，而且影響的效果也常較爲長久。舉例來說，一位身爲部屬的人，當他與他的長官面對面的時候，其行爲表現常不免會發生顯著的變化，也正是因爲其中牽涉到權力和地位問題的緣故。

如果一個人能夠把自己的感受認爲是客觀的事實，那麼有時候當也多少能夠掌握自己的情緒因素，從而控制自己的行爲。如果他確能夠瞭解自己的感受如何發生，也確能夠瞭解這些感受會影響自己的行爲，他也將多少能夠控制住自己的情緒導致的結果。

如果這種情緒因素，是發生於人的社會交感的話。這種控制情緒反應的過程，當更容易成功。其原因是：社會交感的作用，有助於使自己認識自己的「無意識」之情緒反應，從而促使自己認識引起這種情緒反應的有關情況。—在機關的日常生活中，常可以有這樣的類似經驗。有人爲甚麼常向長官求助，向同事求助，向專家求助，任是由於這個緣故。因之，我們常能因此減輕情緒的影響，使自己能作較合理性的決策。

組織設計的主要困難，乃在於一般管理人士對「情緒」的觀點，受了很大的限制。他們往往忽略了一件事：人類的忠誠、熱情、幹勁、承諾、承擔責任，以及自信等等，全都是情緒變數。甚至於所有各項「我們至爲重視的價值」，也是情緒變數。而且所謂激勵，也是一種情緒的力量。再進一步說：理智創造力(

intellectual creativity ），以及藝術創造力（artistic creativity ），也莫不是一種牽涉到情緒因素的過程。

作爲一位主管，眞正的希望，是希望他的有關人員，一方面固然能夠表現出某些有利的情緒，同時却也能夠壓制某些不利的情緒。舉例來說，他希望別人能夠壓制或是消除的情緒，包括有敵對的情緒、鬪爭的情緒、阻抗的情緒、蔑視的情緒、不合作的態度，和不合實際的觀點等等。此外，還有些跟心理有關的情緒力量，也是主管所不願意看到的，希望能夠消除的；例如狠惡、自私、不成熟，和不合理性的行爲等是。

在主管對這一類的期望中，也牽涉到文化方面的因素。在我們的文化環境中，一位成功的主管往往都是「男性化的」（a masculine one ）。一位好的主管，常須是進取的、幹練的、堅決的，和眞正的。他不能是「女性化的」，不能柔弱，不能屈服，不能有依賴性，也不能像女性一樣多憑自己的直覺。通常我們談到情緒一詞，就不免聯想到女性的弱點；女性的弱點，自不免會影響有效的組織過程。然而事實上情緒的問題，却絕不止是女性才有，男性同樣也有。文化的力量，並不能影響情緒的存在，但是能夠改變情緒的接受性（acceptability ）。情緒可能有被壓抑的時候，但是其作用却不會消失。情緒一直是在影響我們的態度，影響我們的見解，和影響我們的決策。

我們可以有相當把握的說：情緒會影響一個人的行爲。所謂影響一個人的行爲，包括影響其思考力，其推理力，和其決策。其次，情緒問題一經激起之後，便可能激起到一種程度，使問題變得重要起來。所以，在機關中，所謂「絕對的客觀」（complete objectivity ），除非是問題對個人沒有甚麼影響，通常是難得一見的。但是這也不是說我人就不必努力去追求「絕對的客觀」。從行爲科學的知識來說，人的本性，便是一種「理性」和「情緒」的混合體，而且「理性」和「情緒」是無法分解的。組織的設計無論用什麼方法，也無法使組織人轉變成爲一具「理性的機器」（rational machine）。只靠別人的說明，或者是別人的命令，是不可能從理智活動中將情緒的影響消除掉的。充其量，只不過是在某些情況之下，能夠運用他人的協助來減少或沖淡情緒對組織行爲的影響而已。

二、抉擇：最佳途徑的選定

決策是一種多方面的活動。診斷，使決策人認定困難或機會何在，並以需要結果及可能結果的差距來表示。經由診斷，知道將來執行時可能遭遇的阻礙，也使瞭解在選定可行途徑時應受的限制。至於達成需要目標，有些甚麼可行之路，當有賴於過去經驗，也有賴創新性的思想。再經過紮實的分析，使其各項解決途徑作一理性的比較。但是到這一步，決策仍未完成，還有最後一項工作。那就是：要從各項途徑中選定一個，並且說：「就這麼辦罷！」或說：「這是最好的！」

此地的討論，即以此項最後的一個步驟爲主。將討論下列三類問題：如何對各項推斷的結果作一「價值衡量」；如何對各項「不定情況」作必要的調整；以及如何對選定的方案作一「驗證」。

㈠後果推斷的價值衡量

比較，並非就是決策。必需進一步認定各項推斷結果（projected results）以何者爲「最佳」（best）。作此判斷，常需運用「價值」（value）的觀念。

大學學生每學期註册，選定選修學科時，即需運用「價值判斷」。假定某君在一堆選修課程中，經過一番過濾，要從「美國史」，及「財務行政」兩門課程中任選一門。他之所以想選修「美國史」，完全是基於一種遊戲態度—這門課程有好教授，有女同學，還能藉此瞭解時事，而且也許對未來也是一項背景知識。他之所以想選修「財務行政」，則是基於實用，將來一定合算，無論對就業還是對自己投資，都必有用途。財務行政的教授，可眞叫人害怕，總是一大堆做不完的習題。至於學費和學分，「美國史」及「財務行政」完全一樣，所以不必列入考慮。某君對這兩條路的未來結果之推斷，雖然有助於他對這兩門課程的瞭解；但是他要作一決定，仍有賴他對各項有關的主觀因素來作一價値衡量。例如「有趣的經驗」、「文化的背景」等，他將如何分別就這兩門課程賦以適當的「重量」呢？

因此，大多數決策，都需要建立一種「價値系統」（value system）。機關中的主管也不例外。價値衡量，第一步需從目標的觀點來研判。以學生選課的例子來說，他應該先瞭解何以要進大學，瞭解進大學的目的，則對於選修美國史及財務行政的優點和缺點，便能知道應如何賦以適當的「重量」。但是進一步說，他進大學的目標，又可以從另一個更高一層的目標來檢討，那就是：他願意將來成爲怎樣的「人」。

經過「方法目的鏈鎖線」的分析，可以將目標劃分爲許多層次。總目標之下有較次級的目標，因之也有較次級的價値系統。（註三〇）

任何一項管理行動所產生的結果，往往都不止一種。一項行動固然對某一任務的達成具有至爲重要的貢獻，但是在推行時也往往需有必要的費用，或需作必要的犧牲。有時，同一行動可能有助於兩項或兩項以上的目標之改善。事實上大多數的管理行動，都能促成一連串的許多後果。對每一後果，都需分別作一價值衡量。可是有時過份醉心於其中某一項或兩項後果，因而忽略其餘的後果。換言之，對其他後果的價值衡量失之偏低。舉例來說，美國政府以剩餘小麥贈予其他國家，美國人常以此自豪；可是他們却忽略此項贈予行動可能促成別的小麥出口國家的政治反感。

所謂「其他結果」之所以估計偏低，是因爲在構想的當時，這些結果沒有激起管理階層的重視。管理階層所注意的，是急於希望作成決策，早日推行。而「其他結果」，都是「額外的結果」；但也是無可避免的結果。有些符合要求，有些却不能。既然都是「額外的結果」，對決策人士的吸引力當不太大。

增量價值的比較

問題是：如果一項行動途徑能夠同時有助於幾項不同的目標，或同時有礙於幾項不同的目標，則應如何衡量其各項結果的價值呢？也許會想到將各項目標按重要順序排列先後；可是往往不一定能夠排列成功。再說，有人喜歡肉醬，不喜歡馬鈴薯；可是如果專吃肉醬不吃馬鈴薯，只怕消化系統也會吃不消。

實際上對於某一事物的重要性如何，要看已經擁有這項事物多少數量而定。已有的數量越多，則對此一事物認定的價值也將越輕。當然，這也不是一條永遠不變的規則。在某些情況下，某一事物的「增量」（increments），總能甚具有誘惑力；但在另一種情況下，事物的「增量」往往沒有多大的意義。舉例來說，辦公場所都需要充足的水源；可是在水源已至爲充足，不虞匱乏的情況下，再增加水的供應便沒有多大的價值。這樣的價值，經濟學上稱之爲「效用」（utility）。

但是關於所謂「增量價值」（incremental value）的分析，却是對任何情況都能適用的（註三一）。假定某縣政府（如工務局或建設局）要制訂一項採購政策；其中考慮因素之一，是原料供應商的家數。如果供應商是只此一家，或根本沒有供應商，則此種情況實是機關生死攸關的大事。如果有兩家，則當然比僅有一家為好，因為採購時可以有所選擇。但是卽使如此，這個第二家供應商的重要程度，當遠不及只此一家時的重要。如果又有了第三家，固然又比僅有兩家為好；可是第三家的重要程度又比第二家為輕。等到有了五家或六家供應商的時候，再增加一家，便顯得無足輕重。

關於此一原則，應用時是否能夠推廣？如能推廣，可以推廣到甚廣程度？考究起來，也是很有趣味的事。例如某一個主管職位出缺，這裏有幾位候選人可供選擇。主管在考慮候選人時，通常總會將「誠實」列為最低條件之一。如今問題是，所謂「誠實」，是否為一種「一是一，二是二」的特性呢？還是說「誠實」也可以有程度之分呢？又例如某人常喜歡挑三揀四，他是否比另一位較合乎「理性」的候選人更為理想呢？對於工作，總希望其品質高；對於成員的工作，也希望其素質高。但是所謂「品質」或「素質」的意義何在，通常也要看情況的不同而有異。固然希望品質能在允收標準（accepted standard）以上，可是品質提高時的「增量價值」，却也得注意其是否配合其「增量成本」。

當一位主管需在行動A及行動B之間作一選擇時，他應該先比較兩者的「增量價值」。說得更具體一點，也許行動A及行動B在採行後都將對成員的士氣有所影響，身為主管者，應先推斷兩者所造成的士氣影響的程度，然後衡量此一士氣差異的價值大小。他自然還得衡量其他的每一種後果。最後，他再將所有各項後果的增量價值作一比較，看看應選擇行動A還是應選擇行動B。

以前文所述的大學生選課為例，某君想選修美國史，也想選修財務行政。他究應如何選擇呢？第一項因素──愉快的經驗。某君喜歡那位財務行政的教授，也喜歡財務行政這門課程。可是同班同學有一半都選了美國史，因此他認爲美國史可記一小優點。同時，某君又認爲自己工作相當勤奮。因此他便對美國史這門課程的「增量愉快」給予很大的評價。

第二項因素—文化的背景。某君承認自己對世界大事不行，因此他認爲如果選修美國史，則對他增加世界大戰的瞭解當能有很大的幫助。反之，選財務行政，則在這一方面殊無太大的意義。不過，坦白地說，某君對他自己不懂世界大事的弱點，倒並不特別重視。所以他對文化瞭解所認定的增量價值也不太大。

第三項因素—財富因素。以此一因素來衡量，則選修財務行政比之選修美國史，對某君的幫助顯然要大得多。某君的祖父，留給他一筆兩百萬元的巨大遺產，要在他四十歲時纔能動用。但他以爲等到他卅五歲時再來研究投資問題也不能算遲。他覺得到那時，他還能有五年的時間，足夠他研究財務行政。因此，他在這一項因素上對財務課程所認爲的價值也就不太大。

結論是：某君決定選修美國史。

對於這一個問題，叫別的同學來衡量，自必會有不同的增量價值。但是衡量的過程，總大致是相差不遠的。

增量價值的比較殊非易事，因此如果有誰能設計一套簡單的辦法，當必是受人歡迎之事。對某些因素來說，可以制訂一種「滿足水準」（satisfactory level）。換句話說，這是某一目標已能充分達成時的一項水準。任何一種方案，凡能到達此一水準者，即可視爲滿意（acceptable）。因此，假如說每一個行動途徑都達到此一水準，則各途徑的「增量價值」便沒有甚麼差異。在此種情況下，此一因素便成爲次要的考慮因素；甚至不妨將此一因素撇開一旁。

這一種「滿意成就」的觀念，可以運用在許多課題上。

凡是可以運用「滿意成就」的水準之課題，決策工作往往都能簡化。主管在考慮一項途徑時，如果發現此一途徑「不滿意」，他自能立卽摒棄，不列入考慮。（如果說所有的途徑都在「滿意水準」以下，則表示所有的途徑都該摒棄，必需另行探尋其他的新途徑。只有在找不出其他新途徑時，他纔能考慮降低其「滿意水準」。）如果他有兩個或兩個以上的符合此一水準的途徑，他便可回過頭來，按上文所討論的程序來比較研究。他的問題因此大爲簡化，其所面對的途徑因此減少數目，他已經將若干項不必考慮的因素先行撇開。

從不同途徑中作一選擇，處處都涉及「主觀的判斷」。第一步，在推斷每一途徑可能造成的結果時，有賴主觀判斷。接着在對每一因素的差異認定其價值時，也有賴主觀判斷。最後在衡量「增量價值」，以作決策時，同樣的有賴主觀判斷。雖然說客觀的資料，能減輕主觀判斷，可是事實上，尤其是在決策的最後階段中，主管常必需依賴其主觀的判斷。

不幸的是，由於賴主觀的判斷，遂使決策程序敞開一個缺口，使機關的利益有爲個人欲望取代之慮。大多數的主管，都能明瞭自己是機關的「公僕」，應將個人的愛憎分開。對於任何一項問題，都應該想到「以機關利益爲前提」，「以大衆利益爲依歸」。而行政人員之是否能將機關與個人劃分清楚，當是個人的「操守」（ integrity ）之一。

一般說來，「有意的」情況不多，倒是「下意識的偏愛」常成爲一項較爲嚴重的問題。任何人之於某一課題，自然常以其本身的經驗和其本身所承受的壓力爲衡量的依據。

凡人心中打算做甚麼事，總會自己找出一套邏輯的理由來。這本是生命世界的現實情況：往往常不自覺地「自欺」。因此，在作價值判斷時，「確確實實地」是一片誠心，爲機關尋求一項最佳途徑；然而却不免「下意識地」袒護個人利益，而對符合自己的利益者認定較高的價值。應該瞭解的是：在選擇時，個人欲望與機關價值的混淆，幾乎是一種先天性的危險。至於此一危險，應如何纔能避免呢？—當有賴於選定途徑後的「驗證」。（testing）。（以下再述及）

㈡對不定情況的調整

行政機關決策的另一項重要考慮，是所謂「不定性」（uncertainty）的問題。行政機關隨時都得面對不定情況；組織生命之有不定性，一如人類生命之有呼吸活動。固然能設法「預測」將來可能發生甚麼，這是誰也沒有絕對把握。

可是作爲一位主管，雖然明知未來沒有把握，仍不能不作適當的決策，想到或接到一份建議，也得以堅定的及挑戰性的態度來處理。有時明知未來不一定能如所願，仍得一冒風險。

對於若干類事件，已握有充分的統計資料，足以估計某一情況發生的可能性。人壽保險便是一個例子。人壽保險公司大都知道二十歲的人在五年內死亡者，當不足百分之一；而五十歲者則將約達百分之五。保險公司之處理保險業務，自必需將此一機率（probability）作適當的配合運用。因此，公司主管在釐訂五年的保險費率時，五十歲者當比二十歲者高五倍。

統計機率（statistical probability）的此種運用方式，適用的範圍常極爲有限。要使機率能作有效的運用，同賴事件的件數必需相當龐大。不過話雖如此，機率的理論却也能作爲處理不定情況時的思路依據。首先，如果不同的途徑有不同的機率，則可將各途徑分別乘以其機率後，便可得到可作相互比較的數字。其次，某一事件可能發生的範圍，也是應予注意的要點之一。

對於某一特殊結果的發生，常能從有限的資料中推定其機率；是謂「推定機率」（inferred probability）。所謂「推定機率」，在辦公廳日常的談話中常能聽到。「甲單位將有三分之一的機會，可以贏得這場比賽。」「今天主管發脾氣大概不致於發生，只有十分之一的可能。」「政府頒布那項法令的可能性，大概是五十對五十。」「老王百分之百會接受這一次升遷。」

這種「推定機率」，頗有助於對不定問題的處理，至少由此可知某一件事件的風險有多大。

總之：行動途徑的選定，必避免不了牽涉到「不定性」的問題。身爲主管，至多只能減輕不定性的程度而已。有時應從機率上來考慮；有時應瞭解別人的意見中必有偏見；有時應對充實資料和改善判斷的品質作適當的配合。—凡此種種，均爲對於此一頭痛問題的可行之路。這些辦法，正像密西西比河畔的防洪堤，有助於「不定性」的爲害之防止，而無力於「不定性」爲害的袪除。

前文中說過，需從許多途徑中作一選擇，途徑多，每一途徑各有許多種不同的後果，而每一後果又各有其不定性。問題複雜時，決策工作自然也必更加複雜。這樣的複雜情況，是不是有甚麼辦法可以彙總，可以凝聚呢？有的：一是「作業研究」（operations-research），另一是「矩陣」（matrix）。（註三二）

㈢選定途徑的驗證（Testing A Choice）

主管對途徑的選定，在已獲結論後，有沒有甚麼驗證的辦法？不幸的是找不到一項可靠的方法。至多只能設法減少造成重大錯誤的可能性。但是近幾年來，也已有若干種辦法，足以驗證一項決策之是否良好。身爲主管，殊有熟諳這些驗證技術之必要，以便決策時能視情況選用最適當的技術。應選用何項技術，通常需看行動的急迫程度、決策風險的程度，及本人對其決策的懷疑程度等等而定。

1.資料及分析方法的檢查

人都難免於固執自己的想法；尤其是如果某種想法爲自己熟悉、爲自己接受時，當更不願放棄。因此乃有重新檢討決策的必要。下列幾項辦法，當有助於發現思考方面的錯誤。（註三三）

第一，聽取「魔鬼的證詞」

教會方面有所謂聽取「魔鬼的證詞」（devil's advocate）的方式，殊可以用來驗證決策。每當有一項行動建議時，可指派一人，專門指出建議的缺點，挑剔建議的錯誤。蒐集一切反面的證詞，來相互結辯。如果一項建議經不起結辯，便有暫緩行動的必要。

在機關中，則常需由決策人本身來扮演此一魔鬼的角色；自己假定置身事外，想盡一切所行決策何以無效的理由來。他應該仔細盤算，一切都可能出錯。盤算清楚，他纔能下達行動令。然而，如果一個問題至爲複雜，如果一問題牽涉到決策人的强烈情緒因素，則這樣的辦法也許便難以走通。不妨另請他人來做這份工作。但是，這份工作往往是不討好的，恐怕誰也不願擔任。因此，主管有必要對大家說明：「魔鬼的證詞」的目的，本就是「不肯放過」任何建議，而發掘一切的不利。

要「挑剔」一項決策，可從證據上來挑剔，從邏輯上來挑剔，從價值來挑剔，以及從其他許多方面來挑剔。運用「魔鬼的證詞」時，各種使人難堪、使人下不了台的問題，都可能提出。舉例來說：「主管能有三星期的休假，部屬爲甚麼沒有？」諸如此類的挑戰，不一而是。一項決策能夠經得起這樣的「挑戰」，當必是好的決策。

第二，推究決策的細節

將一項決策可能造成的結果，不斷推敲其細節，也有助於研究決策是否良好及可行。

主管人員常不免以爲只要有決策，推動便不該有問題。其實此一想法並不正確。這是不顧實際困難的想法，舉一個有趣的老故事加以說明。據說有一條蜈蚣，全身關節疼痛，請教於一頭智多星的老猫頭鷹。老猫頭鷹說：「你想要關節不痛，有兩條路可走。一條是搬家，搬到阿利桑那州去，那裏氣候乾燥，對你適合。另一條便是變成一條毛蟲就沒有問題。」要是我是你，我就願意變成一條毛蟲。」蜈蚣聽過這番話，感到非常興奮，接着便再請教他如何變成一條毛蟲。猫頭鷹回答說：「哦，那就你自己的事，你應該自己行動。我只做高階層的決策，別拿那些執行細節來煩我。」

在行政機關裏，的確有決策的階層區分。有高階層的決策，也有執行方面較細節的決策，分別由不同的人員或單位負責。問題是：執行階層的決策固然要符合高階層的決策，高階層的決策同樣也應該顧慮到執行階層是否能有效執行。這就是：推究決策的細節，當是確定決策是否切合實際的一個好方法。

第三，重新檢討原有的假定

任何一項決策，都必以某些假定爲基礎。其中有關於員工態度及行爲方面的假定，這類假定，也許以幕僚的報告或傳聞爲根據。還有關於組織價值觀方面的假定，有的以個人欲望來衡量各項價值，有的則以機關目標的立場來衡量。主管在檢討一項決策時，首需檢討其中最具關鍵性的假定是甚麼，其中最影響決策之可行性的假定是甚麼，再設法澄清這些假定。

當然，既然是假定，便往往是難於證實的。資料可能不全，情況可能有錯誤的認識，意見溝通也可能有誤解或歪曲。但是一位主管，總得有重新檢討這些假定的必要，至少由此可以瞭解他所冒的風險有多大，而不致於盲目進行。等到將來的事實逐步出現，各項假定也已正確地逐步出現時，調整較為容易。

第四，重新檢討已經放棄的途徑

在決策的過程中，不免一路上放棄許多途徑。就不定其中有極佳的途徑也因為某種困難而放棄。因此有必要再檢討一下該項困難是否確屬困難，是否確定無法克服。也許可以將該項困難當做另一新問題來處理，就如處理其他任何問題一樣。問題解決，困難克服，一項極佳的途徑很可能就此回來。

2尋求一致的看法（Securing Consinsus）

在某一機關裡：「每當我們討論一項建議案時，我們最後的決策很少會有人持不同的意見。那是因為我們早就考慮到不同意見的緣故：我們盡量先推斷可能有些甚麼問題，再直接與有關人員及可能有意見的人員逐一商討，這種討論，雖然頗費時間，可是等到時機成熟，我們開始採取行動時，共同一致的看法早已形成。」

這種辦法其實人人都會使用。在碰到一項難以決定的問題時─例如應否接受某一新職，總會與一兩位朋友坦誠研討。這樣的研討，便是對決策的驗證。

對於較為重大的決策，有時還會安排一個正式的場合，來尋求共同一致的看法。美國法院的「聽證」（Public Hearing）便是人人皆知的例子。但是，尋求一致的意見，却並非一定要有正式的組織或會議不可。個人與個人間的非正式商議，也同樣能收到「集思廣益」的效果。

如果有意見不同，則需雙方都對問題有深入的瞭解，切實判斷決策的好壞。所謂「共同一致」的意見，並非是大家禮貌上的一致，並非是玩弄政治的一致；但却也並非是要有人標新立異。

3.實際的「試行」（Pilot Runs）

驗證一項決策之是否可行，最可靠的辦法，當數「實際試行」。實際試行一次，並不能指出是否除此以外，別無其他更好的辦法；但至少可以告訴此一決策是否有效。

試行的辦法也常有其限度。第一，這辦法是成本較高。有時是太費時間，有時則很難「試行」。因此，此一辦法通常多僅適用於少數重要決定。

4.將決策分成時間序列

有時一項決策可以劃分爲幾個小部份，每次先作一個部份的決策。第一個部份的決策有結果，再做第二部份的決策；第二個部份的決策有結果，再進行第三部份的決策。對於一項重大問題，可以如此的逐步作成決策，逐步解決。

連續決策的方式，與所謂「一去不回頭」的決策（bear-by-the-tail decisions）截然不同。連續決策的方式，也得與所謂「船到橋頭自然直」（muddling through）的決策區分清楚（註三四）。抱有「船到橋頭自然直」之態度的決策人，總以爲一經採取第一步，當必能找到適當的道路，踏進到下一步去。而在連續決策的程序中，通常一開始就得在心中構想好整個進行計畫。當然，此一計畫需待逐步進行之後，按新獲得的資料及證據，來驗證其是否有效，並作必要的修正。

總之，各項驗證決策的方法，都各有其用途。某一方法也許較適合某一情況。但是一般說來，各項方法可以按下述順序來應用：⑴用聽取「魔鬼的證詞」。推究決策的細節、檢討原有的假定，及檢討原已放棄的途徑等等辦法，來檢查思路；⑵從其他有資格的人士來驗證；以察其意見是否與決策相一致；及⑶用試行或連續決策的辦法來求驗證。

綜上討論有關組織設計理性決策的幾個階段：問題的認定、解決途徑的釐訂、結果的推斷和比較，以及最後行動方案的選定等。但是此地應說明者，組織在實際決策時，很少能完全按照這樣的順序。縱然在心裏打算按照此一順序，逐步進行，可是在實際的過程中，各階段必難免彼此交錯。例如已經到達驗證的階段，也許又發現必需再搜集部份資料；資料有後，也許又從中發現另一項新途徑。又例如用「方法目的連鎖線」的辦法來研究價值，說不定又造成需重新檢討第一步的診斷工作之必要。同樣地，在決定放棄一項途徑時，考慮到某一個或兩個關鍵因素，事實上極可能便是在作反面的選擇。以上這套「正規辦法」，總不失爲一條可行之路，有助於使決策思路作有系統的整理和安排。有這樣一條「正規辦法」，「胡思亂想」纔有限制；途中卽使遭遇挫折，也不致手足無措。這是組織設計中理性決策過程的有力佐證。

附註

註一：F. A. Shull, Jr., A. L. Delbecq, L. L. Cummings, *Organizational Decision Making* (N.Y.: McGraw-Hill Book Company, 1970), P. 45.

註二：H. A. Simon, *Administrative Behavior: A Study of Decision-Making Processes in Administrative Organization* (Reprinted in Taipei, 1957), Chap IV 詳見：

華力進，「行政行爲的涵義及其研究發展」，國立政治大學學報，第十九期（台北市：民國五十八年五月）頁二六九；及：

華力進，「賽蒙氏行政學研究方法」，東方雜誌，復刊三卷二期（台北市：民國五十八年）。

華力進，「賽蒙氏決策理論」，東方雜誌，復刊二卷十二期（台北市：民國五十七年）。

華力進，「賽蒙氏行政學基本理論商榷」，東方雜誌，復刊三卷四期（台北市，民國五十八年）。

註　三：H. A. Simon 曾說：

「人類知識的才能，所用以陳述和解決複雜的問題者，若與問題的大小相較，實在是微不足道；而這些複雜問題之解決，需要在現實世界中，採取客觀的理性行爲……或者幾近於客觀理性化的理智措施。」這就是他的所謂「有限理性」。

H. A. Simon將「客觀的理性化」與「主觀的理性化」劃分的很明顯，他說：

「如果在一個特定環境中，事實上，爲了追求某一特定價値之極大化，確是正當的行爲，則可稱之爲客觀的理性化的決定。反之，如果其極大的成就，係與主題的實際知識相關聯，則其所採取的行爲，宜名之爲主觀理性的決定。」

根據他的看法，一個「行政人」，多對採行的方法，在知識上，大受限制，往往不能創立一個標準，藉以從許多可採行的方法中，選擇其中的最適當者，所以當其面臨策略抉擇和問題解決時，至多也只能達到「滿意」（Satisfies）的程度而已，而非爲「妥適」（Optimizes）。所謂「滿意」，乃係指一個人，當其遭遇著某種情況，迫使其不得不作一個抉擇時，他於是會先尋求出那些可採行的方法，繼而研究其對每一可採行的方法，若一旦被採行時，可能發生的後果之有關消息，以作爲其決策的依據。此種行動，將連續不已，直至他找到了一個可採行的方法，可以符合其最低限度主觀的滿意水準時，他方會下定決心，斷然行動，以追求有關目標之達成。質言之，他所以繼續其尋覓行動，不是直至他發現了一個「適當的」（Optimum）可採行的方法爲止，而是不停止其尋覓的行動，一直到找到了一個他主觀「滿意的」（Satisfactory）的採行方法而後已。

註四：W. G. Scott, *Organization Theory : A Behavioral Analysis For Management* (Homewood Ill :Richard D. Irwin 1967), Chap, 10.

註五：W. H. Newman, C. E. Summer, E. K. Warren, *The Process of Management : Concepts, Behavioral, and Practice* (N. J. : Prentice-Hall, 1972), Part 3. P. 243 ff.

註六：*Ibid.*, P. 249.

註七：根據J. L. Gibson, J. M. Ivancevich, J. H. Donnelly, Jr., *Organizations : Structure, Processes, Behavior* (Texas, Business Publications, Inc. 1973), P. 198的說法：決策的模型如左：

A Decision - Making Model
（決策模型）

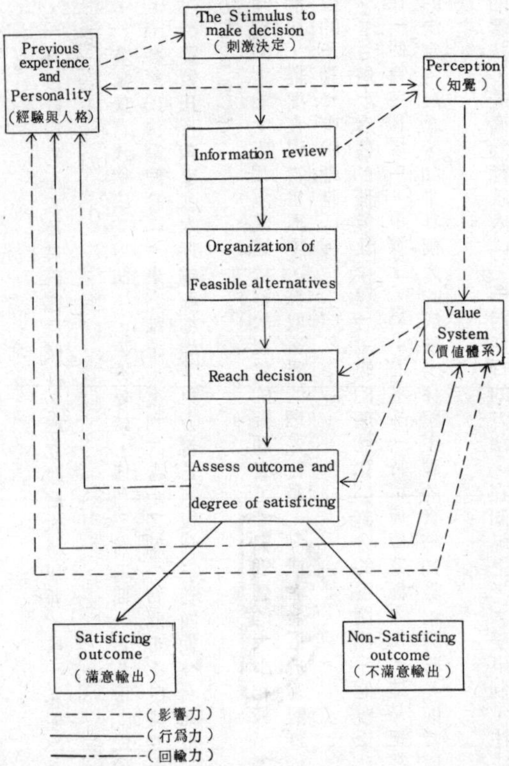

註　八：W. H. Newman, et al, *op. cit.*, P. 257 ff.

註　九：R. H. Hall, *Organizations: Stucture and Process* (N. J.: Prentice-Hall, 1972), P. 263 f.

註一〇：*Ibid.*, P. 265.

註一一：F. A. Shull, et al. *op. cit.*, P. 171 also to see: W. H. Newman, et al, *op. cit.*, P. 262.

註一二：江炳倫教授曾指出：

「創新與革新（Reform）是兩個相近但並非完全相同的名詞。創新是指一種開闢新天地的行爲，敢設想別人所不敢設想的方案，敢走前人所不敢走的路徑，其目的是企圖創造出一個與目前情況迥殊的境界。革新的意義，通常是指當一個制度腐化或遭遇到某些障礙時，在原有基礎上作適當的修改，使它能夠繼續發揮原有的功能，恢復原來的業績水準或更好些」。請見：江炳倫：政治學論叢，續編，（台北市：華欣文化中心，民國六十五年）頁一〇九

註一三：江炳倫教授認爲「創新」與「環境」有關，他說：「惟有在開放的社會的氣氛下，大家對較爲新穎的觀念和不常見的行爲持着容忍的態度，創新的精神才能夠茁長並發揮其潛在的力量。

總之，創新與社會發展密不可分，但創新本身多少是一種反常軌的行爲。因爲，倘若社會不肯放寬評價的尺度，令每個人都懼於表現，都抱着以不犯錯爲上策的苟且心理，還要來談創新和發展，那不是自欺欺人的話嗎？

我們前面提過，創新精神的產生、培植和使之發揮功效，須要有一個開放容忍的社會。民主自由的社會氣氛，對於制度的不斷革新，同樣大有助益。我們可分三方面講。一、在民主社會裏，任何制度鮮能享有對某種功能的壟斷性。有了競爭比較，各機關爲爭取聲譽並維護其生存，就不得不積極求新求變。如此，就不容易落至弊病叢生，積重難返的田地。二、在民主的社會裏，人民可以自由地提出他們的需求，滙爲輿論或壓力團體的力量，促使公共機關常常保持高度的效率效能，並且往往能夠協助它們作及時適當的革新。三、在自由民主的氣氛之中，機關組織內部的情報和意見就比較容易溝通，上情可以下達，下情也能夠上達。一個組織有開放暢達的溝通管道，不但容易發現障礙弊病並迅謀改善，同時對於提高士氣，預防制度的惰性之累積，也大有助益。」請見，江著，前書，頁一一二——一一四。

註一四：W. H. Newman, et al, *op. cit.*, chap. 12. P. 267.

註一五：所謂創新力（creativity），有些人常以爲可能包括「發明、發現、新鮮的事，知識領域的擴展」等。大部分的人也許可能同意，所謂創新就是一種利用人類的智慧與好奇心，研究所有事務，因而獲得新鮮的結果。這種發明或發現可能是一個新理論，新方法，新制度，或其他新鮮的或改善的事。直到最近，創新力才被發覺是一種莫名其妙，不可預測的能力。一個人可以被視爲有創新力，不然的話就是沒有創新力，不可能有個中調兒。創新性的過程，是一種即使是天賦創新性的人，也不能解析的事，因此我人要想叫「正常」的人來了解這種複雜，稀少，而有價值的技能，可說是件不容易的事。

註一六：W. H. Newman, et al, *op. cit.*, P. 269.

註一七：*Ibid.*, P. 270. D. W. Miller and M. K. Starr, *Executive Decisions and Operations Research* (Reprinted in Taipei, 1971), chap. 5 則提出如下四個程序：

1. 邏輯（Logic）
2. 觀念的連鎖（Idea linking）
3. 問題的解決（Problem solving）
4. 自由的聯合（Free association）

註一八：*Ibid.*, P. 87.

註一九：F. G. Castles, D. J. Murray and D. C. Potter, *Decisions, Organizations, and Society* (The Open University Press, 1971), P. 102.

註二〇：W. H. Newman, et al, *op. cit.*, P. 273.

註二一：J. W. Young, *A Technique for Producing Ideas*, 9th ed., (Chicago : Advertising Publications, 1956), P. 52.

註二二：W. H. Newman, et al, *op. cit.*, P. 276.

註二三：*Ibid.*, P. 280.

註二四：William J. J. Gordon, *Synectics* (N.Y. :Harper & Row, 1961), also to see : William J. J. Gordon, " Synectics : Inventing by the Madness Method " , *Fortune* (August, 1965), PP. 169-94.

註二五：W. H. Newman, et al, *op. cit.*, P. 289.

註二六：*Ibid.*, P. 295.

註二七：R. W. Morell, *Management : Ends and Means* (Reprinted in Taipei, 1969), P. 161.

註二八：W. H. Newman, et al, *op. eit.*, P. 304 also to see : J. L. Gibson, et al, *op. cit.*, P. 188.

註二九：C. W. Emory, P. Niland, *Making Management Decisions* (Boston : Houghton Mifflin Company, 1968), chap. 5. P. 108.

註三〇：H. A. Simon, *op, cit.*, chap. III. also to see : R. W. Morell, *op. cit.*, P. 85.

註三一：W. H. Newman, et al, *op. cit.*, P. 313f also to see : J. F. Magee, " Decision Trees for Decision Making, " *Harvard Business Review*, (July, 1964), P. 81.

註三二：D. W. Miller, M. K. Starr, *op. cit.*, P. 202ff also to see : W. H. Newman, et al, *op. cit.*, PP. 322-326.

註三三：W. H. Newman, et al, *op. cit.*, PP. 329-332.

註三四：A. Shuchman, ed. *Scientific Decision Making in Business* (N. Y. : Holt, Rinehart & Winston, 1963), PP. 301-32.

第二篇　組織設計的行爲面

第五章　個人需求的適度滿足

第一節　需求涵義與需求效能

一、需求涵義

組織設計中的所謂「需求」或「需要」（need）一詞，有時是指有關求生的各項基本需要而言。但此地係依照心理學家的說法，採用較廣的意義。所謂「需求」，W. H. Newman 等人的說法，它包括一個人的「非有不可的」，和他「希望擁有的」（註一）。心理學家曾指出：只要人想要甚麼，他便有所「需求」；而不必過問第三者來看他的「需求」，是否能適合他的「欲望」（註二）。「需求」的定義如此，我人便可以不必再作任何主觀的判斷——例如每一位公務員想擁有一輛汽車，便是他的「需求」，而不必研究「公務員應不應該有自備汽車」。

在機關中，個人和個人之間，需求的差異極大。不過這種差異，往往只是程度上的不同，和滿足的方法不同。大多數人的需求，基本上有許多相似之點。因此我人纔能研究「一般的人性需求」的問題。

二、需求類別

需求可以用種種方法來分類。這裏的研究，目的旣然在促使行政主管對需求的瞭解，因此採行的分類方法，應是一個行政機關能作適當處理的一種分類方法。我人將需求分成下列幾種：（註三）

㈠生理的需求

人類爲維持其生存，支持其身體上的生理作用，必然有其需求。這一類需求，包括飮食、居住、休息，和運動等等。必待這類需求能得到合理的滿足，人纔能堅强，纔具有推動工作的力量。今天「行政的社會」，已經相當繁榮，所以這類基本生理需求，通常都能獲得程度的滿足。但就目前行政機關來說，管理階層却仍不能不注意到辦公室的通風、溫度、設備、光線，和其他工作條件，以使其辦公場所能令人更滿意，能具有更大的吸引力。

㈡社會的需求

所謂社會需求，應透過人與人間的關係纔能得到滿足。行政機關大多數人都具有强烈的社交慾望（the desire of social activity）；需求在非正式群體中與他人接觸，也需要朋友。所謂「接觸」，包括相互間友誼性的恭賀，隨意的交談，以及參加午餐聚會之類的活動。也許對方是工友，是股長，是司長；也許地點是在機關，是在家裡。根據許多經驗，大凡在職員之間的感情濃厚時，機關缺勤率常較低（註四）。事實上許多人也許有點頭痛，也許對某一活動興趣不高，可是他們仍舊按時上班，仍舊參加某一社交活動；目的只是想跟大家「一聚」而已。

與「社交慾」非常密切的，是所謂「歸屬感」（sense of belonging）。每一個人都希望自己成爲某一個「群體」（group）的成員；都希望能參與群體的計畫，得知有關的新聞；都希望在自己遇有困難時能得到他人的協助，在他人有困難時自己能提供協助。從聖經上的意義說：我們都希望有「愛」，也希望「被愛」。

此外還有第三種社會需求，那就是「地位慾」（desire for status）。在一個行政機關中，所謂「地位」，是別人眼中對某一職位的「價值」。談到「地位」，通常是某一尺度中的高低序列。正式組織中的層次，正是最常爲人所承認的尺度之一。此外，在不同的機關或單位中，地位的價值也常因職位的不同而不同。舉例來說：行政院人事行政局局長與省政府公路局局長或縣政府警察局長與縣政府民政局長在縣民的心目中，就有所不同。而且，即使在同一機關同一部門的同一職位上，各人的「地位」也會不同。例如在一個單位裏，往往任何人都會知道誰是最出色的「科長」，誰是速度最快的打字員，誰是公文辦得最有成績的主管。說起「地位」，通常總與「競爭」密切有關。尤其在競爭特別强烈的機關裡，人人都希望能有較高的地位。不過，拿「較高地位的慾望」和「不願失去地位的慾望」比較起來，從訪問發現，恐怕乃以後者爲强烈。主管人事者不肯掃地，高級主管要由別人代接電話——其實這些都是最簡單的事，都無非是要保持他在別人心目中的「地位」而已。

㈢自我表達的需求

機關中的每一個人，除了希望別人對自己有某種看法之外，也常希望能表現自己。個人常用「自我表達」來衡量自己。因此常會自問：「擔任此一職位，能使我做我願做的事嗎？能使我成爲我所希望的我嗎？」簡單地說，這就是表現自己的需求。所謂「自我表達」（self-expression needs），包括有許多不同的需求，其中最爲重要的，有「自我炫耀」（self-assortion）、「個人成就」（personal achievement）和「個人成長」（personal growth）三種。玆就這三項自我表達的需求說明如次。

每一位已臻成熟的人，都希望能炫耀自己；至少表示自己有相當程度的獨立。人類在從幼年至於成年的過程中，逐漸不需依賴他人，能自求生存，能自行作自己的決策，能將自己如何行動表現於他人之前。個人希望能自己掌握自己的前途。總之，在個人的成熟過程中，逐漸從依賴而趨於獨立。（註五）

等到一個人已經成熟，他便達到一種「自炫」的地步——這可以說是「獨立」或「主動」。個人需要保持此一「自炫」，纔能感到愉快。有人從自己過去的經驗中，知道面對生活的最好的辦法，便是自己思考，自己主動（註六）。保持自己的獨立，比之聽信他人的指揮，更能使生活充滿愉快。但是這一份「自炫」的力量，其大小殊因人而異。不過，每一個人都至少有某種程度的獨立和主動的需求，則可斷言。

人也常有「個人成就」的慾望。縣政府建設局科技人員完成一項工作，常會自感得意，在各機關中，也許是一份打字打得漂亮的信函；也許是完成一次困難的重大會議；也許是接見一個從未看過的大人物……都會自感得意。有人以從事兒童教育而自感滿足；有人以供應整個社區健康的牛乳而自感滿足；有人以完成一條安全的高速公路而自感滿足；也有人以能對社會福利提供貢獻而自感滿足。在他們看來，他們的滿足，是因爲他們知道他們已經完成一樁艱巨又漂亮的任務。不管別人的看法如何，也不管任務的大小如何，他們都享受到一種內在的「成就感」。事實上如果人不能有這一類的滿足，則恐怕很少有人肯努力工作或「爲工作而生活」。

除此以外，人又常會希望能有「成長」的機會。大學公共行政系畢業的學生，第一次在政府機關懂得了政府行政的實務，雖然只是一點點，他也會大爲興奮。等到他能解決問題，又會希望再進展到別的方面，希望自己能懂得更廣，也希望自己能懂得更深；希望能有更進一步的成就。每個人的成就，其方向和程度都有極大的不同。但是我人可以說：在今天，人的教育和見聞都比過去增加，技術革新也比過去加快，所以人的「成就慾」也遠比過去更爲迫切。

(四)安全的需求

在今天的組織裏，整個社會行爲似乎都已對「安全」入迷，俯拾即可看到「安全的需求」（security needs）。凡乎每一個人都無不在私下裏希望今天享有的各項滿足，能夠永遠持續下去，都無不希望在人生的道路上不致遭遇任何不幸。可是在一個動態的組織社會中，誰也不能提供保證。所以對於「安全」的希望，便只好「轉化」爲更現實的課題。其中包括的課題，有「經濟的」安全，也有「心理的」的安全。

關於工作方面，行政人員的注意力，大多集中在「經濟安全」上。在機關中，絕大多數的人常會顧慮到是否能保持長久的職業，是否年老時能有所保障，是否能在不幸發生災禍時能有所保障。一旦發生不幸，將需要巨額的款項纔能支應。例如：有關退休養老問題，有關公保問題等等，過去討論得很多；也許正因爲耳濡目染，所以對於經濟安全的問題就因此更爲敏感。

至於所謂「心理安全」（psychological security），更爲微妙。所謂「心理安全」的需求，是指一個人是否具有「應付問題能力」的信心而言（註七）。一個新的職位，有些甚麼需求；新任的主管，跟現任主管有些甚麼不同；在經濟和技術有了革新之後，會造成甚麼利益和損害；——所以這類問題，都帶給「組織人」希望，也帶給「組織人」憂懼。每一個人，都希望有所保證，使自己能夠成功地適應這些新的情況。

每一個人對於自己從過去經驗上建立起來的習慣和信念，都常有極大的依賴性。等有一次發現照過去的辦法，來做一年交易或跟一位主管相處，忽然行不通時，便不免會陷於迷惑。也許想：「管他機關如何改組，反正我的職位不會有甚麼影響。」可是結果竟然事與願違。這種意外的出現，會深深困擾「組織人」，並使其失眠好幾天。因此組織中的個人必須養成一套新的習慣，建立一套新的信念，來應付新的變動不拘局面。可是這種「學習」，却是痛苦的，是緩慢的。而在學習過程中，個人最大的需求，便是對自己確有成功應付新情況的能力與信心。

三、需求層次

㈠組織設計的需求層次優勢

人們的行爲，既然是由其最强力的需求所決定，管理者對於組織成員的需求就應有所瞭解。心理學家A. H. Maslow 所發展的需求層次理論（Maslow's hierarchy of needs），將有助於解釋人類需求的力量。

Maslow 認爲，人類的需求或需要，可以排列爲一種層次或階層，那就是：⑴生理的需要，⑵安全的需要，⑶相屬與相愛的需要，⑷尊重的需要，⑸自我實現的需要（註八）。如後表所示：

Maslow 的需要層次圖

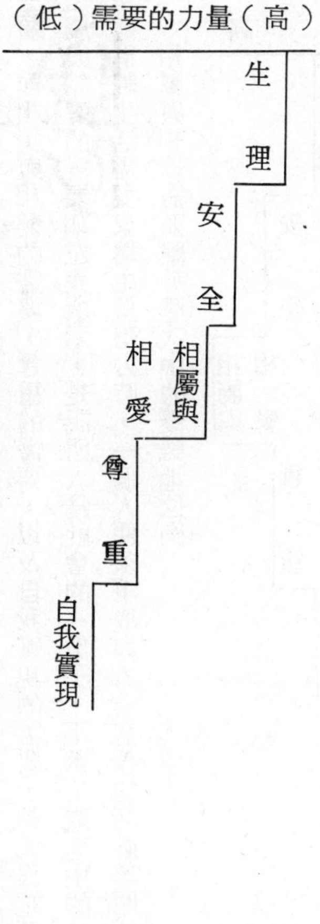

生理需要顯示在最高層次，因其在獲致相當滿足以前，需要力量表現最強的傾向。飢餓與口渴，就是典型的生理需要；此外，還包括了維持人體組織發展與平衡的其他需要。這類需要滿足之後，又將產生較高層次需要。

安全需要具有較廣泛的概念，它包括了心理上的與物質上的安全。例如衣服、住宅等屬於物質安全的需要；對於未來困難預作安排與克服。如失業救助、退休基金，是爲心理安全。如果一個人的安全受到威脅，也就是生活在危險中時，其他的活動，似乎無關緊要。如後表所示。

安全需要歸於層次中的優勢地位

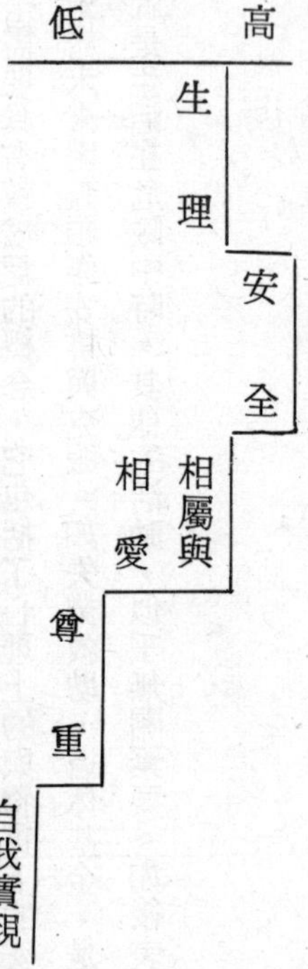

有的學者，將上述生理的與安全的需要，稱爲「初級需要」；而將以下三類需要，即相屬與相愛的需要，尊重的需要，以及自我實現的需要，叫做「次級需要」（註九）。這樣劃分爲初級與次級需要，可能導致誤解。因爲在一個經濟發展的社會，對於生理的基本需要與安全需要，不一定居於主要的層次。相反的，以下三類，即相屬與相愛的需要，尊重的需要，以及自我實現的需要，却成爲重要的地位。

相屬與相愛的需要如左表所示，是說明人爲社會的一份子，不祇是家庭中的一員，還需要社會團體所承認。當群體生活需要成爲主要勢力時，一個人便須爭取與人有意義的活動等關係。

相屬與相愛需要歸於層次中的優勢地位圖

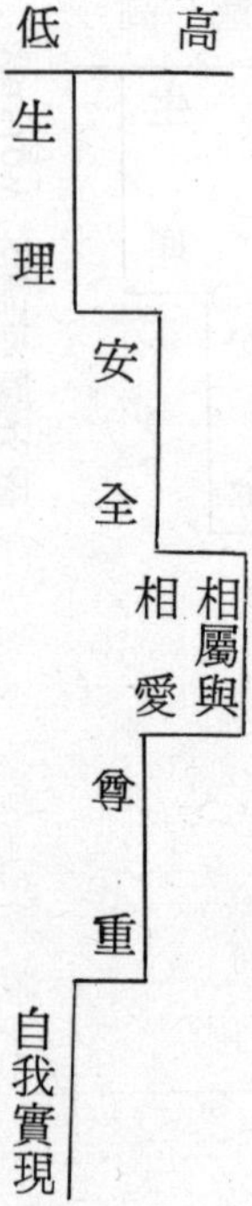

尊重的需要，亦即自尊與個人成就的需要。爲了個人的威望與地位，以及希望獲得鼓勵，都是爲了得到他人承認的需要。達成目標的成就感，足以激發個人的自尊，自重與自信。當尊重需要歸於層次中的優勢地位時，就構成爲下面的階層關係。

尊重需要歸於層次中的優勢地位圖

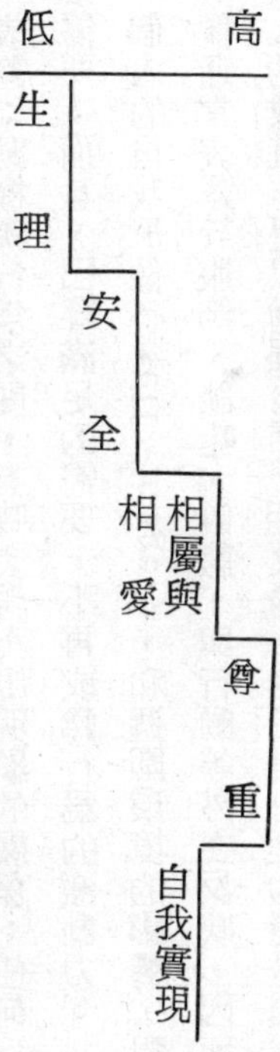

自我實現的需要，也就是實現個人期望的需要。音樂家、作曲家、畫家，與著作家，都是以創作品表達個人期望。但必需使上述其他四種需要，卽生理、安全、相屬與相愛，以及自尊的需要，達到滿足的最低水準，才有可能獲致自我實現需要的滿足。如果這項需要發展爲最高潛力時，就構成如下的形式。

自我實現需要歸於層次中的優勢地位圖

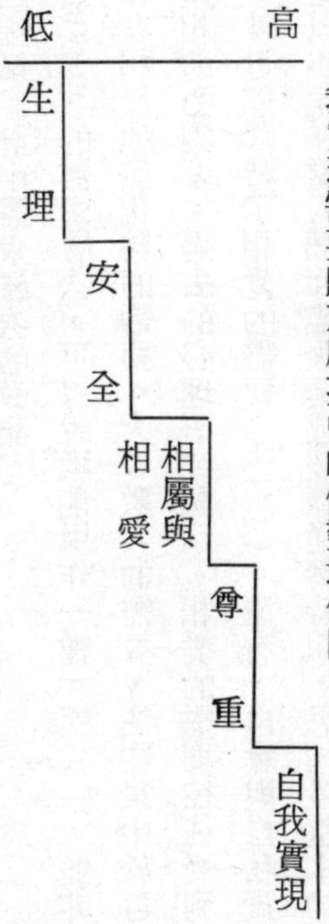

㈡組織設計中需求層次的改變

Maslow 的需求層次，可以說祇能用作一種「模式」，並非固定不變。因爲人是一個「變數」，可能還有許多相反的與代替的需要。大多數人的需要，往往集中於自尊、權威、財富，與地位的獲得，而排除相愛與相助的需要。過去的心理研究顯示，相愛的需要往往受到抑制，因而自尊自大的驅力（drive）或動機，就可能代替了相愛的需要（註一〇）。還有，自尊與自我實現的需要，也可能受到阻礙與窒息，似乎有時難以出現。當人們面臨失業或經濟逆轉時期，恐怕最基本的生理需要與安全需要，將會代替自尊與自我實現的需要。

人類的行爲，非常複雜，動機是隱藏在行爲的背後。人類動機的表現，常因文化型態不同，或機關層次不同，也因人而異；縱使是類似的動機，也可能由不同的行爲表現出來；不同的動機，可能經由類似的行爲來表露；動機與行爲之間，有時表現不出明顯的關係；任何一種單一的行爲，可能蘊藏著數種不同的動機或需要；而且，已經滿足的需要，不再成爲行爲的激動力。

一個人的自我形像（self-image），和週圍環境的影響，對於個人行爲與動機具有非常密切關係。自我形像通常表露於服飾、談吐、儀態，與行動等外在反映，因而有助於預知個人行爲。

個人的成就，足以增强自信。相反的，無論是心理的還是眞實的失敗，都將會低估自我的能力。因此成就或少有成就，也就形成一個人生活中的環境。人們企圖獲致成就，就是要發展控制環境的能力。人們在控制環境中，希望得到高的報償。另一方面，有的人在控制環境中，祇希望得到低的報償。（註一一）

首先，說明高的報償期望與高的控制環境能力的人。這一類型的人，充滿著自信與希望。他認爲，祇要他肯做，就能得到它。所以，他的主要動機，可能就是成就的驅力（achievement drive）（註一二）。自然，他也可能遭遇失敗，但是，他將會重整旗鼓而來，因為他是樂觀型的人物。

其次，是高的報償期望而低的控制環境能力的人。這一類型的人，雖具有高的報償期望，但是他認為對付環境影響的能力較低。這是屬於極端保守型的人物，創造力低，同情心少。

第三，是低的報償期望，而高的控制環境能力的人，這是屬於保守性的樂觀主義者，不為成功而自滿，但是也不致於面對未來的勝利而猶豫。他可能為財富而全力追求，成功的可能性是很大的。

第四，是低的報償期望，而低的控制環境能力的人。這一類型的人，可能佔人類社會中的大部份，他們是現世的生活者，沒有多大的抱負，祇是營求個人或家庭生活的需要，因而易於滿足。他們缺少創造力，不能承擔獨立的任務。

在行政機關中，目前就同時存在著這四種人。

四、需求效能

人類的需求，實在是強大到令人無法抗拒的地步。即使是組織中與工作有關的各項需求，例如上述的生理需求、社會需求（社交、歸屬、地位）、自我表達需求（自炫、成就、成長），和安全需求（經濟、心理）等等，看起來叫人不禁要問：「這麼多的需求，究竟在機關中能不能得到滿足？」探討此一問題，組織設計就要提到人類各種欲望的「相對效能」（relative potency）。在這方面，此處將討論三個課題：一是「邊際價值」（marginal value），一是「渴求強度」（aspiration level），一是「非理性價值」（nonrational value）（註一三）。

㈠邊際價值與組織設計

一個人對某一事物的需求——例如食物、社會許可、工作安全等等，其强烈程度如何，一部份要看他已經擁有這種事物的多少而定。一個人已經擁有某一事物，如果再給他多添一份，對他而言，這額外多添的一份會有多大的「邊際價值」？某人已經瀕於窒息，亟需是空氣，他會甚至於出賣自己的一切，來換取呼吸一口氣。可是他處在新鮮空氣之中，對空氣不感匱乏，空氣對他也就沒有「邊際價值」。在發生地震或戰爭災難，人人飢餓，他會用鑽石來換取一份口糧。可是等他吃飽，他就會進一步對「安全」和「自我表達」更感需要。

人類在任何一個時刻，都會各有一個「需求的層次等級」（the level of need），或「優勢地位」「有好前途」；從最迫切起，到不感需要止，各種需求可以排出一個層次來。人類的基本需求已經滿足（卽：已有充份的飲食、居住等等），高一層次的需求纔會變得最爲重要，成爲行爲的控制因素。等次高一層次的需求也滿足，更高層次的需求，例如職業安全之類，又向上升高起來。其他的種種需求，例如個人成就的欲望或社會認可的欲望等等，也都在不斷的擴張。較高層次的需求之不斷擴張，也許可以套用一句食品廣告詞來說明：「越吃越想吃」（the more you eat, the more you want）。至於某一種需求，在獲得相當程度的滿足之後，是否仍舊具有重要性，要看兩個因素而定。一個是「渴求水準」；一個是「是否具有分辨品質的理性能力」。

㈡渴求强度與組織設計

需求的效能如何，視當事人是否期望對該一需求能有所滿足而定，擧例來說：某人自知他永遠也當不上部長，所以他對於「當部長」的欲望，也就不會是一種强烈的行爲動機。再舉另一個例來說，一位設計工程師，如果極期望自己能有充分的「自我表達」的機會，那麼假使將他指派在文書室裏擔任文書工作，他就不免對此一職位大爲不滿。所以，要瞭解機關中個人的需求，不但要瞭解此人有那些需求項目，不但要瞭解此人對各需求項目已經滿足到甚麼程度，還要瞭解此人對各需求項目期望其滿足的渴求强度如何。

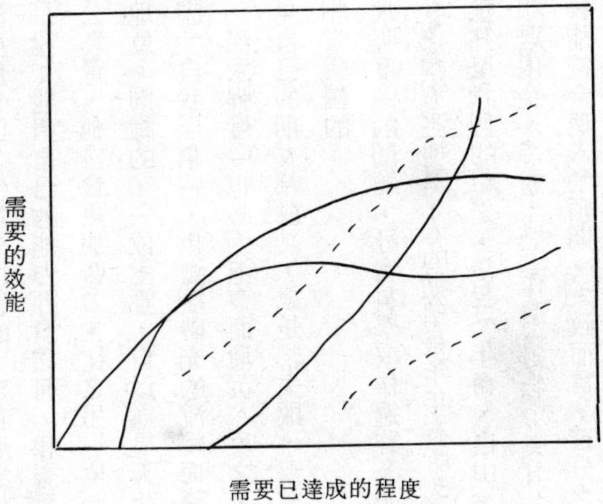

說明：需要的邊際效能，視其已經滿足的程度而異。某些需要已趨於完全達成了，因此，其效能趨於水平；但另一起需要則也許仍在擴張。像上圖所示：不同的曲線不但因人而異，即就同一當事人而言，也會因時而異。

人常會自己衡量自己。其衡量所得的「自我形象」（ self -image ），對其「渴求强度」具有很大的影響。這也就是說：他對自己的能力評價如何，和認為自己能擔任如何的角色等等。如果他自認為是機關裏最為出色的公務員，他自會更加努力，比之另一位「自認為不過是一位普通公務員而已」的人，更期望能爬到較高的地位。同樣的，一位主管，自以為是天生第一流的領導人才，就會極盼得到社會對他的讚揚。不過，所謂「自我形象」，也會隨時光的流轉而變更。一個人期望達成某項滿足，可是一而再、再而三的失敗，其「渴求强度」也必因沮喪而消沉。反之，不斷的成功，則會為他帶來新的夢想、新的期望。尤其是在他看見自己的朋友都成功，或是都失敗，渴望强度將更會有所變化。但是，這種「自我形象」的調節，通常是相當緩慢的。

關於「渴求强度」的問題，社會科學家作過許多研究。其中有兩項與行政主管有關者如下：（註一四）

第一，就許多種需求而言，人的期望是年年有所改進。「不斷增加」，往往比「絕對標準」重要得多。（也許這就正是為甚麼我們的祖先，常說「生命、自由，和快樂的『不斷追求』」的緣故。）管理階層似應瞭解這點。例如退休金、待遇，或工作環境之類，與其一下子進步到人所嚮往的水準，不如逐步逐步地改進為佳。這樣反而較能符合個人的預期，大致而言，百分之七十的滿足，最能引發工作的渴求動機。

第二，人人都知道，在每一機關裏，都必然有許多令人厭煩的瑣碎工作，如抄錄工作，幾乎誰也不能得到直接的滿足；但却又是「非做不可」的工作。人人都多少有一些這類「非做不可」的痲煩事。也正因為這類工作既然不能直接滿足需要，所以也就不會有甚麼「渴求强度」的問題存在。在討論組織設計應如何配合人性需求時，並不是意圖建立一個「烏托邦式」（ Utopian ）的組織。事實上在人類的生命中，人人都知道甜中有苦；只不過是希望甜與苦的混合比例能令人較為滿意而已。

㈢非理性價值與組織設計

人之估量「邊際價值」和「渴望强度」，通常總不能完全合乎系統，總不能完全合乎邏輯。所謂需求的效能，都是以一種「非理性的感受（ nonrational feeling ）為基礎。如果一個人想事事講求合乎邏輯，問題可就嚴重。以本節所提出的種種與工作有關之需求項目而言，已夠複雜，更何況此外必還有其他與宗教有關、與家庭有關，和與生命中其他方面有關的需求，在在都有待「滿足」。而每一個需求項目，都可能有種種不同的滿足程度，也各有不同的滿足方法。舉例來說：滿足食的需要，殊不知有多多少少的食物。要滿足社會需要，從參加社交活動到在辦公室工作，也殊不知有多多少少的活動方式。對於任何一個需求項目，何止有數百種方式可以進行；而且每一種方式，又何止有數百種活動可以採取。例如要參與一項聚會，該穿什麼衣服，該作怎樣的化妝，該帶多少錢，每一個問題都有多多少少的行動可供選擇。等一切都決定好，還得從搭乘公共汽車、坐計程汽車、開自用車，還是步行等方式之中，再選擇一項交通工具呢。（註一五）

所以，有許許多多的需求項目；每一項目各有許許多多的滿足方式；每一方式又各有許許多多的活動途徑。這就是說，情勢委實太複雜；而每一個時刻，都得從這種複雜的情勢中作一選擇，如何能夠合乎「邏輯」？又如何能夠合乎「理性」？簡直不可能估量每一種選擇的優點和缺點。因此，就只有依靠「習慣」、「態度」，和「情緒」的反應。

有時也可以仿效別人的「非理性的反應」；也可以根據自己過去的經驗，發展出一套自己的「非理性的反應」。憑自己屢次的「嘗試與錯誤」（trial and error），能知道某類行動能帶來愉快；某類行動會造成迷惘和痛苦。而且有時還會不明白自己何以會有如此的感受（精神病科醫師常有些病人，需花費好幾個小時來與醫師交談，以求「明白」自己的感受）。但是，不管憑理性也好，憑習慣也好，憑情緒也好，總得要採取行動，也總得對個人的需求，給予一份「邊際價值」；給予一份「渴求强度」。可以這樣說，這種過程，絕大部份都是一種「非理性的過程」。

從訪問資料中有人說：人的非理性行動「高達百分之九十五」，這是誰也無法證明的。可是，此一估計却對組織設計頗具參考價值。至少由此足以說明：組織如果想邏輯的討論來改變他人的行爲，其成功恐將非常有限。因此，組織應該對其所屬成員，瞭解那一個需求項目對他們的效能最大；從而創造出一種工作環境來，使每一位部屬都能從爲機關服務中也得到本身的滿足。

第二節　人性需求的滿足與統合

一、滿足職務內的需求

㈠職務內的滿足與職務外的滿足

在前文對人類需求的討論中，重點是有關在職位工作上所能滿足的慾望。對那些慾望，可以從工作上得到直接的滿足，或者是得到間接的滿足。所謂「直接」和「間接」，其區分非常重要；主管在激勵其部屬時，殊應以重視。

工作本身，卽可能是一種滿足。個人工作得好，可以獲得一種「成就感」。一個人在遂行其指派的任務時，如果能夠同時滿足其基本需求，則可以說：此人得到了「直接的滿足」（direct satisfaction）；或者說他得到了「職務內的滿足」（on-the-job satisfaction）。在這種情況之下，使此人得到滿足的，是工作的本身，是他在工作中與他人維持的正常關係。

從另一方面來說：人也得到許多有關工作的獎勵，而這些獎勵却並非是工作活動之一部。這類獎勵，最爲人所熟悉的，是薪資、休假、養老金，與公保等等。請注意：由這類獎勵中得到的滿足，常是在組織管理系統之「外」的；是工作情況之「外」的；而且有時是在機關以「外」的。個人之所以工作，只不過是爲求「日後的某時某地」得到某些滿足而已。這一類的滿足，吾人稱之爲「間接的滿足」（indirect satisfaction）；或稱之爲「職務外的滿足」（off-the-job satisfaction）。

我人明瞭了此一區分，再來回顧前述討論的需求類別，當能發現「職務內的滿足」實具有極爲重要的份量，如後表所示：（註一六）

與工作有關的人性需求表：

需　求	直接的職內滿足	間接的職外滿足
生理需求	工作環境	金錢，以購得生活必需品。
社會需求	社交 歸屬 機關內的地位	金錢，以象徵社會地位，或有名機關的漂亮頭銜。
自我表達需求	自炫 成就感 成長機會	具有能從事某些「好癖」（hobby）的能力。
安全需求	心理安全	經濟安全

家的重大貢獻之一。

可是許多經濟學上的著作，科學管理上的著作，企業問題方面的著作，常强調「金錢待遇」；而金錢待遇却是「職務外」的。但是行爲科學家却認爲「職務內的滿足」也具有高度的重要性。這正是行爲科學家的重大貢獻之一。

㈡職務外滿足的限制

在今天的社會裏，工作上的「職外滿足」常以金錢爲主。個人有了待遇，纔能買到滿足生理需求的事物；也纔能象徵自己的社會地位。老年時或遇到不幸時的經濟安全，也靠金錢來提供保證。但是這一類靠金錢得到的滿足，和工作之間的直接關係不大，且有一項嚴重的缺點—那就是，常不免會造成這樣的一種態度：「反正待遇總少不了，工作何必太認眞呢！」

不過，所謂「職外的滿足」，却也並不只有金錢一項。例如若一家頗有名氣的機關服務，而且擁有一個響叮噹的頭銜，如行政院科長，常爲當事人帶來一份社會地位。所以，許多人寧可在行政機關做科長，而不願在私人企業機關做經理；雖然私人企業機關的薪水也許較高，或高出一倍，可是身爲機關科長，却更能提高自己的身份。

因爲人有這一種「別過問我們的職務以外的活動」的獨立與自尊的態度，所以管理階層之對成員滿足其社會需求和自我表達的需求，就受到極大的限制。而且，根據研究所得，成員的這一類需求—社會需求、自我表達需求，以及心理安全的需求—都能從「職務內」得到相當程度的滿足，所以管理階層縱然極力爲成員在「職務外」提供這類需求，恐怕也將是徒勞無功，愛莫能助。

因此，職外的滿足，所能有助於人性需求者，主要乃在於能用金錢來購買各項需要。後文將會說起：

要利用待遇來激發努力工作的積極興趣，通常委實是不太容易的。社會需求、自我表達需求，和安全需求等等，主要是在「職務內」有了滿足，纔能有利於工作。

㈢職務內滿足：對主管的挑戰

如何提供職內的滿足，確實不是一件簡單的事。這有兩個理由（註一七）。

第一，主要的困難，是不易配合社會接觸的需求，自我表達的需求、和心理安全的需求。要滿足這一類的需求，往往非有工作人員本人的「積極參與」（active participation）不可，往往非有其「主動」（initiative）不可。一位領導人，殊不可能「促使」（force）一位工作人員跟他的同事愉快相處；殊不可能「促使」成員保持其獨立；殊不可能「促使」成員以其工作而自豪；殊不可能「促使」成員信任自己的前途。領導人所能努力者，只有創造一個可容這些感受存在和發展的環境。如果說領導人想到的只是如何使公務員按時上班，只是如何辦理公文，或是其他種種有關的工作，他要想「激發」別人的行動，就恐怕會頗為迂緩。然而他所應做的，應該是鼓勵成長，應該是鼓勵獨立，鼓勵自主。

第二，談到所謂「職內的滿足」，應該是「符合機關目標的職內滿足」，纔有意義。吾人不能說只要領導人能夠保證成員獲得滿足，成員就會聽話。在討論需求的效能時曾經說過：需求滿足，並不一定足以激勵行為。一位主管無論怎樣的好情好意，也無法將「滿足」像獎金一樣給大家分配。事實上成員做某項工作時，要使他的工作有助於機關的成功，當必需成員本人也能同時從工作中得到他自己的滿足。機關的成功和個人自己的滿足，是一樁「雙方受益」的交易。這正像是蜜蜂取花蜜，蜜蜂得到了花蜜，花的本身也得到了成長一樣。

一個行政機關要生存，則必有其必需完成的工作。因此，主管所能注意者，大概也只有注意到生理需求和技術問題。大概他也只能運用種種「間接的」激勵方式，來促成更好的工作績效。可是，如果他希望部屬不消極、不淡漠、不偷懶，而能夠自動自發、能夠熱切努力、能夠穩當可靠，他就必需設法建立一種工作環境，以使組織中的個人能在其中得到確實的、直接的、職務內的滿足。

二、組織設計對人性需求的配合

組織的結構，決定機關的環境。所謂結構或環境，包括各項正式的規定、職位說明、和溝通網路等等；行政人員在工作時間裏，便是處在這樣的環境之中。組織的環境，可以滿足個人的需求，也可以阻遏個人的需求；能培養好的態度，也能培養壞的態度。而且還能夠部份地決定人如何思想和如何學習。所以結構和環境，乃是「獲致成果」的重要因素之一。

以下我人要討論組織結構如何有助於人性需求的滿足，和如何有礙於人性需求的滿足。當然，選擇一種組織的模式時，除此一因素之外，還必需有其他考慮。但是此處將只討論組織方面如何影響成員的滿足。

㈠小單位

某一項工作需由多人合力完成，如果將較少的人數組成為一個「群體」（group）例如三人到十人之間，則成員的社會滿足當能較大。舉例來說，機關的打字室，如果多到六十餘人，則不免太大。當然，打字小姐可能自己形成友誼的「非正式群體」；可是如果人數太多，形成的非正式群體便難以與她們的工作相結合。反過來說，假使在編組時將她們編為小單位，則她們的社交需求將更有與工作合一的可能。此外，在一個小單位中，工作人員的「歸屬感」也必較大。進一步說，如果能夠測度群體的產出，也許可能發現：小群體中的成員將具有較高的「個人成就感」。（註一八）

但是在編組時考慮成員的社會需求時，有一點得要小心：不可將工作群體減小到「孤立化」的極端情況，使個人孤立起來。

(二)孤立的職位

某一行政機關的一位機要女秘書說得好，她說擔任大主管的秘書，遠不及侍候一位較低層的主管來得快樂。她說：「我的辦公室確實是漂亮極了，用的全是最新式最高級的家俱和設備；做機關首長的秘書，我也確實享盡了聲譽。可是在這裏靜悄悄的，一點聲音也沒有，辦公室門是關着的。事情可忙壞了人，整天抽不出一分鐘時間，來跟其他女同事們聊聊。」（註一九）這位秘書小姐確是受盡了「孤立」。如果將工作劃分得過細，過於專業化，過於有獨立性，使一個人在工作時根本無法和他人保持接觸，便會造成這樣的情況。這種情況，謂之「組織的孤立」（organizational isolation）。

且再舉一個例子。在某個大辦公室裏，擁有一大群的設計工程師。其中分派某一工程師張三負責某一個極細、極專門的設計，並未與其他工程師接觸。於是，張三從早到晚，全都是與某一機件的設計為伍；假定張三是管路的設計；而其他的工程師們却共同負責某一項化學處理的單元操作的設計。張三在工作中既然沒有與其他工程師商討的必要；那麼，如果張三不甘願犧牲工作中的社會滿足，他就只好「偷空」與其他工程師閒談。而他的閒談，可想而知，一定是與他的管路設計無關的話題；至多也只是部份的關聯而已。

針對此一個案，當然可以用別的辦法。可以將這位工程師張三編在一個設計工作小組裏，使化工單元和管路的設計同時進行。那麼他就更能從工作上獲得滿足，工作量也將能增加。從他和同事的共同討論中，他能得到社會的滿足；偶爾有工程師部份的主管到設計室來向他們請教，他也能參加討論，也能得到社會滿足。而他在這方面的「社交」，是與他的職位有關的；所以他的「社交」不會妨礙他的任務。雖說這樣一來，也會有與工作無關的閒聊，但是根據行為科學的研究，果眞完全沒有與工作無關的閒聊的話，工作效率必然也會受到影響的。

㈢狹隘的幕僚責任

人的社會需求要能獲得滿足，則人與人之間的關係，必是「相互的」（reciprocal）。「只聽不說」固然無味，「只說不聽」也不會好到甚麼程度。人要能得到高度的滿足，則「主動的提出」應該大致和「情報的交換」相等。

但是這方面有時會有困難。一位幕僚專家，要將計畫的某一個特殊項目告訴別人，叫別人如何行動，而要做到「有所取與有所予」（give-and-take），往往是不太容易的。像這一類的關係，通常以「單向」者為多。因此，常造成「相互關係」之困難。同樣情形，許多機關在設計管考系統的時候，往往也都是注意到由作業階層將資料向上傳遞，傳遞到一位幕僚人員手中；由幕僚人員來測度和分析作業的成果。像這一類的例子，資料傳送的目的也許達成，可是要滿足社會關係，恐怕就不易辦到。

有時管理階層會設置一個委員會。委員會有臨時性的，也有較為長期的。這也是滿足某些社會需求的一種工具。在委員會中，大家的地位都是平等的，常需聚在一塊。開會時，只要處理得當，就將是最好的「

相互溝通」。而且，被指派參加委員會的人選，也能得到一種「地位感」。

當然，不能爲使大家高興，便設置各種委員會。事實上如果委員會的設置與機關的目的無關，很可能反而會影響士氣。因爲這樣會使大家覺得開會非常無聊，徒然是浪費時間，妨礙各人的正常工作。不過，假使某一項工作適宜於用委員會的方式來處理，那倒是値得一試的；因爲不但解決問題，而且也產生促進社會滿足的副效果。

㈣組織階層上的位置

一般人如能直接隸屬於高階層主管，都會感到興奮。縱然主管至爲忙碌，難得與他見面，也足以提高自己的地位。間接方面來說，直接屬於高階層，也常有較大程度的獨立—因爲如果高階層主管的直接部屬太多，他自需給予較大的行動自由。也許正因爲這樣，所以美國政府直接隸屬於總統之下的重要單位（官員），竟達一百餘人之多。

在一個組織結構之中，增設了一個新的管理層次，常會影響「地位的滿足」—尤其是隸屬於新設層次的主管者爲然。例如在縣市政府某一機關，有一位單位主管提前退休，原來那是因爲這位主管，發現他不再直隸屬於縣長（即安全室主任併入人事室當副主任）；他覺得自己「降了級」，雖然他的待遇和責任絲毫未變。

另一項與組織層次上的位置有關者，是「職銜」（titles）問題。職銜好聽，使個人無論在機關內外，都能感到地位的滿足。從理論上說起來，給人甚麼職銜（相當於軍事機關中的「軍階」），可以視當事人的個人成績而異，跟他在組織層次上的位置和工作無關。職銜的授予，有助於對正式組織情況的瞭解；所以名稱應該適當，應足以說明此一職銜在整個組織結構中的「職位」（job）何在。但是，雖然有這些限制，管理階層往往仍能設計出許多誘人的「職銜」來，使員工得到不同程度的滿足。在機關常聽人說：「既不能給他升遷，就給他調整一個職銜吧。」這句話殊不一定是開玩笑；但是職銜的恰當，確能提高當事人對職位的滿足，則可肯定。

㈤高度的專業劃分

在機關中，如果工作業務劃分得太專太細，也將使工作人員的滿足受到影響。最明顯的例子，是工廠裝配線上（Assembly Line）的工人，從早到晚，唯一的工作便是上緊某一枚螺絲釘，實在單調之至。擔任這份工作的人，大都覺得與機械無異，形同「機械人」，那裏有甚麼樂趣可言，至於抄錄戶籍謄本，打字室的小姐等亦係如此。

專業劃分太狹，影響個人的成長機會。相反的，「職位擴大」（job enlargement），則能有更好的工作績效。在新的工作結構之下，一項職位能具有較大的挑戰性；工作人員較能瞭解工作的全貌，因而能給他較大的「成就感」；而且，擔任擴大的職位後，工作人員也更能有接受其他新任務的準備。

㈥公認的任務之調整

有些職位，「本來」就含有某些責任的意義。尤其是某些需經過較長時期的訓練纔能擔任的職位，或某類通常有「職業協會」之類的職位，更往往有爲衆所公認的責任。例如在公所裏，秘書的責任如何，課長的責任如何，課員的責任如何，都早已由傳統所公認。在其他機關單位，也有類似的情況。一位老公僕應該做些什麼和不應該做些甚麼，他們都早已有自己的認定。他對於自己的職位，和對於自己的工作方法，都自感有其職業性的「標準」。

可是有時為改進效率，也常有將他們的任務作一調整的必要。例如在工務局也許一位製圖員，要多擔任一份過去一向由工程師擔任的任務。也許有某些設計工作，有改由人事人員來負責的必要—在工程師看來，也許是分享他們的驕傲。但是在作這種調整時，自必需付出相當的「代價」。他們「本來」已為人所公認的「職業性的標準」要受到破壞，因此要改變「自尊」（self -esteem　）；這便是應付出的「代價」（Price　）。可想而知，阻力一定不小。有時阻力會相當巨大，甚至使管理階層懷疑此種調整是否合算。

㈦分權的程度

所謂分權，意思不外是提高部屬行動的自由（註二〇）。行動一自由，對於自我表達的需求，自然不免會有所影響。吾人可以說：分權的程度越高，行動的自由越大，部屬從表達自己的意見中獲得的滿足也越大。而且，一個人在感覺到自己「是一齣戲的導演」時，他也能有成就感的滿足。分權程度高，人也能有更多的成長機會；因此也更能為自己準備，接受更為繁難的任務。很明顯的是：分權滿足有助於自我表達的需求；管理階層的任務之一，就在於盡量設法滿足這一項人性需要。

在美國的企業界中，奇異電氣（General Electeic company　）和杜邦公司（Du Pont Company　）的利潤分權化制度，就是最有名的例子。這樣的制度，每一個部門的主持人，都能有極大的「自炫」和成長的機會。他們不但敢於運用自己的判斷，而且也能控制自己的業務，以期獲致最大的利潤。因此，在得到成功時，他們都能有深深的滿足。事實上所謂「利潤分權化」，主要的優點之一，即在於單位主管具有强烈挑戰。這也說明組織結構之如何影響人性的需要。

所謂「專案團隊」（task-teams）之推行。也有賴分權。而且，所謂專案團隊也者，多是「小單位」的性質，有便於「雙向溝通」（two-way communication）。因此，團隊的成員也較能獲得其個人需求的滿足。當然，在第一次採行專案團隊的辦法時，如果其中的專業人員覺得他「傳統的公認任務」受到打擊，覺得他的地位降低，也許也會遇到阻力。（例如農林科長也許認爲不能坐鎭自己的辦公室，應要親自到現場去，但他會覺得這可能違背他的傳統。）

在本文中，有關人性的需求，及其如何運用於組織設計的問題，已經討論幾項方法。但是要瞭解的是：組織結構之應如何決定，人性需求也只不過是考慮因素「之一」而已。不過，在一位主管考慮到各項因素時，必需記住兩項重要事項：第一，組織結構不管採行怎樣的方式，對於工作人員的滿足都必有所影響。第二，組織結構的設計，確有可能將人性需求和機關作業結合起來。

三、待遇、需求和組織的整合

在機關中常有人說：「人是爲薪水而工作的。」這話固然有點過於籠統；但是從前文的討論看來，金錢報酬也的確是「滿足」的重要來源。上自部長起，下至工友止，事實上，人人都關心薪水袋的大小。但是眞正的問題，是薪資待遇如何跟前文討論的職位和需求的滿足相配合。誰也不能否認，薪資可以滿足自己和眷屬的生理需求。薪資高，可以吃牛排，不必吃地瓜；可以多買一部車，也許還可添買一台彩色電視，放在臥房裏。可是薪資高低，除能夠買到的東西以外，究竟還有別的意義。這是「地位」的象徵，是自尊的來源，是安全的通道。這些都是薪資的「非經濟性」的一面；往往是由於薪資的「非經濟性」的一面，對人的職務上的行爲纔有較大的衝擊。

薪資對行爲這些「間接」的影響，有幾個項目頗與組織的設計有關。這些間接影響，常涉及「職務內的滿足」。一位警覺的主管，當必會注意到其間的相互關聯。因此，此地要討論這方面的幾項問題。機關中能用薪資來代替別的種類的滿足嗎？薪資制度和正式組織之間，有些甚麼關係？能否運用薪資，來增大幕僚和主管的影響力？職員的薪資應如何提高，纔能配合其擔負的責任和機關的目標？運用獎金制度，對組織結構有些甚麼負擔？

㈠以薪資來代替其他滿足

行政機關，能不能只靠高薪資，而不顧其他的社會滿足，自我表達滿足，和安全滿足？舉例來說：一位幹練的人才，是不是只要給他高薪，他就肯屈居於一位囉嗦、大權獨攬、叫人永無成長機會的主管的手下？訪問資料告訴我們：「金錢並非萬能」。幹練的人才，常會更換到另一項更具吸引力的工作上去，卽使新工作的待遇較低，如果他滯留不走，他也一定會產生對機關和對工作的消極態度。他會缺乏主動，甚至於還會自限其工作能力。高薪資縱然能進用人員，可是如果他不能從職務得到較高的滿足，便無法得到他的情緒支持。

不過，從另一方面看，某一職務卽使能給人至爲充裕的直接滿足，也還得要有一個「合理的」薪資纔行。薪資低，但是不能比同類工作的一般薪資低得太多。這是因爲薪資還具有對人的心理作用之一面。薪資的高低，反映出某一工作在機關中的重要程度。那是機關內外衡量其重要性的一個標準。某人縱然喜歡他的職務，可是他也一定希望別人適當地看待他，適當地看待他的職務。所以，此地可以作一個暫定性結論：一個聰明的主管，必會同時兼顧「直接」和「間接」的滿足（註二一）。大多數人也許願意用甲來代替乙；但是通常需有一個適當的限度。這就是所謂「邊際價值原則」（principle of marginal Value），但需兼顧兩個方向：在某一爲人所接受的水準以下，高薪資的價值，將無法抵消「職務內滿足」的損失；同樣的，高度的職務滿足也無法補償低薪資所造成的自尊和社會地位的貶低。

當然，上述的論點，有時也有例外。有許多職務，例如行政工作或教育工作，因其具有足夠的社會聲譽和自我滿足，所以常能吸引優秀人員。雖然機關外的企業界對於同一等級的人才，能提供顯然高得多的待遇，也不一定能將他們禮聘過去。又例如有些職務雖然不能給人滿足，但因工作較髒，或較具危險，所以也得要有較高的薪資，不過一般說來，要吸引和鼓勵人才，總得在待遇上和滿足上同時兼顧。

㈡薪資與正式組織的關係

上述的「論點」，仍沒有解決何謂「合理的薪資」的問題。行政機關的某一職務，怎樣的薪資纔算是「合理的薪資」呢？有一個原則，適用於主管，也適用於部屬，那就是：薪資率的高低，應能反映職務的難易（註二二）。一項職務倘使需要較高的技能，需有較多的訓練，或者需負較大的義務，則應有較高的待遇。此一原則乃是以正式組織爲基礎；正式組織的職位說明書，都已「說明」某一職位的責任，和擔任此一職位所需具備的能力。一種薪資制度如果與正式指派的責任不相稱，勢必將引起不滿。如目前地方國小校長的待遇比縣政府主任秘書及教育局長還高的實例。其中主要者，是「地位」的問題。一項困難的職務或重要的職務，當需予以較高的地位。而薪資的多少，乃正象徵地位的高低（當然此外還有職銜的問題，還有在組織層次上的位置問題）。因此，實應對薪資待遇之如何與責任配合，給予特別的注意。機關中各層次的職員，對此都至爲敏感。許多行政人員鬧情緒，常因薪資的差異引起；例如科長和課長的待遇應有如何的差別，有時問題的癥結，倒不在於平均每小時相差幾角幾分，而在於薪資的差別代表了「地位」。舉一個例子來說。鄉鎭長的待遇，其月薪爲五千多元。本來已經甚感滿意，可是後來他知道原來戶政課長（現已改爲戶政事務所副主任）的月薪爲六千多元時，他立刻覺得自己受到了輕視；地位受到了貶低；也受到了歧視。

管理階層常在薪資和責任之間，插進另一套程序，稱之爲「職位評價」（job evaluation）。所謂「職位評價」也者，包括這樣的幾個步驟：⑴將各項職位，按照幾個因素來作一比較，例如責任、技能、工作環境等是；比較的結果，將各項職位排列出一個高低的等級。⑵參照其他機關同類工作的薪資，爲每一個等級擬定一個一般的薪資水準。⑶再分別就每一個等級，制訂一套薪資的範圍，以使一位職員從新進以至於成熟，薪資可從最低升至最高。因爲薪資方案能反映正式組織的情況，並和每一職位的需求關聯起來。其間如有任何出入，都可能引發嚴重的不滿。

可是，儘管職位評價已經辦得盡善盡美，假使同仁不同意制訂出來的薪資制度必然仍是徒勞無功。一定要使同仁都認爲薪資制度確能反映職務的差別；職位的等級也必需與同仁自認的等級相符。得不到同仁的接受，同仁的地位和自尊將受到損害；整個薪資制度也必將是弊多於利。目前我國因處非常，財政艱難，此一理想自難體現。殊爲可惜。

㈢幕僚和主管的加强

主管人員和幕僚人員的薪資水準，也是組織設計所深切重視的課題。在美國的社會中，有一種很普遍的觀念，認為誰的錢賺得多，便該尊重誰的意見。反之；誰賺得錢較少，他的意見就易於受到攻擊。這種觀念表示一個人的收入高低，乃是他的意見是否正確的衡量尺度。吾人雖不以此種觀念為然；可是儘管不以為然，事實確是如此。

因為有這種觀念，所以低薪人員的意見，就比不上高薪人員之易於為人接受。一位國小校長也許會問：「我為甚麼要聽他（教育局長）的話？他的薪水還不到我的一半」。因此，如果組織設計者要特別加强某人的影響力，有一個辦法，就是提高他的待遇。同樣的道理，部屬之中有高薪人員，主管便不能不支更高的薪水。

當然，要加强一個人的影響力，還有其他的辦法（詳見第七章）。可是薪資高低對一個人的影響力的作用，總是不能輕易撇開的。

㈣加薪和組織目標達成程度的關聯

行政機關如何對同仁加薪或發福利金，對同仁的行為實有直接的影響。對某一個人來說，加薪乃表示他個人績效的進步；他會繼續努力，照他所認為可以促成其加薪的方向去努力，他的同事，自也會有類似的警覺。大家都會知道誰加薪加得次數最多，誰根本沒有加薪；大家當會記在心頭，取為榜樣。

機關加薪或發福利金，有的按服務年資；有的按工作勤惰；有的給某一位偶然立了一件漂亮的功勞的人員加薪；有的給一位口口聲聲說要辭職不幹的人加薪；有的給唯唯諾諾的好好先生加薪；有的則加給最優秀的人員。不論怎樣加，總會成為所有工作人員一項未來行為的準則。而在同時，工作人員也會心裏有數，知道怎樣纔算「公平」──換言之，他們都知道誰纔眞正配得上加薪。

因此，管理階層應該注意的是：⑴多加注意，給那些眞正有工作表現的人加薪。⑵使每一個人都能瞭解，加薪確實加得公平和合理。能如是，管理階層的行動纔能爲人所信服，殊不必多費言詞。如果只憑對人的喜惡而加薪或發福利金，如果僅是爲避免爭吵，大家普遍加一點點通通有獎，那就有損於改善工作績效的目的。從另一方面來說，如果管理階層能憑成績加薪，則對機關的正式計畫和組織的結構就有所助力。

㈤獎金制度和正式組織

既然說績效加薪，應該加給最能達成指派任務的職員，那麼運用「獎金制度」（incentive pay）又如何呢？行政機關的獎金制度，正是對工作績效的「直接的」，和「立卽的」反應。這種辦法，有許多不同的方式。有時還有「團體獎金」（group bonus）的辦法，獎給一個需要共同合作纔能達成工作成果的群體。

但是完全靠獎金的方式，却是行不通的；因爲無論是誰—包括司長級、科長級或課長級—人人都有强烈的安全需要。代替的辦法是由機關提供相當程度的保障，有的是保障最低收入，有的是基本薪資；再加上適當的獎金來作爲激勵。有時獎金很低，也許只佔待遇中很小的一個比例；但却也能吸引大家的重視，將管理階層制訂的某項特殊的成就懸爲目標。

採行獎金制度，在組織設計上也有幾項特別的需求。必需將任務—最後的成果—明確的制訂出來，而且此一成果應該可以「測定」。可是，在行政機關有許多職務無法制訂出明確的成果來，例如會計主管或人事主管是。

對一個組織而言，此一課題具有兩層意義：第一，應該採行高度的分權化—舉例來說：也許得授權一位主管，讓他有權採行其他種種足以提高效率的必要措施。第二，否則的話，管理階層就得對一切影響效率的工作條件，都予以標準化和加以管制。此外，在這兩種辦法中，幕僚人員和服務人員的支援，對他們都至為重要，都會影響他們的獎金高低。從這裏，當也能瞭解到薪資制度之與組織模式的關係是如何的密切。如果採行獎金制度，便遭遇到授權的問題，幕僚和服務的問題，責任的明確制訂的問題等等，在在都有與獎金制度配合的必要。（註二三）

附註

註一：W. H. Newman, C. E. Summer, E. K. Warren, *The Process of Management: Concepts, Behavioral and Practice* (N. J.: Prentice-Hall, 1961), P. 219.

註二：*Idem.*

註三：W. H. Newman, C. E. Summer, E. K. Warren, *op. cit.*, P. 220ff.

註四：S. G. Huneryager, I. L. Heckmann, *Human Relations in Management* (N. Y. New Rochelle, S-W Publishing Company, 1967), P. 169 also to see: R. Saltonstall, *Human Relations in Administration* (N. Y.: McGraw-Hill Book Company, 1959), P. 77.

註五：這是E. W. Bakke, C. Argyris在其合著之*Organization Structure and Dynamics*一書中所提出的理論，兩氏指出個人人格發展的一般性是：

第一、從童年時期的被動性，漸趨成年時期的主動性。

第二、從童年時期的依賴性，漸趨成年時期的獨立自主性。

第三、從童年時期僅能以少數的行為方式從事行為，漸趨成年時期能以多數行為方式從事行為。換言之，童年時期缺乏行為的多變性（Variability），成年時期的行為則富有多變性。
第四、從童年時期的反復無常、膚淺而且易於消失的興趣，漸趨成年時期的深刻，永久而且穩固的興趣。
第五、從童年時期的眼光狹窄，漸趨成年時期的眼光遠大。換言之，童年時期決定行為的因素為目前的事物，而成年時期決定行為的因素為過去的事物、當前的事物和未來的事物。
第六、從童年時期在家庭及社會中取附屬的地位，漸趨成年時期期望與他人取平等的地位。
第七、從童年時期缺乏對自我客觀而理性上的了解，漸趨成年時期能夠充分了解自我，並能控制自我。

請見：
姜占魁，機關組織與管理，（台北：自印，民國五十九年），頁一八三——一八四。

註　六：R. Dubin, *Human Relations in Administration* (Reprinted in Taipei, 1968) P. 48.
註　七：R. Gotesky and E. Laszlo, *Human Dignity : This Century and The Next* (N. Y. : Gordon and Breach, Science Publishers, Inc. 1970), P. 45.
註　八：B. M. Richman, *Management of Organizations* (N. Y. : Random House 1975), P. 120
註　九：K. Davis, *Human Relations At Work : The Dynamics of Organizational Behavior* (Reprinted in Taipei, 1967), P. 102.
註一〇：*Ibid.*, P. 121.
註一一：J. B. Miner, *The Management process Theory : Research & Practice* (N. Y. : The Macmillan, 1973), P. 205.
註一二：D. C. McClelland, The Achieving Society (N. Y. : Davan Nostrand Co., 1961), P. 24.
也見：
江炳倫，政治發展的理論（台北：商務，民國六十一年），頁五。
註一三：W. H. Newman, C. E. Summer, E. K. Warren, *op. cit.*, P. 225ff.
註一四：*Ibid.*

註一五：一般而言，決策活動有三種，一曰：情報活動；二曰：設計活動；三曰：抉擇活動。詳情請看：華力進，「賽蒙氏決策理論」，東方雜誌，復刊二卷十二期（台北：民國五十八年）。

註一六：W. H. Newman, C. E. Summer, E. K. Warren, *The Process of Management* : *Concepts, Behavioral and Practice* (N, J, : Prentice-Hall, 1961), P. 163.

註一七：*Ibid.*, P. 165ff.

註一八：H. L. Tosi, *Organizational Behavior & Management : A Contingency Approach* (Chicago :St. Clair Press, 1974) P. 78.

註一九：訪問資料，此為中央政府某一機關。

註二〇：W. H. Newman, C. E. Summer, E. K. Warren, *op. cit.*, P. 190.

註二一：J. G. Maurer, *Readings in Organization Theory* : *Open System Approaches* (N. Y. : Random House, 1971), P. 205.

註二二：F. A. Nigro, *Public Personnel Administration* (Reprinted in Tapei, 1965), P. 109.

註二三：C. Perrow, *Organizational Analysis* : *A Sociological View* (Belmont, Calif. : Wadswor Wadsworth, 1970), P. 105.

第六章　溝通網路的普遍建立

在一個行政組織中，各單位如果缺乏良好有效的溝通網路（或系統），其可能發生的後果，以近代最令人驚心動魄的事實爲例，就是美國在珍珠港(Pearl Harbor)所遭遇的慘痛經驗。不論珍珠港事件應該由誰負責，假如在溝通網路上沒有發生兩個嚴重的錯誤，則日本對於美國軍事上所加之損害，無疑地，是可以避免的。

—第一個錯誤，是美國高階層人士，對於截獲的「暴風書簡」(Winds Message)：日本之攻擊迫在眉睫之警告，未予適當的重視。

—第二個錯誤，是一個士兵，偶然從雷達系統獲得的不明機群接近珍珠港的情報，未能傳達到夏威夷軍區總司令的手中。（註一）

在任何行政機關的日常工作中，溝通網路的任務，雖然不像珍珠港這樣驚心動魄，但其重要性卻是相同。沒有溝通意見的方法，人類根本就無法合作。而談到組織設計，便不可能不談到溝通，或者至少也要把溝通網路的建立視爲理所當然的事。（註二）

以下，分別提出：健全溝通網路的概念設計是什麼？以及組織設計下的溝通網路及溝通途徑。最後，研討如何「誘導」行政機關非正式組織與小群體的作爲，使其積極地符合組織的目標。

第一節　健全溝通網路的概念設計

一、溝通的涵義與因素

意見溝通是人與角色間的橋樑，溝通也是功能與角色間的聯繫者。（註三）

溝通有如交通工具，主管們利用它來建立政策及獲取行動。很多研究證明一位主管大部分的時間是花費在意見溝通工作上。有一位從事分析主管行爲的英國籍的研究員（註四）他對一群主管人員的活動作過詳細的計量。他發現主管們百分之八十的時間用於與人談論，其餘的時間則多是花費在讀和寫方面。本論文的訪問資料，也得到了印證。簡言之，意見溝通是主管活動的核心。

任何情況下，溝通對於個人生活的重要性，完全相當於溝通對於機關生活的重要性。它是個人藉以向他人表達其「內在自我」的方法；它是人格與人格之間的橋樑；它是將人格與組織聯繫在一起的程序。溝通有「社會的」、「心理的」，以及「管理的」各種觀點（註五）。以下僅談及「管理」的觀點：

㈠溝通的管理定義

意見溝通是常見的名詞。大多數人對溝通的意義都有印象，通常將它與電話、電視、無線電、報紙等類的事物聯想在一起。但是從適當的管理觀點來討論溝通概念，則有不同的含義。廣義地說，「溝通之目的與結果是消除不肯定情況」（註六）。這個一般性的見解，適用於人與人之間的溝通，甚至於也適用於機器與機器之間的訊息傳遞。

能回答下面的問題時，也許可以幫助吾人瞭解溝通之定義，當我想向他人表達自己時，牽涉到那些事呢？簡單地說，是你想將你心理的觀念複印到他人的心理。這個基本的想法，P. A. Cartier and K. A. Harwood 說：「如果你分析任何溝通的行爲，你總會發現這項相同的功能，複製一項記憶或各項記憶之複合。溝通是記憶之複製程序。」（註七）。

這個定義足夠通用於非人類情況之溝通功能以及人類情況之溝通功能。例如：一個簡單的熱控制系統即具有記錄與複製的巧妙。該系統「記憶」它所要維持的溫度方面的資料。然後將室溫與所希望的溫度相比較而得複製這項資料。具有高度複雜性的自動控制設計，能夠以錯誤的方法來複製儲存在它「記憶」內的資料。因此，討論人類系統的溝通，似乎應該記住溝通具有相當廣泛的應用範圍。

爲「管理」而訂的溝通定義，與其他一般定義沒有多大的區別C. G. Browne 對溝通下的定義是：「……將觀念或思想由一個人傳遞到另一個人的程序，或者是個人本身內的傳遞，其宗旨是使接受溝通的人獲得思想上的瞭解。」（註八）。根據 R. A. Johnson, F. E. Kast, J. E. Rosenzweig 的看法，「……是涉及一位發送人及一位接收人的系統，並且具回輸控制作用。」（註九）

大多數管理上的溝通定義，不論是明白表示的或是含蓄說明的，主要都包含兩個因素：

1瞭解

大多數管理上所體認到的溝通概念，都著重於需要高度的瞭解。理由很實際。機關依賴人們之行動以完成目的。以目的爲取向的行爲，則要透過溝通來引發。所以，溝通過程中表現愈高度的瞭解，人們的行動愈能朝著達成管理當局所要求的目的而前進。因此，瞭解程度愈高，接受的人所瞭解到的目的及爲達成目的所採行的適當行爲愈不會模糊不明。在這樣的觀點上，機關內之溝通是「實例主義」的。那是說，管理之採用溝通，主要是爲了完成機關的目的。

2.封閉圈式系統（Coseed-Loop Systems）

大多數的溝通定義包括了回輸及控制的觀念。回輸是使溝通系統得以依照現存目標而發揮調整作用。是有必要同時促進瞭解與控制的。這個觀念可應用於人類的、電機的，以及混合的溝通系統。

依據這些觀點，可以對溝通下一定義。管理的溝通乃是一種程度，爲了引發能達成機關目的的行動而傳遞各種觀念及藉著回輸而正確地複製各種觀念（註一〇）。由於管理之溝通主要是涉及人，所以「正確地複製觀念」這一句話裡卽隱含著有高度「瞭解」之必要。

㈡溝通程序中的因素

撇開下述之各型組織所共有的五個因素，則無法瞭解組織設計的溝通（註一一）。五個因素是：

1.行動。溝通行動需要運用符號。通常是採用語言上的各種符號。甚至語言不同的人們之間也會存有一點低度的瞭解。舉止、面部表情、聲調等等皆是具有意義的符號。然而，若不能瞭解傳送觀念之主要工具—語言，則依據溝通而引發的行動之效率要打折扣。

2.情景。情景是指溝通之環境。情景決定要說的是什麼，要用的符號是什麼，也常會影響到所說的話意思。

3.參與者。從事溝通關係的人稱爲溝通之參與者。典型地說來，發送人及接收人皆屬於參與者，這些角色常隨溝通情況的發展而交替互換。

4.媒介。溝通有賴于媒介。除面對面晤談之溝通方式外，書面命令及備忘錄、告示板、電話、公共通話系統等等，都是常見於組織中的媒介物。

5.宗旨。溝通之宗旨是指溝通程序所進行追求的目標。可列出四種目的（註一二）：

(A)功能目的。這項目的是實例主義的。傳送資料以便達成某些機關目標。

(B)操縱目的。在這項目之下，溝通被用來引誘人們去接受各種觀念；該等觀念不一定符合那些人自己的態度或價值觀。宣傳機關即是個大量運用溝通以達到操縱目的的例子。

(C)美的目的。這個目的的宗旨是創造性的。溝通被用來使一個人去表達他的感覺，以及去闡明他的眞實感。

(D)信任目的。這個目的企圖增加人們對於所處環境的信任。科學研究卽屬於這類。它的宗旨是去發現及傳佈我人所住的世界的性質。

此地對於溝通程序的最後一項因素稍予討論。我人曾多次提過機關溝通之現實性或功能性。但是並非以爲機關中所有的溝通皆是功利主義的。某些機關中之溝通活動顯然具有操縱的意味。但是在較崇高的方面，某些人之從事溝通活動乃是爲了「美」與「創造」。

無論何事，機關對溝通功能之要求，以及個人從溝通中獲致的滿足，可能起緣於各式各樣的原因。例如，站在組織的立場，溝通之功能在於連結或聯繫，是實利主義的。沒有溝通，組織是不可能生存的。不過；組織體制下所依恃的溝通的實利性，並無礙於組織內之個人從溝通中獲致非實利性的個人滿足。

「馬基維利主義者（Machiavellians）」會利用溝通來操縱他人以建立自己的地位與勢力。但是溝通程序也可被用來達到「自我表達」與「創造」。必須强調的是：組織所追求的目的與組織內個人所追求的不一定會衝突。個人在一項溝通行動中可以獲致創造性的滿足，而同時也爲組織從事實利性的溝通宗旨。雖然如此，但還有另外一種論點。個人的溝通標的可能與組織的實利的目標不同。個人不謹愼地利用溝通來建立自己的勢力與名望時，常會與組織之實例需要發生衝突。

二、意見溝通的四項原理

1.意見溝通只有在對方「知覺」時才會成立；
2.意見溝通只有在對方有所「期待」時才會成立；
3.意見溝通伴隨着向對方之「要求」；
4.意見溝通與「情報」是不同的、相對的，但卻又是「相依存」的。（註一三）

組織設計不能不瞭解此「四項原理」，玆探討如下：

㈠意見溝通有如知覺。

佛教禪宗，回教神秘禁慾主義派（Sufis）與信奉猶太教律法及崇奉敬諭者都提出過「樹斷倒下時，若無人聞之，森林中是否有聲響？」這種謎樣的問題，我人現在都知道，正確的答案應該是「沒有聲響」。聲波振動已形成，但是除非有人知覺到，否則就是沒有聲響，聲音是知覺所創，聲音就是「溝通」。這個說法似乎是陳腐的，因爲對於此神秘之老問題大家都會回答說：「除非有人聽到，便無聲音。」儘管如此，此奧秘之見解，實寓有不平凡之含義。

首先，此見解認爲有聽到聲音的人才能溝通，所謂溝通者（communicator）即發出溝通訊息者，若無收受訊息之對象，並不成溝通，則徒爲「噪音」而已。溝通的人說、寫，或唱，但他並不溝通，事實上，他不能溝通，他只能使收受訊息者即「知覺者」得以「知覺」或無從知覺。

我人知道知覺並非邏輯，它是一種體驗，因爲，人通常知覺一個構成體，卻不能知覺單一的特定事物。這些特定事物是整個事情全貌之一部份。「無聲的語言」即姿態、聲調，及整個環境，無法從口語分離，更不用說是文化與社會之符號。事實上，沒有這些來配合使用，口語或說話便無意義，自亦不能溝通。並非僅有「幸會！」一詞會被解釋成爲很多種意義。其他的話亦如此，聽起來溫和或冷冰冰的，親切或拒人於千里之外的，端看語言中的腔調或場合而定。更重要的是若與整個態勢、情境、價值、無聲語言，不能連結起來，便不會有何意義，句子本身並不能溝通什麼，也無法使人了解，或者可以說就是聽不到，我人可以借用一句人群關係的老生常談，並加以修正爲「人不能單單傳言，整個的人都會牽涉在內。」（註一四）

不過我人也知道，在知覺之過程中，一個人僅瞭解其所能瞭解者，正如我人的耳朵所能容受之聲量僅在一定限度之內。在表面上我人能聽、能見，就是不能全部接受，超過限度之部份便不成爲溝通。教授「修辭學」者素悉此理，但是實際從事溝通工作者卻不能領悟，不無遺憾。

柏拉圖的 Phaedo 乙書可以說是最早討論修辭學的專著，蘇格拉底指出一個人與他人談話一定要根據其經驗，與木匠談話一定要用木匠之語彙、觀念來談才能投機。只有用對方所能瞭解之說法才能達成溝通，使用之說法尚且要以經驗爲基礎，否則不會有太大用處，因爲苟不如此，便逾越了其知覺範圍之外。

我人也知道，在經驗、知覺，及觀念形成（知識）之間的聯結遠比古代的哲學家所能想像到的更爲奧妙、複雜。從瑞士之 Piaget 教授及哈佛大學的 B. F. Skirmer 及 Jerome Bruner 兩位教授之研究中已可以知道，在初學者，無論其爲小孩或大人，其知覺與觀念是不能分開的，除非能瞭解，否則知覺便不生作用，若非對方能知覺—卽在其知覺作用範圍內，便不可能有溝通觀念。（註一五）

在著書寫作家中有一句盛行的格言「句子艱澀便是思考混亂、無條理。要加强的是句子背後代表之思想，而不是句子本身。」在寫作時，我人首先嘗試與自我意見溝通，一個辭不達意的句子就是超越我人知覺的能力範圍者，質言之，我人首先要研究觀念，俾能瞭解其眞義，也就是我人所要說的話，應先弄通此關鍵才能寫出一段話來。

無論是使用何種媒介，在意見溝通時，首需注意者乃是「這樣的意見溝通是否對方知覺範圍所可及？對方能否瞭解？」

「知覺的範圍」當然是指生理的與大部份決定於人類身體的實體限度，不過當談到意見溝通時，知覺的最重要之限制通常卻是文化的及情緒的限度，而不在於物體的限度。

已有幾千年，早已知道「狂信」是不可理喩的，不能以理智的辯論來了解的，現在才開始瞭解，所欠缺的並不是辯論，主要的是狂信者沒有能力瞭解超過其情感作用範圍外之意見溝通。首先，他們的情緒應予改變，換言之，實在是沒有人能眞正與現實全面接觸，不會有人對於證據完全虛心接受，所謂「心神健全」與「妄想偏執」之分別不在於知覺而在於學習能力，卽基於經驗基礎改變自己之情緒的能力。（註一六）

約自四十年前起很多名學者專家特別是組織設計學者Mary Parker Follett便瞭解知覺作用是由知覺瞭解能力所制約。（註一七）Follett 女士認爲異議或衝突並不是對於答案或表面的解決方法而引起，實際上是肇因於知覺之失調不統一。某甲看到栩栩如生之事，某乙卻看不見，因此某甲所爭論者，與某乙的知覺所及者並不相關。反之亦然。兩人都可能看到現實之存在，不過卻從不同之角度來看，自然不會一致，這個世界不僅是個物質的世界，也是多元的世界，不過每一個人每一次只能看到其中之一方面而已。

一個人很少想到事物還有其他的面，有些事情是那麼顯然，爲我人的情緒經驗所確證有其反面或側面，彼此互異，使人得到完全不同的看法，瞎子摸象之故事中每一個人遇到此陌生之巨獸，根據所摸到之部份，立下不同之判斷，並信守執着此判斷，可以說是人類本身之條件使然，我人一直要到事情全貌有所瞭解。接觸到象的外皮，摸到象腿，有所察覺，才有可能互相溝通。換言之，除非弄清溝通之對象，眞正之溝通者，看得見並瞭解其原因，否則便無溝通之可能。

㈡意見溝通有賴期望

一般而言，我人以所預期知覺者來知覺，我人所聞見的大部份是我人準備要聽或看的，雖然大半關於政府的溝通之研究，都强調未期望之事都會被抵制，使之變成「視若無睹」的趨勢，事實並非如此。因爲眞正重要之點爲不指望、未列入期望之事，卽或出現通常都不會被察覺，此非未看到或未聽到之問題，而是被忽視之問題，或者可以說是有意的誤會與錯失以便符合其原來之預期。

關於此一事實，已有一百年以上之歷史，但其結果並不明確。人類之腦筋都有將各種事物之印象與刺激體納入期望架構之意圖，對於改變意向之事（如要他接受非預期之事，或不要接受期望發生之事），總是想盡辦法要去抵制。當然，對於那些與事實不符之事，要他改變念頭加以接受是可能的，不過，還得先要瞭解其腦中所期望的是什麼，要做到這一點，便需要斷然之信號，「這是不同的」，認定往往可以打斷思潮之線路、銜接。若要逐步從小事擴大，以轉變念頭是扭轉不來的，如此做反而會增强其先入爲主之意向。

因此，在從事溝通之前，要先瞭解對方所期待要聽、要看的是什麼？只有如此，才可使溝通因瞭解對方之意向有效運用，促使對於經由覺醒之作用，突破其期望，讓對方瞭解期望以外之事已開始發生，產生心理上之準備。

㈢意見溝通是爲要求

心理學家在很多年前研究記憶問題時，對於一種陌生之現象感到很困惑，這個現象在開頭時幾乎完全推翻以前之學理假設，心理學家編一套語詞以不同之次數出示受測驗者，以試驗記憶留存之能力。這一套語詞都是些無意義且亂拼之字眼。出示給參加測驗者（當然，大部份是學生）後令人詫異的，這些受測驗者，都有不相上下之記憶，記住個別字眼，對於無意義之字亦如此，這個現象顯然說明字眼並不僅僅止於情報訊息，它亦包含情緒變化之因素，業經假設寓有令人不快或帶有威脅意義者，在記憶過程中往往被壓抑，而帶有令人不愉快之聯想的字眼便很快就記住。事實上，情感聯想所形成之選擇記憶之理論假設乃一直被應用於情緒混亂與人格構成之分析測驗中。

對於無意義字眼之相當高的記憶留存現象，的確使人迷惑，大家都以爲一個人對於無意義之字眼很難以記住，但是這些年來，大家逐漸改變這種看法，那些無意義的字眼，雖然很有限，但是依然可以準確地留在記憶裏。從此看來，這些字眼並不構成要求，其性質是中性的、中立的，或機械的，根本無所謂情感之偏好或排拒可言。

爲每一家報館之編輯所熟悉之類似現象爲塡補版面之零星資料，如三五行不相關之塡充性之文字，令人驚奇地有其可讀性，並爲人所注意與記憶。且不說記住，何以大家要讀這些無什意義的塡補資料？這些不相干的小珍聞無疑的很多人閱及並且記住，反而是大災難之標題以外的那些新聞記事，讀者並不能再憶起。主要道理實乃在於這些小珍聞或塡補版面之資料別無要求，就是因爲不相干才被人牢牢記住。

溝通意見往往是「宣傳」性的，宣傳者總希望要把其內容灌輸給對方，宣傳之作用遠比理性主義者所公開討論的信念爲有力，但比宣傳的神話杜撰者(7)（例如納粹政權下之Goebbels博士所相信，並要他人相信者）爲差。事實上，全面宣傳之危險並不在於宣傳會被相信，而在於無事可相信，且每一意見溝通都令人懷疑，到最後所有的意見溝通都不被接受，任何一個人所說的都被認爲是一種要求，因而就在心理上引起抵制、排拒，終至於在效果上等於未聽到一樣。全面宣傳之結果不是「狂信」，而是被冷淡處之，這實在是比腐化更爲危險的事。

換言之，意見溝通往往是要求性的，有所求的，它往往要求收受者變成某種人、做某些事、相信某種事，它往往訴諸於動機，意見溝通要是與收受者之期望、價值，與目的相符，就會變成很有作用力，反之，若與其期望、價值、動機相抵觸，很可能會被抵制、排拒、甚至於聽都聽不進去。在最有力之情況下，意見溝通會促成心態轉向，如人格、價值、信念、期望之轉變。不過這是非常罕有之事，面臨此處境時，每一個人之心理力量就會有力地組織起來以對抗此壓力。根據聖經，卽或是上帝，還得把以色列薩爾王先行擊瞎，才把他提升與使徒保羅同一地位，以改變對方心態之意見溝通，來要求對方降服。故大體而言，除非溝通之內容能合於收受者之價值—最低限度亦應有幾分，否則不會產生意見溝通之效果，這是可以肯定的。

㈣意見溝通與情報是互異，而且相對的，但卻又是相互依存的。

意見溝通是知覺，而情報卻是邏輯的。情報是純粹形式化的，且本身未具意義，它是無人稱的，而不是人際的，情報越能擺脫人的因素，如情緒、價値、期望、知覺作用等就越可靠確實，更富效益。

歷史上，所有的問題都在於要從意見溝通，卽人類基於知覺認識之相互關係中，蒐集某些情報，同時，所有的問題都在於從豐富之知覺中分隔出來情報之內容。現在，忽然之間有了提供情報之能力，這個能力，一方面是來自邏輯學家之觀念研究，另一方面是得助於資料處理與資料儲存之技術研究，特別是電腦及其異常的儲存、演算、傳遞資料之能力。換句話說，現在的問題變成與人類向來所奮鬥者之相對的問題，我人的問題變成處理情報本身卽毫無溝通內容之問題。

有效的情報之條件與有效的意見溝通之條件是相反的，以情報而言，通常是特定明確的。意見溝通所察覺者卻是星棋羅布，然後才在情報過程中改變爲特定的個別資料。事實上，情報應符合經濟之法則，所需之資料越少，情報便越好，太多的情報卽超過眞正所需者。都會造成情報之天昏地暗，不但無補於內容，反而會變成鬆弛無力。（註一八）

此外，情報以意見溝通爲先決條件，情報都是符號化的，要對方收受或使用，都需要化成意義，俾利了解知悉。這就需要事先之約定，亦卽事先之意見溝通，最低限度要對方了解資料是關於什麼事的。例如電腦磁帶上之數字是代表山脈的高度或政府準備金會員銀行之收支平衡金額。不論是那一種情況，收訊者都要瞭解山脈或銀行是什麼，才能從資料中提取情報。

情報系統之原型也許可以溯及到一九一八年以前奧地利皇軍所使用之指揮語言的德意志軍隊特種語言。在一個使用多種語言的軍隊，指揮官、軍官，及士兵之間往往沒有共通之語言可以使用，此德意志軍隊特種語言，僅有不到二百號，如「射擊」、「稍息」等，每一個口號都有明確之意義。其意義往往代表某種行動，此意義都在行動中學習，也就是行爲科學家所稱之「實踐制約」，奧地利軍隊在數十年的民族主義者之騷動中之緊張氣氛是很濃厚的，在同一單位服務而分屬不同民族的士兵之社會交互行爲逐漸困難，但是，到最後，情報系統發生作用，它是完全正式的、嚴格的、充分合於邏輯的語言，每一句都只代表一種可能意義，它是根據全部事先建立有關特定聲波應有何種反應之意見溝通體系而來，這個事例說明情報制度之有效性，有賴於有系統地建立各種對象之意見溝通，並確定其特定之「輸入」與「輸出」之體系。其效果完全決定於事先建立之意見溝通。

意見溝通所傳遞交換者，其含義越多且定量化的可能性越少，則傳達之內容便越要富有變化。

中世紀之審美家認爲藝術工作可以溝通多層意義，若不是四方面，最少也有三方面之意義：即原本的、暗喻的、寓意的，及象徵的意義，把這些理論有意地並且最充分實踐於藝術工作者，首推但丁之「神曲」，情報一詞若意味着某些可以數量化者，則神曲之內容可以說什麼情報都未含有。就因爲由於其模擬兩可，代表各方面之意義，這本名著才可讀。其內容之神奇與形而上學之大成的特色，使得此藝術之作，成爲壓倒性之傑作，使歷代以還之讀者還能溝通神往之。

換言之，意見溝通並不一定要依賴情報，事實上，最完善之意見溝通可能是純粹的「經驗分享」並不需要有任何邏輯之成份，知覺需要敏銳而不一定要情報。

當然這些摘要說明，恐怕還是因陋就簡，看得過分簡單，有些心理學及知覺作用之熱門論題，並未觸及。事實上，有很多學習心理與知覺作用之研究人員認爲最重要的中心問題，也加以忽略。不過我人的目的不在於研究這些大問題，所關切的並不在於學習或知覺心理，我人的重點係置於意見溝通，特別是大型政府組織內之意見溝通問題而已。

三、意見溝通的阻塞與防治

意見溝通，常常會有不少的病態現象常而使組織感覺頭痛，一般而論，這些病態是由於下述五項因素「單獨」或「綜合」引發的：組織設計的研究，就不能不加注意：

1. 所用語言的性質與語意問題。
2. 故意的曲解。
3. 組織規模太大、太複雜。
4. 缺乏接納對方意見的雅量。
5. 聽不懂對方的意思。（註一九）

差不多所有的溝通阻塞，都是由於以上的原因所引起的，組織設計第一個要檢討的問題，是傳達的意見被加以誤解以及斷章取義，可能這兩種意見阻塞病態是目前行政機關中最嚴重的毛病，也是最常發現的症狀，自技術觀點來看，誤解是由於用語語意不明而產生；斷章取義則由於故意想曲解對方的用意，斷章取義與誤解，在「垂直式」與「水平式」的意見溝通徑路中都會發現。

㈠誤解問題

誤解主要是語意不清所造成，任何一項意見溝通的行動中，誤解程度都是三個變數的函數，語言的相對性效率，所用語言型態，發話者與收話者雙方了解業務內容程度的差別。

當發話者不能用十分正確的語言以表達其意見時，會發生誤解，他如果不能善爲整理其思想，以致說不清楚自己的意思時，也一樣會產生誤解，無論是口述或是文書式的語言，如果本身語彙不足，文法不佳，是頗難加以校正的，但是改良發話者的表達能力，使他能儘量發揮所用的語言的潛力則不是難事，簡單地說，卽使語言的基本結構欠佳，並且也沒有方法能夠迅速的予以改善，仍然能夠設法增進它的運用方式。

「由上而下」與「由下而上」的訊息溝通，都得要經過某種程度的「翻譯」，以適應接收者的了解程度，高級政策法定者用語與低層執行人員所習慣上聽得懂的話不會完全一樣，但是一般性的政策，是要「自上而下」大家都能了解的事，所以在傳達過程中，不能不加以適當的翻譯。

但是，在翻譯過程中，至少也會失去某一些原意，語言本質上就是不能完全正確的，從某一層次翻譯爲另一層次的事物，這種不能用百分之百的意見傳達正確度以轉達組織中上下意見，是一項無法完全改正的缺點，目前所能作的工作，只是如何才能使翻譯誤差減至最低程度，以免發生不必要的誤解，可用方式是一主管要求受話者以某種回輸的方法來複述其所想聽懂的意思，不憚「諄諄告誡」也是一種發話者避免受話的人發生誤解的另一種可用方式。

受話與發話的人，對業務了解情況不同，也會在意見溝通時發生誤解，組織中不同部門的工作，對問題的看法不會相同，各單位都有「本位主義」，各種專業幕僚人員，所知更狹窄，想法更會與別人不一致。

組織中，各個不同的工作組合中的專家們，不但所習用的專門術語大不相同，甚至他們的「思維方式」也完全不一樣，幕僚人員與業務人員日常不斷的工作交往中，就有不少的例子，說明他們彼此之間由於對工作了解角度不一樣，因而彼此不易協調一致（註二〇）。訓練幕僚時，重要的工作是如何才能使他會運用某一行適用的思維方式，例如說訂立或是調整工作標準，就需要運用某種特殊的思維路線，幕僚專家們，都自己會認爲他有一套科學的計量方法，可以公正的訂定工作標準，但是，如何把他的方法與理由解釋給直接工作者，就不是他的事，這是主管們所應當執行的工作，這就是主管們往往爲工作標準會與幕僚起衝突的主要原因，他們都希望對方能正確的知道自己的感受，但是任何一方面都不會完全成功，因爲彼此對工作的看法大相徑庭，幕僚們所談的是工作衡量所用的邏輯實驗程序，主管所談的則只是工作人員的情緒問題。

與思想背景不同而形式的誤解相類似的另一種誤解，是社會背景所造成的差異，組織中上下傳達意見時，就往往會發現這一類的誤解，社會階層的背景差別，社會學家們稱之爲「社會距離」（social distance），爲了專業不同的原因，幕僚的想法與業務人員的想法不相同，類似的爲了社會背景不同，上級與屬員之間的思想方式也有距離，長官的看法與部屬的觀念不會完全一樣，某一實驗證明，長官與屬員之間意見不能溝通的重要障礙，係由於下述幾項原因所產生的。（註二一）

⑴雙方對各種工作職責的輕重程度看法不一致。

⑵雙方對各種工作要求的相對重要性層次有不同的認識。

(3)屬員未來工作的內涵，自屬員看來根本就不會與現行工作有何不同，主管則會認爲一定不大一樣。

(4)屬員心目中的工作阻礙與問題，主管不會認爲應當眞是困難，他們對於屬員們最關心的問題是什麼，每每毫無所知。

另外一項研究顯示，H. C. Triandis指出組織中不同層次的成員，對別人社會地位的評定標準，往往大不相同（註二二），例如說，較高層次的人重視背景與出身的差異，低階層的人則比較重視有多少實權，第一線上的行政人員，則認爲可靠程度與權威性最足以代表個人社會地位。

無論如何，在組織不同權力階層中，由於社會背景不同，彼此之間在意見溝通上總會有障礙，這點使每一小團體以及其中的成員，各自採用一種獨特的判斷事物觀點，在傳達意見時，他們會以這種觀念來表達自己的想法，也會用同樣的觀點來解釋對方所表示的意見，「神入」（Empathy）是一種克服社會距離的方法，能爲對方設身處地作想，則在傳達訊息時不會用對方所聽不懂的語言，也就不會產生誤解。（註二三）。

由於上述理由，可以看出來組織中上下與平行的聯繫都會產生意見上的誤解，斷章取義，則是另一種的差失，其性質特殊，也多半只會在由上而下的意見溝通過程中發現。

(二)斷章取義問題

斷章取義是故意的把事實情況，不完整的報導，使之對發話者有利，値得注意的是這種僞飾方式，在機關中，多半在自下而上的訊息傳達中發現，一切管理的控制用情報，都是自下而上傳達的，管理當局評估工作成績時，也會以自下而上的情報爲依據，因此，由上而下的情報，需要這種僞飾的情況，會較爲少見，而「下情上達」時，則發話者每每會有強烈的動機，對事實描寫得好聽一點，水平式的訊息溝通，往往也少有需要僞飾的情況。

在自己的長官面前，沒有人願意「示弱」，屬員們對於上司的喜惡，都會小心的揣摩，想知道他們喜歡聽到什麼？他們注意事項是什麼？有這種「知識」之後，他們會就手頭的資料，加以斷章取義，只使好聽的訊息能夠傳遞上去，斷章取義所指不只限省略去不好的事，也代表會加入一些主觀的見解。

自下而上的訊息中有斷章取義的情報，有未加僞飾的情報，此外還有別的幾種情報，根據 E. Planty and W. Machaver 的看法（註二四），還會有下述幾種訊息：

第一，求援訊息。

第二，業務改進的建議。

第三，成員對於工作、同僚、與機關的意見。

以上各條，可以知道自下而上的訊息，都是「非推斷式」的結論，這些意見，最容易包含個人觀點。不愉快的事，與牢騷，這是一種成員們發洩感情的通路。

自然，主管有不少的方法來分辨眞僞，以及那些是沒有經過大腦的話？那些是合於邏輯—實驗準則的，對發送管制性情報的人，加以嚴格控制，也能減少故意的歪曲事實現象，但是顯然的事實是對成員作爲重覆性監察，實用效率是有其限度的，管制幅度既不能太寬，引用此一理由，就可以了解無法凡百事物都加以複察的。

消除沒有經過仔細考慮的上達訊息，以便壅塞的上達通訊路線能較爲流暢，是一項早已爲人注意並且已有無數的改進方案的問題，R.Likert 認為，如果能在團隊組合中，提供發洩感情的機會，並且利用這種場合來增進大家的互相信心，會是一項良好的改善方式（註二五），E. Planty and W. Machaver 的意見也與之大致相若，他們認為：「長官如果不能虛心接納部屬的意見，部屬們一定會隱瞞或粉飾壞消息，相反的意見以及失敗與誤失的報告。」（註二六）

減少斷章取義的建議方式為：

(1)對於上達訊息加强控制，使其能代表合情合理的實況估計。

(2)運用團隊方式，建立成員上下互信，並且考慮成員的意見，是否能採納於機關全盤作業方式中。

(3)上級應當能虛懷若谷，能接受相反的意見與容忍失敗，以免部屬對錯失發生過份的恐懼。

(4)改進管理階層對問題、意見與成員情緒的反應靈敏程度，使他們在除正規傳遞訊息方式之外，能有其他的方式來表達意見。

組織的檢核（audit）系統，在大規模組織中，都有一種特殊的幕僚控制人員，他們有權不按照正常指揮系統，直接與業務人員接觸，藉以搜集實驗作業資料，以供較高層的管理當局，能評估當前作業實況，他們負責為首長們搜集一切被認為有價值的情報，這種「檢核」組織有時會是永久性機構，有時是臨時組織。

檢核幕僚們，應當能負責提供「即時」的情報，就較低層次中某一項範疇為窄，往往屬於高度技術性的作業情況加以調查反映予首長，這也是一種正面的管制方式，使各階層能恪守組織規律，這些幕僚可以直接向首長們提報告，所以可以認為是脫離正常指揮線的一種組合。

其情形如左圖所示：

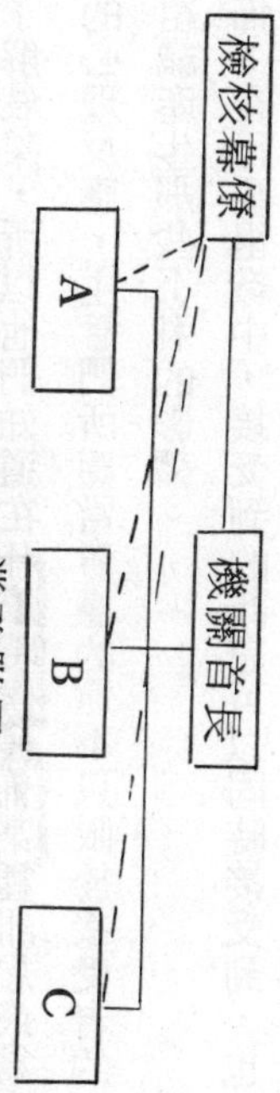

「斷章取義」與「誤解」兩種意見溝通的阻礙，與所用語言的功能有關聯，也與故意歪曲事實的心理態度有關聯，以下的三項問題：負荷過重，時間不配合，與傳遞遺漏，則多半是受到組織規模與業務繁雜性的影響而發生的。

㈢組織規模太大、太複雜問題

1意見傳達負荷過重

在機關中主管們桌上堆滿一大堆的公事是常見的事，這些訊息處理的負荷有時會壓得主管喘不過氣來，以致經過他的問題他不能加以仔細的分析與考慮，因而也不能作正確的反應，這一問題涉及管理的「充份原則」。

「充份」二字在此處的解釋應當是如何調節流往各級主管的訊息，使其不多不少恰到好處，也就是說按照管理的充份原理，訊息應當加以調節，在質在量上都加以調節，R. Dubin 所謂之「校音效果」（Monitormy Effect），就是以在控制訊息上發揮這種功能（註二七），這一種的管制機構正如一般流體筒頭中的活門一樣，它按照訊息的重要優先順序與濃縮情況，加以過濾後再使之通過，使傳達到各級主管的情報只限於有用的訊息，自某種功能來說，各層的中級主管們，也都是這種管制機構的一份子，他們有責任把通過的情報加以審閱，去蕪存菁後再逐級自下而上達到首腦部門。

傳統的「例外原則」在引用於訊息傳達問題時，恰好與「充份原則」彼此相符合，根據這項古老的原則，只有嚴重的與規定標準相差異的情況，或是步序與政策與原始構想不同，這種現象才應當提報與上級，另一種方式來說明這點是：各級人員在自己職權以內的問題，都應當自己設法予以解決，這也就是說，主管們的工作應當只限於處理「例外性」事項而不是「例行」事項。

2.時間的不配合

當問某一位主管，最使他困擾的意見溝通問題是什麼，他的回答是，如何才能使所有有關的成員，都能夠在同一時間內收到應知道的訊息，時間配合問題包括兩主要部份，如何能在恰當時間發佈訊息，以及相對的如何能使組織中有關人員同時或是—在必須情況下—按某一定的先後順序，接受到情報。

如何在恰當時間發佈：訊息有使行政組織開始爲達成目的而採取行動的功用，在決策技巧中，應於何時發佈訊息是一項重要的考慮事項，同一個人在不同的時間內接受到同一種的訊息，他的反應大不相似，政治家們對於這種情形了解最深，所以他們知道在什麼時候發佈某種訊息最爲有利，所選擇的恰當時間總會使接受者發生最强烈的心理反應，主管們所應當考慮的還不只限於接受者的心理反應，還要考慮到如果發佈時間不正確，會對組織產生那些不利的影響。

如何協調訊息的發佈：在行政組織中，接受到的訊息可以同時接受到，也可以按先後順序收得情報，組織各部門的互相關聯性，使接受到的訊息有永遠按照某種固定型態傳達來的必要。

與通訊協調問題的技術方式有關的另一事項，是地位問題，如果五位地位相等的人本來應當同時收到某種情報，則在傳達時如果發生先後參差的情況，就會發生一些聲望受損的問題，雖然這種遲誤可能不是故意造成的，沒有立刻收到訊息的幾位同仁，仍然會認爲這樣作會使他們失去面子。

3.傳遞的遺漏

組織的意見傳遞系統如果不能切實注意到維持一項有規律的訊息傳遞程序，則一切其他的訊息原則之引用，都仍然不能發揮什麼好效用，應當告訴誰固然重要，告訴他些什麼，在什麼時間告知也同樣的重要，通常，應當收到訊息的人有權決定所應告知的內容與告知的時間是什麼。

通訊的規律傳遞程序不能維持，就往往會產生傳遞遺漏的現象，所謂之「傳遞遺漏」，是指應當接受到某項情報的人，在傳遞過程中，遺漏了告知他，如下圖所示，就是這項錯失的一個例證。

意見溝通的遺漏

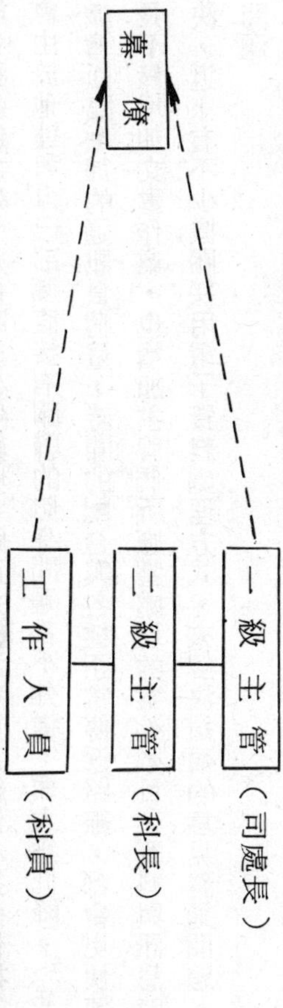

如果某一位一級主管告知他的幕僚，說是最近就要有一次精減員額的行動，可是他卻沒有同時告訴他的二級主管，幕僚人員卻把此一消息洩露於受直接影響的工作人員，這位可憐的二級主管，自己一無所知，

當他的部屬向他探詢這些問題時，他就不知道應當如何作答！雖然，在這一例證中，二級主管只是「非正式」的被遺漏於通訊連鎖之外，對他所產生的難堪，與正式轉達意見系統沒有把他包括在內，是完全一樣的，他的聲望會由於他連與自己部屬直接有關聯的切身問題都不知道，而大為低降。（註二八）

成長中的組織會面臨增加的通訊負荷量，時間的配合與各種正常傳遞路線，都會更快速的變得愈來愈複雜，組織的成長不只增加文書作業，也增加主管們所應當處理的案件數目，資料與訊息時間配合問題，也愈來愈難以解決，近來有不少機關採用電子資料處理方式，來解決這類的意見溝通問題。

㈣「接受」問題

行政上的意見溝通，不僅只由於語言問題、誤解，與規模太龐大等原因會發生阻塞現象，另外兩項原理：不善於接受情報，與不了解情報的含義，也會使意見不能暢達各部門，以下研討這兩項困難。

「接收」訊息與「接受」訊息，二者之間頗有一段距離，接受是一種接收人的心理狀態，這種狀態之形成有賴於適當的需求，動機，經驗與教養程度之配合，此外還涉及接受者工作的外在環境，A. J. Escher 的大文「但是我認為……」（But I Thought ………）曾經指出：「由於不自覺的對現有訊息加以選擇，是與我們心理上的需求與慾望有密切關聯，所以我們可以精確的斷言，所聽到的多半只是想聽到的事，而對於不想聽到的事，則會聽而不聞！」（註二九）

假定傳達的訊息已為接收者所了解，則訊息中的陳述，最好能完全為接收者所接受─但是並不是必須接受─才會產生有效的行動，自純民主主義的觀點來看，接受本身就有社會性的價值存在，那就是說，如果能接受某一觀點，則自然為此一觀點努力工作時，會感覺到快樂一些，縱然如此，不接受並不一定能發揮有效的工作力量，對於自己不同意也不認爲正當的事，往往能有效的予以實行，某一位主管，可能並未認可一項政策，但是爲了忠誠，或是怕打破飯碗，或是這項政策只是臨時性政策，都會使他盡力量恪守這項既定方針。

人類對於訊息的接受程度，受下述因素影響，這些因素是：（註三〇）

1.現實情況：這項最重要的因素，指個人對於他自己所處環境的看法，所謂「現實」，事實上都是自己對環境的主觀判斷，因而人人的「現實」感覺都各不相同，我人在此處的現實情況，則只指接受訊息的人之是否能接受訊息的含義，所受他自己現實觀點的影響程度。

2.含混程度：任何的訊息都可以加以不同的解說，接收訊息的人，可能自己對這種「現實」並不太了解，也可能訊息本身就含混不清，不管原因是什麼？結果都使接收者對訊息內容弄不清楚，他愈不了解訊息的內容，也愈不會衷心同意訊息的含義。

3.可信程度：有不少的訊息會由接受人不去考慮的加以接受，發佈訊息的來源之是否信實可靠，是影響接收訊息者能否接受此種訊息最重要的因素之一。

4.配合性：訊息對於接收人的需求、動機，與價值觀能否相互配合，名之爲「配合性」，如果訊息內容與接收者的價值觀念、社會、心理與經濟需求彼此予盾，自然不容易使他接受，反之，則會使他能同意訊息的含義。

上述幾項因素顯然彼此也互相關聯，人人都會以自己對現實的判定情況爲基礎，來分辨那一種情報含混不清，那些可信，那些與他自己的需求與價值觀念配合，因此，似乎主管們想促使其部屬們接納他的意見，第一步要設法認清與改變他們對現實的判定方式，如果他能使其屬員與自己（或是機關）的現實看法彼此一致，則由他傳達的意見，被屬員接受的可能程度會大大的提高。

上述論點，不過只是想指出主管們應當注意的核心問題是什麼，並沒有提供任何達成此一目的的任何可行方式來，現行論述中已有不少的策略曾被提起過，從試行增加私人接觸機會起，到嚴格的「洗腦」爲止，在此二項極端方式中還有「參與」、「訓練」，與「引發團體助力」等等策略。

改變他人對現實的評價，是一項相當微妙的工作，其含義還超過意見溝通問題範疇之外，例如說教育工作，就可以解釋爲主要是爲了能改變受教育者對世間現實的看法，所以只粗淺的來看這一問題，似乎我人設法干涉別人的看法並無不合之處，在機關中，主管者對機關有責任，對自己有責任，也有責任教導他的屬員使之了解機關業務，成員們也有義務來改正他們對事物的看法，這樣，組織才能成熟成長。

但是，往深處想一想，就立刻可以發現這樣作，是要有一定的限度的，個人的「人性尊嚴」（Human Dignity）不宜加以損害，也就是說，組織作業應當盡量不涉及職員的私人生活、政治思想、宗教信仰、文化事業的喜惡與其家庭生活都是私人的事，不可以加以干擾，更不宜强力變化其型態，使之順從主管的意思，或是組織的政策。

如何使人能改換他原有的思想，來接納對某一新環境的現實意義，是可以用許多方式促成的，前面已提到這一點，但是所有的方式都是一種「手段」，而不能錯認爲「目的」，追尋的目的應當由政策、主管，或是政策與主管二者來決定，追尋目的不正確，所用的手段自然也不正確，即使目的正確，如果採用一種於情於理都不合適的手段，來迫使別人改變他們的看法，則自倫理標準來批判，仍然不是應作的事，不擇手段以追求目的不能引用於此處！

團隊合作方式是一常常被提起可以改變個人現實看法的方式，因此可以使人接受某一共同觀點，下面引述R. Likert一段文字，以作爲討論這種方式所可能引起的一、二項問題之起始點：

「組織中維繫團結型態的重要力量之一，是要有一具有活力的小組存在，此一小組能强力推動一些能有益於所有成員的方案，而且會反抗一些只能造福予組織中少數人，或是某一集團人的方案……有了這一群體，機關首長或是各層的主管，才能有一種强而有力的管理工具，他們可以運用此一工具來十分有效的處理職員，提出額外要求的困擾事項，往往這些額外需求，提出的員工們也許自己認爲合理合法，而自機關全體利益來看，是不能接受的！在典型的作業組織中，由於人與人需要協調……往往使作頭兒的人難以拒絕屬員這種要求，有時差不多等於在被勒索情況下而勉强予以同意，有了團體力量的支持，則主管們應付這種困擾就沒有困難，他只要告訴提議的人，在下一次會議中提出這些意見來加以討論就夠，在會議中，一些不合情理的特別待遇之需要，都不可能通過。」（註三二）

這些都不是什麼新發現，利用集體力量來迫使唱獨脚戲的人就範，已是引用有年的方法，Likert 所提到的方式在實務中，會按下述方式來進行，管理者先取得團體成員的信任與接受，他訂定目標，以及應當用什麼方式來達成此一目標，次一步的推動工作則由已完整發展的小團體來負責推動，他們會有求組織成員們恪守一定的行爲標準，而這種標準正好相當於 Likert 所指的主管的標準。

自然，Likert 也看到保障各人尊嚴的重要性，但是事實上任何一位主管都不是永不會犯錯誤的人，運用一組小團體的主管們所作的一些錯誤的決定，也可以藉助這些人的力量，來說服本來會持反對意見的人士，所以這種小團體有好處也有壞處，它一方面可以減少主管不少頭痛，另一方面也會壓抑自動自發精神，而維持住一項不應當維持的「偶像制」。

(五)瞭解程度問題

意見傳達時，要用些符號來强化自己的意思，在通常行政事務中傳達意見時，所習常通用的符號多半也是爲能刺激接受者的聽覺或視覺，這些符號包括：文字、圖畫，與行動。意見阻塞的主要原因之一，就是對這些符號不能充份了解。

瞭解是一項「主觀性」的精神功能，第二次大戰中的一項事例，是說明瞭解程度不夠的一個好例子，某一位空中射擊學生第一次被載上飛機，駕駛員自然毫無不安的感覺，而這位學生卻嚇壞了，在空中時，駕駛員無意中指地面上的某一目標，學生心想：「糟了！一定是飛機出了毛病，他要我跳下去。」他眞的跳下去！（註三二）

由於發話者與接收者對所用通訊符號含義彼此沒有共同的認識，自然會發生誤解，上述的駕駛員與射擊學生就是例子，因此，管理者傳達意見所應注意的重要事項之一，是使大家都對某些符號含義有一致的認證，前面業已提過，語言並不是一項完善的傳達意旨工具，接收符號的人，都不可能百分之百毫無差異的了解發出符號的原意，但此二者間的差距應當能設法予以減少，如左表所示：（註三三）

改進聽力的方法

發話者的責任	聽話者的責任
1認淸自己與聽話者彼此的地位。	1比發話者先想一步，試著猜測他想要提到什麼問題，

2.了解對方對自己的看法。	作什麼結論。
3.了解對方的背景。	2.衡量發話者所表達意見的正確性與重要性。
4.考慮彼此態度上的差異，用加重語氣來說明不宜誤解的事。	3.覆誦談話中的重點與結論。
5.了解對方習慣上聽懂那種語言。	4.注意聽整句話的意義，不是某幾個字的含義。
6.時時留意自己的話會給對方何種影響。	5.按自己與發話者雙方的想法來衡量訊息的涵義。

「接談」或「訪問」（Interview）與聽別人講述二者目的與方法雖不相同，但是其含義則頗為類似，「聽」是任何一項傳達訊息中都可以引用的生理名詞，接談則是一項運用較為正式化的名詞，這是一種增進了解的技術，也是一種解決個人問題的治療方法。

接談的定義是一種「計畫好的」人與人之間的交談，（註三四），不過實際上接談方式比其定義卻複雜得多，有的接談具有規定方式，有的則不合規定好的方式，有規定方式的接談也名之為「有計畫的訪問」，（Structured interview），詢問事先想好的一些問題，這是一種迅速收集某一種資料的技術。

無規定方式的接談目的與技術都與「有計畫的訪問」不同，這種接談不會注意到接談者的個人反應與態度，而只為了搜集某些資料，這些資料對於組織會有相當的價值，例如：從廣泛接談方式所搜集的有關士氣情報，此外這種方式也可以來糾正偏差，可以使接談者自己發現問題何在而加以解決，在這些接談中，接談的人自己不表示什麼固定的意見，也不提出有一定目的的問題，不暗示自己希望談論些什麼，簡單點說，舉行這種接談的人，自己不應當先有什麼成見或是想定的談話主題。

這種無目的的接談方式，往往最易於搜集到有關成員態度、興趣、建議、需求，不滿與個人目標等資料，這種方式的接觸也會幫助成員解決個人問題，但是這種接談方式，有一種主要的危險存在，就是會影響到成員有權按正規方式提出的抱怨事項的正式表達，往往在接談之後，成員們會感覺到也許他之有不滿，只是由於自己不能適應環境，因而把別人的錯失看成是自己的缺陷，其實組織與主管人員都不可能是完美無過失的，所以他們的錯誤，不應當以不使自覺的方式，使成員們代其受過。這是組織設計健全溝通網路所不可忽視的。

第二節　溝通網路與溝通途徑

一、溝通網路：機關的神經系統

「溝通網路」這一課題會使我人想到組織設計問題，而視溝通為一環聯繫程序——J. Rothstein 曾說：「組織中一定有各部份，而各部份之總合才形成組織。各部份必須相互作用。它們之間若無溝通存在，則組織不會存在，因為我人只是將一些互相孤立隔離的個體成份收集在一起而已。」（註三五）同樣地，J. T. Dorsey 也提出溝通可被認為是一種由涉及人員及群體的各種溝通型式所組成的結構（註三六）。網路，可認為是一種由各決策中心組成的系統，各決策中心間由溝通途徑相互聯繫。網路總會具有「回輸」的性質；那是說，系統之控制是藉著回送的技巧來達成的。網路溝通間的回輸，可使系統本身產生自我調整，將輸出取樣，系統即可憑其來調整輸入，以使系統在遭遇變化時可以維持穩定的狀態。回輸是機電控制系統的一項基本性質。

「環路模式」（Loop Model）具有網路之各種特性。事實上環路模式只是一種高度簡化的網路，因爲它具有決策中心、資料，以及反饋的性質。不過，網路模式遠較複雜，包含各種相互交織的環圈，其作爲不一定是連續的、直接的。它們的行爲類似二個單位之交流，而不像簡單的環路。此外，因爲它較複雜，所以網路之程序具有較多的變化。它可以吸進廣泛的輸入，以各種方法操作這些輸入，而產生很多輸出。

總之，網路之存在是爲達成決策者所定的目的。朝目標而進，表示需要獲得該系統之目標完成進度等方面的控制資料。由績效觀點上找出控制點，從控制點上將資料反饋給決策者，因而發揮控制作用。所以，網路乃是機關的神經系統，那是一套精細的機電控制組合。機電控制之觀念不是工程師們專有的財產；我人可以說：「機電控制涉及所有的控制情形，所有各種的組織，所有的各種系統。」（註三七）

㈠組織設計與溝通模式（The Communication model）

在行政機關中，當兩個或更多的人從事於決策、解決問題、績效評核、諮商或任何人與人之間的意見溝通程序時，必包含一種人與人之間的影響交流（A flow of influence）。這種「影響程序」的作業方式在現行機關中目前有四種同時存在，可以後圖表示之。（註三八）

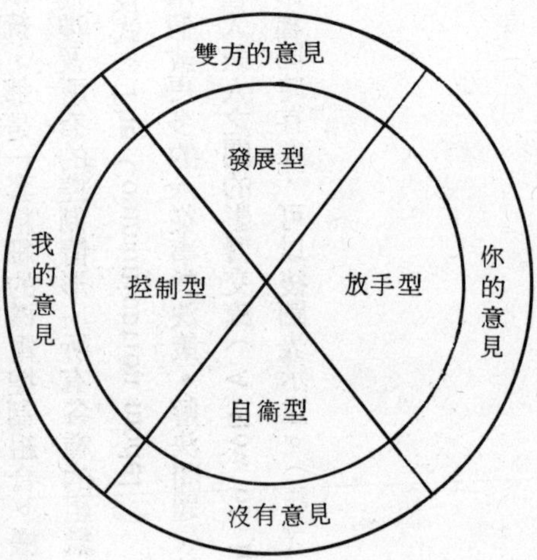

上述四個象限，指出四種對待他人的意見溝通途徑。每一途徑又因其「作用」或「反作用」的關係可再細分爲兩種型態。茲分述如下：

象限	途徑
(1)發展型	我要用我的影響力和你的影響力來解決問題（I'm ok, you're ok management approach）
(2)控制型	我要有最大的影響力。
(3)放手型	我要給予你以影響力。
(4)自衞型	我要保持置身事外，既不運用我的影響力，也不反應我的影響力。

1.發展型（The Development Pattern）

在這裏，「影響」在每一個想貢獻他的觀念和套出別人觀念的參與者之間往返流動。發展型的意見溝通程序不包含某一個人想「贏」得他的職位的企圖。相反地，他是想要找出最佳的行動途徑，亦即他有想傾聽、探究以及測出新觀念的意願。

(1)通知—激勵（Inform-Stimulate）

即願意提供情報，貢獻觀念，和試想激發討論及相互影響。例如，某人說：「我認為我們應該可以一種截然不同的方式來正視這個問題」或說：「在服務不到兩個月中，我注意到同仁中的離職率最大，因此我認為我們應該能夠經由理解這兩個月中到底發生些什麼事情去找出問題的根本，並求如何改進這種情況」等，都是在發展各種可行方案，揭露新的事實及提供可作為解決問題基礎的情報。

(2)探究（Explore）

所謂「探究」乃尋求他人的意見，探尋他人的觀念及傾聽他人的觀點。例如某人問：「你對這項問題的感受如何？」或說：「請多告訴我一點你的意見」或說：「那種事實可以應用」，都用以尋求更多關於其他人的觀點及找出更多事實或經驗來支持這項問題為目標。

2.控制型（The Controlling Pattern）

這種型態中，意見溝通者正試想在某一情況下運用他的影響力保持控制，贏得爭論，並使其他的人能照他的希望去做。

(1)說服（Persuade）

即某人想要「推銷」他的觀念，指出已知行動的利益或優點。如某人說：「很多人已經嘗試過我所建議的方法，而他們每一個人都同意這個辦法還眞不錯，因爲它可以使工作做起來更容易，同時也給他們極大的滿足」，或說：「你看，如果你在這個機關眞想得到讚賞和報酬，最重要的是準時，你可以相信我，管理階層對於守時的人和可以信賴的人非常欣賞」，就是說話的人爲「推銷」一種行動方針先送出他自已所求的是什麼，然後再利用各種說服爭論的辦法，或想要以激勵動機來說服別人好跟他相處。

(2)强制—支配（Enforce-Dominate）

係指某人强令他人聽從他的觀點，亦即他運用權力、權威、威脅或卓越的知識使其他的人照他所要求的去做。如某人說：「『老闆』要我們儘快把這個命令做好」或說「上次我們照你的方式做，結果被上級長官痛罵一頓」，都想靠指明別人如不照他所期望或指使的方法去做時，將產生不良後果來推動或迫使別人採取行動。

3.放手型（The Relinguishing Pattern）

在這種型態中，個人爲贏得別人的接受或跟別人合得來而放棄他的一部份或全部。因此所採取的方式都以私人方式給予建議或指示。

(1)給予方便（Accommodate）

在「給予方便」的型態，某人爲順從其他的人，或想要和他們的觀點相調和，而不放棄他自已全部的觀念或堅信。例如，某人說：「不錯，我百分之百不同意你，但是我一定盡力跟你的計畫相配合」，或說「好吧！如果你肯幫我一個忙，就這件事情跟我合作，我會盡力跟你合作相處」等，都是藉「軟性方法（

Soft approach）」試圖以所謂「調製喜愛食品（To curry favor）」的方式或靠「友誼」與「忠誠」贏得某人跟他在一邊，但他個人却保留整個情況的某些影響力。

⑵順應—屈從（Comply-Submit）

即完全屈從或順應其他人的觀點，聽起來雖然有點像「撤退（Withdrawal）」，可是說話的人仍然保持置身事內。例如某人說：「好吧，我不同意你，但是你是『老闆』，那麼只好這麼做了」，或說：「爲了幫忙你渡過這個『難關』（Rough spot），請告訴我應該做的是什麼？」都是用以表示對其他人一種完全「順應」或「屈從」的意願而放棄他個人所有的影響力。

4.自衞型（The Defensive Pettern）

在這種型態中，某人從解決問題的程序中撤退，他對所擬工作停止貢獻或停止請求貢獻。

⑴逃避（Flight）

一種逃避的反應包含從情況中撤退、離開及不願意貢獻。例如某人說：「這不是我的工作」或說：「好吧！我能做的我都做好了」都是跡近一種逃避的反應。

⑵戰鬥（Fight）

如果某一個人將別人「三振出局（Strikes out）」或攻擊別人，以發洩他的感情和情緒而不將手邊問題交付給他們，他即表現出一種戰鬥的反應。一位橄欖球員被別人攻擊後，以拳頭重擊地面，或跟另外一位球員打架，就是這種反應的例子。例如某人說：「我已忍夠了您那一套，您爲什麼不改正一下？」或說：「那是個愚蠢的錯誤！」都是「針對人」而不是針對情況或手邊的問題的一種反應。他往往傾向於對跟他說話的人製造「敵意」和「防禦工事」，而對問題的解決程序少有貢獻。

上述這些型態如左圖所示可反應出另外一方面的影響程序。

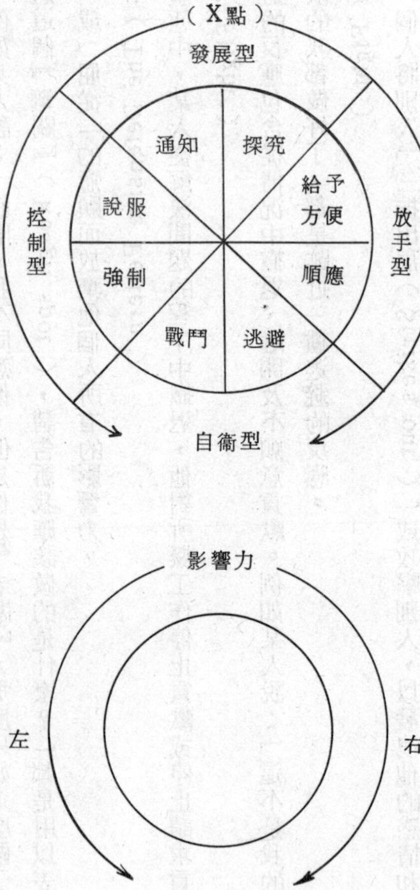

當某一個人試圖對某一種情況有愈來愈多的影響力時，他就從圓周頂之「X點」沿着圓周的左邊移動，亦卽從「通知」或「激勵」到「說服」，然後再從「說服」到「支配」或「强制」而於最後到達「戰鬥」。在那裏，他停止對問題作業，而開始攻擊或和別人爭吵。因此，從圓周頂的中點向左邊進行移動，可以看出一種「增加影響力」的圓型。

相反地，如果從圓周頂向右移動，則可看到一種「減少影響力」的圓型。在圓周頂，他以「探究」的方式分享影響力，但是當他朝向放棄影響力的方向移動時，他卽開始以「給予方便」的方式試圖跟其他的人相調和，如超過此點往前更進一步，他卽移向「順應」或「屈從」於其他人的觀念，一直到以「逃避」的方式從影響力程序中撤退爲止。

總之，「發展型」的區域是人們最關心問題的地方也是組織設計的用力點之所在，此時「情況怎麼樣？」、「事實是什麼？」及「我們怎樣運用我們的智慧去負責解決這個問題？」都是它的代表作。相反，最後一個象限，人們幾乎對問題毫不關心。他們關心的是自已，因此對各種情況要不是採取「自衞」，便是以「戰鬥」或「逃避」的方式表示自已置身事外。

目前行政機關就同時存在着這四種「模式」，一個有效而成功的組織設計，就應循此「發展型」而開創新局。

㈡組織設計與溝通型態

在一個機關組織體內，意見溝通通常有「圓型」、「鏈型」、「集中型」及「直線型」等四種型態。各種型態的速度、正確性、領導地位的穩定性、平均士氣及改變問題的彈性等均不儘相同。可供組織設計的參考，玆分述如次：（註三九）

1.意見溝通的四種型態

A. Bavelas 所作的著名實驗，同時亦爲後人所證實的四種型態如後：

(1)圓型（Circular）

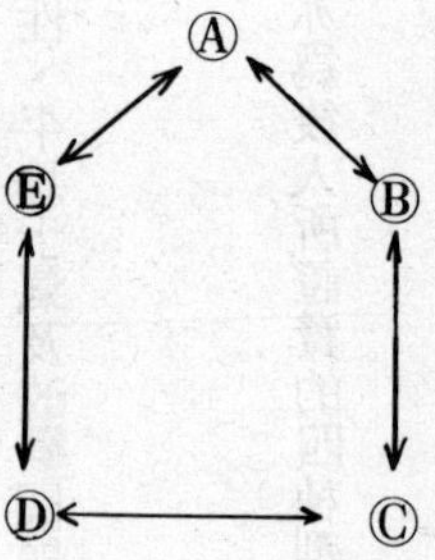

(2)鏈型（Chain）

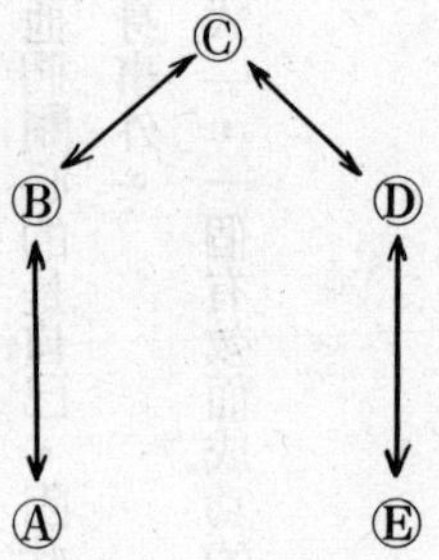

(3)集中型（Centralized）

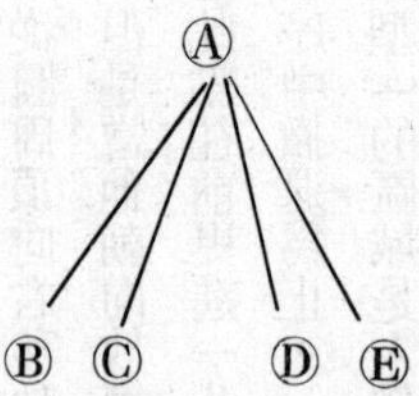

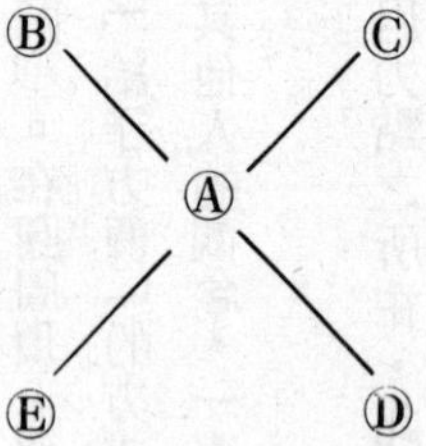

⑷直線型（Linear）

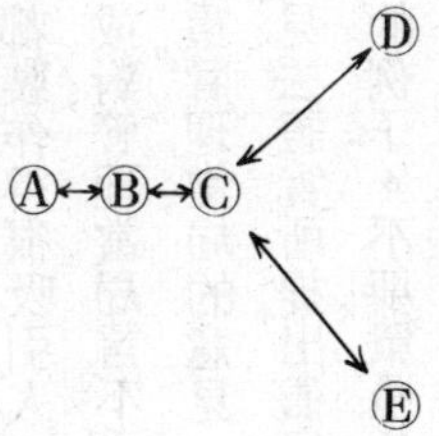

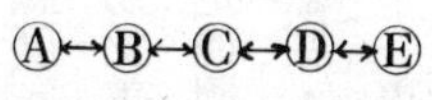

2各種型態的績效比較：

項目＼型態	圓型	鏈型	集中型	直線型
速度	慢	快	很快	慢
正確性	差	好	好	差
領導地位的穩定性	不穩定	穩定	很穩定	不穩定
平均士氣	高	低	很低	高
改變問題的彈性	高	低	低	高

二、溝通途徑

任何行政組織都有三種溝通途徑：「正式的」、「非正式的」和「隱含的」三種（註四〇）。這三種溝通途徑同時為同仁們所運用著。

㈠正式溝通（Formral Communication）

正式意見溝通包含主管與部屬之間往返的正式文書和公開談論。由於正式溝通包含甲方所希望於乙方知道的一切事情，所以可以想見縱使「發信者」認爲對「接信者」有利，而接信者可能不以爲然。有很多改進溝通的意圖，事實上都包括著把正式溝通做得更精巧更吸引人。此一措施固然無可厚非，尤其是站在美學的觀點更是如此。再者，如果溝通的主要目的係爲宣傳而不是通訊的話，利用刋物比不利用刋物更能使人信服的說法也就不用感到驚奇。

因種種理由，管理當局都利用正式溝通媒介傳遞消息，如演講、雜誌和手册等等。其原因之一，係爲確保工作步調一致，使人各盡其份。其第二個理由是爲正式指揮、控制。雖然它有時亦可用之於組織成員激勵，加强同仁對機關的忠誠以及表明機關對某項重要工作的立場。

有些地方，正式的宣示或證明只是用以保證而已，算不上是一種溝通。從前管理當局以爲一旦把消息發送出去，對方就會知道如何處理，假若有被忽視地方亦祇是因爲缺乏傳播和編纂技巧而已。因此，有許多「下行溝通」都製作得很吸引人。事實上，這種努力很少能夠改變部屬的態度。其原因並非他們不願接受美好的技巧，或對管理當局言不由衷的話不感興趣，亦不是因爲他們是容易受美麗的異議所矇騙之人。通常部屬都很敬重管理當局的意見，其所以有不信其溝通內容者，乃唯恐不是他們的本意。爲部屬者既不易憑著觀察和先見去證實所提出信息是否爲當局的眞意，則存著幾分懷疑的態度，亦就難免。要說服一個人最好舉出事實的例子。不要單憑任何美好的溝通技巧或逞口舌之辯。總之，「事實勝於雄辯」，最有效的溝通在於往日的實績，而不在於未來的承諾。

行使正式溝通的另一個或許是最重要的理由—從人群關係觀點，當然是最有生趣的—是每個人均「有爭求消息的慾望」。（註四一）

經一再的調查研究指出，組織中的成員皆有主動要求多知道機關事情的「願望」。因爲要完成工作，必需要有資料才行。不過，消息要求的範圍可能擴大至與工作無直接關係之機關政策和內部政治動態。此種爭求消息的動機均非爲利他或好管閒事。他們希望知道組織內部環境有無變動，對自已有無影響。爭求消息的慾望與其說是爲資料本身，不如說是爲接近消息根源。Stanley Peterfreund 管理顧問的研究，對內部溝通系統曾做以下的描述：（註四二）

「機關中的成員在必要時，通常所關心的是能否取得資料，至於對身邊所發生的事情則較少問。」接近消息根源或探聽某一個人的意念，乃是一件事關體面和求取寬慰的事情。從這件事情可以判斷一個人積極運用消息的能力以及當缺乏消息時的推判能力。這與個人工作上是否實際需要的消息無關，惟關係著整個工作環境對他是否認識淸楚以及他認識環境的能力有否受到重視。

因此，主管的首要責任，就是讓成員們接近非機密性的消息，因爲部屬們對此均感興趣。當然要有系統的去做這件事亦有困難，如要把機關的一切消息全部提供出來，既不妥當亦無必要。再者，機關方面亦不可能預知那些問題是成員們所希望知道的。提供消息的唯一方法就是探知成員們心裏所想的事情，並使他們說出來。請成員們「吐露心聲」的辦法很多，其中一種是採用「匿名投書」或「建議箱」的方式，提出疑問，然後由組織內的適當人員答覆。答覆的方式可以書面，如果事關公衆利益之事，甚至可以刋登出來。此外，亦可利用各種中間媒介答覆，以資保密。

以上溝通方法可以很正確的把消息提供給需要的人，而且管理方面亦可從中獲知那些事是成員們所關切的。不過這些方法對渴求消息者並非萬靈藥。因為選用這種方法的人並不多。典型「吐露心聲」的方法不僅供作申訴程序，而且作為消息來源。分析到此，我人有理由說，以上種種辦法所要求的不外乎是為消息而已。

「爭求消息」之所以存在乃因已獲有消息的人認為其他的人亦得此消息所致。這種現象在大規模組織內尤其嚴重。主管經常不顧自已是上下之間的自然溝通者，只顧自已的事情，忽視給予部屬提供必要的消息。如此將嚴重的傷害成員的士氣。正為 Stanley Petterfreund 在其大作所說的：（註四三）

「……由於目前的大機關均置有公共關係和人事人員，而且配有許多溝通媒介。因此很多業務人員都忽視通知部屬工作上必要的消息，以為這是幕僚人員的工作」。主管的意見溝通也會影響成員士氣，從而影響其日常的作業。只要肯花時間通知成員必要之消息，則主管將可培養成員的自尊心，激發其工作能力。「他們很細心的告訴我們」這是成員滿足的象徵，可惜這種美景在機關內並不多見。在現行機關中常聽到以下的種種批評：

—「他們認為你既然工作這麼久，凡事應知如何處理，還需要什麼消息呢。」

—「你自已看著辦吧！沒有人會告訴您怎麼做。事情完了之後，他們會回頭問你怎麼這樣做。」

—「『老闆』對任何事情從不徵求我們的意見。他們一意孤行，漫無目標的去做。然後，有了問題，才找我們商量。」

在組織設計中正式溝通的種類，又有三種，一曰：「下行溝通」（Down-ward），二曰：「上行溝通」（UP-ward），三曰：「平行溝通」（Horizontal）。

1.下行溝通

下行溝通就是把意見依「指揮路線」，由上層傳送給下層，通常是指由「管理層級」傳到「作業層級」，以及管理層級內的消息下傳。

2.上行溝通

上行溝通係指下級人員以「報告」或「建議」。溝通並非片面的，不是僅有下行或上行，而是下行與上行並存，構成一溝通網路循環系統。溝通的傳送者傳遞消息給接受者，經後者接受後必引起反應，再將意見反應給原傳送者。

3.平行溝通

平行溝通的範圍，包括左列二種：

第一，管理階層之間的溝通。

第二，作業階層之間的溝通。

這種平行溝通大多發生於不同的指揮系統間，或地位相當人員之中，故也稱「跨越溝通」（Cross-Communication）。平行溝通常以「非正式溝通」方式進行，尤其當正式的或經規劃的溝通設計不能有效執行時—更是如此。

實施獨裁的機關，溝通只有上對下，一來一往的溝通方式很難行的。在「層級節制」的組織內，高層主管獨攬大權，凡事不容部屬置喙更難維持對答式的溝通。儘管如此，主管與部屬之間繼續不斷的問答仍為有效溝通所必須。

影響上行溝通的方法很多，不過，所謂的「隱含方法」（Implicit Mechanism）可能遠比正式方法有效。諸如各階層主管表示聆聽的意願，或積極的探求部屬的意見卽為最簡單有效的方法。

(二)非正式溝通（Informal Communication）

非正式的意見溝通包括「謠傳」、「閒談」與「推測」。非正式溝通通常等於一般所習知的「傳聞」（Grapevine）。非正式溝通有時被誤認為是與正式溝通互相對立，設法爭取成員從正式溝通轉向非正式消息來源。從組織設計的觀點，非正式溝通是順應自然的，並不一定是「必要的罪惡」；不僅對正式溝通有幫助，而且可以很敏感的測知工作同仁的士氣。如果正式溝通係為傳遞發信者所欲使接信者相信之事，則非正式溝通正可以傳達發信者本身所希望相信之事，質言之，非正式溝通反映發信者的期待和不安、偏見與價值判斷。正由於非正式溝通並不問其所傳遞的信息是否屬實，因此任何人對傳遍機關的消息尚需要人們加以分析判斷；乃是一件非常重要之事。

非正式溝通包含機關上下人員對內部環境的意見表示。分別以謠言、閒談及交相傳誦而成為事實的議論等形式表現。

「謠言」乃是爭求消息的結果。但這並不意味著成員給予工作上所必需的事實之後，就不再傳誦聽信謠言。人們在工作上缺乏必要的消息時，甚或已擁有其欣慰或喜歡的消息時，他們仍有爭求更多消息之慾望。謠言既不意味著不健全，亦不一定與組織的利益衝突。謠言並非一無是處，至少可以使組織了解並調和成員在工作上所經驗到的期待與恐懼。謠言經常從推測開始，但卻根源於推測的原因。謠言多帶有幾分眞理，所以可能被一再重述，因此必須加以辯正。如果事實不明確不足以相信時，則謠言正表示團體的情緒，如期望、恐懼等等。謠言之所以似眞非眞，係因把現在的經驗與過去的學識與偏見連結起來。直截的說，謠言係在表示人們的慾望，可用以診斷人們內心深處的需要。

推測係不確定與興趣的產物。我人要記住者，人們卽使知道一切事實眞象，他們心裏仍然會覺得不安，再者，事實與情緒一致時則覺得安定、可靠，若事實不能滿足安全、聲譽、報復或一些其他感情需要時，則會覺得不安、不可靠。又當有强烈需要，希望得到滿足時，則此希望就是對旣成的事實也會難以置信。所以S. W. Gellesmen 曾指出：機關成員要是對內部環境有不明白時，其原因可能是沒有人告訴他們消息或是心裏不滿的緣故（註四四）。就興趣方面而言，奇妙的事情比起瑣碎的事情更容易引人推測。導致「謠言」的推測幾乎都是與成員的重大事件有關，當興趣不很强烈時，謠言所傳之事卽表示某一種憂慮，謠言能夠傳播如此快而又持久的理由係因環境的允許，而且它具有很强烈「接受性」。人們要是不知事情底細，「不確定」或「不安」時一定會反覆謠言，使其更能適應環境。他們傳播謠言並非在鬧彆扭，而是在求更寬慰些。

「傳聞」散播的速度，係表示個人在滿足其「需要」時所能得到消息的速度（註四五）。傳播謠言可以激勵鼓舞人心—他們從謠言裏可以了解所處的環境，但不一定要相信所傳的事情。由於謠言傳播的速度甚快而且有鼓舞人心的作用，因此一經重述之後，將被人信以爲眞。臆測性的謠言所以引人臆測係因發生的重大事件沒有加以解釋或沒有完滿的解釋所致。而缺乏解釋則因管理當局相信此事與成員無關或者成員們不知此事。不過，沒有完滿的解釋可能意謂著管理當局企圖把一些不愉快的事情隱藏起來。所以，謠言所形容的情勢可能比實際還來得嚴重。例如，一個嚴守預算制度的機關，為了避免成本超過預定的水準而要求中止某一些活動乃是很平常的事情。這些中止措施很少宣布而事實上常視為高度機密。不過，要是這種停滯活動因此而影響到成員所認為重大的事件，如進用、升遷或加薪等事時，則幾乎不可能隱瞞得住，因為成員經常在注意這些事情，遇有一點變化，他們很容易的就察覺出來。

像此類的變革好比正式文件，同為一種溝通方式。不但影響工作人員的行為，而且透過謠言的非正式路線迅速向外傳播。為了調和一件已經發生而又不曾宣布週知的變革，成員們很可能就料定會有一些事情被刪略掉。否則為什麼這麼突然，這麼機密呢？縱然這個懸案過了很久，謠言可能還要繼續存在。這是因為人們的憂慮還在的緣故。這時管理方面就是作了種種解釋亦不可能使人信服。只因人們對耽擱一事耿耿於懷，他們懷疑當局的解釋並非眞正想告訴他們而是藉故緩和一下。

在機關中要解決這種困難的最好辦法，在於預先說明變動理由。由於預知每件事情可能引起的困擾，因此需另謀解決辦法，即從組織教育着手，教導成員各種興革的根本道理。

這個問題已引至組織設計中溝通問題的核心。我人曾經指出，大多數成員都有興趣了解指導組織管理的主要事實與概念。他們關切高階層的問題，而這些問題通常被認為是他們不感興趣的或不能了解的問題。謠言固然使許多組織感到困擾，但其影響比較成員的猜疑心所造成的危害為小。當然，只要大略的或定期的把主管對問題的看法和做法向成員宣布，就可以幫助他們免除不必要的恐懼和誤解。

我人建議，主管的行為—甚至內部活動—如同任何正式文件，同為溝通的方式。人們從行為中了解主管的意思，行動較大之文字更能使人信服。只做書面說明、解釋並不能令人滿意其所從事的活動—甚至忽略了行動本身—。像這種正式溝通將難與非正式溝通媲美。

(三)隱含溝通（Implicit Communication）

隱含的意見溝通包含一切不曾質疑，公認為理所當然的組織；「傳統」如內部流行的迷信和傳統的條理。隱含溝通所傳消息多經無數過濾，因此往往失真。它不僅決定組織對其成員所為活動時否合理適當，而且影響人們對組織本身的觀感。

隱含溝通在三種溝通方式設計中最不明顯，所以也最難批駁。其用途原非為分配消息的媒介，而是表示對一則消息的「態度」。（註四六）

隱含溝通包括消息與非消息。前者通常為人所接受，但事實上不一定有根據。後者則為人所忽視，其存在係因傳統就有所致。隱含溝通多數是極易明顯的，但這種溝通方式對組織的業務有決定性的影響。如機關給人之「形象」（Image）就是隱含溝通的一種方式。這是一個廣泛而難以界限的概念，泛指人們對某一個機關的大略印象。好比人類一樣，我人也希望組織能夠按照某些預定方式活動。所以，一個機關予人的「形象」乃是一種綜合的印象，很多人都習焉不察的就予以認定。如某機關有朝氣、效率高；某機關死氣沉沉、有老大作風等。

「形象」不管它是摸不着邊際的，但它有若干特性不容忽視。第一，影響機關與公衆的關係。如進用人員的素質、為民服務的反應及民意代表的態度都要受到機關聲譽的影響。第二，「形象」產生，由於偶然戲劇性或奇特性的事件比眞正事實的可能性大。人們經常的不去針對現實，這是很不幸的事情。他們只相信與其想法一致或可以刺激其印象的事物。僅有少數的機關「形象」是完全虛構的，惟大多數都帶有誇大的成分，即把戲劇性的偶發事件加以誇張。「形象」之形成往往只是不斷的重述謠言的結果。然而謠言至少可予分析證實，但是「形象」則遠不可摸索。它不是一種「陳述」，只是「印象」而已；它帶有情緒的成分，當一個人聽到謠言所傳事實時，心裏就產生「形象」。這種存在心理的印象依次影響機關成員之間的溝通方式—如他的措詞、反應及其他微妙的建議方式。第三，「形象」在特殊事件或謠言消失之後還會繼續存在很久。因爲「形象」本是模糊的，很難確定其意義，沒有反駁餘地；又「形象」對於一個不曉得事實眞象的人，很容易取得信任；復因「形象」可以使人感到寬慰，因爲人們可意想組織的一切狀況。

組織設計中尚有一種微妙的隱含溝通方式，深深的影響着組織的運作。此就是指溝通本身是「清楚的」或「不清楚的」而言。換言之，溝通所傳遞的消息要如何清晰明顯，才能使組織中的成員在工作上非要它不可。有了它，才覺得安全或有能力去做他們的工作呢？

在美國，最近的一些調查研究對這個問題，提供相當有價值的看法。雖然這個研究工作是在醫院進行的，但其重要發現同樣可以在其他機關內適用。

其結論是這樣的：第一，溝通流動最弱的機關，其內部各類工作人員的流動率却最高。凡在各級人員都不願向其主管提出問題或意見的地方，或是大家都感覺主管知道什麼是最好的，部屬必須聽命遵照辦理的所在，其人員的異動率都有偏高的趨勢。第二，內部溝通良好的機關較之溝通不良的機關，其成員的效率高。（註四七）

總之，組織設計中意見溝通內容的最大特性是信息的「可靠性」，至於是否清楚或有無技巧則尙在其次。若正式宣布消息於流行謠言之前，或所作推論與傳統不一致時，則兩者不免令人疑惑或拒絕接受。在一般情況之下，此三種溝通大體是一致的。任何與已知事實大有出入的消息，均被視爲一種使人迷惑的干擾，而非明確適當的眞理。這是何以組織設計最有效溝通乃是正式、非正式及隱含三種相互配合的道理。若正式溝通有忽視或意圖與其餘二種溝通相對立時，則行政組織將窒礙難行，可以斷言。

第三節　非正式組織與小群體

一、非正式組織：一個心理學的觀點

所謂「非正式組織」（informal organization），是相對於「正式組織」（formal organization）而言，乃是指那些不見於組織規章、組織手册的一種群體關係；它可能是具體的「群體」（group），亦可能僅是一種抽象的「關係」（relationship）。（註四八）

「非正式組織」可說是「人性表現」的重要方式之一，在行政機關中具有很大的影響力，可視爲推動組織作業的「不可見的手」（invisible hands）。如能善加運用，「非正式組織」將是管理上的一大「資產」：如果忽略它的存在與影響力，很可能就是造成組織破敗的「致命傷」。因此，談組織設計就不能不研討「非正式組織」。

「非正式組織」之形成，可能由於親屬、種族、籍貫、年齡、性別、學歷、興趣、觀點、地位（階級）、工作環境，乃至利害關係等因素之相同，而將人們結成「群體」。此外，機關成員的社區生活內容如台北市民生新社區、新店明德新村、內湖中央新社區、外雙溪中央新社區、省政府中興新村等，也是形成「非正式組織」的因素之一，（它影響非正式組織的形成，也影響非正式組織的景觀。）例如：在社區

生活中的領袖人物，很可能卽是非正式組織的「群體領袖」（group leader）。

如果「非正式組織」僅止於一種心理狀態（抽象的「關係」觀念），那麼，這種心態就是「認同作用」（identification），換言之，「認同作用」爲形成非正式組織之因素之一。透過「認同作用」，使人們認爲自己與某人相同（移情作用），自己與某人有某種「關係」，自己屬於某一類型的人（知覺認同），屬於某一群體的一分子（隸屬認同）。認同心態的具體化，則是富於「群體性」的行爲表現。

「物以類聚」的情形，經常表現在人類社會中，機關組織內亦不例外。人都有「投射作用」的傾向。尋求與者，可經由「認同作用」（如隸屬認同，認同於群體），亦可經由「投射作用」（projection）（如「同化投射」，一種「我如此，他人亦必如此」的「德不孤，必有鄰」式的心理狀態。）「拉關係」便是尋求與者的具體表現；於是，有同事關係者、同鄉關係者、同宗關係者、同學關係者等，都很容易聚在一起，此之所謂「四同」。（註四九）學歷（姑以之代表「知識水準」）、興趣、年齡之相近，使人們「談得來」，志氣相投、意見觀點一致，使他們易於「站在同一陣線」。

「地位」是「身份」的表徵，認同於同一地位水準的人物，易於結合成一個圈子；不同地位的，可能互相排斥，地位高的因而自傲，而「不屑」與地位低者爲伍（有失身份）；地位低者，可能因自卑而「不敢」與地位高者並肩（高攀不上）。（當然，如果「知覺認同」使某個人認爲自己的能力或其他條件，高過同一階層的人，他也可能「不屑」與同一地位水準的人們爲伍。）投身於不適當的圈子，常帶給人們痛苦，（價值系統不同，一時無法適應他人的價值系統，而造成「畸零人（misfit）」，嚐受「雙重人格」

的痛苦），置身於合宜的羣體，却帶給人們喜悅與快樂。所以，身份、地位、見識之相同，將促成機關小羣體的發生。（下述）

工作環境也是促成非正式組織的因素之一。同一工作單位、工作小組的人們，很容易結合在一起；工作性質的相同，使人們在正式組織中形成非正式組織。例如：各機關的人事、主計制度，一旦促使「一條鞭」認同於自己所屬的系統後，除表面是正式組織外，更隱含非正式組織的特質，此種特質在該系統與他系統之間發生「對比」時，尤爲顯著。

組織（不管正式或非正式）是「共同目標」的具體化，因此，共同目標（或目的）也是形成非正式組織的因素之一。所謂「道不同，不相爲謀」，而道相同者，卽易於「相爲謀」，換言之，利害關係相同者，彼此往往因「相爲謀」、「相互需求」而結合在一起。此處所謂的「利害關係相同」，一方面可能彼此確有「相互利用」的價值，一方面則很可能僅止於「投射情緒」，亦卽某事對某人具有「利害關係」時，他會認爲別人也處於相同的境況，而在心理上與他人建立某種「關係」，這種「關係」，便可視之爲「非正式組織」。

在心理上將自己與他人或群體之間，建立某種關係的心態，就是心理學上所謂的「隸屬認同」（belonging identification），亦卽自認屬於某一群體，或自認與某（些）人或某（些）羣體有關係。當然，這種關係很可能僅止於「一廂情願」的「自認爲」而已，實際上未必眞有關係，所以，不管是具體的，或心理的「關係」，均是「非正式組織」。

由以上分析，可以發現，投射作用可以導致認同作用的發生，而這兩者，均是形成「非正式組織」的可能因素。

「非正式組織」又稱作「自然性組織」或「自發性組織」（spontaneous organization），因爲這種組織的發生，並非出於人爲的刻意設計或計畫，而是由於人性的「自然需求」、「自然傾向」、「自然表現」，一切「自然而然」地形成。正因爲它「太自然」，反而易爲人們所忽視。合理完美的「民主管理」，是重視人性，發揮人性的管理，自然必須重視「非正式組織」的存在及其影響力。

通常，在非正式組織內，多存在著明文或不明文的「群體規範」（group norms），例如一些屬於群體的習慣、傳統、風格等等，這些「規範」，使非正式組織的成員們的行爲表現，具有「群體性」，這也是觀察非正式組織的脈絡之一。

而且，在非正式組織內，也往往存在著有形無形的「群體領袖」（group leader），以及有形無形的「階級關係」。當然，這種從屬關係，與正式組織所規定者，未必一致，也未必有絕對的「相關」，換言之，正式組織內地位高者，在非正式組織中，未必亦然。有時，非正式組織的群體領袖，往往較正式組織的領袖或主管，更具影響力。正式組織的領袖或主管，甚至可能淪爲「傀儡」，而聽命於非正式組織的群體領袖。（例如：在行政機關中年輕的主管，很容易爲年長的部屬之意志所左右。）

非正式組織對正式組織的作業，具有極大的影響力。它既是一種群體，則易於產生群體的力量，對於組織作業，可能產生或正或負的影響；亦卽：非正式組織可能有助力，亦可能有阻力。

1先就「正」的作用而言：

非正式組織的形成，是組織成員「尋求與者」的表現，「歸屬感」的具體化，也是「隸屬認同」的結果。所以，非正式組織提供給成員們，是獲致心理「均衡」的可能性。組織設計就在誘導此一可能性。

心理學家A. H. Maslow提出「需要階層」（hierarchy of needs）學說，列舉五項人類需要的階層，其中第三階層是「歸屬與愛的需要」（the belongingness and love needs），說明人類對群體、對愛的需要，也說明人們對非正式組織的需要，換言之，非正式組織可以滿足人類「第三階層的需要」，或者說：非正式組織乃是人類追求滿足第三階層需要的表現方式之一。

「實現歸屬感」、「滿足需要」，都是組織成員尋求「自我成長」的必要歷程，所以，非正式組織提供「自我成長」的途徑。良好的組織設計，必須讓組織中的成員們有充分的機會，發展其「自我」，所以，非正式組織乃是民主管理的重要課題。

非正式組織有助於人格的發展、心理的均衡。有些人在群體中找到了自己，有些人在群體中迷失了自己，却取得了心理的均衡—這是「畸零人」解決痛苦的方式之一。在正式組織中，「有限」數量的「地位」與「職稱」，無法滿足每一個人的需求，如果沒有非正式組織的彌補，很可能造成許多人心理上的失衡，甚至破壞組織的秩序，或帶來管理上的困擾（非正式組織乃是一種「小社會」，成員們均有其「社會地位」，他們可從這些「地位」，得到正式組織所不能提供的滿足）。

非正式組織的交往活動，可以增加正式組織的意見溝通，補充正式組織訊息徑路之不足。此乃因爲：非正式組織的交往活動，往往是超越部門，甚至超越階級的，它可以免除正式組織中一些可能的顧忌，超越一些正式組織中可能的障礙；而且，它的溝通網，密佈於整個組織中，廣泛地延伸。所以，非正式組織的意見溝通網，常被比喻作「葡萄藤」（grapevine）（註五〇）。管理者可藉此「葡萄藤」，增加訊息資料來源，作爲決策上的參考。

2再就「負」的作用而言：

前面所述，固爲非正式組織對（正式）組織作業活動之裨益，然而，揆諸事實，却未全盡人意，換言之，吾人不能不顧慮，非正式組織對正式組織的作業，可能帶來「負的作用」。組織設計就應加以防範。

吾人曾提過，如果管理人或各階層主管，不能在非正式組織中，成爲領袖或中心人物，（亦卽他不能獲得他人的認同，或者必須聽命於他人如一些機關的青年才俊或學人從政。）那麼，他在正式組織中的地位，很可能淪爲「傀儡」的角色（如果他是個「公私不分」的人），因而無法主動，順利地推動正式組織的作業。

非正式組織可能產生「抗拒力」的另一原因是，非正式組織的形成，大多數根本就導源於對正式組織的反感（註五一）。一些在正式組織中落魄、不得志的成員，很可能「同病相憐」地結合在一起，那麼，這種非正式組織，便可能有意無意地消極抵抗，或阻撓正式組織的作業活動。（所謂「無意」，或可視爲「潛意識」的作用。）在這種情況下，非正式組織的存在，非但不能强化屬員對上司或組織的認同、服從，或效命，反而割裂正式組織，使正式組織的體系名存實亡。現行地方政府派系非正式組織的形成，演變後果，卽其顯例。

組織是目標的具體化，但正式組織與非正式組織，兩者目標未必一致。非正式組織的目標，多半是「小我的」，與正式組織所揭櫫的「大我的」目標，往往背道而馳，或相衝突。這亦可視爲非正式組織對正式組織的一種「抗拒力」（註五二）。面對這個問題，機關主管應設法調和兩者間的目標，或利害關係之衝突，例如，設法尋出兩者之共同利害關係，予以强調之，使成員們在爲達成非正式組織目標而努力之同時，亦爲達成正式組織的目標而貢獻心力。

非正式組織固是提供「滿足」的來源，然而，同時亦可能是引起「沮喪」的根由；在非正式組織中，人們亦可能遭遇不得意的事，遇此情況，則很可能影響其在正式組織中的工作情緒。另一方面，過份地沈溺於非正式組織，可能使人們「錯把杭州看汴州」，而誤其在正式組織的職務，在正式組織中失意者，尤有此種傾向，因爲非正式組織比較正式組織更能提供「滿足」，在正式組織中的失意，可在非正式組織中尋得補償。

其次，談到「意見溝通」問題。「葡萄藤」或「謠言」的作用，固然增加訊息來源與傳播速度，但也同時增加意見與消息的雜然紛陳。謠言的傳播，迅速而廣泛，可能帶來許多無謂的紛擾。尤有甚者，意見、訊息的增加，以及傳播速度的加快，使機關首長或主管們，面臨更大的考驗；他必須有冷靜的頭腦，去判斷意見或訊息的正確可靠與否；他必須迅速地作決策，採取必要行動，否則因傳播速度的加快，事態可能迅速擴張，稍一遲緩，卽至不可收拾之地步。所以，非正式組織的存在，使機關首長或主管，必須花更多的時間、更大的心神，去處理冗贅的意見與消息，而且，受到不確實意見、消息之矇騙或干擾的可能性，亦因而提高；再者，他們必須迅速作決策，在時間的壓迫下，發生錯誤或不當決策的可能性也相對提高。凡此種種，均可視爲非正式組織之「害」。

組織設計者必須注意的另一個事實是，在一個正式組織之內，多半存在著不只一個的非正式組織。不僅非正式組織與正式組織之間，可能發生目標或利害關係的衝突，許多非正式組織之間，亦可能有類似的衝突情形；尤其，以利害關係爲結合因素的非正式組織，更易於因利害關係之不同，而與其他非正式組織發生衝突；這些衝突，很可能破壞組織的秩序，阻礙組織的作業，減低組織的效能。所以，如何調和各非正式組織之間的關係，又是組織設計者所面臨的另一考驗。

非正式組織爲組織成員們生活的方式之一，也是影響成員們在組織中行爲的重要因素之一。但是，因爲它是「自然性」的，而且主管者本身，往往亦是某些非正式組織的成員，所以，主管者經常忽略非正式組織的存在，及其重要性。現行許多機關的主管們經常感到；他所管轄的成員們的行爲，是如此的不順服，如此的不合邏輯，但他却想不出所以然來，這很可能就是對非正式組織缺乏認識的結果。

忽略非正式組織的存在與影響力，往往導致組織作業的癱瘓，組織效能的遞減，甚至整個組織系統的潰敗。作爲行政機關一個優秀的主管，除正視它的存在之外，還要仔細探索、把握，一方面防止其可能弊害，一方面更要設法有效運用非正式組織，使它成爲推進正式組織作業的一般「助力」，當然，「運用之妙，存乎一心」，這正是機關主管發揮能力的時機，也是考驗管理能力的課題。

正式組織與非正式組織，可說是一個健全組織的「兩輪」，忽視非正式組織，將使組織「跛了脚」，非正式組織絕非僅是「備用輪胎」，這是組織設計應加注意的。

總之，非正式組織乃人們爲迎合個人需要所形成的一種特殊社會結構，其形成因素固然很多，但要以「我們很重要（We are important）」及「志同道合（Ego support）」兩種潛在意識的存在最爲强烈。非正式組織常是實際產生行動的地方，且將繼續存在而無法以命令或其他方式予以消除。事實上，命令只能加速其成長，可促成「派系」（Cliques）或「幫派」加速爲害整體的組織。因此組織設計者必須充分瞭解其起源與目的，並妥為運用才能使其成為一種「建設性」的組織。

二、小群體：一個社會學的觀點

B. Berelson曾經指出：機關中「小群體」（Small Group）的組成人數有限，通常少於七人，他們在相當長的期間下，具有個人間的交往，處於這種關係中的人，會具有某種程度的共同興趣，而表現在他們共同訂定的目的上，為了方便於進行達成目的所需之實際工作程序，小群體內也具有「職位」與「功能」之區分。此外，小群體本身也具有某種程度的「自我滿足」特點，能適應週遭變化不停的環境（註五三）。以下研討組織設計中有關「小群體」的形成因素及特性。

㈠小群體形成及持續之因素

1.共同意見

R. K. Merton曾經指出：「小群體為能生存，其內部人員必須有共同的意見。」（註五四）小群體之成員，必需因共同的理由而訂立群體目的，而且也應大致同意達成目的之方法。有共同意見，就產生出社會學家所指的「親切感」（we-feeling）或群體團結。在適當的環境下，共同意見是自然形成的。縱然一些互相陌生的人，某些人覺得彼此的態度和價值觀念相近，就彼此接受，而形成一群一群的小群體。明白共同意見的基本性質外，尚有別的決定因素比共同意見更重要，並且有助於共同意見之形成。

2.相互影響

構成社會中的相互作用的心理條件是產生共同意見的根源，人類需要與別人相互合作，以便解決問題，達到目的，促成協調，減少緊張，以及達成人群關係之平衡，如 Vladimir Nabokov 的小說「防禦」（

The Defense），有一段描寫不能達成此基本社會要求時所可能發生的結果。（註五五）

故事敍述一位沉迷於西洋棋的人，無法與他人甚至自己的妻子建立有意義的並維持情誼的關係。這位主角視他與妻子、家庭、朋友間的相互作用結構有如一盤棋局，他的行動與反行動應視別人的行動而定，他不與任何人交接。他幾乎是不活動的，他甚至無法在最單純的人群情況中與別人具有共同意見。終於，他自己認爲所受「世界」的侵犯太大，因而只有自殺，其實這種「世界」只存在於他的幻想中。

這位主角也許是瘋人，他的瘋狂導自他未能與別人建立一點明達的相互作用方式，多年來，他的空虛只能由下棋的迷戀來塡補。但是後來由於環境關係，他走進結婚的「眞實」人群狀況中。這仍是他的致命傷，因爲他的棋藝無法被有效的人類關係所取代。

若無病理上的障礙，人們面對面相處時，常會產生共同意見或退出相互作用的範圍，荷馬（G. C. Homer）的古典作品中，曾說：「人之間愈常相處，他們的活動與他們的情操愈來愈多相似之處，再者，一個人的活動與情操愈近似於其他人時，他與那些人間的相互作用也會增强。」（註五六）

因此，時常相互作用會促進共同意見，這點是T. M. Newcomb的意見，他指出「共同意見這項『心理需要』會衍生一種循環，將一項與其中一個人或另外數人所感到的共同意見放大。」（註五七）

人們傾向於加入小群體，在群體中與他人共享價值觀念和標準。這樣的情形，對於個人是有支持作用，也令他感到舒適。有共同興趣的人，較易獲致共同意見，而惟有群體內的人意見能溝通或交流時，才會產生共同興趣與共享價值觀念。因此，意見溝通是建立機關中小群體之一項重要決定因素。

3.意見溝通

一般地說，共同意見乃是小群體對其成員的貢獻，相互作用與意見溝通是獲致共同意見的方法，它們都對小群體內的成員有貢獻。如果在相互作用的過程中，甲和乙發現他們對於某個問題或對於另外一個人，有不同的意見，那麼他們之間就存在著不平衡的關係。不平衡則產生緊張，因而激發出意見溝通或交流。由此而起之彼此間的意見溝通，也許會找出不平衡的原因，從而建立共同意見或建立彼此的平衡。當然溝通的結果，也可能澄清各人的觀點，而明白彼此無法達成協議。這種情形下，會有兩種結果。一種是個人退出相互作用的圈子，如果不可能退出，則產生另外一種結果，即產生衝突。

我人必須予以說明，小群體彼此間的意見（ intergroup communication ）與內部意見溝通（ inner communication ）之間，具有不同的意思。溝通適應性的問題，於個人、小群體、正式機關等關係中都往往會發生。因此，應當常常有一種經寬容的風氣，鼓勵小群體（工作小組）的成員自由交換意見，以便完成機關的目標。但是，通常在小群體本身內部往往有高度的意見表達自由。

W. G. Scott曾就實際觀點爲小群體下定義：「小群體是由一群經目的交換情報而產生共同意見的人所組成」（註五八）。基於這種見解，他認爲群體是一個意見溝通網，用以處理因相互作用而作的決定。有此項組織之後，可以進一步研討其他能協助意見傳達的因素：地點、共同利益，以群體規模地點。

4.地點位置

在分析小群體的行爲時，最常爲人述及的道理：人們必須長時間彼此接近，才能相互作用，傳達意見，並形成共同觀點。一個群體若未能於某段期間內持續地維繫個人與個人間的關係，則無法存在，要作到這一點，必需經常面對面地接觸，而地理上的接近是唯一面對面接觸的方法。社會學家George Simmel許多年前已提到這個觀點（註五九）。L. Festinger 在一項住宅計畫之住宅配置與選擇朋友之社會距離的研究報告中，也述及這個現象。他說：

「………一個人所選的朋友，大多數住在他的附近，而與他住處愈遠被選的機會愈少。研究所得的範圍實際不大，最遠的距離不超過一八〇呎。」（註六〇）

地點當然不是構成小群體的唯一決定因素，但是却爲成立群體所不可或缺的要件。分析大機關中的小群體時，地點因素是很重要的，日常工作中，地點可以決定誰會看見誰，其與職能上決定誰會看到誰是有區別的。例如某機關，有兩項幾乎相同的職能，分別在一棟辦公大樓的兩端執行。雖然職能相似，但是地理上的阻隔使該兩單位的工作同仁無法形成持久性的非正式群體。

不過，由於職能化與部門化，相近職業的人大多被安排在一個地點。辦公廳的職員，通常無需走離他的工作處所，就可看到一些與他負責相似工作的人。如地理位置上有密切關連的職業性之群集，乃自然而然地構成群體關係，事實上，欲引起一群全然陌生的人結群，是不只單因數人在鄰近的地點，從事相似的事務就可以的。職業是提供人們一種狀況區分的基礎，也因之而會劃分一個小群體與別的小群體的界限。在這種情形下，形成小群體的決定因素乃是彼此所感受的共有價值觀念與共同興趣。

5. 共同興趣

不同職業的人若具有相同的價值觀念，就會形成小群體。於群體中，個人可以感受到舒適的關係，同時也可獲得支援。群體會支持個人所追尋的他所認爲「對」的行爲標準。在可能遭受外來的威脅或懷疑時，所有群體所能得到的支援乃更形重要。群體並給予個人信心。

現代人尤其是都市化與工業化區域內的人其生活非常複雜，以致於上述所形成各個群體之決定因素的相互關係將使群體關係於個人之整個生活中扮著矇矓不清的角色。一個人所關連的「基本群體」實在太多，諸如家庭、社團、工作上的群體，以及服務團等，G. Simmel 的群體關係網卽是從個人觀點，來美妙地表達這項看法的。（註六一）

個人的一生中，重重疊疊地身爲數個小群體的成員。常常他會感到各群體之不同價值觀念的矛盾，當有矛盾時，個人就傾向於他最有影響最有關連的群體，如果家庭關係不穩固的孩子，會產生對幫派的忠誠與價值觀。如果機關未能使成員相信，它會設定公平的工作標準，那麼成員就會從群體或其他團體去尋求防衞支援。人們之選擇群體，也在於尋求能在價値觀和興趣方面，對自己會有所補助與增援者。他們是受「共同意見之需要」所引動。

共同興趣之感受是一種誘發力，是小群體中個人人格之特殊結合之一部份。當人們達成接近的聚集時，有時會產生職能區分，有時不會，由於價值觀有差異，會使群體中的人再細分成支群，這種支群對於內部意見溝通能有助力，也會導致有效的相互作用以達成共同意見，而滿足人類追求社會相互作用之需要。

6. 群體大小

形成群體之令人困惑的問題之一是多大的群體最能有效地發揮相互作用及最穩定。我人自然可以輕易地訂定群體大小的最少人數，社會相互作用至少需要兩個人。而最多要多少則成問題，R. F. Bales 曾指出：群體人數超過七人時，溝通與相互作用會變得僵硬化（註六二）。例如群體內高地位的人，會成爲相互作用之中心點。低地位的人則彼此間會較少相互作用。而且地位高的人視群體爲人，他的意見溝通是下行的，而較少重視群體中各人的人格。

這種群體內部行爲之變質，也許成爲組織正式化的萌芽。群體大小當增大至個人間之相互作用大爲減弱時，就會發生分裂，形成「支群」（sub-group）以便各人能較自由地溝通，這並非就說大機關不再存在，它也許仍然存在，也許不再存在。在這種情形下，大機關常是仍然存在，成爲一個較正式的組織，擁有的宗旨與「支群」的宗旨有所不同。

(1) 二人群體（The Dyad）

實際之情況與實驗之情況均曾對二人之群體有過廣泛的研究（註六三）。這種群體最有意思，因爲它是唯一的只要一人不幹工作，就會遭到挫折的群體。而且，它之中的成員也無法連合起來對付另外一個成員。所以二人群體若想藉彼此的努力以完成工作，則不得不去建立工作上的關係。這種情形導致一些獨特的行爲反應。這種「强迫性」的合作易使成員產生高度的緊張，有意去避免爭論與敵對。因此，一方必須對另一方所表示的意思有所反應。所以，任何成功的二人群體，在情報交換與回輸方面都較强烈。

二人群體之力量平衡是脆弱的，因爲彼此都明白意見衝突或退却會導致關係惡劣。因此傾向於設定相互作用之容許限度。比如先生與太太之間，一方會避免做出使另一方不愉快的事。否則整個關係可能破滅，抹殺婚姻生活所能提供的各種益處。

當二人群體間力量獲致平衡時，二人之角色仍然有所區分，一個角色是主動與具有顯然的權力。另一個角色是被動且擁有行動否決權。視情況之不同，二人可以互換所扮演的角色。

第三人加入一個既成之二人群體時會導致什麼結果呢？對這個問題曾作這樣的假設：若原先二人互相

看不順，其中之一（若不是二人）會對新加入者持有利的看法。換句話說，該假設認爲原先兩人彼此存有相背的意識，他們會對新加入者看好。

然而證據還不足以使這個假說站得住脚，J. S. Heiss 對新加入者之被接受情形作過研究，顯示夥伴間彼此態度良好時，對於新加入他們群體的第三人也會表示歡迎的態度（註六四）。這種情形可由一項事實予以闡釋，即兩人間享有愉快的關係時，他們沒有理由認爲加入第三人時會改變現有的愉快關係。J. S. Heiss 指出：「……與夥伴之間有滿意的關係，使彼此能愉快地相互作用，而愉快的相互作用會潤色（看好）原先二人對新介入者的感受。」（註六五）

(2)三人群體（The Triad）

三人群體之最有趣的性質是他們可能結盟。因爲群體成員是三人，其中一人於相互作用過程中可能被孤立。在必須作決定時，二人之多數力量是較一人之少數力量爲大。相持不下的情形，對三人群體之群體完整性之威脅，不似對二人群體者那麼嚴重。不過，三人群體也有危險，當扮演少數之一人角色者，若經常是同一個人，那麼這位被孤立的人會退出相互作用的範圍而致三人群體分解爲二人群體。所以，我人已觀察到三人群體者，其扮演少數之人經常變換，同一個人總不是多數力量所針對的焦點。

M. Freilich 舉出一個正式機關中之有趣的特殊案例（註六六）。他指出自然之三人群體是由一些扮演不同職能與地位的角色所形成。三人群體之型式包括：

①高地位權威。

②高地位朋友。

③低地位屬員。

如左圖所示：

三人群體之正式組織配置

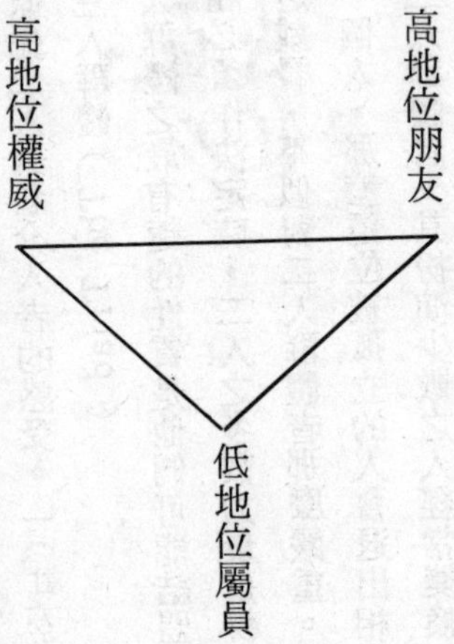

行政機關中，「高地位權威」或許是單位主管，「低地位屬員」或許是一位年青的科員，高地位權威—低地位屬員構成一種典型的正式權力關係。於此，假設高地位朋友是機關中的另一單位主管；他對那位低地位屬員的工作有興趣，却對該員無正式管轄權，低地位屬員自高地位朋友處尋求「指導」，對高地位朋友感到一絲溫暖，那溫暖是他無法得自於那位高地位權威者的，因爲高地位權威者與他的關係是正式的權威與權力，高地位權威與高地位朋友之於低地位屬員之關係值得注意的是，他們二人之滿意方向不同，而他們彼此也未在這方面交往。那是說高地位權威推動低地位屬員的活動，低地位屬員向高地位朋友尋求忠告並傾訴衷曲，但是永不會再有別的情形。

除此相互作用之外，尚有我人已討論過的三人群體中必會發生之結盟情形，然而，正式配置的關係，結盟者常有一位是低地位屬員，而另一位則常爲高地位朋友，因此使得高地位權威成爲長期之「少數」成員。不過，這種情形下的關係仍不會分裂成二人群體，事實上也不可能分裂。高地位權威之職位所擁有之權威與權力，能確保三方關係之繼續存在。實際結果，是高地位朋友—低地位屬員間之友誼結盟，產生一股平衡高地位權威之正式職位之力量，而得維持穩定的三人群體局面。

也許有人會問，某低地位屬員沒有一位高層朋友，會發生什麼情形呢？當然這種情形相當普遍。在很多機關特別是大機關中，高地位朋友的角色似乎常由該機關所支持的某種功能職位所代替。機關中的牧師卽爲一個顯然的例子。行政機關內則常由人事部門扮演高地位朋友的角色。爲什麼要有這些業務，以及上層決策者所以要支持這些業務，可以這樣地予以說明，卽其目的在於藉著各種三人群體來「抵消」官員們所擁有之正式權力，以便促進機關之穩定。（註六七）

(3)四人群體

對這類群體研究結論，R. F. Bales指出群體成員間會有高度之爭論與敵對（註六八）。因爲群體分成兩個二人群體，極有可能在決策方面相持不下，爲保持群體完整而勉强達成協議的壓力，四人群體所感受者較二人群體所感受者較欠明顯，這是因爲四人群體所成結盟之兩人彼此能互相支援以對抗另外之兩人結盟。

(4)五人群體

有些證據顯示這種群體最能滿足其成員。它人數之少，足能使成員易於相互作用（註六九）。同時，它人數之多，也足以滙集資料來供彼此在解決問題與決策方面互相觀摩刺激，爭論時，個人可以有他人支持（常常是三人與二人之對抗）。

總之，奇數人數之群體比偶數人數之群體易於達成較固之穩定，並使群體成員感受較佳之滿足關係（註七〇）。在三人群體時有所例外，若其結盟之成員固定不變換時，則另一個人常扮演少數之角色。偶數人數之群體較會產生高度的緊張，如二人群體。較大之群體如四人者，六人者等，常會發生相持、爭論與敵對。在求取共同意見時將受非建設性地相互影響。

W. G. Scott 曾指出：群體大小介於二與七人之間者，姑不論它們本身之特點會使其成員易於或難於獲致共同意見，它們都是具有最大之相互作用潛力（註七一）。超過七人，相互作用即遞減，溝通傾向將集中於一個中心成員，而大群體之成員可能分離成較小人數之群體，因此，就如上述的，群體大小乃是小群體之形成、穩定、持續之基本決定因素。

上述形成與持續小群體之六項決定因素，其中也許以共同意見這一因素最爲基本，但是在共同意見形成之前，有相互作用、意見溝通、共同興趣、地點、大小等因素來促成共同意見之達成。這些決定因素在獲致最終共同意見時，並無一定的前後次序。顯然溝通、相互作用，以及共同興趣之感受，於形成群體之早期卽共同發揮其功用。溝通與相互作用對於持續群體生命之功用，實際上是區分不出來的。它們並非整個過程中之實際行爲成份，根據這些觀點，以下再來談小群體之特性，以供組織設計的參考。

㈡小群體之特性

在行政機關中，小群體一形成，就會建立結構、控制成員之行爲，具抵抗變革之傾向，並且會產生領袖。以下討論這些特性。

1.建立結構關係

由於小群體是基於一種社會心理邏輯，它們的結構與那些正式組織型態，把職能與權責相結合不相似。社會計量學（Sciometric）分析可用爲發掘與描繪小群體中相互作用之型式的工具。

左圖所示之機關爲社會測量分析所能繪出之圖型之一（註七二）。注意該圖有三種狀態：原始群體（

小群體關係之活動範圍

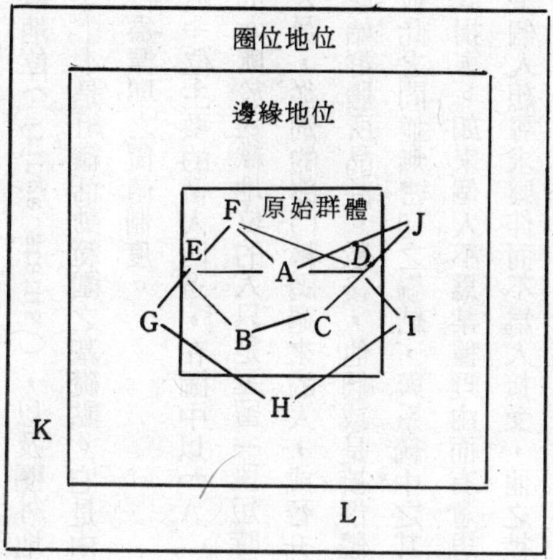

primary group），邊緣地位（fringe status），以及圈外地位（out status）。原始群體—相當於本文所述之「小群體」概念——是組織活動範圍之基礎點。它是由一群已獲致共同意見的人組成的。原始群體建立並維持一種包含行爲標準之價值制度。

原始群體之個人聚於一位主要的個人四週，在圖中以「A」表示該主要人物。該人爲非正式之領袖。邊緣地位常是動態的。處於邊緣地位的人只是逗留一段短時間，他們是小群體日常活動範圍之新人。例如，在機關中的新進人員，從別的部門轉調過來的人，或晉升的人。因爲他們最近才加入，他們正對原始群體作品評，而也被原始群體所品評。最後，他們或是被群體接受或是遷移到圈外地位。

那些「圈外」者，彼此之間並無密切之聯結，與系統中之其他人也無聯結。它們被稱爲「隔離者」。圈外地位不一定對個人有損害。如果個人不爲某種理由而有意思於附屬群體價值，他對於圈外地位可能不會感到介意。但是，如果個人想尋求夥伴而不爲人接受，他之被擯棄可能構成他個人的不安。

有時一個人決定不接受群體的規範，也許會被原始群體視爲對群體存在之威脅。例如，一位管考人員，對於工作抵制者而言可能是一項威脅。

2.造成社會控制

小群體具有社會影響力。像大多數組織一樣，群體提供權益，但也對其成員有行爲上的要求。每個群體都有其行爲標準，個人想得到群體結盟之權益時就必須遵從這種標準。E. V. Schneider 曾指出：群體權益是：

①解除單調、煩悶、以及厭倦。

②藉著參加有名望的群體並與其中有權位的人結識，可以提高自己的地位。

③群體提供個人自我表達的機會，使情緒反應得以快速流通。

④支持與增援個人使其感到更加安全，對他的行爲提供保證，使他體認到：群體內外人們的行爲是「對的」（註七三）。

群體對其成員之影響力自然不會是一樣的。一般而言，個人企圖藉加入群體以達成自己的目標，其心理慾望愈重，群體對他的影響愈大。此外尚有別的變數（註七四）。

①群體之團結與穩定情形，決定它的影響力。因此，群體之價值觀念與目標不分明時，會減弱群體對其成員的控制力。

②但是，若群體之處境曖昧不明或受有威脅時，群體愈能影響其成員，這是因爲成員企圖在高度不穩定處境中，從群體獲得支持與保證。

3.變革之抵抗與氣質之保存

在機關中群體具有抵抗變革的傾向，當然群體不是對任何變革都持敵對態度的。前面已經談到群體建立一種具有行爲標準和價值結構的氣質，這類群體有利於其成員。所以，任何被認爲會破壞其完整之外來力量，諸如監督方式之變化、工作內容之改變、工作關係之改變等，都會導致群體之抵抗。

L. Coch and J. R. P. French, Jr 曾對變革所引起的抵抗作過典型的研究（註七五）。他們發現對變革之抵抗有很多方式。公然的抗議、降低工作效率以及離職，甚至對監督人員、高層管理者的嚴厲評擊……

都是。

群體之氣質相當持久，大多由於其成員對於外界的可能騷擾力持有謹愼的防範。甚至群體成員之異動也對群體氣質之內容發生不了影響。假設正在觀察一個正式組織中的六人群體。該群體密切團結，對於價值觀與目的具有清楚的共同意見。然而，由於正式組織所發生的變動，該群體每隔六至八日卽有一人離去而由另一新人頂替。大約三年至三年半。該群體之成員卽與群體成立之初的成員全部不同，但是，我人對該群體之早先氣質內容與成員，全部更換後的氣質內容加以比較，會發現沒有多少改變（註七六）。該群體藉著舊成員對新成員之傳遞以保存其氣質。因此，在一段期間內斷斷續續地更換成員較不會擾亂群體成員之心緒與群體之氣質（註七七）。

4. 締造群體領袖

行政機關中群體領袖多少是由成員推舉出來的。很難列出決定領袖人選的標準。工作技巧、同情性人格、年齡等皆可視爲標準。雖然如此，群體領袖常具有兩點廣泛的特性：（註七八）

⑴表達能力：領袖負傳送與接受訊息的任務。他是該非正式機構之類似證劵交換所之訊息交換所。他是「知道者」。而或許更重要的是他樂於將所有訊息傳送給該非正式機構內的成員。

⑵具體化原始群體價值觀點之能力：這項特性較第一項特性爲難以捉摸。領袖乃是群體所爲事務之有生命的代表。他能感受群體的價值觀，將該等價值觀凝結成邏輯的意識，並用言詞對群體外之人們說明該等價值觀。這就是非正式的領袖所以被稱爲群體之發言人的理由。

只要原始群體的價值觀沒有多大變動，只要非正式的領袖繼續從事價值觀之具體化與溝通，只要原始群體之成員及環境相當穩定，該非正式領袖大概會繼續保持其地位。就如上述所提，價值觀之穩定、成員之穩定、環境之穩定等，似乎是群體領袖延續其領導權之重要條件。

群體的成份與價值觀之穩定，對於某人之被任命爲領袖，當然有其重要之決定力，前面已經談過，在一段相當長的時間內，緩緩的群體成員異動，對於群體的價值不會產生極端的影響。在這樣的情況下，一位領袖可以繼續發揮其職能。然而，群體成員發生快速多數的異動時——領袖未曾異動，可能會引入新觀念和新價值觀，而致原任的領袖不再適於代表新觀念和新價值，因此，原任的領袖可能被新加入者中的一人所取代。

如果原任領袖不再能爲群體的價值觀加以具體化及予以傳播，那麼他之被取代會自然而然地發生。所以，一位原任領袖被升遷至機構之較高層時，他不再能爲他的原群體盡領導之力。例如，一位領袖升爲司、處長，這種地位上的改變使他要重新訂定自己的價值觀。大多數情況下，一位被升遷的人會被迫放棄他原先在群體中所擔當的領袖地位。

再者，如果環境改變，領袖人選也可能改變，例如，在穩定、緩慢變化的環境中，可能是由某人擔任領袖，但是出現緊急情形時，却可能出現另一個人來取代其領導地位。

附註

註一：雷飛龍譯，行政學，（台北市：正中書局印行，民國五十八年十一月三版），頁二三五。

註二：組織，本質上，乃是一種溝通網路，其情形如後表所示：

The Organization As A Communication Network

（組織乃是溝通網路）

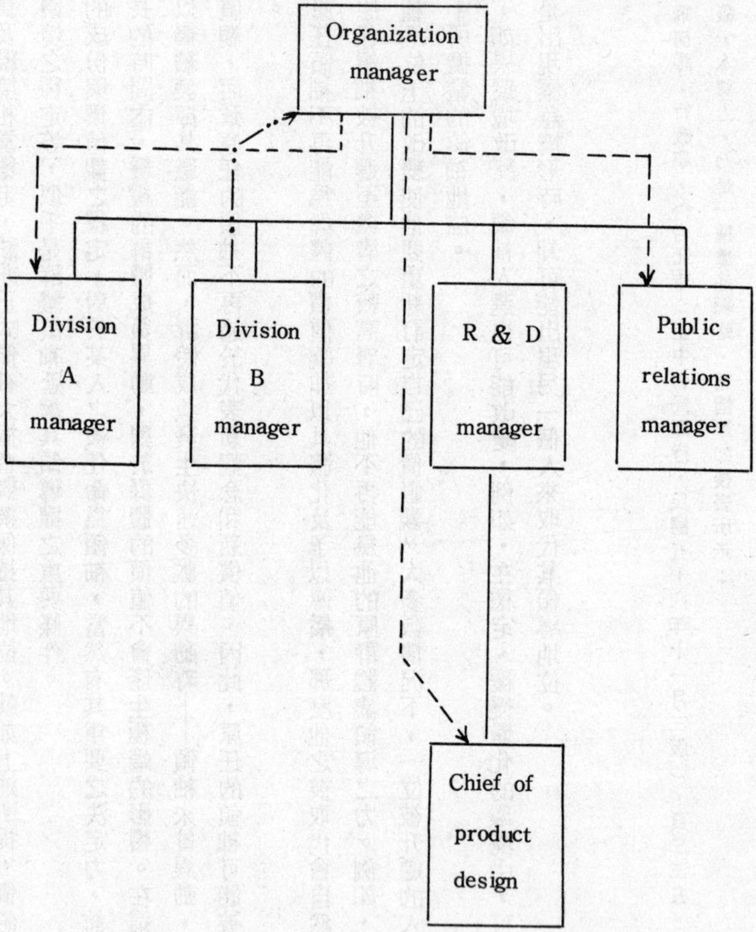

— — — — — — = Initiation of discussion (boss)

—·—·— = Initiation of discussion (subordinate)

註 三：W. G. Scott, *Organization Theory : A Behavioral Analysis for Management* (Homewood Ill. : Richard D. Irwin 1967), P. 181.

註 四：Tom Burns, " The Directions of Activity in a Departmental Executive Group ", *Human Relations* (1954), PP. 73-97 also to see : D. T. Piersol, " Communication Practices of Supervisors in a Mid-western Corporation ", *Advanced Management* (November, 1958), P. 20. also to see : George L. Hinds, " The Communicative Behavior of the Executive ", *Journal of Communication* (September, 1957), PP. 29-34.

註 五：W. G. Scott, *op. cit.*, P. 182.

註 六：J. K. Pierce, *Symbls, Signals and Noise : The Nature and Process of Communication* (N. Y. : Harper and Brothers, 1961), P. 79.

註 七：P. A. Cartier and K. A. Harwood, " On the Definition of Communication ", *Journal of Communication* (November, 1953), P. 73.

註 八：C. G. Browne, " Communication Means Understanding " in Keith Davis and W. G. Scott, (ed.), *Readings in Human Relations* (N. Y. : McGraw-Hill Book Co., Inc., 1959) P. 331.

註 九：R. A. Johnson, F. E. Kast, and J. E. Rosenzweig, " System Theory and Management ", *Mangement Science* (September, 1964), P. 380.

註一〇：W. G. Scott, *op. cit.*, P. 184.

註一一：C. Merton Babcock, " A Dynamic Theory of Communication ", *Journal of Communication* (May, 1952), PP. 65-68.

註一二：R. B. Levy, *Human Relations : A Conceptual Approach* (Pennsylvania : International Textbook Company, 1969), P. 304f.

註一三：Peter F. Drucker, *Management : Tasks. Responsibilities, Practices* (Reprinted in Taipei, 1975), chap. 38.

註一四：R. F. Tredgold, *Haman Relations in Modern Industry* (N. Y. : International Universities Press, Inc., 1963), P. 103.

註一五：Peter F. Drucker, *op. cit.*, P. 446.

註一六：*Ibid.*, P. 447.

註一七：*Ib.*

註一八：F. K. Berrien, W. H. Bash, *Human Relations : Comments and Cases* (N. Y.: Harper & Row, Publishers, 1957), P. 202.

註一九：W. G. Scott, *op. cit.*, Chap. 15; H. Koontz, C. O'Donnell, *Essentials of Management* 中認爲意見溝通的阻塞有左列十種：

1. 詞不達意的訊息
2. 錯誤的譯述
3. 傳遞過程的漏失與記憶錯誤
4. 缺乏注意力
5. 不明確的假定
6. 沒有足夠的調整時間
7. 對意見傳達者不信任
8. 不成熟的評價
9. 畏懼
10. 疏於傳遞訊息

註二〇：M. Dalton, " Managing the Managers ", *Human Organization*, (December, 1965), PP. 4-10.

註二一：N. R. F. Maier, " Breakdowns in Boss-Subordinate Communication ", *Human Organization* (Ocotober, 1964), P. 20.

註二二：Harry C. Triands, " Similarity in Throught Processes and Boss-Employee Communication ", *Supervisory Management* (Ocotober, 1958), PP. 325-326.

註二三：W. G. Scott, *op. cit.*, P. 370.

註二四：E. Planty, W. Machaver, " Why Doesn't Somebody Tell Me These Things ? " *Supervisory Management* (September, 1958) PP. 5-6.

註二五：M. Haire, *Modern Organization Theory* (N. Y. : John Wiley and Sons, Inc, 1959) PP. 195-200.

註二六：E. planty, W. Machaver, *op. cit.*, PP. 5-8.

註二七：M. Haire, *op. cit.*, PP. 247-248.

註二八：W. G. Scott, *op. cit.*, P. 377.

註二九：A. J. Escher, " But I Thought ……" *Supervision* (September, 1957) P. 24.

註三〇：K. Davis, *Human Behavior at work : Human Relations and Organizational Behavior* (N. Y. :McGraw-Hill Book Company, 1972), P. 403.

註三一：M. Haire, *op. cit.*, P. 197.

註三二：M. Haire, *Psychology in Management* (N. Y. : McGraw-Hill Book Co., Inc., 1956), PP. 76-78.

註三三：W. G. Scott, *op. cit.*, PP. 382-383.

註三四：H. P. Zelko and H. G. O'Brien, *Management & Worker : Communication in Action* (Cleveland, Ohio : Howard Allen, 1957), P. 93.

註三五：J. Rothstein, *Communication, Organization and Science* (Indian Hills, Colorado : Falcon's Wing Press, 1958), P. 34.

註三六：Johm T. Dorsey, " A Communication Model for Administration " , *Adminstrative Science Quartery* (September, 1957), P. 310.

註三七：W. G. Scott, *op. cit.*, P. 200.

註三八：R. Saltonstall, *Human Relations in Administration* (N. Y. McGraw-Hill Book Company, 1959), chap.14.

註三九：Alex Bavelas, " Communication Patterns in Task-Oriented Groups " *Journal of the Acoustical Society of America* (22, 1950) PP. 725-730.

註四〇：S. W. Gellermen, *The Management of Human Pelations* (N. Y. : Holt, Rinehart and Winston, 1970), chap. 5.

註四一：E. W. Hughes, *Human Relations in Management* (Oxford : Pergamon Press, 1970) P. 121.

註四二：S. W. Gellermen, *op. cit.*, P. 57.

註四三：*Ibid.*, P. 60.

註四四：*Ibid.*, P. 72.

註四五：K. Davis, *Human Relations at Work : The Dynamics of Organizational Behavior* (Reprinted in Taipei, 1967), P. 315.

註四六：S. W. Gellermen, *op. cit.*, P. 61.

註四七：K. Davis, *op. cit*, P. 320.

註四八：K. Davis, W. G. Scott, *Human Relations and Organizational Behavior : Readings and Comments* (N. Y. : McGraw-Hill Book Company, 1969), P. 172.

兩種組織關係形式

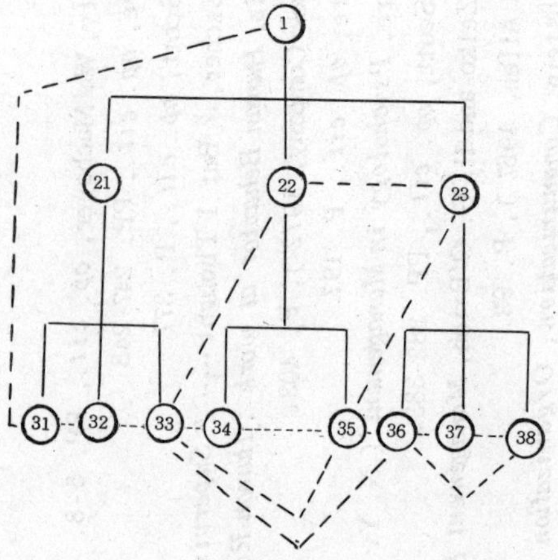

—— 代表正式組織聯繫線路

- - - - 代表非正式組織聯繫線路

註四九：這是國內行政學家姜占魁教授的看法。

註五〇：L. R. Sayles, G. Strauss, *Human Behavior in Organizations* (N. J.: Prentice-Hall, Inc., Englewood, Cliffs, 1966), P. 241.

註五一：E. W. Hughes, *op. cit.*, P. 128.

註五二：R. Saltonstall, *op. cit.*, P. 208.

註五三：B. Berelson, G. A. Steiner, *An Inventory of Scientific Findings* (N. Y.: Harcourt, Brace of World, Inc., 1964), P. 326.

註五四：T. H. Newcomb, *The Study of Consensus* (N. Y.: Basic Books, Inc., 1959), PP. 227-8.

註五五 W. G. Scott, *Organizational Theory: A Behavioral Analysis for Management* (Homewood Ill: Richard D. Irwin 1967) chap. 4.

註五六：G. C. Homer, *The Human Group* (Harcourt: Brace and Company, 1950), P. 120.

註五七：T. M. New Comb, *op. cit.*, PP. 289-290.

註五八：W. G. Scott, *op. cit.*, P. 104.

註五九：G. Simmel, *The Web of Group-Affiliations* (N. Y.: The Free Press of Glencoe, 1955), PP. 128-130.

註六〇：L. Festinger, S. Schachter, and K. Back, *Social Pressures in Informal Groups* (N. Y.: Harper and Brothers, 1950), PP. 153-163.

註六一：G. Simmel, *op. cit.*, P. 135.

註六二：R. F. Bales, " Some Uniformities of Behavior in Small Social Systems " in W. G. Scott, *op. cit.*, P. 109.

註六三：R. F. Bales, A. P. Hare, and E. F. Borgatta, " Structure and Dynamics of Small Groups: A Review of Four Variables ", in J. B. Gittler, *Review of Sociology* (N. Y.: John Wiley and Sons, 1957), PP. 339-400.

註六四：J. S. Heiss, " The Dyad Views the New comer ", *Human Relations* (August, 1963), PP. 241-248.

註六五：*Ibid.*, P. 250.

註六六：M. Freilich, "The Natural Triad in Kinship and Complex Systems", *American Sociological Review*, (August, 1964), PP. 529-539.

註六七：W. G. Scott, *op. cit.*, P. 112.

註六八：R. F. Bales and E. F. Borgatta, "A Study of Group Size : Size of Group as a Factor in the Interaction", in Paul Hare, E. F. Borgatta, *Small Groups : Studies in Social Interaction*, (N. Y. : Alfred A. Knopf, Inc., 1955), PP. 396-414.

註六九：W. G. Scott, *op. cit.*, P. 113.

註七〇：*Id.*

註七一：*Ibid.*, P. 114.

註七二：*Ibid.*, P. 115.

註七三：E. V. Schneider, *Industrial Sociology* (N. Y. : McGraw-Hill Book Co., Inc., 1957), PP. 193-203.

註七四：A. Zander, *Group Dynamics*, (Evanston : Row, Peterson and Company, 1960), PP. 189-200.

註七五：L. Coch, J. R. P. French, Jr., "Overcoming Resistance to Change", in S. D. Hoslett, *Human Factors in Management* (N. Y. : Harper and Bros., 1951), PP. 242-268.

註七六：W. G. Scott, *op. cit.*, P. 119.

註七七：W. H. Whyte, Jr., The Organizzation Man, (N. Y. : Simon and Schusror, 1956), chap. 25.

註七八：W. G. Scott, op. cit., PP. 120-121.

第七章　主管權威的有力鞏固

第一節　權威是否必能使人服從？

十五世紀時，西班牙女王伊沙貝拉（Queen Isabella）曾經册封哥倫布（Christopher Columbus）為「萬海元帥」（Admiral of the Ocean Sea），授予他管轄海上臣民的「權威」（Authority）。但是在哥倫布發現新大陸時，美洲的印第安（Indians）人對這位「元帥」，目中無人，全不在意，依然過他們固有的生活方式。哥倫布擁有的「權威」已經夠大；但是却沒有得到「服從」。理由很簡單，他需要「影響力」（Influence）和「權力」（power），來支持他的「地位」。（註一）

哥倫布遭遇的「問題」，在今天的行政機關中依然存在。組織賦主管以權威，主管的權威應如何使部屬接受？如何鞏固主管的權威？這問題看來簡單，實際上却至為複雜。要瞭解此一問題，牽涉到許多別的問題：為甚麼權威通常能受到尊重（註二）？權力如何能得到服從？政府機關中行使權力，有些甚麼限制？影響力又是甚麼？如何有效地加强領導？這些都是組織設計所深思研討的課題。

通常在討論組織設計時，常假定：某人擁有對某一事件的決策權，即表示他能推行他的決策。此一假定一般說來，尚能符合事實。舉例來說：某人既有權威，則可以代表機關「發號施令」。如此之所謂「權威」（authority），W. H. Newman 認為具有「准許」（permission）的意義（註三）。一位主管將這樣的權威授予某人，卽表示其人得到「准許」，可以採取某些行動。很明顯的，他也可以將他得到的「准許」轉授他人，但應以他自己擁有的權威範圍爲限。

對於處理「實物」的權威，意義至爲明確；但關於指導他人行動的權威，則複雜得多。「准許」某人可對他人發號施令，却不一定能保證他人能「服從」其指令。問題乃在於其他屬員，是否「願意」（willing）服從。對人的權威如要有效，則需有關人員願意接受。因此其間牽涉到「雙方的同意」（two-way endorsement）（註四）。

「權威」是什麼？最常見的是，依照字面解釋。例如：「權威就是權力與威嚴——是一種不必靠眞理或公理，而能使人畏懼而屈服的力量。」（註五）

這是最簡明而易於瞭解的定義。不過，有一點必須商榷的是，「權威」未必產生令人「畏懼而屈服的力量」。例如：某甲對某乙確具「權威」，卽對某乙而言，某甲具有「權力與威嚴」（依定義），但某乙可能爲「維護尊嚴」，或因其他利害關係，而未必依照某甲的意見來行爲，甚至還可能處處與某甲作對。在這種情況下，某甲對某乙的權威，並未產生「力量」。這種現象，在行政機關的「平行地位」之間，尤爲常見；同一階層的分子之間，往往不易產生「認同作用」。

另一種「權威」的定義是：「權威就是吾人因著某人，而得來對某一事物的眞相的倫理正確性，而予以信任。」（註六）

這個定義的特徵是，它强調「權威的客觀條件」——倫理正確性。簡單地說，「倫理正確」卽是「合乎邏輯」，如果某甲對某乙具有權威，則某乙因著某甲，對某一事物必須確認其「合乎邏輯」，而加以信任。如果這種「信任」係源於「客觀」（即對「倫理正確性」的確認），則依此定義，「權威」存在。若「信任」乃是出於「主觀」（未經「倫理正確性」之確認，而只是出於個人對所謂「權威者」的情感或成見），則不合於這項定義。所謂的「權威」即不存在。

上述兩種定義，各執一端。如果視「權威」爲「能使人畏懼而屈服的力量」，則即使無「倫理正確性」的存在，感情或成見亦足使權威產生。一般而言，若有「倫理正確性」作後盾，則「權威」可以獲得鞏固。

至於權威的來源，各家的說法亦有不同：

——O. Tead認爲有三，即「地位的權威」、「機能的權威」和「事實的權威」。（包括：立法、行政、監察以及決策的權威。）（註七）

——R. A. Dahl 認爲有三，即「個人抉擇的標準」、「勝利的標準」和「經濟的標準」。（註八）

——G. Wijeyewardene 認爲有十，即「財富、集團、地位、學歷、學識、人格、武力、年齡、權柄，和感情」。（註九）

總之權威的來源，吾人可歸爲兩類，一是「施者」本身權威的存在，一則是「受者」本身之「需要」。但是，吾人所欲强調的是，權威之被「接受」，並不完全決定於「施者」之是否具權威，更重要的，却是接受者本身的客觀「條件」，與主觀的「需要」。

因此，權威是存在於二造之間的，其中的一造是「上級」，另外的一造是「下屬」。上級將決定傳達下屬，旨在希望其能依照他的意思行動。下屬被期望著要去執行上級所作決定，下屬的行動同時也由上級加以決定與指使。因此，權威關係的定義，所以經由純粹客觀的和行爲的立場予以確定。它包括着上級與下屬兩造間的行動。祇有在這兩造間之行爲發生時，權威始告在雙方之間成立。當這些行爲沒有發生時，權威便不會存在。因爲權威之存在有賴於雙方之默契，所以在某一時間中所表現的權威之存在。並不意味著另一個時間之後也一樣地會存在。必須認淸的是二個人之間，在某一段時間裡權威之發生，包括著期望被人服從（expectation of obedience）的一方，和願意從事服從（willingness to obey）的另一方。而這兩造之間的權威關係，常常是有些特定的行爲。

所以權威的運用，往往不是權威的內容，而是接受者的客觀條件與主觀需求。這種情況，與「大衆傳播學」（Mass Communication）上所謂的「受播人對傳播內容具有選擇性」是相通的。

對「權威」的需要，可能導因於二，一是心理上的需要（人的本性使然）；一是客觀環境所促成。Erich Fromm 謂：人有「逃避自由」（Escape from freedom）的傾向（註一〇）。換言之，人多少具有幾分「奴性」（卽「被支配性」）不願自主行動。於是，權威便成逃避自由最理想的庇護所。這種對權威的要求，乃是維持心理均衡的手段。行爲若有權威作後盾，一方面可求個「心安理得」，另方面甚且可產生行爲的動力。（理直氣壯，雖千萬人吾往矣！）

縱使是高度理智地從事科學研究，亦往往需要權威的支持。「信任權威，可以作爲科學研究的補充材料。權威是一種外在性的理證，而科學研究却是內在的。」（註一一）科學研究的結果，加上權威的理證支持，對知識的肯定與信心，當有裨益。

另一方面，「臣屬」於權威，可以向權威學習，這是「自我成長」的一個途徑（註一二）。這過程包含兩個階段，一是「隸屬認同」（Belonging identification），一是「發展認同」（Developmental Identification）。其歷程大抵是：臣服於權威，認同於權威，將權威擬爲「自我塑像」的材料，努力向權威學習，進而尋求自我的表現，「以權威爲模範」，因而推動其自我的「成長」。

民主的管理，必須爲組織成員構建「自我成長」的環境，如何適當的提供權威，幫助組織成員進行自我成長，乃是管理者的責任之一，也是組織設計者的一項嚴肅課題。

造成對權威需求的另一原因，乃是客觀環境使然。例如：組織內（尤其是「非正式組織」），如果處於「無政府」狀態，群龍無首，則自然促成對「權威」的需要，於是，人們開始尋求權威，經過比較、衡量（包括利害關係的衡量）、渲染、一廂情願等，他們便會找出「權威」，作爲他們的「群體領袖」（Group leader），作爲他們的庇護所與認同的客體。

在機關實務上，大多數命令都能得到服從，某人既然承擔某一工作，則表示他應該「接受」他的上級主管的命令。這種行爲，乃出之於「文化」，出之於一個組織機構的正常的「社會模式」。主管和部屬雙方，都認爲主管有權對部屬「要求」某類行動；也都認爲部屬有「遵照」主管指示而行動的義務。

部屬之服從主管，一則是基於「信念」（belief）的原因。另一則是：部屬能從職務上得到直接的滿足。部屬遵循主管的指示，達成組織的目標，便享有一種「成就感」。有時一項職務，能給人促進其社會關係的機會。在這類情況之下，所以人纔會樂於服從主管的指示。

不過身爲主管者，要想完全靠這種習慣和成員的直接滿足來遂行其權威，却也不一定靠得住。往往有許多所謂「邊界責任」（borderline duties），部屬也許接受，也許不接受。擧例來說，在部屬看來，某些工作他不同意，有風險；或是新的職務，他就不一定積極工作；有時候他接受分派工作，但却不接受如何實施的指導。

正因爲如此組織設計對如何促使機關中的成員服從權威的問題，便有加以研究的必要。廣泛地說：要鞏固主管的權威，大致有三種途徑。那就是：⑴運用「權力」（power）；⑵培養「影響力」（influence）；⑶加强「領導」（leadership）（註一三）。以下逐一探討。

第二節　適當運用權力

人常藉「權力」的運用來支持其「權威」。運用適當的獎勵和懲罰，常能取得服從。獎勵和懲罰，古已有之；在今天的社會中仍然有效。家庭、學校、政府，和企業機構，都經常運用獎懲。因此，作爲一位主管人，對權力應如何運用，和運用時有何限制，都必需有所瞭解。

一、權力是什麼？

在此，吾人應先提出一項必須澄清的觀念，卽「權力」與「權威」之分辨。

一般而言，權力的觀念，必須與「職位」連繫在一起，卽權力是因職掌或地位而生。權威則不然，職掌與地位雖可能促成權威的發生，但並不能保證權威的必然存在。（註一四）

權威的作用對象，（如將「權威」的作用，視爲一種Communication，則權威的作用對象卽相當於「受播人」之地位。）可以拒而不受，亦卽權威的客權存在，不一定獲得「受播人」的主觀接受。權力則不然，在組織系統內，合法的權力運用，其作用對象應有接受的義務。（註一五）

從廣義說，如果我人握有他人需要的某些事物，且他人無法從他處取得者，我人對他人卽擁有「權力」

（註一六）。例如某一孩子擁有一個足球，別的孩子都想與他共玩，這孩子便擁有「權力」。食鹽的獨佔，對政府而言，是一種權力的來源。數十年前，美國洛克菲勒（John D. Rockefeller）控制石油運輸，因此，他便對石油工業擁有「權力」。當然，要滿足一項需要，有時還有其他辦法。有其他辦法，權力的强度也就相對地降低。

對他人施以獎懲，是權力的另一面。倘使能解除或剝奪某人之所有或某人之所欲，也具有權力（註一七）。所謂某人之所有或某人之所欲，可以是他的自由，可以是他的財物，甚至可以是他的生命。獨裁者的政治權力，主要卽靠「懲罰」；而民主制度的政治權力則主要靠「獎勵」。

在權力關係中，有一基本要素。那就是「對懲罰的恐懼」，或至少是「對懲罰的可能」的恐懼。我人之所以遵守有權者的指揮，乃是因爲「恐懼」會剝除某項重要滿足。有時並不一定能肯定必會被剝除，但是不願冒此風險。但不幸的是：僅靠「恐懼」和「不定」（Uncertainty）來維繫雙方關係，則較弱一方恐將失去自信；同時也將難以對有權者保持友善。

上述概念，同樣能應用在政府機關的內部作業上。部屬服從主管，如果是因爲有所恐懼——恐懼不能得到獎勵，或恐懼有所懲罰，那麼主管便是完全依靠權力來行事。通常有一種很普通的看法，認爲整個組織的作業，都可以用權力的運用來解釋。——這種看法，實嫌過於武斷。照這種看法，主管之所以能使部屬工作，當完全是因爲部屬會得到獎勵或懲罰的緣故。部屬會問：「做了對我有甚麼好處？不做對我又會如何？」——這種對行爲動機的看法，實嫌過於狹窄和不足。但是，應該認識清楚的：權力對組織行爲確有部份作用。（註一八）

但是所謂權力關係，殊不以主管和部屬之間爲限。在機關內，各項關係往往至爲複雜，包括機關內的權力來源，形成極爲複雜的關係矩陣（Matrix of relationships）。因此身爲主管者，必需妥善處理人與人之間的關係。此地的討論將以正式組織中的「權力」與「權威」的相互關係爲限。

㈠主管權力的來源

機關的管理階層，對機關職員常擁有相當大的「權力」。管理階層爲職員設計職位、分派工作，掌握職員的調職、升遷、降級、解職、制訂薪級、提供福利、派定職銜。也確認職員的功績成就。管理階層採行這類行動，對職員的需要影響極大。例如某一職位的人事出缺，則對希望出任該一職位的人員而言，便常能得到相當程度的服從。

但是管理的權力，受有極大的限制。有些是管理階層自行設定的限制，有些則否。在一個政府機關內，主管雖然擁有各項權力，可是不一定能全部行使；其原因，有的是因爲部屬擁有「反制權力」（Counter-Power）；有的是由於管理階層自以爲不予行使爲妙。但是，無論如何，管理權力總是促成行政機關追求其協調行動的主要力量之一。

㈡運用權力以建立組織的行爲模式

權力的效果，不一定在於「實際行使」（actual use）；有時只需「潛勢行使」（Potential use），反而更能發揮效果。懲罰權力的行使，最足以說明此點。實際上執行降級或撤回某項責任，有時並不一定能達成某一目標；其結果可能造成部屬的消沉、效率低落。懲罰權的效果，在於「恐懼的預期」；「恐懼的預期」對行爲的激勵作用遠比實際懲罰爲大。

但是懲罰權力的實際行使畢竟仍有其意義。其意義不在於告訴當事人「有甚麼懲罰要來」，而在於告訴當事人「如果繼續如何如何，則懲罰將無可避免」。舉例來說，某人犯過錯，記過一次，如果能因此使受罰人警覺於未來更嚴重的開革，則懲罰纔有效果。

同樣的道理，獎勵也有類似的性質。擔心失去一次加薪的機會，或者希望調到另一個更爲嚮往的職位，常能刺激部屬的努力。可是，如果說加薪以服務年資爲基礎，成爲一項例行的措施，卽使不服從指示也同樣能得到獎勵，則加薪便不成其爲一項「權力」。

在機關中，解職、調職，或加薪等項獎懲，不但對當事人有其效果，對其他人員也能同樣有其效果。組織中的每一人員，都莫不對其自己的行動預期能有某些結果；我人常以他人的行動所得到結果爲榜樣。機關制訂一項新政策，希望能得到大家的支持。張三支持，就得到獎勵。因此，這就無異於告訴大家：「如果你想得到獎勵，就支持機關的新政策吧。」這就是說：偶爾行使一次權力，常能使大多數人產生一項「期望」，見諸於機關實例，俯拾卽是。如十項革新指示的實施等績效。

組織設計自然都希望某一行爲模式能得到普遍的接受，使主管的權力保持有效。但是要能得到此一結果，其權力的行使必需前後一致；這就是所謂「信賞必罰」。此外，有了賞罰，還必需使賞罰的理由爲整個群體所瞭解。權力每行使一次，便將能使大家對管理權力的信念增加一次。如果說一位主管今天如「此」賞罰，明天又如「彼」賞罰，則其結果將只是徒然增加困擾，而不能收到建立行爲模式的結果。

二、權力的基礎何在？

鞏固主管權威的組織設計，與權力的基礎是什麼？有密切的關係。權力的基礎，計有左列五種：（註一九）

㈠專家權力（expert）

在行政機關中，以「專長」（expert）爲基礎的「權力」，是人盡皆知的事。關於人事問題，往往服從人事室官員的意見；在法律問題上，就要接受法制室官員的意見，關於會計、工程、醫業方面，就要聽從會計師、工程師、醫生的指教。主管之所以要「遵從」這些人的意思，乃因他們在這方面所知比主管多之故。

「專長」是相對的，程度的問題。張三在這一門學問技能上長於李四，張三對李四就有「專家權力」，李四就應在這方面接受張三的領導。

韓愈在「師說」中曾經指出：

「生乎吾前，其聞道也，因先乎吾，吾從而師之；生乎吾後，其聞道也，亦先乎吾，吾從而師之。吾師道也，夫庸知其年之先後生於吾乎？是故無貴、無賤、無長、無少，道之所存，師之所存也。……是故弟子不必不如師，師不必賢於弟子，聞道有先後，術業有專攻，如是而已。」

這段話，把專家權力與主管權威之相對性，說得非常清楚，換句話說：專家權力愈大，主管權威也就愈高，領導基礎也就愈鞏固，組織效能也就愈强。

合法的主管，由於職務的關係，成爲該單位與其他單位或外界溝通所必經的「瓶徑」，故其所知的消息要比該單位其他職員所知者爲多，因此，具有爲該單位作決定的「專長」。然而，這種經由法定地位得來的消息，多半是有關「政策取向」的；而技術性的資料，則大抵皆自個人所受教育及研究得來。故正式主管所據有的扼要地位，對其作政策性的專長，固有增益；但如其領導的機關，是個技術性較大的機關，如果他本人所受的訓練，對該項技術爲外行，那麼他在技術方面，對下屬可能無法領導，這就是因爲他不具有專家權力的緣故。如行政院衞生署長、省市政府衞生處局長，他們若沒有醫學的專長，就無法做一個成功的領導者。

在行政機關中，也有所謂「自然主管」或「自然領袖」（Natural leader），就是指在一個單位中，在職位上本非主管地位，但因其人在學術、技能，或智慧上確有所長，故其言行，自然而然地可以左右他人，爲人所寄望。正如H. A. Simon所說：「人之所以爲人們接受爲其領袖，首須其附和者承認他確有所長，使他們對他具有信心，願意接受他的影響，所以，優越的智慧、訓練等經驗，都是領導的部份基礎。」（註二〇）

主管人的專長能力究竟如何？往往是其部屬所不能正確地判斷的。由於部屬不能正確地判斷主管的才能，所以不是高估便是低估。研究領導術的學者，常有所謂「暈光效果」（Halo effect）之說。好像太陽周圍，有一道暈圈：主管人的才能，在其部屬的心目中，往往也較其實際的才能爲大。

㈡關係權力（referent）

主管對其部屬所行使的關係權力，是以部屬認同於主管爲基礎。所謂「認同」（identification），是指兩者屬於一體的感覺或願望。爲使兩者成爲一體，部屬對主管亦步亦趨，非主管之言，不敢言；非主管之行，不敢行。言行必以主管爲依據，爲依歸。如各機關的「機要秘書」。

部屬認同主管，相反地，主管也認同部屬。原「非我族類，其心必異」，不只表示思想、意識、價值標準不同，而且實際上的利害關係亦不一致。主管希望部屬都是「我輩中人」，都能「肖我」。因此，主管也應給予部屬實際的利益。但就機關中的個人而言，長遠的利益和眼前的利益既不相同，個人的私利和機關的公利也時有矛盾。這遠利與近利，私利與公利如何調和？實在是一個難題。爲人之主管者，就應將「遠利」寓於「近利」，「私利」寓於「公利」，雙方兼顧，兩全其美。所以 J. M. Pfiffner 便說：「主管必須具有活潑的頭腦，以使其能夠協調整個機關，這不只需要對個人氣質與意見有極爲敏銳的感受能力，而且要有折衷各方利益，保持團結的能力。」（註二一）H. A. Simon 也說：「主管者，乃是不同利益的調和者。」（註二二）

在行政機關中，多數人都較傾向於「私利」、「近利」，認同於部屬的主管，往往爲討好部屬而「私而忘公」，將機關之所以存在的理由及目標，置諸腦後。P. Selznick謂之：「主管的過失」（註二三）。因此，一個成功有效的主管，必須抗拒將機關變成謀求部屬福利的工具及曲解組織目標的趨勢。他必須牢牢地把握住長遠的目標，並運用其所有的其他權力（如獎賞權力及强制權力）以影響其部屬。

關係權力所依據的「一體感」（the feeling of oneness）也是相對性的。所謂「愛有差等」，「親親而仁民，仁民而愛物」，「內諸夏，而外夷狄」；就是說明人類關係的親疏遠近。所謂「兄弟內鬩其墻，而外禦其侮」就是說單位內利益縱有分歧，但對外單位，他們的利益仍是一致的。所以，一個有效的主管，常常强調或誇張「外侮」的嚴重，以喚起內部同仁的「同仇敵愾」的感情，目標對外，減少內部的紛歧，而增强他們的領導地位。

㈢合法權力（legitimate）

合法權力之所以爲人所接受，乃因人們認爲來自合法的泉源，均應予以接受。接受合法權力，乃是任何社會普遍可見的現象。行政機關亦不例外，在朝時的話比在野時的話更有份量。

合法權力的本質，依學者的說法，乃是人們不能不接受「遊戲規則」（rules of the game）而從事一種遊戲。例如請假必須遵守請假規則，一如下象棋必須遵守象棋規則一樣。接受請假規則或象棋規則，便是接受合法的權力。

一般說來，接受合法權力，有三種「基礎」。即價值觀念、社會結構、授權。

價值觀念合法權力是第一層次的基礎。「十大革新措施」就能約束公務人員的「組織行爲」，違反者將遭到懲罰，甚至開革。行政制度及行爲，是社會結構的一面，而社會結構又是合法權力的第二層次的基礎。在中國行政機關中，資深的公務人員，講話還是比較有份量，有影響力。靑少才俊，在機關中還是受到許多同事的「敵視」與「反對」。依照目前機關之規定，「幕僚乃首長人格之擴大」，「部屬爲首長成事之化身」，「授權」就成爲機關管理之眞理，因此，只要該項授權是合法的，被授行使權力的官員，便是合法權力之所在，人們便應該接受。——如縣市政府的機要秘書可以代縣市長判決公事，這便是合法權力的第三層基礎。

由於合法權力與機關層級節制體系密切相關，所以，有的人認爲合法性乃是領導的最基本基礎。H. A. Simon曾說：「不論服從的其他理由發生作用與否？機關中人總覺得應該服從上級長官，因此，合法性乃是層級節制力量的最重要來源之一。」（註二四）由於獎賞權力與强制權力一般都掌握於合法主管之手，故以合法權力爲基礎的層級節制體系上的主管，因此意見增强。

㈣獎賞權力（Reward）

在機關中，獎賞權力似乎有助於主管對部屬的「吸引力」；而强制權力，則有損於主管對部屬的「吸引力」（註二五）。因爲：「人們都是討厭被人驅策的，卽使政府公務員，亦不例外。」（註二六）因此，機關中的主管，如果想要部屬從事一種「積極的行爲」（Positive Behavior）——做某種「期望」的事情，最好是用獎賞權力去鼓勵；如果想要部屬不從事某種「積極的行爲」，——不做某種事情，最好是用强制權力去禁止。一般說來，不作爲總比作爲容易些，只要稍加强制或懲罰，便可達到「令行禁止」的功效，如「十項革新措施」。

作爲一個主管人，大部份時間似乎都在設法誘導部屬作某些事情。杜魯門總統曾說：「我整天坐在這裡設法勸說人們去做那些他們自己早該想到，不必我來勸說的事情。」因爲，杜魯門的勸說工夫做的很好，因此，「很少有人能對美國總統的要求，願意說個『不』字。」（註二七）

誠然，機關中的主管在要求其屬員做什麼和不做什麼時，「不」字的回答乃時有所聞，甚至公然反對，然而，主管人只要善加利用獎賞權力，運用人群關係術，還是可以好自爲之的。

㈤强制權力（Coercive）

强制權力包括實際上加諸於身體上的强迫行爲，以及懲罰的威脅在內。在機關中日常生活可以體驗到的，强制都是使受者感到不快的。如監獄中的管理，强制權力最大的功效，乃是掛在牆上的鞭子，使人望而怯步，以及嚇阻作用。其實，機關中，若常使用「强制權力」，並非是福。作爲領導的基礎而言，强制權力的作用還是有限的。

機關中，强制權力在增强領導上的作用應是有限，同時，亦不必鼓勵，但是有一種强制權力，却值得特別注意，那就是「團體制裁」（group sanction）。團體行爲的學者一再指出：個人的態度，大多數都是受其日常生活中關係最密切的團體所有的行爲標準所決定的。「十目所視」的壓迫下，以及「大家怎樣，我也怎樣」的趨使下，個人的行爲往往要接受團體行爲的領導與制裁。

團體制裁既然是最有效的制裁，所以一個有效的主管，他如已贏得一個團體的「忠誠」，便掌握了團體制裁的權力，其有效的領導亦必大爲增强。

三、權力的運用有其限度

在一個行政機關裏，是否只靠「權力」的運用，便能使管理的「權威」有效遂行呢？關於此一問題，在過去十九世紀時，理論上的答案是「肯定」的；實務上也大多如此。舉例來說，根據Frederick Taylor在其所著「工場管理」（Shop Manaeement）一書中，曾經提到一八八〇年代的工場領班的例子。那時的工場領班對於所屬工人，主要是運用其「鐵腕」（iron hand），「權力」來得到結果。例如鐵路、航運、採礦，及其他工業，主管和部屬間的權威關係，也都與此類似。

但是今天的組織設計已有不同，權力的作用已不像過去那樣重要。這有兩項理由。第一，爲防止權力濫用所造成的不良後果，故對權力作較嚴格的限制；第二，在現代的組織內，已有許多職位，權力對於影響個人的義務和主動，沒有太大的效果。

㈠主管權力的制衡

大凡自由國家的人民，都不敢輕易將巨大的權力交給某一「個人」或某一「小群體」的手中。這是由於有過去帝王時代和獨裁政治的經驗，同時也是由於尊重「個人」的價值的緣故。因爲「絕對的權力，必絕對的腐化」，因此，在政府體制中可以看出採行的是「權力分散」（division of power）的制度。由各項法令規章中，也到處可以看出對權力的運用設有種種制衡（checks）。

這種現象也同樣見之於行政機關，尤其是近年來更爲習見。各機關都已有種種設計，防止組織的權力集中於一、二人之手。機關制訂的各項政策，也都對行動設有許多限制，將權力分散，以使機關採行一項行動時，需有兩人或兩人以上的同意。下面是這類制衡措施的幾個例子：⑴對於部屬的職位升遷，機關首長例需先取得有關幕僚人員或單位主管的同意。⑵主管對部屬的職位設計，例需與人事部門會同辦理。⑶部屬認爲某項措施不公而有所抱怨時，主管例需先按一定的程序，作客觀調查後始能裁決……。

㈡權力的不足恃

憑恃權力來取得服從，還有另一項缺點。那就是，權力有時並不足恃。在某些情況之下，權力的運用並不能收到效果。舉例來說，如果某人隨時都能在政府機關以外找到工作，則以「解職」爲威脅時，對此人便不是嚴重的問題。又例如某人根本不願承擔更多的負荷，根本不願擁有權威時，則職位的升遷也將不具有任何吸引力。所謂「權力」也者，乃以能控制當事人的需要之滿足爲基礎（註二八）。因此，其權力效果的大小，需視當事人對此項滿足的「邊際價值」（marginal value）之大小而定。倘使主管控制的權力，對部屬的需要滿足，而無任何作用，則權力的意義也就有限。

此外還有別的原因，使權力不足爲憑恃。前述所謂「反制權力」，也正是一項足以中和現階段管理權力的一項因素。前文曾說到一個非正式的群體，有時能自行「建立」一套與正式組織所不符的「標準」。如此的「反制權力」，也跟機關自行限制其權力的運用一樣，使有關主管不能按照自己的意志來行事。

權力運用的缺失，最值得注意的，是不能激發工作的主動和熱情。大凡人在受到權力的催促時，其反應常是唯唯諾諾，不願提出自己的判斷，專說主管愛聽的好話。略有成果，則予以誇張；而對於難以測度的項目，因爲不易表現功勞，所以多略而不談。如果沒有嚴格管制，很可能不高興做的事大家就不做。總之：在一個以權力爲中心的機關裏，成員（包括主管）所注意的是如何取悅主管，而不在於工作成果。照心理學家的說法，則是「依賴」代替「自我表達」和個人的主動。（註二九）

不過，儘管一再強調權力之不足憑恃組織設計需確認權力的存在，也不能否認權力之有其用途。有些工作對任何人都沒有吸引力，誰也不願承擔；要使人服從非憑權力不可。而且就大部份工作來說，正式權威之所以能爲人所接受，多少也有權力的潛在力量的作用。因此，我人當必需運用權力，以作爲組織設計之一部。——當然，運用權力時不能不同時預防其濫用。吾人必須瞭解；「權力並非一切」。組織是動態的，是複雜的，除了權力以外，還需有別的工具，纔能確保管理行動的統一，組織設計的完整。

第三節　有效培養影響力

一、影響力是什麼？

人之如何行動，很少僅以其本身的「知識」和「感受」爲基礎。除知識和感受外，他還需要別人提供資料，需要別人提出建議，需要看別人的反應。也就是說：其行爲，常受別人的「影響」（influence）。

張三買一具電動剃刀，主要是因爲其宿舍朋友的推介。他同時也聽到過別的用電動剃刀的朋友們的介紹，看見過他們使用的情形。他看過電動剃刀的廣告，也聽過推銷員的鼓吹。所以，這些人對張三的行爲，都有或大或小的「影響力」。

但是「影響力」與「權力」不同。接受一種影響力，常是「自願的」，有時還是「無意識的」（註三〇）。朋友或專家給吾人一項主意，一項建議，我人接受，毋寧是極爲自然的事，但我人之接受，却並非是怕朋友或專家會對我人有甚麼不利。

影響力有程度高低之分，輕焉者，也許只是對某一問題提供若干資料，或對某一資料或行動提供若干解釋。而在極端情況下，則可能是「非接受不可」的建議；例如醫師告訴：某種藥片應每天服用兩次之類。影響力的作用方向，也常各有不同，也許是我人自動去找一位公認會計師，請教他有關所得稅的問題。也許是我人自動去找一位朋友，甚麼地方釣魚最爲理想。同樣的，朋友也會來找我們，說他的大孩子要報考大學，詢問我們該報考甚麼學校。在機關中，周圍都是人，隨時都會聽取各同仁的意見。尤其是對於某些特殊問題，更常可聽別人的意見。

一般而言，個人「影響力」的來源有五，卽：「專業技術」、「贏取他人信服的個性」、「與重要人員的接觸」、「社會壓力的指導」、「正統的指導力量」等……不過，個人的影響力應「融合」在正式管理結構之中，如此個人影響力可以加强正式結構，正式結構也能加强個人影響力，兩者互爲因果，相激相盪。

組織設計學者正開始研究，造成一個人的影響力者，有些甚麼因素。至少他們目前已能就某些問題方面，指出人的影響力的作用何在，例如過去美國農業部曾經設法勸說棉花產區的農民採行「輪作」（Crop rotation）的辦法，但是效果一直不大。農業部發出過許多通知、講演，以及輪作示範等等，對農民的「

影響」都不顯著。因此，農業部只好另走別的路子，農業部找出幾位有影響力的農民，但所謂有「影響力」，並不一定是他們的收成最大，也不一定是他們的教育程度最高。只是當地的農民，遇有任何大事時都常跟他們請教，例如農業方面有甚麼新設備問世，市場上有甚麼新品種，這些人的意見，在別的農民心目中常有頗大的份量。他們也許說：「這玩意兒也許不錯，可是我却不願幹。」「看起來應該沒有甚麼問題，所以也買了一具。」他們這樣一兩句話，常能使整個農業社區都歡迎或是排拒某一新產品。所以，農業部找到這樣的人，先說服他們，請他們採行「輪作」的辦法。只要他們同意，農業部的通告和講演之類，效果便顯著地大爲加强，結果，不出所料，「輪作」的政策終於獲得成功。

行政機關的主管，必需瞭解影響力的作用。誰最具有影響力？他們的觀點，是否與本機關的工作計畫相符？能夠掌握這一點，那麼，當也像美國農業部之於農民一樣，新計畫或新方案，纔最能贏得大家自動合作，終底於成。

藉影響力而不憑權力來達成目的，至少有幾項優點（註三一）。那就是：受影響的成員，通常能產生出一種「自我決定」（Self-determination）來。他們的行爲，是因爲他們已經心悅誠服，而不是因爲受到强迫。他們的決定，雖然事實上是在影響力的作用之下所作的選擇，但是他們會認爲那是他們自己的決定；所以反應也必較爲熱切。而且，由此還能使他們保持主動。在影響力的作用之下，也較易有相互的溝通。同時，接受某一影響力者，其工作成果也往往較爲突出。而這是權力所不易達成的。

所以，身爲主管者，實應設法注意影響力的發展。機關首長最關心者，當莫過於工作績效。因此，他應該刻意地建立起若干「影響中心」（Influence Centers）與「影響系統」（Influence system）

（註三二）。主管和幕僚，都對行政人員具有影響力；行政人員相互之間，也具有相當程度的影響力。事實上所謂幕僚人員，主要卽在運用影響力。因此領導人必需檢討這些「職位」，掌握住影響的對象，影響的課題以及影響的程度高低。能夠做到這一步檢討，則也許能夠瞭解：甚麼職位需要澄清，甚麼職位需要加强。

二、如何建立主管的影響力？

組織設計的問題是：領導人某甲所作的決定，應如何確爲負責執行的某乙、某丙，和某丁所接受。前文說過，要達成此一目的，單憑「權力」有時會嫌得不夠，常有其他的需要。影響力便能部份滿足此一需要。

主管人的影響力，主要在於主管人的本身。他如何與同事及部屬共處，常決定他能否赢得同事及部屬的尊重和信任。這是人與人之間的關係，是一項至爲微妙的關係。此地，我人要研究的，是一位主管人應如何加强其對他人的影響力——尤其是如何加强其對較低層次的主管及幕僚的影響力。主管人的影響力如能加强，則一方面有主管人本身的領導行爲，一方面又有其他人員的支持，便將能有所收穫。

我人願指出者：組織之如何設計，和高級主管人之如何行爲，固足以有助於主管的影響力，也同樣足以摧毁各主管的影響力。管理階層倘能確立各主管的地位，倘能順利打通資料的流動徑路，倘能大力支持較低層主管所作的決定，則主管的影響力便將大有建立和加强的可能（註三三）。以下簡述此三道途徑。

㈠確定重要人員的地位

一位主管的影響力之高低，一部份要看其「地位」（Status）而定。所謂「地位」，也就是主管在其他人員眼中的重要性。在一般的情形下，某人的影響力如何，管理階層所最爲關注者，都以其在某一特殊範圍內爲主。這也就是說：管理階層所關注者，是某人在「某一方面」的影響力。例如某人被認爲是「本機關公共關係的第一把交椅」，某人是「本機關最資深的人事人員」，則其在此一方面的意見和建議，便能特具份量。

一般而言，人的地位越高，其影響力也越大。例如一位副處長，宣布今後六個月的工作計畫及可能趨勢，則其意見可能爲同仁所重視。可是如果這項趨勢由一位「初出茅廬」的大學畢業生科員級宣布出來，恐怕誰也不加理會。卽使此一年輕小夥子表示支持副處長的意見提出其許多證據和資料，也同樣恐怕不會有甚麼作用。（同樣：年輕人想要說服具有地位的人士，也同樣是難之又難的事。）

人之「地位」如何，實際上是由別人的看法來決定的。單憑管理階層的宣布，不一定能促成一個人的「地位」。不過，管理階層却也能影響一個人的地位；因爲管理階層掌握許多象徵地位高低的因素。很有趣的是：某人往往憑其「貌相」，憑其「行動」，便叫人覺得他是一位「大人物」。管理階層所掌握其象徵地位的因素，大致有下列各項：

1職銜。如果要某人具有影響力，不妨給他一個動人的職銜。同樣是縣政府級主管，「局長」的職銜，就比「科長」好聽得多；儘管兩者的責任大致相同（如縣政府之民政局與農林科），但是聽起來就覺得地位高些。又例如「主任秘書」這個名稱便不及「執行長」或「秘書長」來得響亮。有時在職銜上可以附加一個形容詞，例如「高教司」司長、「民事司」司長、「錢幣司」司長之類，以表示某人專精業務的範圍。

2待遇。待遇的高低，固然是一種獎勵，也是地位的象徵。如果說所有的成員都知道某人的待遇高，大家也許都會聽他的意見。反之，某人的待遇低，則他的意見和建議再有價值，也將要打一折扣。在行政機關中，待遇的高低頗與軍隊的勳章和階級的作用相類似，能產生適當的影響力。今天，國小校長待遇高於縣政府教育局長所引起的弊端可為佐證。

3.辦公室。在許多機關裏，某人的辦公室設在何處，是否與高級主管靠近；其房間的大小如何，是一人一間或多人一間，都代表其人「地位」的高低。辦公桌的大小，地毯的大小和厚度，有沒有一把「安樂椅」或「前能椅」，有些什麼漂亮的傢俱，甚至於是否有一個「女秘書」，都會成為地位的象徵。機關的職員，能很快地察出這些「差異」，而認為某人的地位如何如何。

4.特權。幾乎每一機關，對其高級人員都許以若干「特權」。例如：他們也許可以自行早退，也許可以不必簽到，也許有高級轎車，也許有幾位親信機要秘書等是。縱然是在一個高度的「平權社會」裏，也會對某些重要人物賦以諸如此類的特權。

機關裏的任何一個職位，尤其是新職位，都會有上述各類的「地位象徵」。但是，機關管理階層在決定某一職位應具有如何的地位時，切應注意不能顧此失彼，損害其他人員的影響力。大致說來，所謂「地位」是相對的。因此，採取某項行動，來改進某一職位的地位和影響力時，自不免損害其他人員的影響力。如果說某一「課長」的辦公室裏添置一道玻璃屏風，很可能鄉長辦公室的舊屏風就要黯然失色。所以作為一位領導人，在對有關人員「分配地位」時，實不能不作通盤性的考慮，萬不可以私害公或意氣用事，隨心所欲。

㈡掌握資料流通的路源

某人擁有「可靠的」和「適時的」資料，很可能也會因此擁有相當的「影響力」。最富有戲劇性的例子，是機場上管制塔台的作業員。任何飛機要在機場降落，都必需遵從塔台的指揮。飛機駕駛員都知道：塔台管制員不但擁有足夠的經驗（存儲的知識），而且還隨時知道其他飛機的情況，跑道的情況，和氣象的情況。

同樣道理，某一主管掌握機關當局的「建設計畫」，他發出的有關指令也就較易為其部屬所接受。反之，如果其資料不夠，不能對疑問提出滿意的答案，其影響力便將大為降低。

這就是資料和影響力的關係。由這一層關係，說明管理階層在設計溝通網路時，應注意到兩項要點。第一，有關課題的全部資料，都應該立卽傳送給所有負責採取有關行動的主管。第二，每一位負責主管，也同時應該將這些資料傳送給有關的工作人員。這也就是說：凡為主管者，都應切實掌握業務的全部資料。同樣的，幕僚專業人員，也應能適時取得其所需的資料，其他協調辦理單位，對於工作進度之追踪、考核等等，也應該密切掌握。

關於資料處理問題，目前行政機關，大都是指定一個適當的單位（如檔案室）作為「影響中心」，負責掌理一切資料。此一單位既然成為某類資料的專責單位，則其影響力自然增大。只是這樣，有時不免不切實際。因為如此一來，業務有關的主管或工作人員便可能因此疏於對資料的重視。所以，最好的辦法，還是應該讓資料能在本單位內部自由流動為宜，以使任何人都能作最大的運用。

資料的自由流動，當不致損害機關有關人員的影響力。我人收到資料時，如需將其消化、瞭解，轉化為有利於作業，自然需有充分的時間和技術。資料在單位內部自由流動，雖然各同仁都能同時收到某項資料，但是亟需運用這項資料的人，自然能作更爲徹底的分析和解釋。資料是人人都有的，他並沒有獨佔。可是他却能瞭解得最深。在我人知道某人瞭解某一資料（如人事法規）最深時，某人的發言便自然能受到尊重。這也就是說：某人本已有如此的影響力，我人是否普遍供應資料，實無損於他的影響力。

㈢對較低層主管的支持

高階層主管對較低層主管的支持「程度」如何，能增高其影響力，也能抑低其影響力。所謂「支持」包括對其意見的重視，對指揮徑路的遵守，以及對其決定的同意等等（註三四）。玆一一簡述如次。

1重視其意見

高階層主管在面臨重要決策時，常向幕僚及較低層主管徵詢意見。這就表示較低層主管在向其上級人員施展「影響力」。這樣的影響力，恰與前述的「由上而下者」相反。一個人的意見倘能爲上級所接受，則當也易爲組織內人人所共知和尊重。因此，此人對其部屬和同事的影響力自也因而增大。舉例來說：機關內部要變更獎懲辦法，機關首長總要先徵詢人事主任的意見。而人事主任的意見，也經常爲當局所重視所採擇。此外，較低層人員的份量如何，還得看高層主管向他徵詢意見的次數多寡而定，還得看何方先「主動」提出商議而定，還得看他提出的意見受到如何的重視而定，這幾項因素之間，存有相互錯綜的關係，一如後圖所示。

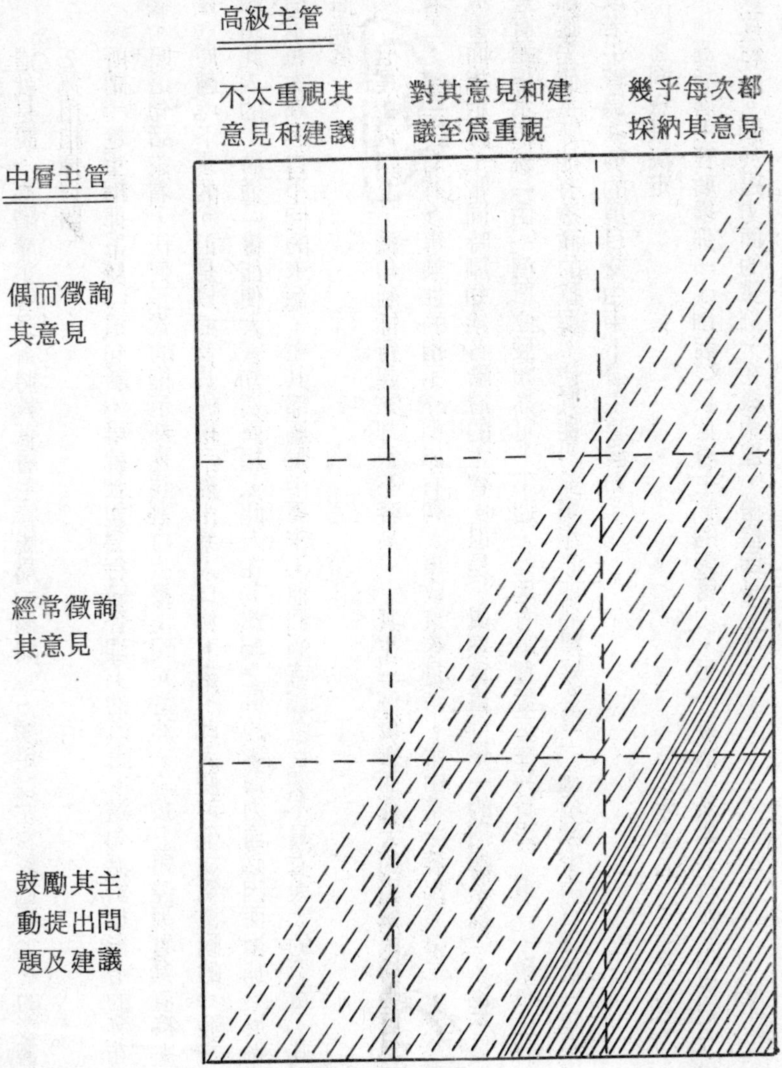

說明：高級主管之如何處理建議，對其中層主管的影響力具有強烈的作用，上圖所示，爲中層主管的影響力在各種情況下的程度深淺。

這就是說：高階層主管是否將較低層主管視爲「顧問」，頗足以左右較低層主管的影響力。

2.運用指揮徑路

所謂「尊重指揮系統」這句話，早就被視爲行政管理上的名言。這句話對於指令的發布，尤其有其意義。照這句話來看，任何正式的指示都應該發自直接上司。當然，直接上司還另有其直接上司，指示可能是「層轉」下來的。但是只要首長的指示經由某人口傳下來，此人便可能成爲機關的「發言人」。每次都經由此人的「溝通」纔能使大家知道眞相，此人在其部屬之間的影響力自必因而增加。反過來說，機關的指示每次都發自不同的來源，在其部屬眼中看來，他們的直屬主管便不具有太大的份量。其影響力也必因而降低。

但是在實際上，這句話推行起來却很不容易。尤其在一個複雜而龐大的組織機構中更爲困難。其原因有二：第一，有許多專業性的指示（例如有關人事政策等是），常由幕僚發出。第二，較高層主管發布一項書面指示時，常同時副知給各階層的主管。但是，眞要尊重「單一的指揮系統」，也不是辦不到。卽使是有關指示均統一由一個單位發布亦可，不過，此地有兩種暫定性的看法：第一，發布任何一項新方案時，都應先使主管能有透澈的瞭解，使其能對部屬作必要的釋疑。第二，儘量減少由首長統一發布指示的項目，以若干較爲次要的項目交由中下層主管發布。

3.同意其決定

高階層主管要增强（或削弱）較低層主管的影響力，另一辦法，是對其所作的「決定」公開表示支持（或反對）。關於這方面的實例，在機關裡，俯拾卽是。

實務上的一項困難，是碰見兩位部屬的意見不和時的如何處置。常見的現象，是業務主管和幕僚人員之間的齟齬。如果雙方的不和已經表面化，已經爲人所共知，則任何決定都可能損及其中一方的聲譽和影響力。幸而事實上一位主管人常能找出一種顧全雙方顏面的解決辦法來。當然，最好的辦法，還在於防患未然，趁早將齟齬事件化解，以免終而損害一方的聲譽。此地提出此一問題，只是在說明主管在解決諸如此類的衝突時，必需愼重考慮到影響力的模式之改變。

以上討論如何使權威爲人接受的各種方法。前述，主管擁有正式權威，大多數部屬多能遵循主管的指示和指導。而部屬何以能自願遵循指導，頗與社會傳統和工作結構有關。

權威之爲人接受的程度，又常藉「權力」和「影響力」的作用而擴大。在一個組織設計中，權力通常有許多來源。可是權力的運用，均有種種限制，不一定必能保證有效被接受。倘能透過影響力的作用，得到部屬的服從，則部屬的熱烈反應才能大增。在這方面，身爲主管者，通常可以採行許多措施，來增强部屬權威的影響力；例如：提高其地位、便利其對有關資料的獲得，以及支持決定等有如上述。

所以，組織設計的論點已經相當清楚。此地再對有關權威、權力，和影響力的討論，提出下列幾項暫定性的結論：

第一，分析時，固然不妨將權力和影響力分成兩項來討論，但在日常作業，這兩項力量往往相互密切「糾纏」，不易分解。所謂權力，通常是潛在的、隱性的；只有在遇到特殊情況時纔予以運用。主管和部屬間的主要聯繫，乃在於影響力。可是隱藏的權力，却也是影響力的部份基礎。舉例來說：如果某一主管周君，無權將其部屬羅君升職，則周君對羅君的影響力有些什麼作用，便將無法估計。卽使周羅兩人自己，也恐怕是估計不出來的。

第二，有許多活動是自願參與的，例如：自强活動或康樂性的結社團體。這類組織幾乎沒有權力的存在。由這類組織的經驗指出：倘能有潛在權力時，則較易獲一致的和有效的成果。權力的行使固然有節制的必要，但是權力的存在却常是不可少的。例如：政府機關想要有積極進取的革新行動，則有時需要運用權力，以期能有較快的革新效果。舉例言之，機關組織要調整、裁併，如果不運用適當的權力，則恐怕會難於獲得快速的成功。此外，有些工作特別令人生厭，也常需運用權力纔能得到期望的效率。

第三，某一項關係如果持之有年，或一再發生，則將成爲行爲的正規方式。例如機關的打卡制度，在權力和時間的作用之下，起初的反抗，會轉變爲消極的接受；不斷的强迫性的關係，會轉變爲視作「理所當然」。第到一項關係已經被人認爲「理所當然」，成爲一項「正統」（legitimate），則其背後所存在的權力，會逐漸爲人所遺忘。這就是說：不斷的運用，能加速「社會模式」的產生。在一個新建立的結構中，倘使個人的需要能有適當的滿足，此一趨勢當更易於成爲事實。

第四，雖說組織中的各項關係，有轉變成爲正常化的趨勢，但是主管人的任務却是永遠不會停止的：主管人必需經常不斷地調和權威、權力，和影響力。正式組織的任何變化——例如因規模、技術、員額變遷等等因素而引起的變化，必同時引起關係的變化。此外，職員的職位常有調整，職員本身也常有改變和成長。因此，身爲主管者，必需經常注意，使其所期望的組織結構，能與職員行爲的社會結構保持一致。

第四節　增強領導功能

「領導」的定義，不勝枚舉，人言人殊。本文所謂的「領導」（leadership）仍係指：「主管與部屬之間的一種動態與人對人的關係（dynamic and man-to-man relationships）」（註三五）。

一、領導的功能何在？

在機關中，常聽到「主管領導部屬」或「長官領導部屬」，其意思是說：主管「親身地」且「積極地」與部屬「共事」。（註三六）

第一，以「指導」和「激勵」部屬的行爲，使其符合機關的總目標；

第二，以「瞭解」部屬的感受，和「洞悉」部屬在爲機關總目標奮鬥賣力過程中所遭到的困難與問題。

以上就是「領導」的兩大「功能」。在行政機關中，我人常見第一種功能特別受到「有意」或「無意」的重視。至於第二種功能，則容易被忽略。然而，機關要達成「合作性」的行動，這兩種功能是同等重要，缺一不可的，組織設計學者就在强調平衡此二「功能」。

上述主管「親身地」與部屬共事，說明了行政機關的所謂「領導」乃是一種「密切的」、「人對人」的關係。在領導的過程中，少不了有個人人格的「互動」（interaction），是根植於共事者長期相處時所產生的感受和態度。

上述又說：主管「積極地」與部屬共事，這又說明了行政機關的所謂「領導」，乃是一種「動態的」、「演進的」關係。在領導的過程中，也少不了主管對部屬的經常「溝通」，以期部屬對機關的認同與向心。

因此，有了這種「親身地」和「積極地」的領導，行政機關的有效領導，才可眞正的達成。領導的第一種功能，出之於主管本人對其部屬的衝出：「指導」其部屬，和「激勵」其部屬。第二種功能，正好與此相反，乃出之於部屬對主管的衝出：部屬提供他們的資料與「獻身方式」使主管訂正其「領導行爲」，並訂正組織的未來目標。這種「雙向關係」與「獻身方式」均在本論文中有所討論。

先說領導的第一種功能：

行政機關均有許多工作「計畫」，計畫必需執行。有計畫而無行動，則計畫縱然甚佳，亦將一無是處。例如「十大建設」有了美麗的藍圖，必須將此「藍圖」變成爲實質的「十大建設」。節目導演有了季伯特（Gilbert）及蘇利文（Sullivan）的演技和劇本，必需轉變爲舞台上的精彩表演。行政機關這種將「構想」轉變成爲「結果」的過程，乃是每一主管的重要任務。主管人是否確能有效地遂行這份任務，深切地影響到組織設計的好壞，與機關效能的高低。

對部屬行爲的「指導」和「激勵」，是一種多方面的問題。

諸如：機關內的工作，必需明確地傳達給部屬，部屬對工作有更清晰的瞭解，其完成工作的努力才能激發。在執行的過程中，主管還必需隨時解答部屬的問題，還必需對工作作必要的調整，以緩和及解決遭遇的困難。主管還必需努力刺激部屬達成更佳成果的熱情，還必需消除可能發生的磨擦。有時張三的太太生病，有時李四因公外出，有時王五受訓去，……這些都影響機關工作的推進，因此必需作適當的調整。又如果某人想調動職務而沒有成功，感到大失所望，心灰意冷，主管也得考慮當面商量並慰勉一下。某人調任新職位，更換新工作，主管也得考慮對他實施一項「在職訓練」。某人違反機關辦事細則或處務規程，主管要施以懲罰。某人工作業績良好，也得給予獎勵。……所有的這種「行爲」，都是主管對部屬的「

指導」和「激勵」。

領導的第二種功能，是主管對其部屬的「感受」，和其部屬所遭遇到的工作問題的「瞭解」。領導功能的此一面向，常不免爲人所忽略。許多人都以爲領導只是一種由上而下的單向溝通，因而，忘掉這一面向。——可是，這又是最重要的一個面向，理由如下：

第一，主管人，乃是決策的負責人。主管在作決策時，必須考慮工作的實際情況。而「人際溝通」乃正是瞭解作業情況最主要的方法之一。比如說：台北市政府各區公所的組織編制，考慮要調整，負責研擬此一調整方案的「主管」，假若不能「瞭解」區公所本身的實際業務，或對其工作人員的親身體驗，有所「感受」，怎麼會將原來的「社經課」改爲「社會課」及「經建課」？怎麼會將「聯合服務中心」列入「秘書室」的職掌？怎麼會加强區長權責？怎麼會加倍擴大兵役人員的員額？因此，我人可以說：從「人際溝通」上所得到的珍貴發現與資料，往往是主管人決策時極爲重要的依據。

第二，瞭解部屬的問題和感受，另一項功用就是：部屬的問題和感受，跟上述作業實際情況資料一樣，也是決策的重要依據之一。比如說，上述台北市區公所將「社經課」改爲「社會課」及「經建課」，擴大增加兵役人員員額，會否造成單位或人員的「勞逸不均」現象？影響行政人員的情緒與不滿？又如加强區長權責，會否造成轄區內警察、戶政、衞生、國民中小學等機構的首長之不滿？要他們齊集一堂，參加「區務會議」，是否眞能「知無不言」「言無不盡」而具有建設性的功能？……瞭解部屬的「反應」與「感受」，也能增强決策的正確性。

第三，主管人如何以需要與部屬保持密切的接觸，另外一個理由就是：機關組織無論是單位的劃分，權力的歸屬，溝通的網路……都有「過時」的可能。因此，身爲主管者，必須對組織的結構與管理作經常不斷的檢討與改進。換句話說，主管應該從個人接觸中來瞭解部屬的工作進度、問題、善惡、能力，和其他種種特性。

第四，主管和部屬的雙向人際溝通，足以「積極」影響部屬的感受。不管部屬說些什麼，不管他說的是否合乎事實，也不管他的話是否對決策能發生什麼作用，只要部屬「暢所欲言」，「傾吐而出」，他就會覺得痛快，覺得舒暢。心理學家稱此一現象爲「疏導」（catharsis），在機關中，一般人常說「他出了一口氣」。除此之外，部屬能有機會與主管自由溝通，至少也可以知道他的主管能瞭解他的「問題」與「需要」。

總而言之，在行政機關中，從「互動」與「溝通」中產生的「瞭解他人」和「被他人所瞭解」，都有助於士氣的培養與組織效能的提高。

二、領導的眞正涵義與領導方式

㈠領導乃是一種動態的人際程序

領導，乃是主管人永無終盡的任務。不但行政機關中多項問題和工作計畫會永遠不斷的變化，爲領導人隨時帶來新的課題，而且，機關中的成員，也經常不斷的有所改變。——行政人員的態度、思想、能力、感受、信仰……之不停地變化。因此，機關中，長官與部屬的關係，同事與同事間的關係，業務人員與幕僚人員的關係，主管人員與幕僚人員的關係，也必有賴經常不斷的修正。

這就是領導的「變動面」與「動態面」——見之於一位主管之必需隨時修正其工作計畫，見之於一位主管對部屬行動反應之不同，也見之於主管與部屬相互影響的行爲……。

一位主管無論做甚麼事，幾乎都對其部屬會有某種程度的影響。主管編擬一份「職位說明書」（position description）或制訂一項工作計畫，用意顯然在告訴部屬：主管希望部屬做些什麼？可是，一般人常忽略的是：任何具體成文的計畫或組織系統的文件等等，對部屬的影響，恐怕都不及主管日常實際行爲之大。——吾人如果不瞭解所謂「上行下效」，以身作則的道理，怎能算是瞭解何爲領導呢？甚至於主管一項不經意的行動，也是以影響部屬的態度。

主管人的行動，對其部屬的行爲具有深切的影響，尤其是主管人的行動一再出現時爲甚。抑有進者，主管人的行動，對組織的正式結構和工作計畫，同樣有深切的影響，足以左右部屬的行爲。在機關中，常聽到「有法依法，無法依例」，這種「慣例式」的作業程序，學者有謂之「社會系統」，早已取代了機關的「正式結構」，其效力也往往比正式結構爲大。比如縣政府的一級主管（科、局長）公事呈送主任秘書，到縣長之後，往往又交下給機要秘書研究並提出意見。

主管的行動能影響部屬，反之，部屬的行爲也同樣能影響主管。部屬自然很少有意地影響其主管，可是部屬具有此一「影響力」，却是不爭的事實。所謂「領導」也者，本來就是兩人或兩人以上的「互動」（mutual-interaction）行爲。部屬對主管的要求之如何反應，以及部屬本身的自發性之行爲，都是領導關係的一部，都從人際關係（Personal relationship）而來。（註三七）

(二)領導方式

在機關中，吾人常可看出許多實例，說明：主管人員在不同的領導下，顯然會有不同的價值和態度。

如：R. White and R. Lippitt 的「民主領導」（Democratic）、獨裁領導（Autocratic）、放任領導（Laissez-faire）；又如美國密西根大學社會研究所（The Institute for Social Research of the University of Michigan）所提出的「以工作爲中心」（Production Centered Supervior）、「以部屬爲中心」（Employee-Centered Supervisor）……的許多領導方式，不同的領導方式，主管對部屬便有不同的價值與態度。以下探討這些「方式」。

1第一種方式

(1)獨裁式或專斷式的領導（Autocratic Leadership）

所謂「獨裁式領導」亦稱「專斷式」的領導，在過去歷史上非常盛行。它是以領導者本身爲中心（leader-centered）的領導，視權利爲個人所有，强調服從，既希望人們效忠於他個人，而又不希望他們能獨立思考或自作主張，所有決策均由主管下決定，它也是以生產爲著眼點（production-oriented），一切僅著重於工作成果。「獨裁式」的領導者經常下達命令，傳佈上級指示，但卻不能下情上達。其主管與屬員的關係如下圖所示：

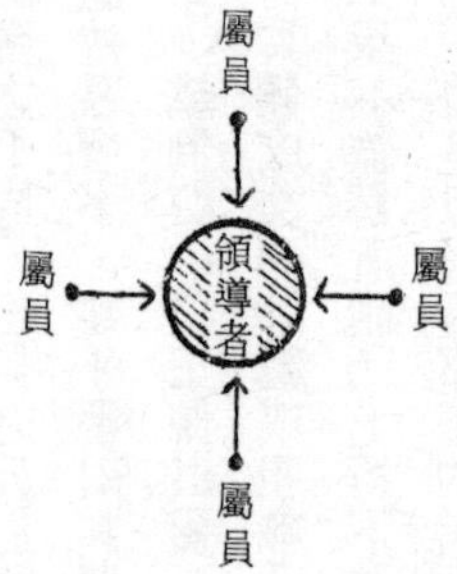

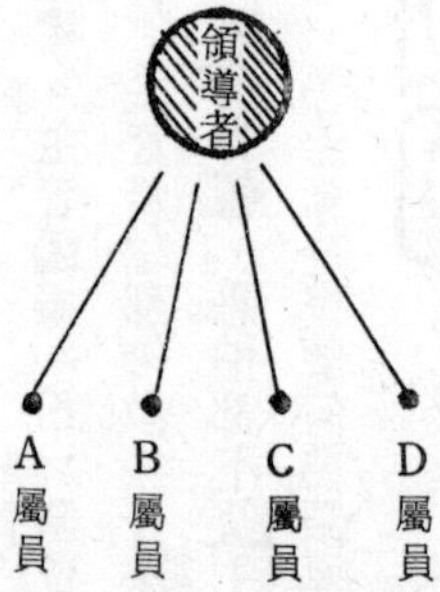

(2)民主式或參與式的領導（Democratic or participative Leadership）

「民主式領導」是以人格感召爲主，强調合作。它是以群體爲中心（group centered）的領導，一切措施均以目標及人們爲中心（goal-centered and people-centered）而以諮詢的方式領導屬員，不但所有決策均由主管與屬員依一定的程序共同決定，且上下意見交流暢通，其關係如下圖所示：

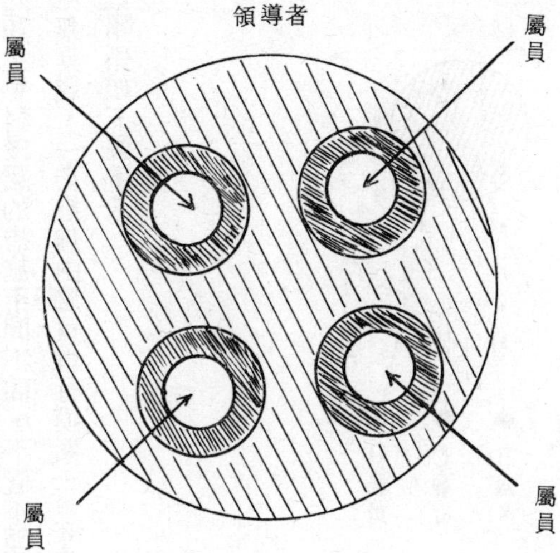

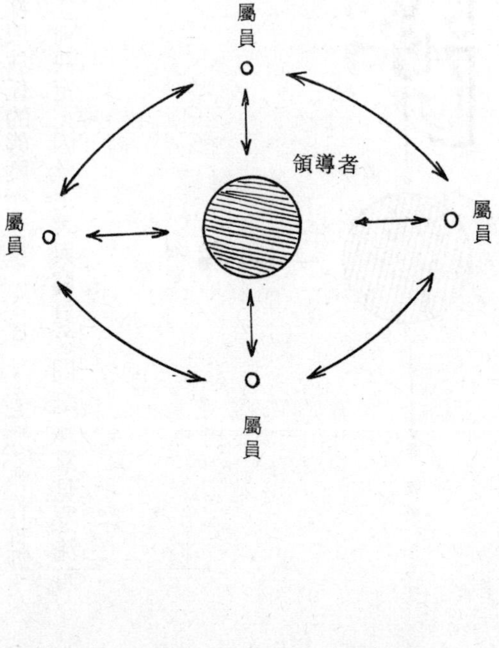

(3)放任或自由式的領導（Laissez-faire Leadership）

此類主管對機關的措施不聞不問，不管不理，完全採取放任的態度（free-rein），對優劣不作批評，功過亦無獎懲，一切措施由屬員自行摸索，主管從不作任何決定，因此主管與屬員之間毫無意見交流可言，其關係如下圖所示：

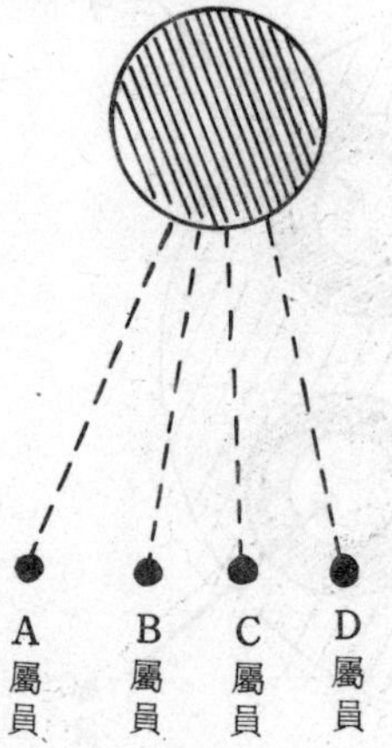

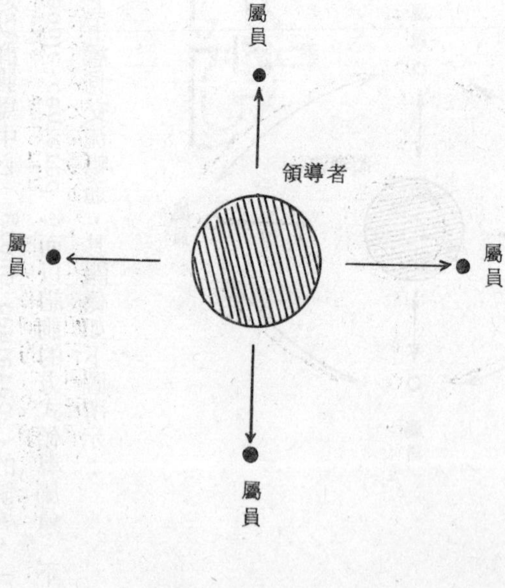

一般而言，沒有那一種領導方式可視爲是最好的（註三八），它須視情況的不同而異，惟須考慮下列問題，即⑴領導型式的一貫性，如主管者突然從某一型式轉變到另一型式，可能使屬員不知所措，⑵須視機關性質不同而有異。

2.第二種方式

關於領導方式的另一種劃分，是由Dr. R. R. Blake及S. S. Mouton兩位先生爲提供管理者檢討「自我發展」而所創見的所謂「管理柵極（Managerial Grid）」。此種柵極本身就是一種矩陣（Matrix），以橫座標及縱座標（均從1到9）分別表示主管人員對「工作」及「成員」所關心的程度，並從橫、縱兩座標九條線所交叉的八十一個交叉點（9x9），選取四個角落及正中間的五個柵極分別代表其個人的行爲模式與領導型能。如下圖所示，（1,1）的境界是最差的領導方式，因爲在這一點主管人員既不關心「工作」，也不關心「成員」，每天懷著無所事事的心情混日子，因此稱之爲「極差勁式」的管理（Impoverished managment）。（9,9）是理論上的管理型態，管理者既以成員爲中心，又能顧及組織體的目標，因此稱之爲「團隊式」的管理（Tean management）。至（9,1）與（1,9）兩極，要不是忽略「工作」，便是忽略「成員」，因此分別稱之爲「鄉村俱樂部式」的管理（Country club management）以及「工作爲着眼點式」的管理（Task management），此等管理均非組織設計者所要求者。一般而言，以正中間的一點（即5,5）較爲普遍，它是一種「中庸式」的管理(Middle-of-the-road management)。依筆者看法，比較理想的領導型態應自（5,5）的「中庸式」管理開始經（6,6）（7,7）及(8,8)而至(9,9)的「團隊式」管理爲止，即依後圖上前頭所示越往（9,9）這一點爲越佳。（註三九）

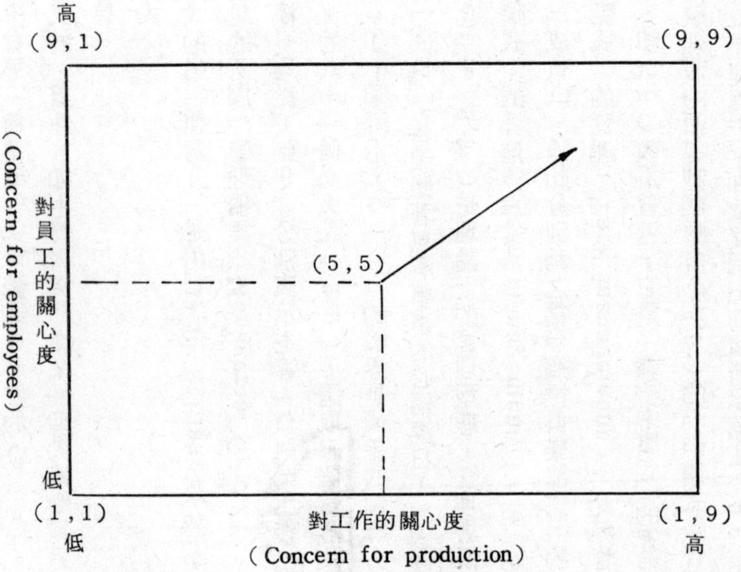

說明：
(1,1) 表示：「極差勁式的管理」
(1,9) 表示：「工作爲着眼點式的管理」
(9,1) 表示：「鄉村俱樂部式的管理」
(5,5) 表示：「中庸式的管理」
(9,9) 表示：「團隊式的管理」

領導不但是一種人對人的「人際關係」，領導對機關內部的「社會系統」也有重要的影響。以領導人的立場來說，一位領導人先與某一官員研商，繼與另一位官員研商，這位領導人便無意中在機關塑造「社會系統」。例如：縣長常有許多重要公事私下與機要秘書研商，機要秘書在機關中實際所扮演的角色，便與「職位說明書」不盡相同，機關中發展此套習慣和態度，使得機關中的個人都受到其影響。那位機要秘書所擁有的「職權」，可以說，由「職位說明書」所決定者少，而由習慣和態度所決定者多，而習慣和態度之發展，大部份都是領導行爲所培養出來的。今天，縣政府的機要秘書，往往被人譽爲「副縣長」或「地下縣長」，其理在此。

一位主管或首長，不管其「有意」或「無意」，也不管其「喜歡」或「不喜歡」，總是經常不斷地經由其本身的行爲，在其機關或單位中塑造種種的工作習慣或態度。比如說，有些人早到晚退，有些人則遲到早退，有些人則準時上班，準時下班。——吾人可說：主管人的領導愈爲有效，則他的單位便愈易建立一種符合其組織目標的「社會系統」來。

三、領導人應具有的特質

一個有效而成功的主管，首先必須培養幾種「態度」，那就是：「神入」（Empathy）、「自知」（Self-awareness）及「客觀」（Objectivity）——這三種態度誠然重要，但是僅憑「認識」其重要性，並不一定能夠培養出這幾種態度來。——不過，能「瞭解」何項態度最有助於領導，對組織設計總是好事。

㈠神入

韋氏字典定義「神入」爲「將一個人的意識以想像方式投射於其他人身上」。一般的運用是站在別人的立場爲別人設想、模擬別人的感覺、偏好與價值觀等的能力。

易言之，所謂「神入」，W. H. Newman 認爲是一種從他人的立場來觀看事物的能力（註四〇）。一位主管要有效地指導其部屬，激勵其部屬，從部屬身上獲得有關資料，則應具有設身處地，將自己「神入於」部屬地位的能力。

——部屬對機關的感受如何？對本身的職位感受如何？部屬對於友情、安全、名位……和其他種種影響其工作的事物的價值衡量又如何？部屬對於其主管、其同事、其部屬的語言行動的看法又如何？部屬的希望何在？所渴求者又何在？此時此地，部屬有些什麼困難，又有些什麼懊惱？部屬信任者是誰？其恐懼者又是誰？——這都是有關所謂「神入」的問題。

但是，「神入」也者，並非是簡單地自問：「如果我在他的地位，則我將如何？」即能得到答案的。因爲，機關中的個人，都有不同的知識與背景，設身處地於他人的立場時，也常不免會將這份知識與背景一併帶過去。所謂「神入」，應說是「感覺」出別人對某一情況的反應。

比如說，在機關中主管如爲了他的部屬，可以制訂一套新的休假制度（如硬性休假政策），也可以從事其他的改革（如一次退休金改爲月退休年金），但是，如果主管作這種改革，是從「我認爲應如何如何才好？」或說：「外國是如何如何，因此，我們也應如何如何才好？」來考慮，而不是從「有關人員認爲應如何如何才好」來考慮，則此一改革，必然會遭到很大的阻力，或得到適得其反的效果。

因此，要做到「神入」的境界，當必須尊重他人，視他人爲一「個人」，儘管主管可以不同意部屬的意見，儘管主管可以認定部屬的推理完全錯誤，可是主管必須認識清楚：部屬的感受和信念之於他本人，必一如主管的感受和信念之於他自己。

缺乏神入的管理者，正如其他人一樣，是具有其目標、野心、價值觀與偏見的想法。但他常常假設其部屬與他自己的想法相同，其實在各方面每一個人的差異極大，不過有一點是相同的，那就是人類行爲甚少出自「理性」，而幾乎都是「感情」用事，且感情的原因深受個人個性的影響。因此，領導者若假設他的屬員跟他的感受相仿，是一件大錯特錯的事；這種錯誤的想法，乃是出於感情主義的影響。許多管理者以其所好加諸於部屬身上，這最大不同之處在於他有選擇的自由，而其部屬或許更欣賞選擇的自由，而不稀罕「被給與的福利」，所以管理者常被加諸以不解風情之名。

當管理者考慮部屬以求瞭解他們的感覺與態度時，他面臨極大的困難，因爲除他們的工作之外，管理者對於部屬的其他有關種種——交際關係、經濟與健康狀況、野心、精神價值觀與忠誠程度——幾乎毫不瞭解，我人都很少瞭解自己這麼清楚，更何況瞭解部屬！

置身於部屬的處境也僅僅能解決一半的問題，因爲卽使你這麼做，你能夠體會部屬對問題的反應嗎？當然，有意且迫切地去瞭解部屬總比沒有好，常常自問：「如果我是他，反應會如何？」這是一種學習的意圖，也是一項有效的領導。

㈡自知

主管的行爲可以影響其部屬的行爲，乃不爭的事實。因此，主管必需瞭解其對部屬可能造成的衝擊。主管應該明瞭自己是否有所偏倚，例如：自己的言行是否莽撞，是否因他人第一次聽到你的指示時，不能瞭解便立予斥責，以及是否常因過於專心某一問題而忽視了他人的存在等等……。

抑有進者，一位主管還應該知道自己在部屬的心目中，所佔的地位。一般人看自己，都有一個「自我印象」（Self-image），此一「印象」常與他人的看法不同。假如：在機關中，常聽到許許多多的主管，說他是如何的公正，如何的客觀，可是他的部屬看來，也許覺得他的主管太偏袒那些，太苛責那些，而主管自己却又不知道他的部屬認為他有所偏袒，有所苛責，則這位主管恐怕就很難激勵此一部屬，也很難與此部屬「溝通」。

再者，一位主管在已經知道自己的喜惡、自己的弱點、自己的習性、也知道了別人對自己的看法之後，還應該進一步知道自己的每一行動會在部屬心中所造成怎樣的印象？（尤其是壞印象）。例如在機關中，常看到一些主管發現張三不在，或發現李四也不在時，便忍不住大發脾氣，咆哮不已。殊不知此一「怒」的結果，很可能便導發了部屬的士氣問題。也很可能使主管再也得不到部屬的敬重與合作。

「認識你自己！」的訓練，是用以使人們瞭解他為什麼這樣做，以及他們應當如何做以獲得某些反應，或是不會有反應，甚至開罪別人。一個人若無法自知，則不可能神入或客觀；事實上有許多人因其習慣的態度、字語或行動而激怒他人，當然另外一種情形他也會故意開罪他人！因為在某些情況之下這或許是去獲得所希望反應的正確技巧；但在通常的情形下，友善、合作與讚譽他人可獲得更好的結果。因此，瞭解自己在做什麼是必須的。

管理者——像其他的人一樣——應該清楚地瞭解自己的態度與習慣影響別人的結果，從而可以矯正它們以避免不良的反應；換句話說，他應該培養認識自我並觀察自己的行為所引起之好與不好的反應，且追究其原因。他可以用直接或間接的方法以瞭解部屬反應的原因，但在運用這些方法時，他不可急躁或顯出狂傲的態度。

有一點應該在此指明者：人對於各種事情的反應並不一樣，人是各自不同的，同一件事對所有的人並不會有相同的刺激；甚而，一個人對同一件事在不同時間裏的反應也不一樣，而是完全看他當時內心的狀態而定。有些性格使少數人厭惡，但却使多數人喜歡；反之，有些人看似脾氣暴躁，但與一些志同道合的人則十分和諧，人的這些差異一部份可以解釋爲：所謂廣爲流傳的「T—訓練」（敏感度訓練），常常顯示出人們對於同一刺激會有不同的反應！

㈢客觀

主管與部屬的關係應力求客觀。任何人之所以如此行爲，必有其原因在。如果能掌握部屬的行爲影響因素，必能掌握部屬的行爲。在機關中，常可發現：在推行某一新的措施時，往往遭到一些人的反對。此時，身爲主管者，應先瞭解事實的眞象，察看其反對的原因何在，不應忍不住氣就大發脾氣說：你懂得什麼？或說：你偏要與我作對。

但是，這種客觀的態度，却不是說說就能做到的。主管對於部屬的反應，往往以「情緒」的反應居多，很少能保持冷靜，以分析的觀點來處理的。同時，一般說來，機關的主管最爲關心的，多是部屬的工作結果，因此，主管的强烈「感受」，便不免掩蓋其他的客觀。

管理人員應該驅策自己不受感情的影響，去觀察追尋事情的原因。雖然管理人員必須依賴其部屬工作，且對他們已經有感情，但是遇到在評估他們時，最好能保持距離，判斷事情發生的眞正原因，並採取手腕矯正頑劣者而鼓勵優秀者。

客觀性有如走高空繩索一般地困難，尤其當神入被過份强調時，因爲神入正好與維持距離與不感情用事的態度相反，若想平衡神入與客觀實在相當困難，但在發揮有效的領導能力上，二者都具有其重要地位。領導者欲培養其客觀性，可藉採取行動之前仔細分析，但他須要有堅强的意志力。有了無比的決斷力，他將能夠克服天生的魯莽決斷、憤怒、譴責，或不當的感情用事等毛病，甚至他可以利用相傳的「數到十再作決定」的方法訓練自己，克服自己與凡事深思的習慣都可經由訓練而養成。

除此之外，前述的「神入」，往往會引起主管的「同情」（Sympathy）和對部屬的「認同」（Identification）。以主管而言，同情和認同因屬需要，客觀也同樣需要。——醫師之於病人，就與主管之於部屬相似：對病人需同情，也需客觀。一位好醫師，必能瞭解病人的感受。卽醫師之「神入」於病人的程度必深。但是，他却不能捲進情緒之中，否則，他就難以「客觀」地診斷了。他就會流於冒險之路了。因此，醫師必深刻瞭解病人的困難，但他在處理病情時，又必須保持客觀和科學的態度。——同樣的道理：一位好的主管，必須深刻瞭解部屬的感受和困難，然而，他在處理有關工作績效的課題時，却又必需保持適度的「心理距離」（Psychological distance），以期能夠公平、公正和有效。

以上所論，是領導人應具備的特質，但是，領導人的特質，實不僅以上述幾項爲限，一因領導關係上所涉及的部屬多有不同，一因領導所在的情況也多有差異，所以吾人無法，也不必將多項應具的特質一一列舉出來。不過，上述三項——「神入」、「自知」、「客觀」，似乎應該較能適合大多數的情況。

第五節　擴大領導活動

一、培養自動合作

㈠領導與合作

機關組織效能的提高，主要因素之一，就是組織中的個人，均能「自願」及「熱情」地執行公務。組織愈趨龐大、複雜，機關中的主管，就愈需部屬的「自動合作」（Voluntary Cooperation）。

事實很明顯，單靠「權力」的運用，並不能促使部屬的主動和活力。在機關中，如果不能培養出一種眞正的「團隊精神」（esprit de corps），則工作計畫縱然良好，也徒然無用。

在此，吾人將討論如何培養自動合作的問題，並將以主管對其部屬的人際關係爲主。

培養自動合作，乃是組織設計的一部份，與機關的管理程序密不可分。這是主管自己現身的工作，不可能委交給他人代辦。但也不可能說是每天花上四十分鐘便沒事。這是因爲合作的精神，主要來自主管的態度，來自主管與部屬「共事」時之如何對待部屬及如何反應。

在研究培養自動合作的方法之前，首先應瞭解此一任務在整個領導程序中的關係。下面的圖表，就是領導的要素圖。圖中右邊是領導的兩大功能——卽對部屬的「指導」和「激勵」以及對部屬的感受與困難的「瞭解」。此在前面已經討論，這兩大功能，正是領導行爲所希冀達成的結果。主管人爲達成領導的這兩大功能，所需的各項主要活動，請見後圖中央，計有：主動合作的培養，雙向人際溝通的運用，和指揮及紀律。

這幾項主要的領導活動，並不能自己產生主管所希冀的結果。這些活動在進行時，需要有組織結構的支持，配合優秀的領導。所謂「組織組織的支持」，包括的項目甚多，請見後圖左側所列，這些項目，正是有效領導的基本條件。（註四一）

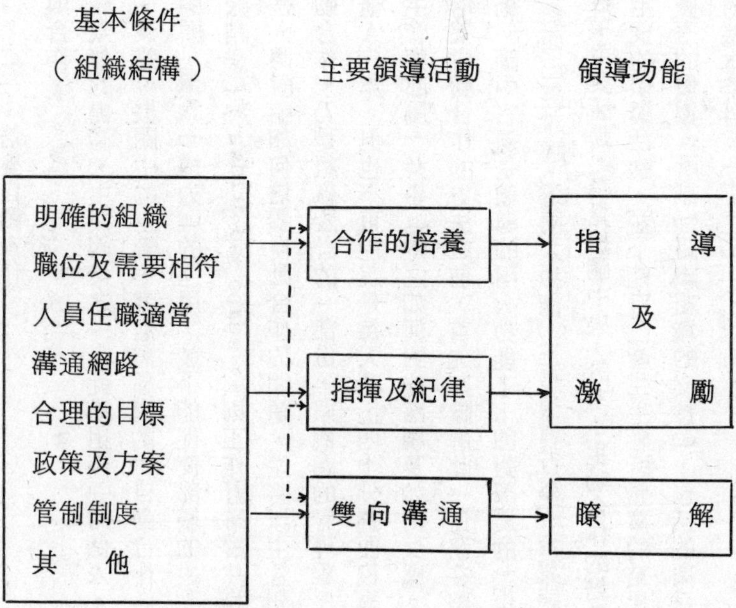
基本條件
（組織結構）
主要領導活動
領導功能
明確的組織
職位及需要相符
人員任職適當
溝通網路
合理的目標
政策及方案
管制制度
其　他
合作的培養
指揮及紀律
雙向溝通
指導及激勵
瞭解

領導要素圖

在這部份，將討論有關促成自動合作的組織結構之基本要件，然後進而討論領導人的行爲，和領導人行爲如何適應個別部屬的問題。在沒進行這些討論之前，吾人要先强調自動合作的兩大特性：

——一是自動合作常具有高度的情緒性質；

——二是自動合作必有賴於繼續不斷的重視和努力。

所謂「自動合作」，基本上就是一種情緒的反應。在機關中，一般說來，部屬之所以願意和主管合作，很少是由於理性方面的需要，也很少是由於希求上級的獎勵。平常在進行一樁交易時，常需看雙方是否具有討價的能力而定。但是，「自動的」合作，却與此截然不同。自動合作主要是以部屬的感受爲基礎。——例如：他對他的主管態度如何？對他的職位態度如何？甚至於對整個組織的態度如何……。

心理學家之研究指出：在大多數的情況下，一般人之注意力、記憶力、想像力以及辦事精力等等，情緒都有至爲强大的影響，而思想之份量反而不太重要。換句話說：主管要得到部屬的自動合作，當必須具有情緒方面的吸引力才成。一位部屬之何以會參加研商主管所提出的工作方案，通常是因爲他「希望」參加，是因爲他在參加後能獲得滿足，而不是因爲他經過思考分析的結果。

因此，在機關中要採取任何措施，以期激發自動合作時，最重要的一點便是這項措施能使機關同仁產生怎樣的「感受」。比如：吾人要激發張三自動合作，可不必研究給他的獎金是否公平而應該研究的是張三自己是否「覺得」公平。他如果「覺得」公平，便會跟着出現所謂「情緒移轉」（emotional transfer）：張三覺得他得到公平的待遇，他才會更爲合作。所以，主管所應重視的便是張三的「感受」。

自動合作的特性，除「情緒」以外，另一項是：自動合作必須經常不斷地培養。

吾人經常可以看到機關中在推動一項方案，部屬起初也許會有高度的熱情。可是，興趣不一定能持久。有時爲某一項特殊方案或新政策，必須特別着力於士氣的鼓舞。但是，這種鼓舞熱忱的運動，仍需以主管和部屬間的長久關係爲基礎。因爲，第一，凡是熱情，來得快，消逝得也必快。如果沒有持續的努力，很可能在幾分鐘熱度之後，隨之而來的，便是「冷漠」。第二，自動合作之精神通常不是短時間所能培養出來的。例如主管和部屬之間的「信任」，爲自動合作之基礎，有時非數年不能爲功。這一類的「感受」，不是說來就來，說去就去的。

因此，在行政機關裡，所可貴的是一種「持久性」之合作精神。身爲主管者，必需經常注意經由他本人的行爲，培育和發展出部屬的團隊精神來。並以「團隊榮譽」（Pride of outfit）、「集體成就」……等必要措施，來强化個人對組織的「忠誠」（loyalty）。因爲，在行政機關中感受的模式，是日積月累，在各種內在和外在力量的影響下，經過多年時間逐漸形成的。所以，自動合作之培養，乃是機關主管人年復一年、月復一月，以至於日復一日、時復一時的工作。

㈡自動合作與組織設計

良好的組織結構，實爲自動合作的先決條件。吾人可從左列幾個問題，研究組織結構對成員之感受和合作的影響。

1.成員應從職務中獲得滿足

職位的設計，應着眼於在職人員能從其職務中直接獲得其個人的滿足。舉例言之，實施所謂「職位擴大」（job enlargement）常能使在職者得到「自我表現」及「成就感」的機會（註四二）。又例如「委員會」的運用，也替委員人選敞開「取予溝通」（give-and-take Communication）的新途徑，而且能提高他們的「聲望」。分權化制度也是一個例子，足以增大自我表達及個人成長的機會。凡此種種，都是組織個人的直接滿足，可以提高部屬與主管自動合作的意願。

2.個人才能和職位的配合

個人的才能是否與其職位配合，深深影響其對工作的感受。換言之，惟有「適才適所」，才有利於合作精神的孕育。

3.明確的組織

人知道自己的責任，也知道與此責任相應的職權，才易於發展其工作的榮譽感、地位感，和內在的安全感。此外，「雙線隸屬」（dual subordination）的現象也需避免，以期消除混亂或義務的衝突。

4.有效的溝通

在行政機關裡，個人所擔任的工作，只是組織整體工作的極小部份而已。因此，機關中應有一套制度，使每個人都能迅速確實地獲得他所需的各項資料。他能夠擁有資料，瞭解情況，他的工作才能順利推進，他也才能得到成就感。反之，溝通網路不良，必將招致混亂，使他發生挫折感（frustration），因而對組織目標也就抱著消極的態度。

5.適當的目標

機關的目標，應該也是機關中成員的個人目標。因此，目標應具體，並能爲成員所接受，其應達水準也需爲成員所共同同意。如此，才能成爲成員自動合作的基礎。

總之，行政機關的組織結構，均與行政人員的感受密切有關。因此，組織設計必需保持平衡，用以激發機關中的成員，推進各項計畫的熱情。

㈢自動合作的指導原則

行政機關的主管，原是一位領導人。他應如何才能激發行政人員的自動合作呢？前面，吾人已討論此一問題的前兩個階段，那就是：

—他應該具備「神入」的能力、「自知」的能力及「客觀」的態度；

—機關中的組織結構應能有利於自動合作氣氛的孕育。

但是，這種討論，並未回答一個重要問題——機關中的主管在其對部屬之人際關係上，應如何行動，才能建立一種「持久性」的合作精神？

以下，吾人提出幾點「建議」（並非「原則」），以作爲現行各機關發展自動合作的參考（註四三）。

1友誼和信任

部屬之於其主管，有賴主管爲他指派職務，有賴主管爲他提供資料，有賴主管協助他解決問題；同時，部屬也有賴主管視他爲一不可或缺的重要人物。而主管之視部屬爲不可或缺的人物時，表現方式之一，便是友誼。

友誼的表達，方式甚多。在機關中，每天相見，道一聲「你早」，是友誼；張三生病，前往探視慰問，也是友誼；和部屬共進晚餐，是友誼；邀請部屬作一次公僕自強郊遊，也是友誼。但是，友誼究應如何表達，則當視主管及部屬的人格，及當時的情況而定。重要的是應使部屬能覺察出主管對他的認識，能覺察出主管對他的器重，能覺察出主管之視他爲不可或缺。倘部屬沒有這種感受，則主管將難望其部屬能熱忱合作。

所謂「友誼」，有一項要件，那就是「誠意」。張三病了，主管前去探望，如果僅是因爲人事主管說他請病假，說他不能不去探望，所以他才去；—那就只是一種形式上的關懷而已。主管每年年終邀請部屬到其公館餐聚，在餐飲時竟然沒有友情的氣氛，倒不如終年關在辦公室的好。

主管的行爲如果有眞正友誼成份，部屬是能夠感受出來的。反之部屬覺得主管確有「誠意」，則此項行動便能累積成爲「信任」。只有這樣的友誼，才是自動合作的基礎。

2.對部屬的支持

主管對部屬的支持，範圍至廣。最簡單的支持，是協助部屬進行其困難工作。舉例來說，也許這件公事辦不通，這件方案擬不出來，…而做主管的，都能在這些場合爲部屬提供一些需要的協助，如果部屬知道在他需要時，主管能夠給予協助，則他自能感到「安全」與「信賴」。

做主管的人，也常能爲部屬提供非屬本單位業務範圍的協助。—他也許可以盡力爲部屬爭取升遷的機會，爭取更高的薪資；他也許可以使流向部屬的工作量保持穩定，不致於大忙一陣後，又閒下來無事可做；他也許可以爲部屬向其他有關部門商議摩擦問題的解決—如上下班的打卡改爲簽到制度；他也許可以努力爭取辦公室的改進或裝備的更換。當部屬瞭解他們的主管能滿足他們的需要，則他們自將會聽從他們的主管之領導。

除此之外，一位成功有效的主管，還常支持其部屬獲得必要的消息與資料。

主管能有這一類的支持行動，則不啻是將「友誼」轉化為「服務」。機關中如有這樣的主管，經常表現其支持部屬的「誠意」，誰說部屬不會報之以「合作」？

3. 運用參與

參與（Participation）不但可以作為改善決策的方法。同樣，也可以用來作為參與人的激勵。許多研究，證明「高度參與」下與「低度參與」下，部屬「感受」的差異。大致說來，吾人似乎可以得到這樣的看法：參與的運用程度越高，（卽：參與的主動越强，範圍越廣，或部屬意見的影響力越大。）則對機關各項工作的合作也將越大（註四四）。因此，縱然吾人還沒有把握，說運用參與必能改善機關的決策，多多運用高度的參與，似乎可以考慮，因為運用參與，畢竟還有促進自動合作的作用。

4. 一致與公平

主管對待部屬，如果前後不一，將不免使部屬困惑，甚至使他們不再樂於工作。在機關中，我人看到許多實例：卽因主管的喜怒無常，要求不一，而迫使其部屬調職或辭職。所以說，只有機關中的主管有一致的待人處事，才能發展出正常的行為模式來。行為一致，才令人知道如何期待，如何反應；部屬也才會感到安全和信賴。

但是保持一致有時也會使主管困擾。如果他天天一致，年年一致，機關的工作可能停滯不前。機關主管的行動應該有所變化，才能適應變化的情境。──這的確是一項兩難的困境：有時要一致，有時又要有彈性。

在待人方面，保持一致尤其重要。部屬如果有一種感覺，認為主管有偏袒──如「他分派給張三的工作總是比較輕鬆的」，「誰說他不是鴻運當頭，你看他遲到早退，誰也不敢說他一句」……，自動合作的精神很可能會立卽化爲烏有。理由很簡單：「不平則鳴」。

但是，「平等原則」有時會與另一項信念相衝突，那就是「尊重個人」。如果說：張三要退休；或說：李四不幸發生車禍；或說：王五要赴國外進修，……難道也不能給予「特別」考慮嗎？

培養合作精神，主管得實施獎懲，其所採行措施，也應注意使部屬覺得主管之措施是一致的，至少也是合理的。平等原則，只是一種出發點之平等，有時常有例外，表面看來有違平等原則，但却是公平的。如上述張三、李四、王五的「特別」待遇，事實上，同事們都能瞭解，也都能諒解。

5.對期望行動的强調

人有正確的行爲，也有不正確的行爲。主管對部屬之督導，如果重視正確行爲，當較重視不正確的行爲更易於激發自動合作。機關中任何個人的工作績效，都必然有値得讚揚的優點，也有應予改進的缺點。可是，在機關中，主管與部屬間，最常見者是抹殺優點，不斷强調應予改進的缺點。但是，在讚揚一個人的優點時，也得像批評一個人的缺點一樣，應予小心謹愼。—也許最好的辦法，是有讚揚也有批評，讚揚和批評均能恰到好處，以免部屬的「自衞反應」（defensive response）。同時在討論缺點時，應注意對事不對人，將缺點當做一項應予克服的問題來處理，而不是對人的批評。簡單地說：要促進自動合作，寧可走積極的路線。

6.督導的嚴密程度

對某一工作，如果主管經常前來過問，對行政人員經常提出指示，那就是一種嚴密的督導（closely

supervised）。這就有如在計程車後座的乘客，雖然司機已經知道道路的情況，仍不斷提醒司機注意，嘮嘮叨叨地告訴司機應如何駕駛，在機關中，常聽同事說：「他實在是一位好主管，可是，他也實在太嚕嗦了。」主管如果不放心部屬到這種程度，爲什麼不趕快將工作改派給他人呢？

這種不斷干預的現象，對自動合作態度的培養，具有反效果。做主管的人也許是一番好意，希望協助部屬，可是部屬會覺得主管太不信任他，或者懷疑自己是否確實能力不夠。縱然有些部屬不在乎主管的干預，能夠抑制自己的不快，恐怕也會覺得自己僅僅是主管操作的一台機器，對工作將因而「淡漠」起來。反過來說，如果指派的工作，能夠以主管所要求的成果爲主，主管也僅是於部屬遇有困難要求協助時才「干預」，則應當有助於自信感受的培養。部屬除了從工作中享受到一份「榮譽心」與「成就感」，同時將察覺主管對他的信任。

總之，對工作繼續的嚴密督導，其後果要不是部屬的淡漠，便將是主動精神的降低。

7. 情況律

主管要部屬執行某項工作，應該盡可能利用「事實情況」來促使部屬工作，而避免直截了當地指示：「請你這樣辦罷。」例如：上級長官將於一週內前來視察，聽取簡報，因此，在本週內所有同仁的事假、休假一概停止，必要時，得以加班，以便集中人力準備資料。這樣的決定，也許是主管的旨意，但是採取此一行動的「需要」却已經爲部屬所共知。部屬「需要」採取什麼行動，不是因爲主管的指示，而是因爲瞭解非如此不可。這種所謂「情況律」（law of the situation），使大家都共認有達成某一結果的必要，自然易於促成對某一行動方案的合作意願。

8.訴怨的解決

機關中的個人，在工作之中，日子一久，難免會有種種的訴怨。大多數的不快，都是小事（如薪水袋少五角錢；洗手間不乾淨；椅子破了，刮破了女職員的絲襪……），這些小事，看來不太重要，可是如果不解決，就將成爲機關中個人牢騷的來源。所以，爲人主管者，實有儘快解決這些小事的必要，一方面可以免除不快，一方面也正表示主管對部屬的關心，即使是問題不能解決，部屬也會知道主管原來並沒有忽視他們。

前述激發成員合作應具備的組織結構，這些要求都能做到，相信當不致會有重大的訴怨。可是要機關中的個人能夠完全滿意，却幾乎是不太可能的事。總免不了有人覺得他受不了不平的待遇，把怨氣推在主管身上，發生這種情事，主管就得設法解決，平息部屬的怨氣，以便取得部屬未來的合作。因此，一個訴怨系統的建立，實在有其必要。這樣，部屬會感到有公平待遇的信心，因而，有助於自動合作精神之培養。

9.雙向的溝通

雙向的溝通可以加深主管對部屬之瞭解，並作更爲有效的處理。有了雙向的溝通，主管更易瞭解其部屬需要怎樣的支持，更易瞭解其部屬是否認爲已獲公平的待遇，更易瞭解其部屬提出訴怨的原因及動機。同樣地，在部屬的立場看來，有雙向的溝通，部屬也將更能瞭解其主管行爲的目的和原因，同時，也能因此而有一種「被瞭解感」（sense of being understood），這就是說：經由良好的雙方溝通，主管和部屬必將都能培養自動合作的準備。

以上檢討主管培養部屬的自動合作所應採取的各項建議及實況，對這種種建議，實際採用時，尚有待明辨的判斷和行動的技巧。

於本文之討論中，我人向來有一項基本的前提，那就是：只要組織能夠滿足個人的需要，個人必將更能對組織的各項工作計畫合作。但是，這一基本前提，並不表示這是一種討價還價式的交易：「如果你為我們做這一件事，我就答應替你做那一件事。」而是：「我們只不過是簡單地應用一種自然現象的定律——在如此某種條件之下（對部屬待遇適當），則如此某種現象（部屬的自動合作）常有發生的可能。」

可是，人心之不同，各如其面，個人的需要各有極大的差異，主管必須個別對部屬加以深入的瞭解和尊重。

主管所關心的對象有二，一是效率與效能；二是部屬如何能獲得個人的滿足。有人說：這兩個目標不可兼，其實，這種說法於理、法無據。在適當的情況下，個人的工作效率高，且同時亦能使其個人需要也獲得高度的滿足。事實上，此處所研究的自動合作，主要即在於如何將個人的滿足與工作效率提高融和為一。

但是，這種融合，有時不易達成。一是需要有一套設計妥善的管理結構；二是需要主管人有妥善的領導力。具有這兩個條件，一位「客觀」、「神入」的主管，才能與其部屬共處，支持其部屬並鼓勵其部屬，上述提出有關主管行為的各項準則，雖然不能構成一套公式，可是畢竟是培養持久性的自動合作精神之所寄。

二、建立雙向溝通

㈠事實及感受的互傳

沒有溝通，則不可能有領導。領導人在機關中的人與人之關係中，只有將想法、感受，和決策等傳送於被領導人，才能施展其影響力。反之，被領導人也同樣需對其領導人溝通，才能令領導人瞭解被領導人的反應、感受和困難，以下研究如何「設計」一套有效雙向溝通體系。

行政機關中，各項「事實」或「觀念」可藉人際溝通來傳送。在兩個人面對某一問題時，也許其中某人需要另一人的協助，給他提供有關解決此一問題的資料與建議。

有時候，在人際溝通上，還可傳送對某一問題的感受，例如：當事人的熱情、恐懼、偏見、喜好、信任等等……傳送這類感受時，不一定需藉語言來表達，甚至於當事人可能連自己也摸不清自己的感受是甚麼，但却同樣能夠傳送出去。

此外，人際溝通有時還能傳送所謂「推斷意思」（inferred intentions）。所謂「推斷意思」，是說「受訊人」（receiver）能從「發訊人」（sender）的言詞中推斷其言外之意。舉例來說：在某種氣氛之下，機關首長說一句：「看來，我們的組織結構已到了重新檢討的時機。」或說：「目前我們必須加强職位功能。」在機關同仁聽來，其言外之意是認爲：恐怕自已幹不久，將被裁員。

又有所謂「完全溝通」（full communication），乃是溝通雙方當事人，不但能全部收受對方傳送的訊息，亦能有完全相同的情緒。甲方發送一通訊息，要使乙方收受，並不一定乙方必需「同意」甲方發送的訊息，也並不一定乙方需具有與甲方相同的情緒，只要乙方能瞭解甲方的意思和感受，便可以稱之爲「收受」（註四四）。

人際溝通之不易，原因之一，是「發訊人」與「收訊人」的觀點不同。往往只是一句平平淡淡的話，部屬聽來却產生別的意義。雙方理智的差異，雙方感受的差異，便產生雙方瞭解與情緒的不同。

㈡主管應「神入地」傾聽部屬意見

所謂「雙向溝通」，是主管與部屬間「意見」和「感受」的相互交換。主管必需將自己的意見和感受傳送給部屬，也需「傾聽」部屬的意見和感受。要使雙方的交換有效，主管人勢非强調「傾聽」的重要不可。如果主管只知道應該將自己的觀點告訴對方——目前行政機關的許多主管正是如此，則由於主管自己的地位和權力均比部屬爲高，溝通便會流於「單向」。當然，主管需向部屬「指示」，但此地吾人研究的是如何促進「瞭解」和「關係」的溝通方式，主管如能善用此一溝通方式，則對主管人的「指揮」自將大有裨益。

1神入傾聽的意義

主管傾聽部屬的談話，如能表現出「神入」（empothetic）的神態，部屬當能自由表達，無所拘束，而不致顧慮其該說與否。主管在聽取對方談話時，允宜全神貫注，先保留自己的觀點和意見，讓對方暢所欲言，才能得到對方「內心深處」的見解。

精神病科醫師對待病人，最慣用「神入傾聽」的技巧。大致說來，是先讓病人表達其感受，繼則承認對方提出的一切問題均屬事實，然後就這些事實來作適當可行的調節。在行政機關的主管，當然不必完全學醫師的精神治療，但是，却也可以利用精神病醫師常用的幾項辦法，來促進日常工作方面的相互瞭解。對於部屬表達的有關其職務上的態度和情緒，主管人應以同情的立場傾聽，避免摻入自己的意見，能如此，主管人便可協助部屬對整體情況獲得更爲客觀的瞭解。

這樣的談話，可以說是主管人瞭解其部屬感受及困難的唯一辦法。主管人如不能瞭解部屬，則將難於對部屬提供建設性的指導，其自己在決策時也將缺乏足夠的基礎，而且也將難使部屬得到其個人價值及完全人格的感受。

2.神入傾聽的參考原則（註四五）

(1)縱然你不相信對方，甚至你認爲對方的話與題旨無關，對方說話時亦應悉心傾聽。你不妨偶而點點頭，偶而點火抽烟，或是偶而插上一句「嗯」、「是的」，以表示你聽懂了（却不一定表示同意）。

(2)設法摸出對方說話時的情緒感受及其理智上的意義。情緒感受有時不容易明白地表達出來，因此對方的感受如何，應仔細辨認。

(3)偶爾將你覺察到的對方感受複述一遍，用簡單的語句，複述對方的感受時，僅是將自己作爲對方的一面鏡子；如此常能引起對方進一步的解釋。例如你簡單地插嘴，「因此你就以爲你無升遷機會嗎」，「你覺得你的主管有偏愛」。說此話時，語調應保持中立，別誘使對方同意你的結論。

(4)談話一經開始，設法繼續下去，不要中斷，且應避免一本正經地敍述機關中的工作計畫。換言之，不可由於你在機關中具有某種地位，便擺出一付「權威」模樣來。

(5)避免直截了當的詢問及辯論。例如：「這一點與事實不符」，「等一等，讓我來查查資料」，「你能證明嗎」，這類的話應盡量避免。有懷疑，盡可以稍後再研究；這是對方訴說他的感受的時候，是否有理由，那是另一回事。

(6)對方說到要害，你希望多瞭解一點，不妨將對方的意見改成疑問句來重複一遍。舉例來說，如果對方說：「目前物價高漲，靠自己的薪水，誰也不能收支平衡的。」你就可以接着問一句：「你是說單靠薪水不能過日子嗎？」你這句問話，是一項鼓勵，對方多半會再作更詳細的說明。

(7)設法探出對方有沒有明白交代的意思—有時對方認爲某一點非常明顯，某一點是大家都公認的，因而一句話帶過去了。可是對方省略的這一點，說不定正是某一問題的關鍵。

(8)如果對方誠懇地希望聽到你的意見，回答時也必須誠懇。但是在這個階段，主要目的在於聽取對方，所以你表達自己意見時得有個限度，以免因此影響到對方。

(9)注意自己的情緒別捲進在談話之中。第一要務是瞭解對方，一切檢討都可留待日後。

3. 神入傾聽的基本條件

上述有關傾聽談話的程序，需先有若干必要的條件纔能收效。第一個條件是時間。像上文介紹的那種談話方式，往往不是一兩分鐘可以結束的，也許得花費十五分鐘、半小時、甚至更長的時間。主管不但要花這份時間，而且應該花這份時間。主管往往很忙，因此得衡量一下，從百忙中抽出這樣一段時間來，是否有價值。而且，部屬要說話，主管還得願意傾聽。有時可以先行安排一下；除非是部屬的情緒已經激動，「明天」談跟「今天」談並沒有兩樣。當然，所謂「明天」，可別是無限期延期纔好。

另一個條件，是應能認清楚每一位部屬的個性。如果不瞭解對方，不尊重對方，對方的感受困難自己也將難以瞭解。須知每個人都各有其自己的價值；R, L. Katz 說：

「個人價值的形成因素，包括有他自己過去的經驗（認爲別人將有怎樣的行爲）；他自己的情感（經多年時間培養出來的忠誠、見解、和喜惡等）；他對自己的態度（認爲自己是怎樣的人，或打算成爲怎樣的人）；他對別人負有怎樣的義務（別人期望他如何）；他自己的理想（認爲別人應該如何，事情應有怎樣的結果）；他的目標和目的（應達成甚麼目標）；以及其他種種因素。」（註四六）

在傾聽對方談話時，自然不必要對這許多因素全部瞭如指掌，可是至少應該尊重對方的個性特點。此外還有第三個條件，是主管應該能夠「自律」。常看到主管聽部屬報告時，往往忍不住自己的情緒反應，有時同意、有時不同意、有時感到怒不可遏。因此，在傾聽時，無論如何都必需有節制自己的能力，保持客觀冷靜。

最後，主管人在傾聽時採取的是「被動」的態度，是非屬「指揮性」的方式，這自然是假定其部屬必有所訴說。也許是對方因某一情況的發生而着惱，也許是因主管（或其他單位的主管）的某一措施而有强烈的不滿。但是反過來說，如果沒有什麼不滿，那麼主管人談話時那種「嗯、嗯」的被動態度，說不定反而會使談話失去生氣。總而言之，神入的傾聽固然是領導的一項可貴的技巧，但是在運用時，還是要靠主管人的判斷。

㈢主管應「有效地」把意見傳送給部屬

在所謂雙向溝通的程序中，傾聽僅是其一面。主管人也同樣得將自己的意見傳送給部屬。在這一方面，也跟聽取對方意思一樣，目的在於促進想法、問題，和感受的互相瞭解。而其困難也復相同，在於訊息之可能發生誤解。

某甲欲將一項訊息傳送於某乙，訊息的意義爲甚麼常無法完全傳送，可以用電子通訊的簡單模式來說明，例如電視廣播或人造衞星通訊等是。玆圖解如後。

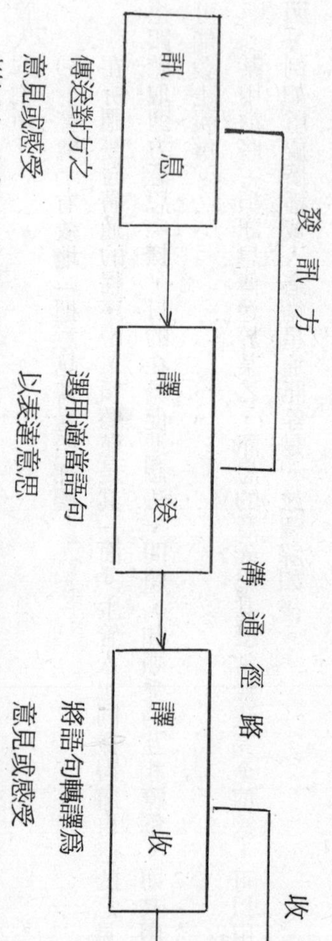

在電子通訊中，所謂「訊息」（Message），通常是一種語句或其他形式的訊號。所謂「譯送」及「譯收」，是由訊息譯爲電碼，及由電碼譯爲訊息。在傳送過程的「溝通徑路」中，困難在於可能發生訊息的變形或雜訊的干擾。但在面對面的溝通上，溝通徑路中的困難通常較少，問題多出在「譯送」及「譯收」階段，常會出現許多心理上的障礙。

前述有關神入傾聽方面的概念，大部份同樣可以應用在發送的溝通上。舉例來說，在譯送和譯收時，直接牽涉到雙方對語句的意義。又例如雙方的情緒，也難免影響對訊息意義的解釋。下面就主管如何對部屬傳送意見及感受提出幾項說明，以作改善「溝通行爲」的參考。

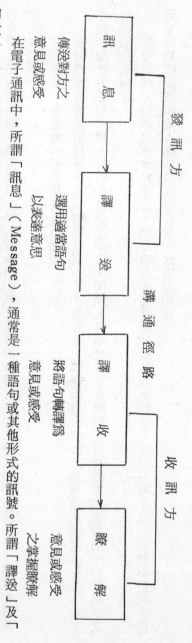

1收訊人觀感的檢討

主管有一項訊息，打算傳送給部屬，首應該花點時間研究對方的態度和興趣所在。也許他的部屬，心目中已經有另外他認爲是重要的問題所在；於機關裡，任何人都常有一大堆工作待理，一大堆公文待擬，因此再給他一件新的溝通訊息，就無怪他的初步反應可能會是消極或淡然。尤其是倘使傳送的訊息與他個人需要關係不大，他更不會付予太大的重視。而且，他在受訊當時的情緒狀態，也將影響他對新來訊息的反應。

因此，如果傳送的是一樁重要的資料，是一項新的主意，則必需衡量一下受訊對方的觀感。他對此一訊息覺察程度的深淺，要看他對此一訊息的重要性而定，同時也要看他心目中所既有的訊息多寡而定。假定說已經和他建立密切的關係，當能對他之觀感有較多的瞭解，也能對他將如何估量主管之新訊息有較大的掌握。有一點可以確定的是：如果對方對某一事物已經有某一看法，則想改變他的看法，靠邏輯的辯論恐未必可以收效。這就是說：主管的出發點應該是審愼衡量對方的人格。同時，也應該自問：「我們之訊息他可能有怎樣的看法？我們是否能預作甚麼準備，使他更易接受我們的訊息？」

2.語句意義之明確

前文一再指出，同一語句之於發訊人及受訊人，可能有不同的意義。因此在傳送訊息時，語句的選用特應審愼，務使對方能夠接受。太拖沓的語句和技術名詞等等，在主管看來也許意義至為確切，可是不如簡短的語句，較易為對方掌握。當然，在主管想來，對方「應該」能夠瞭解主管的意思；然而更應該記住：主管的目的是在促進雙方能相互瞭解，而不在考試對方，把對方難倒。

有時不妨作幾次複述；如果對方有意聽取，複述確能有助。可以將訊息複述一遍時，最好另用不同的語句，或另舉不同的例子。如果傳送的訊息正好與對方某一樁新近的經驗相合，當更易於吸引對方的注意；對方接到的訊息，當能以他個人的體驗來瞭解主管所用語句的意義。

3.面對面的自由交換

通常收受到一項重要的意見，需經歷一段時間來消化，來適應。並將這項意見放在腦海中研磨，體味其意義所在。因此，主管將一項訊息傳送給部屬時，自然也得讓對方有一段消化的時間。有一項辦法是，與對方就此一訊息反覆討論，交換彼此的看法。這樣的交換，都是非正式的；雙方都可能不會提出具體的結論來。

在這樣的討論中，許多懷疑和誤解都因此公開提出。做主管的人如果能充分運用其傾聽的技巧，當可以發掘對方的種種誤解，藉機向對方說明和澄清。甚至於也許主管本人還有許多不大清楚之處，經過這樣的討論後，也能大爲瞭解。

此地應注意的，是在這一個「消化吸收」的階段中，主管和部屬雙方在求相互的瞭解，職權關係應被拋在一旁，不起作用，雙方均應坦然提出他的未成熟的見解，所以互相尊重和信任應該是一項必需的要件。兩人的談話說不定越扯越遠，主管不妨拉回來，作一個總結。儘管這樣的談話可能沒有結論，然而對於傳送的訊息，雙方却有自由而坦誠「面對面」的意見交換，訊息之意義也有澄清和明確的瞭解。

4. 經由行爲表現的溝通

最好的一種意思表達方式，是否主管親自以行爲來表現。

主管的言詞、精神，和行動等，是否一致，部屬常特別敏感。事實上主管的意圖，用行動表示常較用語言表現爲佳；當然，如能行動和語言同時兼用，同樣值得考慮。詩人艾默森（Emerson）說得好：「你的聲音如雷貫耳，我絲毫無法聽見。」

5. 「回輸」的印證

以上討論主管對部屬表達意見的幾項要點：「瞭解對方的興趣和態度，選用不致引起對方誤解的語句，與對方作面對面的自由交談，而且同時用行動來表達等等。如此已經將主管的意思傳送出去，可是怎麼能夠知道對方是否接受呢？關於這一點：如果僅只是簡單地詢問對方是否明瞭，並不足以說明對方確已明瞭。這就是如何「印證」溝通是否確已促成相互瞭解的問題。因此主管必需保持警覺，掌握住每一個能獲得「回輸」（feedback）的機會。最簡單的辦法，是觀察部屬的行爲，是否符合傳送的訊息。可是，有時直接觀察不容易做到，只好利用各種表報和工作成果。有時傳送的訊息是無形的、微妙的，則可用前述之「神入傾聽」的程序來印證。只要主管和部屬間已經建立密切的領導關係，雙方之間便常有足夠而坦誠的交換機會，尤足以印證溝通是否有效（註四七）。

總之，此地討論組織設計中的溝通，不是視溝通爲一項例行作業或一套制度，而是在主管和部屬之間，有事實經驗的傳送，也有感受的傳送。吾人討論主管應如何神入傾聽部屬的訴說，也討論主管應如何傳送自己的言詞和感受。這兩方面都應該講究適當的技巧。但是更重要的，乃雙方良好關係的建立。例如相互瞭解、相互尊重、自信和信任等等，足以有效激發個人感受和問題的坦誠討論；再加以行動和言詞的一致，都能反映出領導關係之是否良好。在機關中，部屬人數衆多，也許不能隨時隨地都與每一位部屬達成理想的雙向人際關係；但是只要盡力而爲，行政領導終必能有改進的一天。

三、運用指揮紀律

主管部屬間的關係，以人對人的接觸爲主體。在前文裡，吾人研究主管應如何從接觸中建立其與部屬間的「神入地」相互瞭解。並特別着重於自動合作精神的培養，和雙向溝通的運用，以加强相互關係的品質和深度。

在建立這種「關係」後，進而討論組織設計的領導活動之其他課題。那就是：命令的發布，以及獎懲和紀律問題等等。這些都是所謂「監督活動」（supervisory activities）；領導人即使用的是獨裁方式，也少不了這些監督活動。監督活動的遂行，常常牽涉到權力的使用。因之，機關中常會面臨這樣的問題：主管究竟如何行動，纔能確保部屬的工作得以順利進行，而又不損及主管部屬之間的相互瞭解和友誼信任？

㈠正式命令的發布要適宜

主管裁訂各項工作計畫，必需傳送給部屬推行。行政機關的決策—或計畫—均經由指揮系統的過程，傳送給第一線主管或作業人員。決策或計畫的傳送，通常採「正式指示」（official instructions）或「命令」（orders）的方式。有的是口頭上，有的用書面；有的較為不考究形式，有的則規規矩矩，有如外交文件；有的為部屬所欣然接受，有的則招致怨懟和不滿。但是無論如何，這類正式指示總是不可或缺的。但用「命令」一詞，殊不表示主管必須像是軍事長官的意思。

正式命令的明確發布，早已成為每一位主管人的領導活動之一。但是正式命令的運用，並不意味「獨裁」。即使主管在制訂工作計畫時，運用高度的參與，運用雙向溝通，在此一階段也不能沒有正式命令。這就是說：不管主管如何倚重其與部屬的關係，遲早總會走到這樣一個時機：「就這樣罷，這就是我們的方向。」在一般情況下，部屬都會翹首以待正式命令的發布；如果沒有正式命令，他們或不免會感到不安與迷惑。

良好的命令要素，必須具備「完整」、「明確」，及「可行」。但檢討目前行政機關實例，不盡人意者甚多。

總之，發布命令，正是健全的領導關係之一環。主管應注意避免幾項陷阱：如果命令意義不清，內容又有欠完整；如果任意發布，不審核考慮其是否可行；如果發布後忽冷忽熱，不檢查其執行情況，均足以損害主管與部屬的關係。假若能避免這些陷阱，則命令纔能有助於機關中的合作。命令的運用，殊不能視之為「專制」，而應該視之為計畫的正式認可。而如何發布命令，實為管理領導之重要任務之一。

(二)妥善運用制裁與獎勵

通常所謂領導，主要的活動不外包括對部屬的傾聽、指導、鼓勵，和協助等項。此地討論的課題，也即以這幾類活動為主。但是此外有時候一位主管也需對部屬施以紀律的制裁。紀律維繫（disciplining）自也為主管領導的活動之一。這就像任何自由社會少不了運用警察力量來鎮壓反社會的行為一樣，一個行政機關也必需遵守一種起碼的行為標準或規範。這一項紀律維繫的任務，也落在主管身上。這確是一項不討好的工作；可是由於只有主管才最知道他手下的屬員，纔最知道他本單位的情況，所以也只有主管纔是最適合擔任此一工作的人選。他之如何維繫部屬的紀律，對於整個群體的性態和對於他與部屬之間的人際關係，均具有至為深切的影響。

1紀律行為的任務

一個行政機關要能有效發揮其功能，必有許多「必要的行為」。這些必要的行為，通常以技術需要、法規需要、社會關係的需要，和服務的需要等等為準則。

部屬行為未能符合要求，主管可以施用懲罰；諸如記過、降級、短期停職、停止升遷或停發獎金，以及解僱等是。但是所有這些懲罰，都沒有引發「期望行爲」的直接作用。而且事實上停職和解僱兩者，反而會增加達成目標的困難。紀律制裁的主要目的，乃在改善「未來的」行爲—包括受制裁者的未來行爲，和機關中其他人員的未來行爲（註四八）。主管也許無法容忍部屬的某種行爲，認爲他罪有應得；而且由於他的錯失，還造成機關的損失，成爲機關的「沈入成本」（sunk costs）。領導上的課題，在於力求避免類似錯誤之重現；因之主管施予紀律制裁時，也應瞭解此一目的。

2.紀律制裁的指導

紀律制裁的實施，如能遵照幾項基本原則，纔能對日後的行爲產生最大的效果。那就是：制裁應迅速和客觀；獎懲規定應事先宣佈；施行應一致與公平（註四九）。以下就這幾點加以說明。

(1)迅速及客觀

錯誤矯正的最佳時機，是在錯誤甫行發現，大家還未遺忘時。舉例來說：某人違抗命令，等到一個月後再來檢討和懲罰，人人的記憶都已模糊，恐怕難以發生作用。行動及其後果的關聯，已不能令人產生印象。但是，這一項原則，也有兩個重要條件。第一，主管自己仍在怒氣未消時，或情緒仍在激動時，不宜對他人施予制裁。在人人都已冷靜下來之後，制裁行動纔能客觀和適切。第二，還得等待一段時間，以求瞭解事情的眞相。如果說調查工作需費相當時日，則必須注意凡是涉及此一事件的有關人員，都不能有所遺漏；因爲殊不願他們以爲參與某一錯失行爲後，將來可以消遙自在，如蔡少明案及啟達案。

(2)事先的警告

部屬有些甚麼可以做，有些甚麼不能做，都應有事先的「警告」。這是主管應負的責任。每一個人都知道不能違反社會規範，不能欺詐，不能盜竊，違反當必有懲罰；可是如果做到不知是不應該做的事而受到懲罰，則必心有不甘。因此，主管必須先對部屬說明；如在警告後部屬仍舊違反，則自宜施予較爲嚴厲的懲罰。倘使某一行動具有特別的嚴重性，例如在機關中禁止吵架，則更需事先公布通知。此地應說明者：就警告一事而言，是足以導致主管所需的「期望行動」的措施的。

3. 獎勵的運用

紀律制裁，是針對不當之行爲的一種懲罰。獎勵則恰與此相反，是針對「期望行爲」，是一種對期望行爲的認可。

所謂獎勵，是在職務滿足和薪資、養老金等等以外，對部屬提供其滿足。提供的是：特殊的嘉獎、調任更好的職務、加發獎金、加薪等等。在部屬而言，獎勵自然比懲罰更令人愉快得多；但是一般說來，部屬對於獎勵却沒有像對於紀律制裁那樣的密切注意與回憶。

但是，從領導人的立場而言，適用於紀律制裁的各項概念，也同樣適用於獎勵。主管給予獎勵，部份應着眼於當事人及其他人員的未來行爲，這就是說，主管不能學聖誕老人，將獎勵普遍分贈；也不能對虛浮不實的行爲提供獎勵。應該花點時間，瞭解對某一特殊成果貢獻最大者爲誰；同時應該針對有意鼓勵的行爲來授獎。

如果說同時有許多人應該獲獎—例如獎金，也許較易符合其授獎一致性的要求。可是如果要從許多人中間挑選一人或少數人來授獎，例如升調一項職位，問題就難。那些沒有獲獎的人，希望和地位都不免受到損害。在這樣的情況下，必須確切說明何以有選擇的必要，提出何以如此選擇而强有力的理由（例如職位升遷，應以是否適合新職爲基礎，而不宜以其人現職的績效高低爲基礎），以期緩和部屬的不滿；同時也得對其他合於授奬之人員給以適當的補償—例如更換職稱、調整職務之類。雖說「積極的奬勵，重於消極的懲罰」爲人群關係學派的一貫主張，可是卽使如此，差別的奬勵仍舊是領導人的一項難題。

㈢愼用權力以加强奬懲功效

在本節關於領導活動的分析中，主要的課題在於自動合作的培養，對他人問題的傾聽，和促成他人或部屬的自我激勵和自律。但是在施行紀律制裁和奬勵時，可以發現主管常需運用其「權力」—針對部屬對懲罰或喪失滿足的恐懼而使用的權力。但是，吾人可以知道權力使用的結果，足以扼殺主動及熱忱。因此，吾人一心一意建立起來的友誼的人際關係，當不免因權力的運用而遭到破壞。

毫無疑問的是：主管人最痛苦的決策，當在於權力的運用。擧例言之，主管人苦心孤詣地要激發部屬的熱忱和激勵，却造成相反的結果，甚至有施以懲罰到解職的必要，他的決策自必深爲痛苦。在他決定採行嚴厲措施之前，他仍應考慮是否還有別的領導方式可行。他應該瞭解的是：除非是任何別的積極方式都不及「揮起他的巨鞭」有效，他纔宜作運用權力的考慮。

在積極的領導措施和權力的運用之間，如何保持適當的分際，此地列擧出幾項參考原則（註五〇）：

1.一位領導人決不宜誇耀他的權力。他誠然擁有某些權力，但是應該「備用不用」，愼勿宣示於人。以機關實際生活中的情況來說，大家都承認有權力的存在，但是如果有人不斷誇示這些權力，甚至揮舞這些權力，則必爲他人所厭棄。因此一位好的領導人必珍惜他自己的權力，必認爲權力之應該審愼運用，乃是他的「責任」與義務。

2.主管人如必須運用權力，則不應因人而異。他應該事先使大家知道他運用權力時必將不顧親疏、不循私情；然後信守此一宣示。於是，權力的使用纔能成爲制度中之一部。制度一經大家所接受，則主管人應善盡其力，使全體部屬在制度之下順利作業。能如是，則主管人一旦非運用權力不可時，縱然有若干痛苦，也將不至於是出於他的任性或偏私。

3.主管人運用權力時，應以有助於建立一種「期望的行爲模式」爲着眼。每當面臨一項紀律問題時，他都必須經過審愼的思考，以察其是否可有例外或限制。當然，他也必須衡量他的決策對群體態度及群體規範可能發生的影響。大凡領導活動，往往都能在一個單位中產生一種較小的社會結構；而權力行使的「公正」，正是此項社會結構中的要項之一。在某些特殊情況下，部屬大抵都能瞭解「寬兗」的意義所在，甚至於都能要求「寬兗」；只是在行使「寬兗」時，應該確爲瞭解其不致於損及正常的「期望的行爲模式」。

上面幾項參考原則——不誇耀權力、運用權力時不循私情，和藉權力的運用來强化主管期望的行爲模式等三項，應該是機關運用權力的指導。能遵循這幾項指導，則領導人在必要時雖然運用權力，這樣的領導將仍舊可以利用其積極的「瞭解」和「感受」爲着眼點。

以上研討組織設計領導活動中的指揮及制裁，於此做一暫定性的結論，恐怕誤認爲所謂領導活動，只是從主管到部屬的單向流動。但是，只要回憶一下本節所述，便應該想到所謂領導活動之程序，並非僅只由上而下；其由下而上的資料和反應的流向也正爲領導活動的另一面。將決策付之行動，有賴於人對人間的交換，是一種雙向的互相調整。幹練的領導人必能瞭解主管和部屬均必須學習，也均必須作行動的調整。

吾人應能明瞭：紙上談兵的領導和實際的領導行為，乃是截然不同的兩回事。照本節所討論的內容來說，只怕許多主管在實際實行時都會感到困難。那是因為：第一，領導需要高度的節制自己和尊重他人，絕非憑自己的意思想幹就幹。因此，良好的主管，或有待先對自己的性態作深度的調整。第二，即使已經能夠自己控制自己，可是主管與每一位部屬的交感與互動，却是各不相同的，是變幻莫測的。而機關的領導行為，與其說是主管自己可以決定，倒還不如說是應由對方決定較為恰當。

本章討論有關主管權威的內涵，也討論權力、影響力及領導的若干基本問題的處理方式，均有助於改善機關的組織效能。可是領導畢竟沒有一定的「公式」可循。也許正由於此一原因，所以如何成為一位成功有效的主管，纔會是組織設計最富挑戰性的課題之一。

附註

註一：W. H. Newman, C. E. Summer, E. K. Warren, *The process of Management : Concepts Behavioral, and Practice* (N. J. : Prentice-Hall, 1961), chap 11.

註二：過去的管理觀念，管理者與被管理者之間，近乎「主僕關係」，管理者具有高度的權威，令出必行，工作效率亦相當高。

註三：*Ibid*, P. 276.

註四：David J. Lawless, *Effective Management : Social Psychological Approach* (N. J. : Prentice-Hall, 1972), P. 308.

近年的管理思潮，民主的聲求，與日俱增，有些管理者仍執著舊有的權威觀念，却往往發現，其管理舉措遭到始料未及的阻礙。

民主管理時代的來臨，權威雖未必「貶值」或消滅，但是，權威的觀念及運用方式，必須有所改變。如能以新的態度來運用權威，權威管理仍不失爲一有效的管理方式。

註　五：J. Galbraith, *Designing Complex Organizations* (Mass. : Addison-Wesley Publshing Company, 1973), P. 210.

註　六：S. G. Huneryager and I. L. Heckmann, *Human Relations in Management* (N. Y. : South-western Publishing Company, 1967), P. 105.

註　七：Ordway Tead, *The Art of Administration* (Reprinted in Taiwan, 1970), P. 45.

註　八：R. A. Dohl, *After the Revolution* (Reprinted in Taiwan, 1969), P. 56.

註　九：G. Wijeyewardene, *Leadership and Authority : A Symposium* (Singapore : University of Malaya Press, 1968), P. 76.

註一〇：*Ibid*, P. 105.

註一一：*Id.*

註一二：M. K. Starr, *Management : A Modern Approach* (N. Y. : Harcourt Brace Jovanovich 1971), P. 101.

註一三：W. H. Newman, et al, *op. cit.*, P. 276F.

註一四：W. E. Scott, JR. and L. L. Cummings (ed), *Readings in Organizational Behavior and Human Performance* (Homewood, Ill, : Richard D. Irwin, Inc. 1973), P. 201.

註一五：*Idem.*

管理者對於「權威」，應揚棄老的「靜態」觀念。組織及管理均是「動態」的，在這種情況下，權威已不復爲「直線」(Lines) 的觀念，而是一種新的「流路」觀念 (Circuits of authority)。換言之，權威不復爲「官僚」的意味，而實含有「意見溝通」(Communication) 之本質。既是「流路」與「意見溝通」的概念，則管理者之權威，應重視「施」與「受」，乃至「回饋」(Feedback) 等問題。「權威」之於管理，已不是單純的「使指令付諸實現」的問題，而是涉及「人群關係」圓滿與否的管理技巧。這是「權威」與「權力」不同之所在。

註一六：K.Davis, *Human Relations at work : The Dynamics of Organizational Behavior* (Reprinted in Taipei, 1967), P. 98.

權力有時與依賴（dependence）有着密切的關係，如果一個人依賴著某甲，那麼他便是受制於某甲的權力之下。在機關組織結構中，一個人可以經由三種方式來使別人依賴他：

第一，掌握著消息與資料——假如一個人熟悉機關中的組織，了解從業人員的性情，清楚各種已經形成的規範（norm），知道工作應有的程序，或者熟練一般作業的技術，他便會使人易於要去依賴著他。

第二，洞察機關有關人員——如果有人能夠了解機關裏每個人員，上至部長、司長，下至雇員、工友，甚至於他又能知道和這個機關有來往和關係的其他機關人員，這樣別人有時也要依賴他。

第三，了解機關組織設備——個人雖然不是高居官位，要是他能了解組織的結構，以及各種設備、辦公室、機器、財務等的來龍去脈，那麼他的同事也會時常要依賴他。

總之，權力的功能可經由人們所掌握的資料、人物、工具三者而運行，同時也可經由人們所擁有的各種不同貢獻的重要性而行使。

註一七：K. Davis, *op. cit.*, P. 102.

註一八：F. Luthans, *Organizational Behavior, : A Modern Behavioral Approach to Management* (N. Y. :McGraw-Hill Book Company, 1973), P. 482.

註一九：John R. P. French, Jr. and Richard Suyder, " Lendership and Interpersonal Power ", Dorwin Cartwright(ed), *Studies in Social Power*, (Ann Arbor, University of Michigan Press, 1959),P.118. also to see :

雷飛龍：「談領導的基礎」，中國行政，六期（台北市：政大公企中心：民國五十五年一月），頁九——十四。

註二〇：H. A. Simon, et al, *Public Administration* (N. Y. : Alfred A. Knopf, 1950), P. 103.

註二一：John M. Pfiffner and R. V. Presthus, *Public Administration*, 4 th ed. (N.Y. :Ronald Press), P. 97.

註二二：H. A. Simon, et al, *op. cit.*, P. 108.

註二三：P. Selznick, *Leadership in Administration* (Evanston, Ill. : Row, Peterson & Co., 1957), PP. 25-26.

註二四：H. A. Simon, et al, *op. cit.*, P. 199.

註二五：John R. P. French, Jr. and Bertram Raven, 〃The Bases of Social Power〃, in Dorwin Cartwright (ed), *Studies in Social Power*, *op. cit.*, P. 158.

註二六：H. A. Simon, et al, *op. cit.*, P. 196.

註二七：Richard E. Neustadt, *Presidential Power*, (N. Y. : John wiley, 1960), PP. 9-10.

註二八：W. H. Newman, et al, *op. cit.*, P. 283.

註二九：*Idem.*

註三〇：W. H. Newman, C. E. Summer, E. K. Warren, *op. cit.*, P. 285.

註三一：*Ibid.*, P. 286.

註三二：有關「領導的影響系統」如左圖所示：

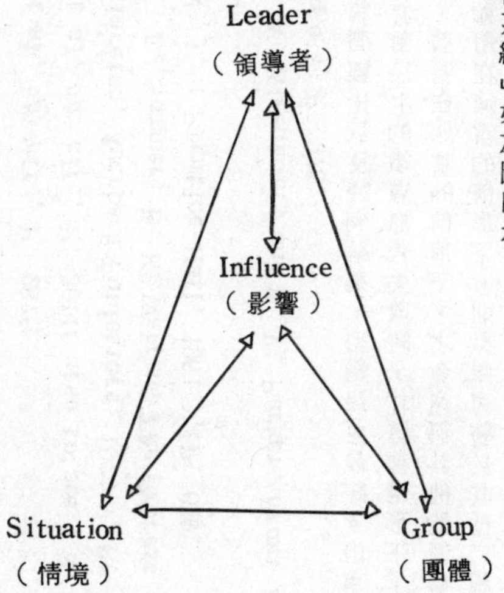

註三三：W. H. Newman, et al, *op. cit.*, P. 287ff.

註三四：W. H. Newman, et al, *op. cit.*, P. 301ff also to see：R. E. Tannehill, *Motivation & Management Development* (Princeton, Auerbach Publesters, 1970), P. 110f.

註三五：W. H. Newman, C. E. Summer, E. K. Warren, *The Process of Management: Concepts, Behavioral, and Practice* (N. J.: Prentice-Hall, 1961), P. 659.

註三六：*Ibid.*, P. 661.

註三七：W. H. Parker, R. W. Kleemeier, and B. V. Parker, *Frant-Line Leadership* (N. Y.: McGraw-Hill Book Company, 1969), P. 275.

註三八：心理學家與社會學家們經比較及評判結果，認爲民主最好。但事實顯示：

(一)獨裁的領導，當使用民主的領導都告失敗時，在這種情形下，有時是有效而成功的。

(二)民主領導的優點，需要在適當的情形下，才會超過其他的領導方法。

(三)放任的領導，假如用在適當的情形下，則效果可勝於其他二種方法。譬如有些高級研究機關的首長，他大可不必好管閒事，問東問西，只要其屬下各人能自我創見和獨立研究，有時這種自由氣氛下的工作成果，反而來得更加豐富。

值得注意的是，上面所指的三種方法，並不像一般人的想法。以爲它們之間是互不相容的。事實上，能幹成功的領袖，是綜合運用著這三種技術。有時，一位機關首長很可能命令他的秘書，限期完成一份資料報告，不得延誤。他同時也會與其各處室主管共同商量，如何發展他們的事務。他又可能會提供很多經驗與消息，以便他的助理能夠發掘一個問題的解決方法。

很顯然地，這位機關首長正在同時運用著上述三種領導的方法，當他命令他的秘書時，他不就是在行使獨裁嗎？當他與各處室主管共同商量時，難道不是在做民主的領導嗎？當他給他的助理提供資料與消息時，豈不正是放任領導的好例子嗎？

註三九：R. T. Golembiewski, *Organizing Men and Power: Patterns of Behavior and Line-Staff Models* (Chicago: Rand McNally and Company, 1967), P. 201 ff.

註四〇：W. H. Newman, et al, *op. cit.*, P. 671.

註四一：W. H. Newman, C. E. Summer, E. K. Warren, *The process of Management : Concepts, Behavioral, and Practice*（N. J.：Prentice-Hall, 1961）, Chap. 24.

註四二：D. I. Cleland, W. R. King, *Management : A System Approach*（N. Y.：McGraw-Hill, 1972）, P. 108.

註四三：W. H. Newman, et al, *op. cit.*, Chap. 84.

註四四：因缺乏「瞭解」而造成意見溝通不暢的例子甚多。例如，有一位孩子駕車出遊直至清晨三時才回家。他的父親因擔心他的安全，同時又有其個人希望他應該怎麽做的「主觀想法」，於是發生下面的對話：

父親：「孩子，昨晚你到那裏去？」（父親以一種對不負責任的孩子而自認爲很公正致發怒的語調說出）。

孩子：「出去，你想會到那兒去！」（孩子以一種自以爲是一位男子漢且已有能力負起責任的挑戰態度答覆）。

父親：「孩子，不可以這種語調跟我講話。」（父親在一種自認孩子違規和他本人對孩子似無影響力的情形下說出）。

孩子：「呃，你老是挑我的錯。」（聽了父親第二次講話，努力解除目前的困境才做這種回答）。

父親：「你再不守規矩，不聽話，自下月起你就不能有車子駕駛了。」（在無可奈何的情況下，父親只好下最後通牒）。

孩子：（孩子對父親這種壓力，已覺得只有以「出去」和「重重的關門聲」表示他的答覆才能解除）。

從上述對話中，可見父親與孩子都沒有好好地互相溝通意見。因爲他們都不知道對方對他自己的意象及與對方講話的地位。其情形如後圖所示。

在機關中，部門與部門之間的意見溝通往往要比個人與個人之間的意見交流更爲複雜。爲使一種工作的推動順利而有效，牽涉的單位往往很多。由此可見有效的意見交流，雙方除應避免偏見、不良的態度、無法瞭解的語言及以「自我爲中心的想法（Self-centered-thinking）」與對方交流外，且應做到⑴均能澄清思想或確定問題，⑵均能參與解決問題，⑶均能相互傳遞正確思想或作正確決策，⑷均能誘導對方同意並採取積極行動及⑸事後又能衡量意見溝通的效果。

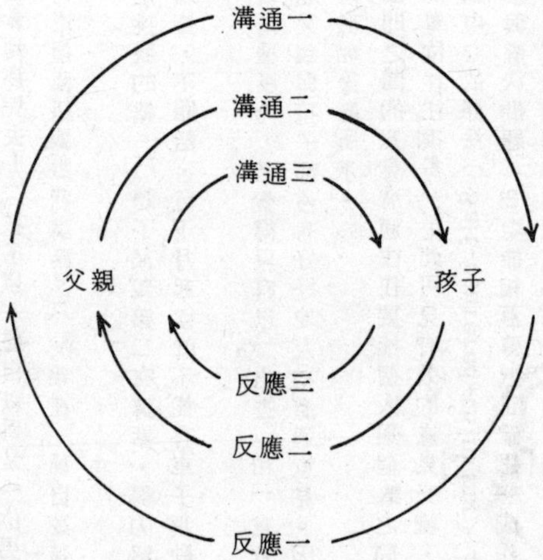

註四五：W. H. Newman, et al, *op. cit.*, chap. 25.

註四六：Joe Kelly, *Organizational Behavior: An Existential-Systems Approach* (Homewood, Ill.: Richard D. Irwin, Inc. 1974), P. 89.

註四七：一般說來，良好的雙向溝通，尙應注意下列幾點：

第一、意見溝通應對適當人員，於適當時間，以適當方法，傳遞適當消息。

第二、在一個機關組織內意見溝通應循三線方式（Three-way Communacation）進行，亦即應做到「上情下達」，「下情上達」並促使各部門達到「步調一致」與整體化的境界。因此，⑴向下應能傳達組織政策、目標與計畫、業務指導及激勵誘導，(2)向上應能陳述部屬意見、抱怨與批評及部屬的問題，(3)平行單位應彼此瞭解、關懷及協調。

第三、增進彼此意見溝通的因素有參與、責任、待之以禮及重要感。

第四、「面對面的溝通」（Face to Face Communication）最能表達雙方的意見。

第五、如擬藉「文字溝通意見（Witten Communication）」則應力求文字的完整、簡潔、清晰、正確、友善、可靠、適時、易被理解及前後一致等。因此，一個有效的「管理報告制度（Management Reporting System）」實有建立的必要。

第六、妥為運用「管理會議制度（The management Conference System）」對意見溝通大有幫助。

第七、主管應建立「規範」表示其在管理上對意見溝通的重視。他應相信任何人不論有否天賦，都有促進意見溝通的能力。

第八、對自己，管理者應發展「自我瞭解（Self-understanding）」，並相信自己。對別人，管理者應承認、接受及瞭解其對別人的感覺，亦即瞭解「別人之所以為別人」的地方。

第九、其他一些有關意見溝通的訣竅：

(1)應告訴對方「溝通什麼」與「為何要溝通」。
(2)必須冷靜而有耐心地學習傾聽別人的意見。
(3)應使自己的觀點「個人化」。
(4)多舉例說明並使用簡短的語句。
(5)雖應儘可能全部描述，但應適時完結主題尤其是不能離譜。
(6)應避免對方有不正常反應。
(7)在「相信」與「自信」的氣氛下，才能獲得最好的溝通。
(8)意見溝通是一種經常不斷的工作。
(9)給人以「公正與開明」的印象。

⑽應給人家「面子」，多強調其優點。

第十、如何才能誘導別人接受你的意見：

⑴不要誇張。

⑵先說服最難說服的人。

⑶不可輕易放棄。

⑷注意時間是否適當。

⑸不要寄望一次即將所有觀念和盤托出。

⑹有計畫地使對方接受你的意見。

⑺使你的觀點易被接受，必要時可說出來試試看。

⑻如可能，應使你的表演「戲劇化」。

註四八：W. H. Newman, et al, *op. cit.*, chap. 26.

註四九：*Id.*

註五〇：Robert T. Golembiewski, *Organizing Men and Power: Patterns of Behavior and Line-Staff Models* (Chicago: Rand McNally Company, 1967), P. 203 ff.

第三篇 組織設計的情境面

第八章 外在環境的妥當規劃

雖然本書的主要重點在「設計」組織應如何創立一個有效的「內部環境」，使各成員團結起來，有效能的及有效率的從事公務，以提高組織績效的一些「理論」、「原則」、「方法」、「技術」與「藝術」；但是，其他可能影響到組織的「環境因素」，仍不可忽略。(註一)

任何組織中，最不爲人所了解的元素可能就是「環境」。許多政府機關或其他組織，由於疏忽環境力(enviromental force)的重要，不了解環境的結構狀況或對於環境沒有良好的情報，因而常導致失敗。所有對組織過程所發生的影響，都是時常變動的，有的變動快，有的變動慢，但可以肯定的是：差不多沒有一項有影響力的環境因素，會保持常態，永不變化，當主管愈來愈爲競爭力量所迫，而愈瞭解工作的重要性時，一位本來是具有高超有效率的主管，如果不能把自己從過份考慮「內在環境」的習慣中解脫出來，也不能有效克服「外在環境」的激烈變動時，則他必然地，會遭到自然的淘汰。

組織和它的「外在環境」之間的關係，十分複雜(註二)。不易講明。組織既是一種「社會系統」(social system)，根據社會學家G. C. Homans的說法，它必然地存在於左列三種「外在環境」中：(

註三）

第一，是自然環境：包括地勢、氣候、工作場所……。

第二，是科技環境：包括完成工作的知識與設備……。

第三，是文化環境：包括社會的常規、價值與目標……。

以下，就根據Homans的說法，從「自然」、「科技」及「文化」三個面向，逐一探討「外在環境」與組織設計的關聯。

第一節　自然環境（Physical Environment）

一、辦公處所的環境

行政機關公務人員，每日在辦公廳花去三分之一的時間，爲維護其健康，提高其工作情緒，對機關的環境，必須加以注意。諸如地點的選擇、光線的配備、空氣的流通、噪音的防止、顏色的調和，都與改善工作環境有關，玆特就這些因素分別加以討論。

㈠地點

政府機關準備新建辦公處所，或有遷移需要時，對於地點的選擇，應加以審愼的考慮。

舊日的官署，設於城市中心，其着眼點在藉城池以增强其保護力量，使安全方面不致發生問題，其次則爲了便利執行業務，及容易取得人民的供給。但自第二次世界大戰爆發以後，各國政府機關多向城郊發展。如巴西的首都由里約熱內盧（Rio de Janeiro）遷到巴西里亞（Brasilia），巴基斯坦的首都由喀拉蚩（Karachi）遷到伊斯蘭馬巴德（Islamapad），土耳其首都由伊斯坦丁堡遷到安卡拉。又我國台灣省會，由原來的台北市遷到南投縣的中興新村，都是此一實例。

形成此種趨勢之主要原因，大多是爲了疏散，使機關離開城市工商業繁榮區域，以免成爲敵機轟炸的目標；但戰爭停止以後，各機關仍然繼續向郊區建築辦公處所，根據唐振楚教授的說法，則是由於下列各項理由：（註四）

第一，城郊地價低廉，比之在城內購地建屋較可減輕財力的負荷。

第二，郊區人口稀少，機關如因業務增多需要擴建時，可保有充份發展之餘裕。

第三，郊區遠離城市的煩囂，辦公人員可在寧靜環境中工作。（尤其是研究機關，如中央研究院、國史館。）

第四，郊區空氣清潔，不如城內之塵土飛揚，煤煙充斥。

第五，可在機關近處建築員工宿舍，使員工到公便利。

由於郊區具有這些優點，今後行政機關除與市民發生十分密切關係之警衛、消防、公用事業等機關而外，政府一般辦公房屋，似應順此「趨勢」在城郊擇地建築爲宜，但須顧及左列二項因素：

第一，交通暢達，與各方面易於聯繫者。

第二，與有關機關鄰近，俾能在公務上迅速獲致協調者。

㈡光線

辦公室內的工作，大部份是要用精細目力的，因此辦公室的設計必須注意光線的配備，光線自以「天然光」爲最好，但因其强度不易控制，且全室之內，分散難期均一；而人工的照明設備，日有進步，故現代辦公室多採用「人爲光」以資調節。一般說來，目前政府機關，中央政府類多用「人爲光」，地方政府絕大多數均用「天然光」。且絕大多數的地方鄉鎮公所並無「天然光」的調適設備，如布簾或百葉窗。

光度的計算，以「燭光」（Candle Power）爲單位，凡物體距離標準燭光一呎所感受之光度稱爲一燭光，或一支燭光，普通辦公室僅需一〇至二〇燭光爲已足，細密閱讀書寫處所，則需五〇支燭光的設備；至於繪圖室，通常需一〇〇支燭光。又工作對象物體之色澤，與所需光度强弱有密切關係，在白紙上繪圖寫字或用白布縫紉，僅需一〇支燭光；在暗色紙上繪圖寫字或用黑布縫紉，則所需亮度，恆在一〇〇至二〇〇燭光之間。一般而言，在地方政府的光度標準上，差距比較多。

百支燭光以上的燈泡，因發出熱量較大，對眼睛甚不舒服，難於長久適應，自一九三八年採用「螢光燈」以來，「人爲光」與「自然光」幾乎相差無幾，實爲光學上一項重大的進步。螢光燈的設備，因其大部的電力，都產生光線，而不再發熱量，所以稱爲「冷光」（Cold Light）。又因其燈光分散，光柔影弱，亦稱爲「無影光」（Shadowless Light），凡此現象，均宜於眼睛接受，而無眩目的感覺。螢光燈有各種不同的顏色，其中以「日光燈」最宜於辦公室裝置。目前各級機關所使用的「人爲光」，幾乎全是「日光燈」。

光線承受，有「對射光」與「反線光」之不同，因此燈光可分爲「直接光」、「間接光」、「半直接光」，與「半間接光」四種。凡室內全部燈光都是由上向下照的，稱爲直接光，全部由下向上照的，稱爲間接光。燈上裝有透明燈罩，使小部份光線透過燈罩射到天花板再行反射向下，稱爲半直接光；燈下裝有透明燈罩，使小部份光線透過燈罩直接射到下面，大部份光線均射到天花板上再行反射向下，稱爲半間接光。根據G. R. Terry的說法：直接光易使眼睛疲勞，難以持久，故以採用間接光，或半直接光，或半間接光爲宜。採用間接光者，室內天花板不宜用純白色，而以象牙色或蛋青色爲佳。又天花板面必須暗淡，則光線不論觸及任何角度，皆能向下反射。目前各機關的「日光」，「人爲光」，絕大多數都是「直接光」，只有主管階級，使用小辦公廳房間者，部份機關採用「半直接光」。

就醫學的觀點而言：人的視力所最需要者爲柔和的光線而非强烈的光線，强光往往有「刺目」的感覺，所以在陽光下不能看書，勉强爲之亦甚痛苦。所謂「柔和」，意指室內的明處與暗處兩相比較，其差度不大於「三比一」的程度。因爲人類眼睛遇强光則收縮瞳孔，遇暗光則放大瞳孔，方能適應，如一室之內，各處光暗懸殊，則瞳孔收縮頻繁，自然易感疲倦，螢光燈之優於一般電燈者，因其燈管爲一長形，光線分散，較普通燈泡線凝聚一點者遠爲柔和之故。目前各機關除幾個新蓋的機關，如財政部、教育部、外交部，室內的光線，明處與暗處的差度比較，均不能符合標準，尤其基層鄉鎮公所的差距更大。根據調查研究，調整室內燈光，可使工作效率增加百分之五．五（註五），足見辦公室的光線不能不有精密的設計。

㈢空氣

辦公室的空氣調節，包括溫度、濕度、通風等項目。

溫度過高或過低，皆使人體難於適應。酷暑汗下如雨，昏昏欲睡；嚴冬手足僵凍，工作鈍拙，皆由溫度不相宜所致。前者如高屏地區的地方政府機關，後者如桃園縣復興鄉公所、南投縣仁愛鄉公所……等便是。最合人體要求，足以振奮工作之氣溫爲華氏七〇度左右。

濕度亦與身體舒適、工作效率有密切關係，在同樣溫度下，濕度大則汗水不能蒸發，感覺較熱，精神困悶，工作情緒降低；如冬天的復興鄉公所、基隆市公所等。濕度小則腠理爽朗，感覺較爲清涼，精神振作，工作情緒提高。但濕度太低，又使皮膚有枯燥的感覺，書籍紙張易於折斷，亦不宜工作。如夏天的高屏地區；地方政府機關，辦公室內的理想濕度，爲百分之四〇至六〇之間，低於百分之二〇則太乾，高於百分之七〇則太潮，均不適宜於辦公。

通風指空氣流動而言，空氣如不流動，則人體感覺困倦，如台北市的中山區公所，高雄市的三民區公所便如此。通常每一成年人在休息狀態，每分鐘須放五個B.T.U.的熱量，此項熱量，必須由周圍空氣驅散，否則有窒息的感覺，體力亦似乎疲乏，根據統計，每人每小時需要二千立方呎以上的空氣流通量。但「過路風」容易招致感冒，必須避免，通常機關室內採用氣窗及裝置百葉窗，即爲避免空氣直接對流而成「過路風」的設備。

良好的空氣調節器，可兼具調節溫度、濕度，及通風淨化等四種作用。裝置空氣調節器的辦公室，可把窗戶關閉起來，兼收防堵外界噪音傳入之效。有些新式辦公室，根本沒有窗戶，僅憑裝置完善的空氣調節設備，控制溫度濕度以及空氣的流通，並用燈光設備以代替自然光，據說更能適合需要。目前現行政機關有此設備者極少。

根據調查，裝置空氣調節器的機關，其工作效率一般增進百分之二〇，且對員工的健康有莫大的裨益（註六）。

(四)聲音

噪雜聲音，足以引起人的不快，嬰孩聞大聲喊叫而啼哭，即爲顯例。據生理學家的研究，聽覺神經，必須把聽到的聲音，加以分辨，那一種聲音應該注意。事實上四周傳來的音響，很少是重要的，但是人類耳都會聽到，且須選擇有用的聲音，而排除其無用的，這樣繼續不斷的工作，使神經力量，因聲音愈多而消耗愈甚。醫學上認爲雜音可影響許多基本的生理機能，諸如促進血壓的改變，增進脈搏頻率，使心臟作不規則的跳動，影響消化工作，尤其妨害思考，時常打斷或變更思想的歷程，使其不易專心做事（註七）。因此辦公室必須隔離噪音，以提高工作效率，而加强業務處理之正確程度。目前行政機關除中央政府有一、二機關外，全無此一隔音設備。實地試驗之統計指出，防噪完好之辦公室，可增加一般工作效率百分之八·八，減少打字員錯誤百分之二九，減少機械工作者錯誤百分之五二。（註八）

計量聲音之單位用「戴色波」（Decibel），一個戴色波表示最小之音量變化而爲人耳所能檢查出來者，以此單位衡量一般聲音大小，有如次表所列：（註九）

聲音類別	大小（單位：戴色波）
開始可聞之音	〇
一般家庭	三二
安靜之辦公處所	二七
有收音機家庭	四〇
城市住宅區	四五

餐館	五〇
噪雜之辦公處所	五七
速記打字房	七〇
噪雜之工廠	八五
鍋爐房	九七

由上表可知辦公室之音量以在三〇至四〇個戴色波之間爲宜，過此則嫌噪雜，須加隔音設備。一般而言，隔離噪音之方法可分爲下列數項：

第一，選擇寧靜區域建築辦公處所；須集中思考之工作如研考單位、設計單位，宜置於樓房的最上層，因樓房愈高，則距離地面噪音愈遠，愈爲寧靜。

第二，室內各種發聲機件，如打字機、計算機等，一律襯以毛質墊子。

第三，各種傢具脚下放置橡皮墊子。

第四，設置防聲櫥，打字機、公用電話等在櫥內使用。

第五，門窗抽屜加上潤滑劑，使之靈活無聲。

第六，養成職員相互間低聲談話之習慣。

第七，易起噪音之工作集中一室或一隅，如打字室。

第八，室內天花板及牆壁裝置吸音板。（通常以多孔硬紙板作，音波接觸及，因遇抵抗而生阻力，使音能變爲熱力而逐漸消失致無回聲。）

第九，室內舖設地毯，裝置窗簾。

以現行機關而言，有此一條件者甚爲稀少。

㈤顏色

顏色可以影響光暗，影響情緒，且進而影響心理、生理的作用。辦公室及桌椅的顏色，如配置調和，不但增加美觀，且可使工作人員情緒安定，精神奮發，無形中提高工作效率，故負責佈置辦公室的人員，不宜對顏色漠然視之，而須對色調之原理與配合加以特別研究。

光線與顏色有密切關係，淺的顏色可將光線反射出來，使其亮度得到充份的利用；深的顏色吸收光線，使亮度減弱而呈暗淡之色澤。因此，如果辦公房屋建築於森林茂密之區，如宜蘭縣大同鄉公所、苗栗縣泰安鄉公所等，其牆壁、天花板、桌椅等，應採取淺色，如在日光强烈地帶，如高屏地區的辦公室，則應採用深色。走廊通常因燈光不足，爲便利行人，其天花板與牆壁亦應採用淺色。

國人習慣上常以某種顏色象徵某項意義，因而遇見不同的顏色，不免受其暗示而產生不同的情緒，例如白色象徵清潔，所暗示的情緒爲和平；綠色象徵安全與自然，所暗示的情緒爲冷靜與肅穆，紅色在西方象徵危險，因而暗示一種警戒的情緒，在東方象徵吉祥，因而暗示一種興奮的情緒。由於情緒的不同，在心理上並產生冷暖的感覺，故稱紅、黃、橙爲暖色，綠、藍、紫爲冷色。G.R.Terry 的研究發現：美國新英格蘭區某一辦公室，在夏季內照例將牆壁漆爲藍色，某年冬天來臨，沒有來得及改變漆色，職員咸抱怨室內太冷，總務人員檢視寒暑表，不過華氏七〇度而已；不久溫度上升至七五度，職員仍然叫冷。總務人員旋將牆壁漆爲黃色，溫度仍爲七五度，但員工爭相抗議辦公室內太熱，直至溫度降至七〇度乃相安無事，但與以前叫冷之溫度完全相同，不過顏色由藍變黃而已（註一〇）。由此可見色澤與冷暖感覺的關係。因此，就地帶而論，在熱帶光線强，溫度高的地區，辦公室內應用綠、藍、紫色；在寒帶或暗淡陰鬱的地區，辦公室內應用紅、橙、黃色，就一年氣候而言，夏季宜用冷色，冬季宜用暖色，就房屋用途而言，研究思考的房屋宜用冷色，禮堂會客室等處宜用暖色。

顏色影響生理作用者爲眼睛的適應能力，通常以目力集中於大張圖面上之一小點，眼球極易緊張而趨於疲勞，甚至感覺全身疲勞，如每一小部份均以差別甚微之顏色分別之，則可減少眼球之緊張。又眼球注視物體之顏色，宜時予變更，使瞳孔有放大、收縮之調整而增舒適之感覺；但各種顏色亦不能相差過甚，否則瞳孔調整紛紜，仍感疲倦。根據這種原理，辦公室採用顏色，尙須注意配合，使能產生調和的作用，一則美觀，一則適應眼睛的生理要求，而有寧靜愉悅之感。（例如辦公桌如用灰色，可用灰色地毯，灰色窗帘，白色牆壁，紅色座椅；辦公桌如用白色，可用淺褐地毯，褐色牆壁與窗帘，橘紅色座椅。）（註一一）

綜上所述，J. W. Neuner 對辦公處所的自然環境曾提出後圖的看法：（註一二）

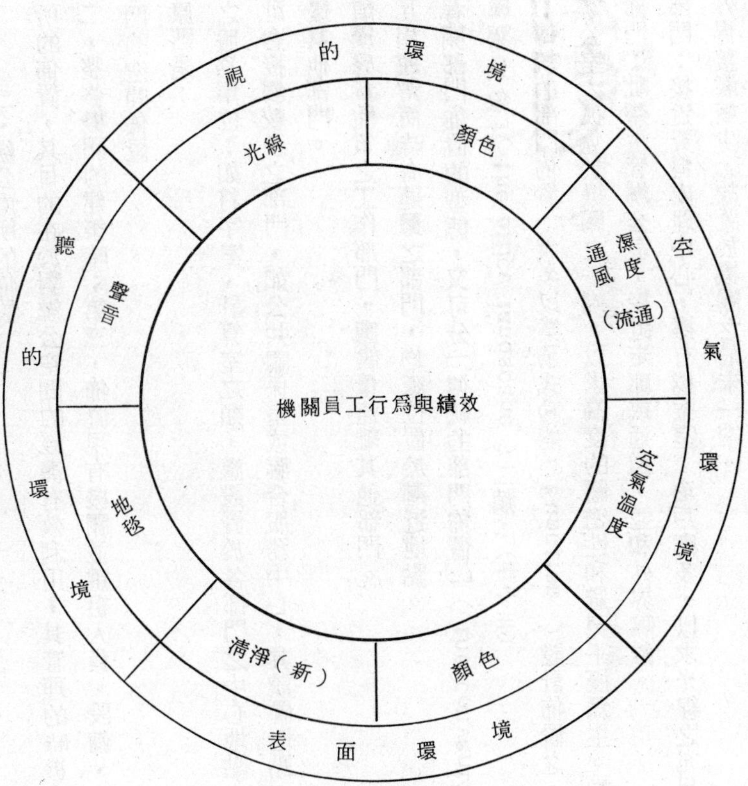
機關員工行爲與績效
視的環境
光線
顏色
空氣環境
濕度
通風（流通）
空氣溫度
表面環境
顏色
淸淨（新）
聽的環境
聲音
地毯

二、辦公處所的佈置

辦公處所的佈置，其目的在於對辦公空間的經濟有效利用，其管理的時機有三：第一，設計機關的新建築時；第二，整修機關的建築時；第三，佈置現有機關並重組人員、設備、物材時。

(一)各部門的空間佈置

一般的原則是：

1.集中之服務單位：如打字室、計算室之類，應設置於各部門之中心地點，裨使各部門均便於接洽。

2.凡與社會接觸較多之部門，如公共關係室或聯合服務中心，其設置地點，以與外界較易接近為原則，以免煩擾其他部門。

3.具有煩擾聲音性質之工作部門，應儘量遠離其他部門。

4.凡有互相連帶而時有連繫之部門，均應位置於鄰近地點。

然而，有關部門佈置的型態，又可分「傳統的部門佈置」（the conventional department layout）和「現代的機關景象」（the office landscape）二類：（註一三）

第一類：傳統的部門佈置：大多以業務式功能（Function）設計佈置之。如：

1.主管辦公室：孤立於機關之一端，以求高度的隱密性和避免干擾為主。辦公室須接近走廊或通道。

2.事務部門：毗鄰主管辦公室，接近走廊或通道，並和外界隔離。

3.會計部門：接近資料處理中心，擁有檔案室；窗戶應多，以求光線之充足，利於精密計算和資料處理。由於和外界接觸極少，故置於機關之最末一端。

4. 人事部門：人事部門除負責人事業務外，雜務最多，和外界接觸頻仍，故置於收發處（室）鄰近或服務處附近。

傳統的部門佈置以孤立的一群人員處於一定的處所和擁有牆壁屏障為其特徵；但此種佈置型態阻止了人員相互間的溝通和交互作用，否認各部門間工作流程的存在，故遭受不少批評。

為了克服批評和缺點，新的部門佈置的觀念因而產生，亦即機關景象的觀念，列為第二種型態。

第二類：機關景象：為一種基於各部門業務和功能性質、行為和技術因素而決定各部門，工作團體和工作中心的佈置，故是一種「開放的」設計，是一自由形式的聚集（ as free-form clustering ）。於此佈置下，辦公室採用可移動和隔音的屏障物為主；工作站的安排是以可移動的因素，如桌椅、窗帘等加以完成，不需改變和移動其它固定設備（如空氣調節器、電氣裝置），且每一工作站不具相同的形式，亦無傳統佈置的限制。

因為新的機關景象是一種「開放設計」的模式，所以沒有私用辦公室的存在，工作者的地位是以工作指派為決定因素，而非局限於某固定的空間分配範圍。所以，此種景象，對於隔間和屏障的移動，具有相當的彈性，並且足以消除各人員、各部門間的溝通障礙和環境的難題，不失為優良的部門佈置形態，晚近現代化的機關大皆採用之。

(二)以工作為中心的空間佈置

在過去，傳統的機關佈置每以辦公桌為中心（ desk-centered ），蓋辦公桌乃工作的所需工具，堆積資料的場所，以及會議的必要物材。晚近，空間設計專家精心研究機關的工作本質並發展一種以工作為中心（Work center）的機關佈置的觀念和理論，因而打破傳統以辦公桌爲中心的觀念；蓋現代機關每擁有新式完善的設備，如電腦、高速度複印機、新式通訊設備、顯微片縮影機（microfilming machine）等等，因而空間設計和工作流程的模式必加改變以求最佳利用這些設備；換句話說，空間佈置必依設備的功能、工作的性質而設計，亦卽以工作爲中心而作空間設計。基於此乃產生了以工作爲中心（Work center）的概念。

工作中心的概念，使機關人員了解機關非但是思考公務的場所、資料收集和傳送的場所，而且是工作情勢或任務產生的場所，故相互溝通極爲必要；事實上，行爲科學家早已强調良好的溝通乃是促進人員士氣、增進效率、達成目標的不二法門。工作中心的類別和設計要點如次：

1個人工作中心（Individual work center）：亦稱個人工作站（Individual work station），係個人執行職務的場所，爲機關空間設計的基本單位。設計要點如述：（註一四）

①考慮個人工作站所負的職責：包括A什麼工作？B誰做工作？C如何做工作？D和整個工作有何關係？

②考慮工作處理所需設備：包括A何種物材？B何種機器？C何種設備？D未來需何種設備？E何種設備最有助益？

③考慮空間條件：包括A多大空間最爲理想？B機器和設備所佔空間？C每一人員所需的最少空間，D溝通、視線、聽力的可及範圍，E工作站的美化。

④務求經濟彈性：包括A設置有效的工作中心所需的成本？B多少經費可資運用？C要求合理成本。

⑤符合彈性和未來擴展需要：包括A工作站的未來計畫如何？B設備、空間、成本如何？C機關設備更易時，工作站能否隨之改易？D工作站本身的內部構造能否相互爲用。

2.團體工作中心（Group Work Center）：個人工作站不可能獨立存在，必須和其他工作站相互協調，因而形成團體工作中心；「部門」即是典型的團體工作中心的環境。設計要點如下：

①考慮各職位間的關係，以及職位和工作環境的關係，須具下列的了解：A每個工作中心的活動，B每個工作中心之資料交換、文件和報表的進程，C個人或共同使用文書、設備、檔案及其它物材，D人員必要的技能，E監督需要，F個人目標和團體目標的同時達成。

②協調個人工作中心和團體工作中心的位置：A執行相似工作的工作中心應相毗鄰，具相同技術和工作性質的人員應相毗鄰，C工作與職位相稱，D共同使用檔案及設備，E監督人員可作共同監督。

③說明工作數量，工作性質及工作所需條件，並指示所有工作中心如何配合：A了解工作流程的標準和變化，B明定工作數量，C聚結專業人員，D注意過度的工作負擔和工作積壓的原因及影響，E注意工作輸入、人員輸入和工作輸出、人員輸出的關係。

總之，有效的團體工作，反應有效的設計和協調，主管人員若想善用空間，則有關的設計要點，自須牢記於心。

3.特殊工作中心（Special work center）：指特殊用途或專門業務的工作，包括三者：

①接待中心（Reception center）：接待中心不只促進機關業務效率，而且作爲機關和外界的媒介，故其佈置應井然有序，予人良好印象。其設計要點是：A遠離機關主要部門，以免訪客之

干擾主要部門工作，B放置機關簡報或其它閱讀資料且光線充足以利閱讀，C應提供每一訪客至少十平方英尺空間，全部空間則以可能最多的人數估計之。

②參考文件服務中心（Reference service center）：有時稱爲圖書室，其主要目的在於便利員工進修和儲存資料、書籍以利參考。佈置要點如下：A窗戶應多，光線充足，B置備必要桌椅、書架，C陳列各類技術性書籍、一般性書籍或政府出版品以供參考閱讀。

③資料處理中心（Data processing center）包括程式設計員所需空間及電腦中心所需空間。程式設計人員必須專心冷靜、集中注意力從事分析、思考，故應避免干擾。其空間設計自應以隔間、隔音的辦公室爲宜，且光線該充足，空氣應該流暢。而電腦中心的設備，其成本均極昂貴，其構造精細複雜，故需要良好環境，才能保養得當。一般說，電腦中心的空間設計應注意：A溫度、濕度的合宜。溫度以華氏六十五——七十五度爲準，濕度則於四十——六十百分比之間，B設備應置於程式設計人員附近，C應有防火、防潮設備，D應有輔助設備的空間，E擴展設備的預用空間，遵循專家和廠商的指示。

㈢佈置原則

機關佈置乃是機關達成效率的一主要因素，故機關佈置可視爲行政機關體系的主要成分，其它成分尚有工作方法、工作程序和物材設備等等，凡此皆屬於空間管理的範疇；管理這些範疇應有一定的原則，期能事半功倍，經濟有效，達成目標。玆分幾方面簡要說明：（註一五）

1.總環境方面：

①大而開放的空間遠比小房間需要。
②儘量利用自然光線，各種設備、機器、物材儘可能置於窗旁附近。
③總環境必加妥善佈置，諸如暖器、電氣、空氣調節器、隔音設備、顏色、圖案等皆須妥善安排。
2.有效工作方面：
①縮短溝通網路、傳送網路至最低限度，採用直線的資料流程。
②人員所使用的空間必寬大舒適，不致使人員在工作時，感到礙手礙脚。
③凡與社會大衆接觸較多之部門，其設置之地點，以與外界較易接近爲原則，以免干擾其它部門；而具有高度機密性之部門，應以遠離外界接近之地點爲宜。前者如人事部門、採購部門，後者如研究發展部門、會計部門。
④空間分配應以主要工作流程爲主，以便利各部門之相互溝通。
⑤預測未來的工作需要，其中一個方法是預測未來的工作數量增加率。
⑥考慮光線來源、噪音程度、內部裝飾、通風設備等是否合宜。
3.人員方面：
①高級人員的私人辦公室，其空間以六〇〇平方英呎爲度，高級助理人員爲二〇〇平方英呎，一般人員在公開辦公室中以七五——一〇〇平方英呎爲度。
②小部門中，每個工作人員的空間範圍以八〇——一〇〇平方英呎爲宜，非主管的高級人員或經常接洽公務的人員應較此略增，辦理文書性的人員可減至四〇——八〇平方英呎。

③走廊或通道以總空間的一〇——一五%為宜。
④會議室可容納三〇人者，每人空間為二五平方英呎，可容納三〇——二〇〇人者，每人為八平方英呎。
⑤置衣處應設衣架，每人以一·五平方英呎為度。
⑥普設電話，作為每職位的基本設備，通常在五〇平方英呎左右。

4. 物材與設備方面：

①主要通道寬度為五——八呎，次要通道為四五——六五英吋。
②二辦公桌間距離不可少於三六英吋。
③同方向桌距不應少於二八英吋，最佳為三六英吋。
④若檔案抽屜開向通道，則道寬度不可少於三〇——四〇英吋。
⑤大而開放的空間比小房間要好，不但易於監督、控制、溝通、光線、通風亦較佳。
⑥可移動的現代式的隔間比固定牆壁的隔間為佳。
⑦人員不宜面對光線，光線應儘可能來自左側。
⑧桌子應同向，除非人員一起工作。
⑨桌子不應並列，以免佔用通道，阻礙交通。
⑩桌子依直線的工作流程加以安排，人員才能從旁或從後接受工作。
⑪檔案箱或檔案櫃儘可能靠牆而立。

⑫人員若與其它部門溝通較多者，應儘量置於出口處。
⑬處理精細工作的人員應有最佳光線，尤以自然光線爲宜。

第二節 科技環境（Technological Environment）

辦公室是機關的工作場所，大小任務，都在這裏完成，與工廠裏的工場無異，「工欲善其事，必先利其器」，因此辦公室的設備，必須力求充實合用，以滿足工作者的需要，期能提高作業的「速率」與「精度」，此地僅就：「用具」、「機械」、「圖册」三類來說明：行政機關的「科技環境」。

一、辦公用具

㈠辦公桌

機關辦公桌的標準制式以不超過三種爲原則：一種爲首長所用，一種爲單位主管所用，一種爲一般職員所用。辦公桌以便利辦公爲主要目的，不應以其代表職位的高低；首長與單位主管經手之文件資料較多，所以需要較寬桌面與較多抽屜，並非全以其身份而設置。工作繁雜的職員，可使用單位主管辦公桌，否則不論職位高低，一律使用一般職員的辦公桌，每一種標準制式，應採用同一顏色與規格。

辦公桌之設計，首應注意能使工作者感覺舒適、平穩，足以增加辦事的效率，其次則應注意美觀與耐用。桌的面積以長五〇吋，寬三〇吋爲度，單位主管用者可酌爲加大，但不必太大，大則影響辦公室的容量，且難於移動或互換。其高度以二八吋至三〇吋爲標準，如劃一高度，則不能與工作人員相配合，容易影響座位姿式，甚至引起體型的變化。現在有些機關已採用可以調整高低的辦公桌，工作人員甚感便利。

附屬於辦公桌上的抽屜，每屜用途，應採用簡便的標準化佈置，使應放物件各有固定處所，條理井然，一索即得，其大小多寡以適合實用爲度，抽屜過大或過多，易使工作者將拉雜物件塞入，不徒影響整潔，且與重要文件相混亂，難於淸查。因此有些機關規定標準的辦公桌不得有抽屜，藉免上述缺點而使文件隨到隨辦。這種辦公桌，如配良好之檔案櫥於桌的旁邊，似確比有屜桌爲好。有些主管人員，於辦公桌外另備無屜桌，以放置紙張文件，免其堆積辦公桌面，妨礙視線，減低辦事效能，這種設備亦甚合需要。

(二)座椅

不良的座位容易使人感覺疲勞，直接影響工作效率；長期在不良座位上工作，便可使身體變形，健康受損，以前作伏案工作的人，中年以後體形變成彎曲傴僂，常有氣喘咳嗽的病象，便是不擇座位，未注意坐位姿勢的結果。近人研究，不良的座位姿式，足以影響呼吸，妨礙血液循環，提高血壓，發生便秘。因此設備良好座椅，以保持工作人員的良好姿式，便成爲機關管理中的重要事項之一，適當而舒服的坐椅，特稱爲「稱身椅」（Posture Chair）具有下列各項條件：(註一六)

1. 高度可自由調整，能配合工作者身體的高度，使膝蓋以下的腿部得以伸直，不受局促。
2. 有硬度適當的彈簧座墊，久坐不感疲憊。
3. 有角度適當及襯有軟質的靠背，使後身有所支持。
4. 椅脚有橡皮滑輪，使用者坐在椅上，稍稍着力即能向前後左右移動。
5. 椅心裝置轉軸，使用者可旋轉自如，應付四周的工作。
6. 必要時尚可裝置可供輕微搖動的息脚板，以增進下肢血液的循環。

據研究結果，坐在「稱身椅」上辦公，可提高工作效率四分之一，有人說：衡量一個機關推行辦公室現代化的進展程度，可視其所供給工作人員的座椅型式決定之。

㈢文件櫃

辦公室內的常用檔案、文件，及卡片等，應有特設的箱櫃保存，以備隨時翻檢，通常所用者爲下列幾種。

1.垂直式檔櫥：多係金屬板製成，堅固耐用，並能防火，配置四個或五個抽屜，可以加鎖，通常倚壁豎立，或置室中兼作間壁之用。

2.旋轉式卡片架：卽將所有登記卡裝置於一輪盤之上，可以旋轉自如，翻閱便利。

3.來往式檔槽：將常用文件或卡片裝置於一長方形之槽內，此槽可側置於工作者之身旁或橫列於工作者之面前，工作者固坐於一處，將槽內文件前後移動，卽可查出所需要之文件。此項設備在適用「使工作就人，而免人就工作」的原則，以節省時間，減少工作者之疲勞。

在財力足以負荷的前提下，可任意就上列各式選擇一種，以適應機關的個別需要，但仍需注意整齊美觀，以免妨害整個辦公室的佈置。依我國機關習慣，如能設計一種檔櫥，其大小、高度，與型式與辦公桌相配合，裝置滑輪，移動輕便，平時置於一隅，同時可移置工作者身邊，似更適合實用。

㈣文具盒

文具盒用以裝置辦公桌上的雜項用品，包括筆、墨、硯台、水盂、墨水瓶、橡皮、削筆刀、廻形針、大頭針、印泥、戳記、鎮紙、剪刀、漿糊、記事牌等件，這是辦公室內極細微的設備，但關係頗爲重要，如果這些用具沒有妥當的安置，在桌面上紛亂雜陳，不但有礙觀瞻，而且影響效率，工作者隨時有一種感覺：不要用的東西觸目皆是，要用的東西反而不易找到。桌面的清潔整理亦感不易，足以擾亂視線，分散精神。因此必須設計一種完美的文具盒，將各項應用文具作標準化的固定排列，用時啟開，可從心所欲取得需用的物品；不用時蓋好，整齊美觀。最好在辦公桌面挖空一處，專供裝置文具盒之用，盒蓋用辦公桌面同樣的材料作成，蓋上時與完整的桌面無異，如此則在閱讀資料不需使用文具時，得以經常保持視界平靜，心境瑩澈。

二、辦公機械

機械的主要作用，固然在節省人工，減少人力的需要，但除此以外，更能在時間上增加迅速，在品質上增加準確，因此卽使在人力不感缺乏的機關，爲了求精求速，仍有使用機械的必要。可供辦公室使用的機械種類繁多，日新月異，玆就其用途普遍必須置備者擇要列舉如次：（註一七）

㈠處理文書的機械

1.用於繕寫的機械

①英文打字機——已由手動的進步到電力助動的，由有聲的進步到無聲的，由一種字體進步到多種字體的，後者或稱爲變體打字機，機上裝有轉輪，可更換大小式樣不同之字體達六百種。

②中文打字機——我國機關的習慣，認爲重要文書必須用手抄寫，尤其重視親筆函件，打字親簽，尚覺不夠鄭重。但是這種觀念，已難適應今日社會求速求精的趨勢。因此絕大多數機關，現在都已備有中文打字機。唯中文打字機的構造，遠不如英文打字機輕便，雖亦已由手動的進步到電力助動的，由一種字體的進步到可用兩種字體的，但音響仍然很大，有待研究改進。

2. 用於複印的機械

①手搖複印機——以手搖動，卽可連續複印文件。

②電傳複寫機——機之形狀略似電話機，於一個機上寫字，其他各處所裝之機上，因電力傳送，同時現出複寫字跡，最便於迅速傳達命令而較使用電話爲準確。

③直接影印機——以照相方法將原件眞跡複製，用以影印函扎手令，可令收受者增加眞實感。

④打鉛字機——與普通打字機相似，但可用鉛板打成鉛字，連續複印。

3. 用於紀錄的機械

①錄音機——已由過去的鋼絲式進步爲現在的膠帶式，用於會議紀錄及談話錄音，現已普遍流行。

②傳話機——與電話機略似，利用錄音膠圈傳達話語，不必對面口授，宜於指揮及分派工作，或述說撰寫文件要點。

③速記機——使用聯合符號記錄，於開會或辯論場合用之。

4. 用於收發的機械

①啟封機——用以拆開書扎或文件之封筒，每分鐘可開一百件。

②裝封機——可自動將文件裝入封套並以膠水封口，每分鐘可裝八〇件。

③通訊地址複印機——此項機器將鉛字板與登記片分上下兩行連續流行，得以將每人姓名地址印於每張卡片上，每小時可印一萬張。

④計郵機——此項機器可打印郵票於信封上，並以表記錄之，郵局定時按表收費，與通常收水電費情

形相同。

5.用於檔案的機械

①微片攝製機——專供檔案攝成微片之用，利用電子操作，每小時可攝文件一千五百張至三千張。

②微片閱讀機——略同於電視裝置，將微片捲置於機上，以手轉動，文件字跡即放大呈現於幕面，字體大小及轉動快慢可隨意調節。

㈡處理財務的機械

1.用於計算的機械：我國機關最普遍使用之計算機械爲算盤；外國最普遍者爲加減機、乘除機。最複雜者則爲電子計算機。運用算盤靈活者，確有許多便利之處，但技術差的容易發生錯誤，且其結果須另以紙筆登錄。外國計算機器計算精確，且結果自動記載於紙上，便於核對及存查。

2.用於付薪的機械：工商業界現已使用一種新的發薪機，所有薪資計算，現金支出，支票繕寫及簽字等工作，可在同機器內連續完成。

㈢處理資料的機械

現時進步的工商企業與政府機關，處理複雜的資料，多利用電子資料處理設備爲之，其方法爲先將卡片打孔，孔之大小與排列型式，代表資料的各項內容，然後將類有孔卡片分別置於各種機械上作分類、整理、比較、分析、選擇、統計、核校、複抄、彙總、製表等工作，以獲得所需要結果。此項處理過程，不論在人、事、財、物任何一種管理上，皆可應用，遠較人工處理爲迅速精確，美國 I. B. M. 公司專製此類設備以供租用，所用處理機件，包括以下各種：

1.打孔機——可用人工按鍵打孔，或藉程序卡控制自動打孔，以代表原始資料的項目內容，打孔速度視操作人員熟練程度及打孔多寡而定，平均數約每小時製卡片一〇〇張左右。

2.驗孔機——用以檢驗打孔在卡片上所代表的資料項目是否正確，當查出錯誤時經三次校驗後自動在卡片「錯誤列」上端打一識別缺口，如正確不誤，則在卡片右方邊緣打一識別缺口。此機構造與打孔機相同，僅以驗孔電刷代替打孔刀而已。

3.分類機——將已經打孔的卡片予以選擇、分類，或順序排列，對數字打孔資料及字母打孔資料，均可同等作業，速度每分鐘可將一千張卡片分類完畢。

4.對照整理機——可將同組或兩組已打孔之卡片，於機上整理順序，檢查順序，或執行合併、選擇等工作，其速度使用一個送卡器時每分鐘可處理二四〇張，使用兩個送卡器時加快一倍。

5.電子統計機——此機可作普通分類與多欄之複雜選擇分類。在對已分類之卡片作統計製表時，同時可進行下一項目之再分類。機上可裝列表機一部或兩部，每部可將四位數字之統計數目三〇項列成報表，並可自動核校其計數總值，與彙總打孔機相列，可將報表上之統計數值彙總打孔於卡片上，速度爲每分鐘四五〇張。

6.複製打孔機——此機可用作分組打孔、複製打孔、註號識別打孔。與列表機相聯並可作彙總打孔，且可利用其比較裝置，檢查兩對應卡片上打資料是否相符，速度每分鐘可達一〇〇張。

7.彙總打孔機——與電子機相聯，可作彙總打孔之作，亦可由人工操作按鍵打孔，或以程序控制自動打孔。

8.譯印機——此機可將卡片上藉打孔注入的資料項目譯回其所代表的原來數字或字母，印在卡片上端，速度每分鐘可達六〇張。

9.列表機——此機可將卡片上之資料藉排列、計算、譯印等作用，製成業務所需之各項報表。更因其裝有多組之計算器，資料貯存器等，且可以交互連接運用，擴大其作業上之彈性。在列表時，並可與複製打孔機相聯進行彙總打孔，速度每分鐘可達一五〇張。

三、辦公圖册

辦公室應準備左列各種圖表册籍，以供執行業務之應用與參考：

1.地圖——包括世界地圖、本國地圖、本省市地圖、本縣市地圖、本機關環境交通圖、本機關行政區劃圖，及適應本機關業務需要特製之各種地圖。

2.字典——包括本國文及外文字典與辭書。

3.圖表——此項可分爲三類：

一類爲組織圖表，包括本機關組織系統表、職員工作分配一覽表、職員人數分配表、各部門職權分配及關係圖表等。

一類爲業務處理圖表，包括文書處理程序表、財務收支程序表、物材購置及領用程序表、各部門辦事程序表、各種工作分析及比較表、經費支出分配表、單位費用比較表等。

一類爲事務應用圖表，包括各種度量衡計算及折算表、中外貨幣單位及其換算表、郵務表（包括郵資、郵寄重量、發郵時刻、本機關至各主要交通地點郵程等表）、交通表（包括各項交通路線、開行時刻等表），各機關地址及首長姓名一覽表等。

4.法規——包括全國各種行政法規及本機關單位法規。

5.機關概況——以簡要文字紀述本機關的歷史沿革、設立宗旨、組織體系、經常業務、財政狀況、人員編制、環境設備……等項，或印成專册，或印入職員工作手册的前面。

6.工作手册——分類載明各種業務處理的程序與慣例，以爲職員日常工作之準繩。

7.工作曆——即全年度工作預算書，規定某項工作某日舉行，某時開始，某時完成，某單位主辦，某人負責，人手一册，按序進行，有條不紊。

第三節　文化環境（Cultural Environment）

文化爲人類的社會環境：人類學家 Edward B. Tylor 說，文化是複雜的整體，包括知識、信仰、藝術、道德、法律、風俗，以及人們所習得的任何才能和習慣（註一八）。J. M. Pfiffner, F. P. Sherwood 也說：「文化包括知識、信仰、藝術、道德、法律以及風俗習慣等，均係人類以社會一分子的身份所獲得（註一九）。因爲人類具有創意，適應變遷，以改進本身命運的能力，所以，文化可以說是人類爲使自身適應環境，以改善生活方式努力的累積。

文化是使團體具有創造與繁衍社會的特徵，它使人類的累積學識，代代相傳，因而使人類文化社會綿延不息。

人類傳播文化，延續生命的能力，不祇是作爲進步的基礎，而且是團體凝集力或結合力的中心支柱，如果一個行政組織沒有累積的知識、信仰，與行爲規範，可以說這個組織不會存在。

因爲行政組織不能脫離「文化環境」（Cultural environment）而孤立，行政組織爲社會有機體（Social organisms），必須在廣大文化制度（Cultural system）中進行工作活動，組織行爲的抉擇，深受整個文化價值的限制。（註二〇）

文化觀念對於組織設計有四種好處：（註二一）

第一，促進瞭解；

第二，預測行爲；

第三，代替經驗；

第四，便利改革。

以下，從幾個觀點，分別探討文化環境與組織設計。

一、文化與習慣

在一般的行爲中，通常僅有一小部份，是經過考慮的，是合乎理性的。在機關日常生活中，參與的活動太多；不可能有時間在行動前先作分析。但是，純靠直覺反應或情緒反應（Emotional response），又常不免誤事。因此，就只有依靠「習慣」。

通常，一般人在私人生活方面依靠習慣，在公務上也同樣依靠習慣。我人到店裏買一套衣服，商店如何記帳，如何將貨品搬出來讓我們挑選，如何收取貨款，通常都有一套習慣方式。同樣，行政機關任用職員，其如何安排健康檢查，如何將新進人員列入發薪單，如何告訴他擔任甚麼工作，以及如何將他介紹給其他同事見面等等，也都各有一套「習慣」。

習慣之養成，或者說：習慣之「習得」（Learned），主要是經由個人的經驗。但是由經驗造成的經驗行為，對有些認為全憑正式組織及成文規定來管理的主管，卻不能不有所警覺。要使正式指示能成為一種習慣行為，必先得到部屬的接受，使部屬接受後能多作實際的應用。至於部屬何以會接受，却要看許多因素。例如：別的同事是否也表示同意？自己的直屬上級主管是否同意？對組織的目標是否能有所貢獻？個人從工作中是否能得到滿足？

如果說，直屬上司並不堅持大家非照正式方案不可，正式方案也許就不足以成為培養習慣的憑藉；其他因素可能起而代之。舉例來說，如果部屬違反「禁止吸烟」的規定，而竟沒有甚麼重大的後果，他們也許就會使「辦公吸烟」成為一種習慣行為。同樣的道理，機關的人事手册中，規定各單位主管在任用新人時，必先得到機關人事主管的同意；如果某一單位主管沒有遵行此一規定，而新進人員竟順利進來，那麼機關的正式方案便將形同具文。因此，機關的正式方案，只有在其已經成為習慣行為之時，纔能產生效果。因為類似行為的長期不斷重複，能使機關的組織結構中形成愈來愈深的慣例，終而成為牢不可破的習慣。

以中國的文官制度為例，「簡荐委」的觀念深入民心而經歷多少朝代，這一「習得」的習慣，一下子要加「改變」，其所遭到的阻力，是不足為怪的。公務員對這套新的文官制度的「觀感」不好，與其說制度的內涵，不如說是習慣的改變不能適應所使然。換句話說：「相當多數」的人表示「不喜歡」職位分類，似乎可以說：「相當多數」的人「不習慣」於職位分類（註二二）。如：

問題：「您對職位分類這套文官制度的『觀感』如何？」從問卷資料中顯示：（問卷第五十三題）

——百分之四十四・八四的人表示：「非常不喜歡」；

——百分之三十二・七三的人表示：「有點不喜歡」；

百分之一五・三八的人表示：「有點喜歡」；

——百分之七・〇四的人表示：「非常喜歡」。

換句話說，「相當多數」的人表示：「不喜歡」。（百分之七七・五七）

二、文化與地位

人類意識中最關心的是地位（Status）。追求顯赫，是一項人類願爲它貢獻出無數的時間和精力的目的。但是地位並不像那些態度、動機、人與人之間之溝通一樣地可由個人本身所產生。它像榮譽一樣，是由別人所賦予的。地位要由社會來決定和頒發。

地位具有兩項含意。第一，它可被視爲一種建立在組織的正式結構上之權責等級次序。對於地位作這樣的評定，這是客觀的看法。第二，地位也有其私人的，這是主觀的看法。例如，一個人可以在內心裡批判另外一個人。這種私人的地位批判，不一定與該人在組織中的正式地位有關。

因此地位可指一個社會結構中的某個位置，而不問誰佔了那個位置，地位也可以指一個人對另外一個人所作的私人評價。這兩種地位含意自然並無所關連的，因爲別人所作的私人評價很可能會決定被評者在一個機關內的正式或客觀的事業前程。尤其一個上司對屬員有其私人意見時，就的確會影響到屬員的前程。

㈠地位含意

1.地位之客觀含意

客觀的說，地位是一個在具有人類相互關係的結構中與其權責等級有關的位置。一個特定的地位，與其佔據該地位的人，兩者間是有區別的。（註二三）

地位系統指組織的整個結構，包括權利與責任之層系型式。權利與責任，以及它們在地位層系中所處的相對位置，則由各機關之價值系統所決定（註二四）。例如，機關中會有各色各樣不同報酬、權力，與義務之職位。而且，這些職位又按照機構所賦予它們的重要性，彼此依次分出等級來。

2.地位之主觀含義

地位之主觀意義，是人們對於他人地位的評判。人是經常會對所接觸的他人加以批評，一個人在機關中、辦公室中，或主管群中，獲得他的地位（註二五）。從這個觀點來看地位，則地位乃是一個人由於別人對他的評判而在某個社會系統中所形成的位置。（註二六）

㈡組織設計中的地位系統

地位系統乃是組織中的各種地位的一種總體關係型式。每一地位都可以一個矩陣中的一點來表示，這種矩陣是由所有各種地位點集合構成的。（註二七）

1.功能地位系統（Function status system）

功能地位是以工作或任務為基礎。功能地位系統表明一個機關中那些職位是在相同的層系上。這種系統型態無法指出指揮權屬於誰。在同層系上的功能職位，彼此間無權互相指揮。功能地位是基於工作及其他同等價值的工作上之關係而獲得。左圖描示一種水平的地位系統。

功能地位系統之例

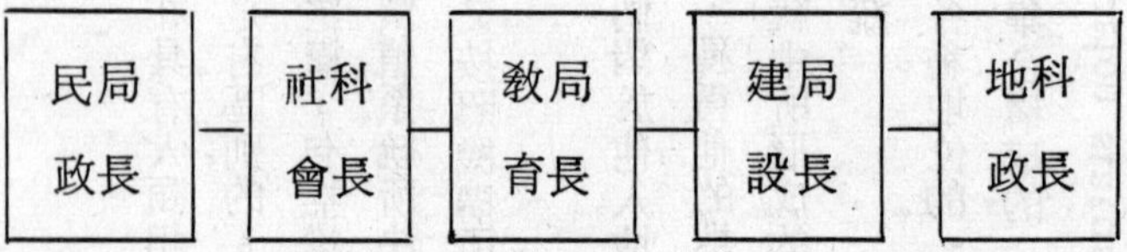

（以台北縣政府爲例）

2. 層次地位系統（Scalar status system）

層次地位的主要特性是它表明命令權的歸屬。層次地位將指揮權賦與各個處於垂直關係系統上之位置的人。部長比政務次長有較高的層次地位。因此部長有權指揮政務次長的行動，並且有權指揮政務次長以下直線上的所有之主管及屬員。這一型態的系統如左圖所示：

層次系統之例

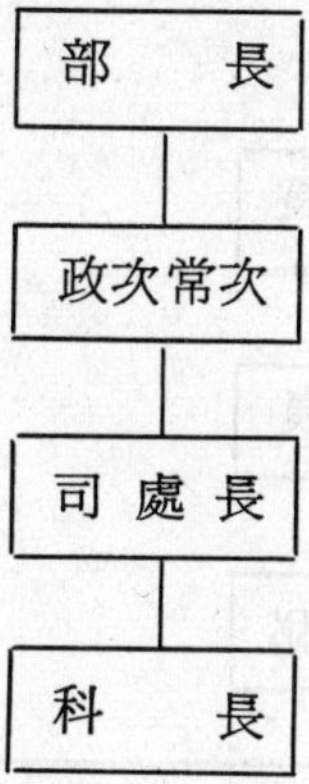

（以教育部爲例）

3. 地位之「金字塔」

典型之正式機構是層次系統與功能系統之混合，形成類似金字塔的結構。後圖實例，顯示混合地位系統的金字塔形。

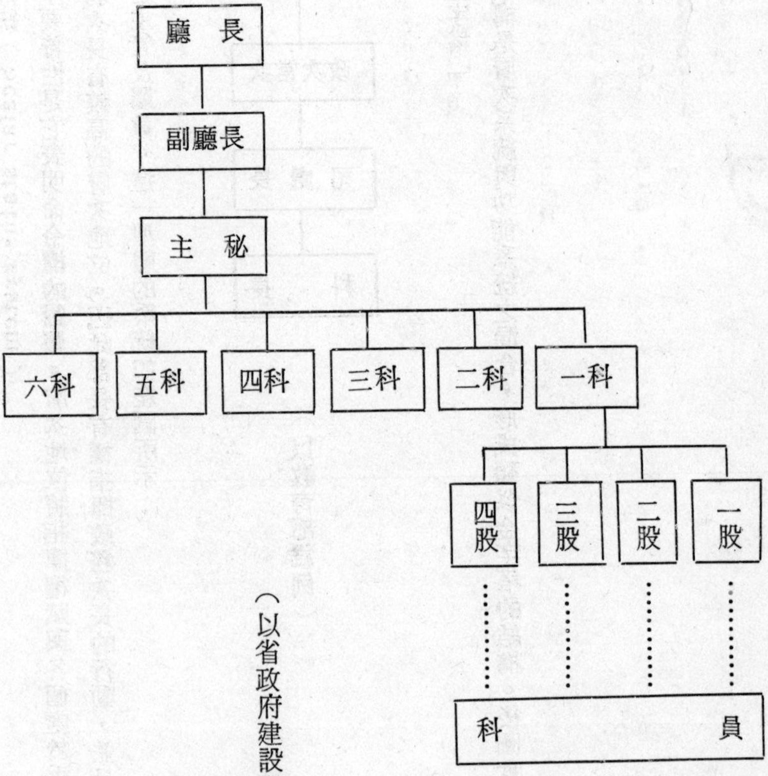

（以省政府建設廳爲例）

上圖顯示組織之功能單位及其指揮之層次連環，垂直層系上的每個主管職位皆同時具有功能地位層次地位。圖中最底層的虛線。科員所佔據的職位，具有功能地位。至於他們的層次地位，自然並未具有發佈命令的權力。雖說如此，層次地位之概念，並不只限於命令權。層次地位也應該包括向上司報告的義務。如此一說，這個地位金字塔底層的多個職位，顯然也同時具有功能地位及層次地位。

總而言之，一個有效而成功的組織設計必須瞭解，地位（status）對於組織成員行爲的影響。因爲地位是個人在團體中的身份和特定權益的比較。組織中的每一個人都有不同的地位，而地位的高低，須視個人在團體中的貢獻而定。所以地位不祗是指出個人的身份或職位，而且指出團體對於個人的評價。在團體中地位較高的人，不祗是表示較高的薪資報酬，往往也是被尊敬的人士。

然而社會地位的高低，具有不同的決定因素。例如我國文化中，年齡與地位有重要關係；在英國社會中，家庭背景和地位頗有關係；在美國文化中，財富和地位的關係很重要。在行政組織中，年資較深的職員地位也往往較高。這些不同地位的產生，就是由於個人在「交互作用」（interaction）中對於團體不同程度貢獻的相互心理反映。

地位爲組織所承認，當一個人生活在孤立狀態之中，就無所謂地位。因此，地位的存在，具有激勵的效果，因爲可以用作鼓勵組織中之人員得到地位的期望，將可導致較高的行政效率。另一方面，個人的目前地位將會導致地位的渴望，或恐懼在組織中的地位降低，這樣就可能在工作中發生相反的作用。

管理者如果分配給部屬的工作場所不適當，很可能誘致他們對於地位的渴望與恐懼。當組織中的成員對於當前地位感到煩心與不耐時，將會產生地位的渴望，可能減低他們在組織中的有效性。

原地位與角色具有不可分的性質。每個地位都有一個角色，每個角色都有一個地位。這點關係是很明顯的，但是角色的概念却很複雜。

三、文化與角色

角色（ role ）的表面意義，是大社會中，或團體中、正式機構中、社文俱樂部等等中的某個位置或某項功能所持有的各種活動的集合體。因此一個人可以擁有很多角色，諸如市民、丈夫、父親、老師等等。一個人所扮演的這些角色，每個角色都有它自己的相對地位。每個角色都由社會，或團體，或機構訂定了它的權利，責任與義務，構成各個扮演者所可得的報酬與所需付的代價。（註二八）

角色指出了個人在社會中的地位，也代表了個人的自我價值。它是社會組織中個人功能的劃分，而成為個人行為的規範，所以角色控制了人際交互影響的行為與態度。角色不是自定的，而是和社會中他人建立的交互關係。扮演角色就是社會行為中適當的交互狀態。初生嬰兒的少婦，或是實習醫生，自第一天開始就產生角色的自我意識。

社會角色，不是單方面的行為表現，而是人際交互行為。當個人扮演角色時，不祇是符合自已心理的滿足，還要符合他人的需求和期望。每一個社會角色，都有關於他人的存在，各個不同角色的聯結，因而形成為社會系統，所以社會系統，可以說是角色間交互形態的總和。因此，社會心理學者認為，社會角色直接關聯到社會系統的存在和文化的演變。

個人行為，思想和態度，受到團體的影響，因而個人具有一套內在的參考架構。個人的參考架構，是由於影響個人的團體，卽參考團體（ reference group ）而形成的，也就是參考團體給與個人一套內在的參考架構，作爲個人在社會交互關係中的尺度，所以參考架構影響到個人社會現象的接受程度。

組織是由人所構成的，而人的抱負與價值，是根植於人類的文化。組織的生存與成長，「組織人」必須扮演衆多的角色。爲了適當的扮演角色，組織成員的抱負需要滿足，組織必須努力達成繁複的目標。而文化會影響到組織目標的達成，例如員工的基本物質生活的滿足，以及機關的措施與工作環境，都會影響到生產力。其實，組織目標爲文化的反映，不同的社會文化，對於組織目標有不同的影響。自然，組織目標也會影響到文化，因而形成文化與組織間的相互關係。一個經濟組織所扮演的角色，不祇是生產與供應價廉物美的產品，還應顧慮到對於某些社會問題的解決，文化背景不同的社會，期待解決的社會問題亦各有不同。

習慣是由多次行動所形成的。但是此外，職位的本身，也常有其傳統的遂行方式。某人被指派爲處長，被指派爲科長，或被指派爲專員，通常總會有一種想法，認爲處長、科長或專員的行爲「理應」如何如何。換句話說，每一種職位都各有「其公認角色」（established roles）；任何人佔有此一職位，便理應有此「公認角色」，表現出一套行爲來（註二九）。「公認角色」在社會上處處可見。新娘之爲新娘，理應負起其家庭主婦的責任；局長之爲局長，理應有其局長的身份，船長之爲船長，理應執行紀律；足球教練之爲足球教練，理應具有權威，以贏取球隊的勝利。

在機關，尤其是在機關的內部，任何一個職位也都各有其公認的角色。例如一位人事人員應該做些甚麼；不應該做些甚麼，其對人事業務的態度應該如何等等，都已在和他接觸的人員之心目中有了明確的瞭解。這一種確切的公認角色，乃正是組織內部安定之所寄，至少可以由此預期他人將如何遂行其職責。

組織所承擔的業務，需要獲得社會的認可。文化決定了組織業務有關的某些規章，組織對於社會供給價值。社會對於組織供給人員，而人員在組織中尋求個人的滿足。個人滿足本身就是文化功能，因爲文化影響到價值的確定。

四、文化與時間

原組織乃是一「動態」的開放系統。因此，「時間」給「組織人」會有不同的觀念與感受。「時間」可能成爲他們的敵人，也可能成爲他們的良友；「時間」可能提供一種機會，也可能變成一種壓力。因爲，「時間」對「組織人」發生了這許許多多的不同作用，故「組織人」對於社會「轉變」所抱的態度，也具有不同的形態與影響。

組織人對於社會轉變可能抱有那些不同的態度呢？約略可分爲三種：

第一型：肯定態度；

第二型：否定態度；

第三型：暧昧態度。

姜占魁教授曾作如下的說明：（註三〇）

第一，對於社會轉變抱有肯定態度的人，「時間」所提供給他的是一個千載難逢的機會，「時間」可以增加他知識的領域，「時間」更可以啟示他尋求一個未知的「未來」。……

第二，對社會轉變懷有否定態度的人，那麼「時間」便變成了一種壓力，他眼看着社會的轉變如此神速、如此不可捉摸、如此不能控制，以致使他感到迷失和無能爲力。具有這種消極態度的人，視社會的轉變爲殘忍無情。……

第三，對社會轉變懷有曖昧態度的人，具有一種特殊的思想形態，那就是拒絕逃避入「過去」（Escape into the past），也不能面對「未來」，他的行爲形態乃爲盡量巧妙的利用現實的條件，擴大現實的個人利益。……其情形如左表所示：

時間趨向	對社會轉變所持之態度		
	消極	曖昧	積極
將來			發展者
目前		現實利益剝削者	
過去	逃避者		

若以細論，又可得如下表：

時間趨向	對社會轉變所持之態度		
	消極	曖昧	積極
將來	烏托邦	及時行樂	發展者
目前	重視形式外表和慣例	現實利益剝削者（享樂主義者）	儉樸和刻苦
過去	逃避者（懷古病者）	悔恨過去已失之機會	利用傳統文化之富有創造性之因素

一個懷有「將來」或「目前」或「過去」的時間趨向的人必然地一定與行政革新的推動有關，姜占魁教授指出：

「假若多數人所抱的『時間趨向』都傾向於『過去』，那麼我們可假定這個行政制度決不能擔當起國家發展之大責任來，對於激劇變化中的世界，它更抱著一種排外的心理，不容易接受來自國際或國內社會上一般學者專家的寶貴意見。對於社會的激劇轉變，它也缺乏了應變的能力，採取頭痛醫頭，腳痛醫腳的行政行爲。例如今天這條馬路剛舖設過柏油路面，明天却要挖掉柏油再裝設水管，一切顯得都缺乏協調和事先週密的計畫。對於由社會激劇轉變所附帶產生的必然社會現象，更認爲是天大的罪惡，因而油然而生一種『人心不古』之感。例如社會犯罪案件的日見增加、車禍之頻繁……等等，這些現象乃屬社會轉變所必然產生的現象，而且糾正這些現象，也有根本的途徑，但是以『過去』爲其時間趨向的人，根本不從基本上尋求解決，却莫名其妙的搬出歷史的經典以求解決現代的問題。對於這種人，過去的一切都是好的，要想解決現代的問題，非把現代的社會搬回傳統的歷史不可。凡具備這種『時間趨向』的行政制度，它的行政行爲多屬逃避現實，爲了逃避現實，便只有呆板的死守法規條文，受了法規條文的感染而染上了所謂法規條文病患者（legalistism或稱ritualistism）。換言之，嚴密的法規，不是達到行政目的的工具，竟變成爲行政制度逃避社會轉變所產生之壓力的一種屏障，躲在法規制度的背後，消極抵制社會之演進。至於具有這種『時間趨向』的行政制度，在其觀念中並非完全沒有一個『未來』，它也在時時刻刻策劃一個『理想的』未來。但，這個『未來』，並非經一番細心的設計而策畫的一個有計畫的『未來』，却是把『歷史的過去』盲目的投射到時間洪流的前頭，因此，這個『未來』只是過去歷史的延伸而已。假若一個行政制度內的多數分子，『時間趨向』皆以『目前』爲主，那麼這個行政制度必然是一個腐化的制度。對於『未來』，缺乏一個有系統的計畫。行政行爲的著眼點，也多集中於『目前』。未來的成就必然有後來的人來承受和享樂，誰願犧牲目前的利益創造他人未來的幸福呢？創造一個遠大的『未來』；就必須犧牲『目前』的利益，因此，以現實利益爲中心的行政制度，必不能作遠大的計畫。這種行政制度，多過著『今朝有酒今朝醉』的醉生夢死的生活，盡量榨取現有的社會資源，以謀求現實生活的最大享受。因此，社會福利的各項計畫，遠比長期的經建計畫受到重視，調整待遇措施也放在修橋舖路措施之先。一般行政人員的行政行爲，就更以現實爲主了。他不利用法規做興建社會的工作，反而法規却變成了他們謀求私利的工具。日常工作行爲則更專門鑽法規的漏洞，作違犯法規的勾當，進而利用現有的工作職位，爭取現實的最大享樂。這種行政制度或人員，並非沒有一個『未來』，可是在他心目中的『未來』，縮小得極爲有限，幾乎與『目前』合而爲一，凡超出這一界限以外的『未來』，在他看來是一個『未知數』，他不願爲了這個未知的未來犧牲目前的絲毫利益。他對於現實社會的激劇轉變，往往想盡了辦法，極力加以阻攔，期求盡量維持社會現狀，以達到享受現實的目的。在這種情形之下，凡有能夠促進社會和國家進步的措施，都會受到反對或在執行過程中受到曲解。我們不是要促進國家科學研究嗎？是呀！那麼我們原想用於這方面研究的錢都跑到那裏去了呢？假若一個行政制度中的多數分子，『時間趨向』皆以『未來』爲主，那麼這個行政制度的視野是外射的，它能從世界各國進步的經驗中吸收教訓，作爲它的國家和社會發展的借鏡，它更能盡力的羅集社會上的學者專家，納於它的組織體系之中，利用他們的智慧和意見，作國家有計畫的長期發展。它和其它社會之間，不存什麼界限，其目的不過想從彼此的不斷接觸中，吸收其他社會文化的優點，以助長國家現代化的力量。這種行政制度並不摒棄『過去』，但它也不毫無選擇的將整個的『過去』搬到『目前』，或投射到『未來』。相反的，它能具有選擇性的吸收過去歷史傳統文化中足以促進社會現代化的因素，作爲策劃未來發展目標的依據。這種行政制度皆有一個遠大的目標，但這一目標並非憑空構想的，而是參照過去的經驗，和目前的條件，經集思廣益，精心設計後而設定的，因此它必先裝設水管，然後再舖設柏油路面。它的整個行爲都是爲了達到未來的目標而努力。爲了達到未來的目標，在現實生活上它願犧牲目前的利益，故在以『未來』作爲時間趨向的行政制度的觀念中，時間的『過去』、『目前』，和『未來』，係連貫在一起，變成一個完整的個體，彼此不相分離，更不矛盾。」（註三一）

總之，行政組織以其對時間之趨向不同，可分爲三種，即：以「過去」爲時間趨向的行政組織，以「目前」爲時間趨向的行政組織，和以「未來」爲時間趨向的行政組織。前兩者對激劇變化的組織環境，產生了阻礙作用，後者却能有效的「適應」激劇變化的社會，前兩者重視其既得的社會地位，後者却重視它的事業成就；前兩者重視現狀之維持，後者却重視有系統的改變。組織設計就要在此一利弊得失之間做一適當的處置與誘導。

五、文化與行爲

有怎麼樣的文化，便有怎麼樣的「行爲」。文化的變遷，必然，會帶動行爲的遞變。東方文化下的行爲與西方文化下的行爲，畢竟有其不同點。

從「系統理論」的觀點，一個社會文化所具有的行為特質，「輸入」於行政機關之後，再與行政機關原有的特質「互動」（interaction），所「輸出」的行為，就是此一社會文化下的「行政行為」，其情形如左圖所示：（註三二）

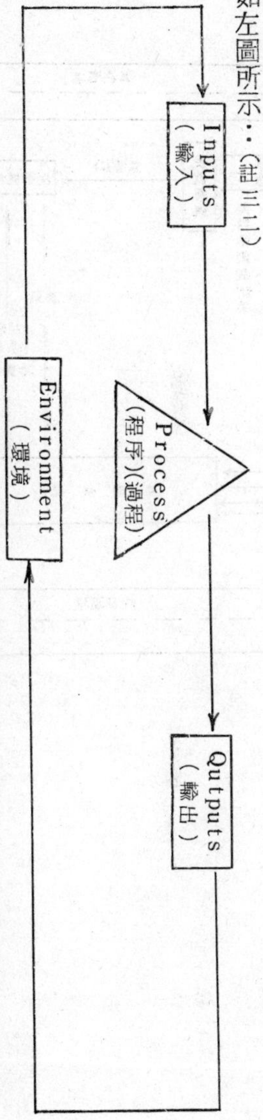

姜占魁教授對於「行政機關之生態環境與行政行為」曾做深入的調查研究，其所得的結論是：（註三三）

第一，在傳統的權力關係、道德規範和行為準則的三方面約束下，從傳統社會文化中所培養出來的人，經常採取以下的行為形態：卽行為的被動性、行為的依賴性、敬畏權力的心理、情感的壓制，和宿命論的人生觀等。

第二，這些人格屬性被「輸入」行政機關之後，更顯得突出。因為，行政機關計有如下的幾種特性，諸如：上下層級節制的組織形態、權力的過分集中、溝通活動貧乏（尤其是上行溝通）、人際關係的衝突、會議之繁多、法規制度之複雜、縱的社會距離、特殊關係之作祟……等，而這些行政機關之特性，無一不使人員的屬性更趨被動、更趨依賴、更對權力的敬畏。

第三，從「輸入活動」到「轉變活動」有如上述第一、第二，接着是「輸出活動」是什麼？也卽實際的行政行爲計有：逃避的行爲、盲目的服從行爲、力求縮短在行政機關的工作時間行爲、尋求工作環境以外的生活興趣行爲、舞弊行爲、拉攏權勢人物的行爲、只顧目前不顧將來的行爲等。

要有怎樣的「行爲」就要創造怎樣的「文化」，這畢竟是組織設計的一項艱難課題。

大致而言，一個開放、自由的文化，比較能孕育出一個理性的行政行爲。

附註

註六：行政組織之一般系統模型，如左圖所示：

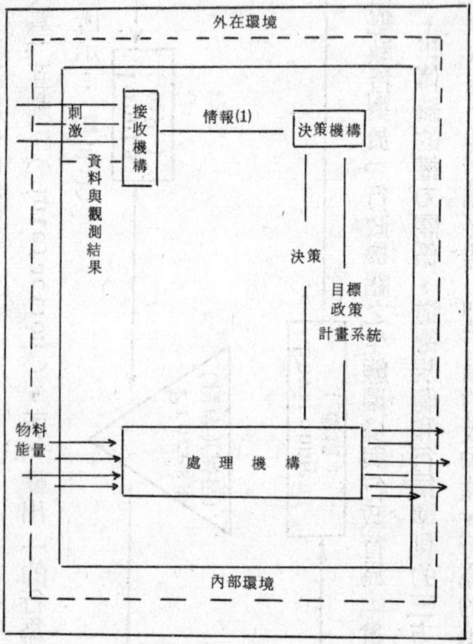

註　二：組織的內外環境圖如左：

The Organization's Internal And External Environments

（組織的內外環境）

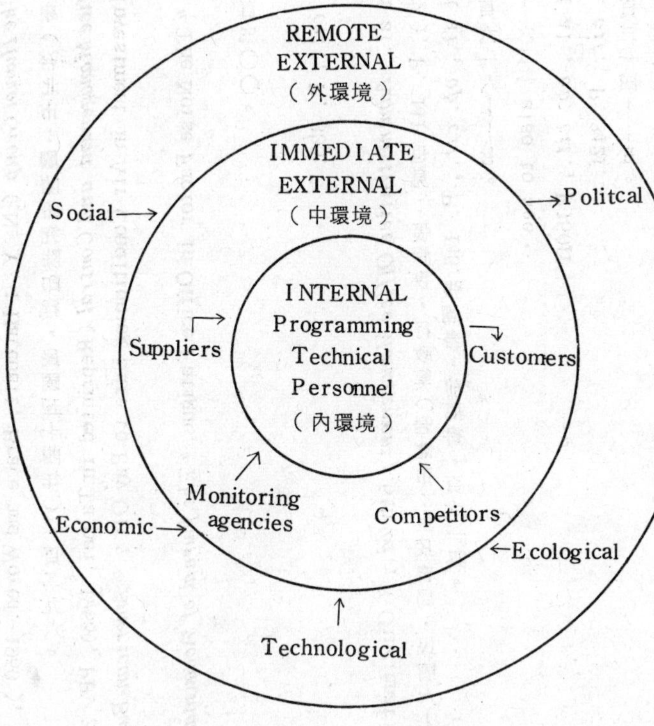

註　三：G. C. Homans, *The Human Group* (N. Y. : Harcourt, Brace and Wored, 1950), P. 105.

註　四：唐振楚，行政管理學（台北市：國防研究院印行，民國五十四年），頁二九六。

註　五：G. R. Terry, *Office Management and Contral* (Reprinted in Taipei, 1965), PP. 324-325.

註　六：N. Wells, " Is Investment in Air Conditioning Sure to Pay Off ? " *American Business* (Aprial, 1954), P 31.

註　七：G. H. Sherwood, " The Noise Factor in Office Fatigue, " *The Journal of Accountancy* (September, 1964). P 252.

註　八：唐振楚，前揭書，頁三〇〇。

註　九：同前註，頁三〇一。

註一〇：G. R. Terry, *op. cit.*, P. 335.

註一一：*Ibid.*, P. 336.

註一二：J. W. Neuner, et al., *Administrative Office Management*, 6th *ed.*, (Cincinnati, Ohio : S-W Publishing Co. 1972), P. 141. 也見：張潤書，行政學（台北市：三民書局，民國六十五年），頁六三二。

註一三：J. W. Neuner, et al., *op. cit.*, P. 145. 張潤書，前揭書，頁六一四。

註一四：張潤書，前揭書，頁六一六——七。

註一五：同上，頁六一八——六二一 also to see：

J. W. Neuner, et al., *op. cit.*, P 150ff',

G. R. Terry, *op. cit.*, P. 342f.

註一六：唐振楚，前揭書，頁三一四——五。

張潤書，前揭書，頁六二三。

註一七：唐振楚，前揭書，頁三一七——三二二。

註一八：B. J. Hodge, H. J. Johnson, *Management and Organizational Behavior-A Multidimensional Approach*(

N. Y. : Intext Educational Publisher, 1974), P. 66.

註一九：J. M. Pfiffner, F. P. Sherwood, *Administrative Organization* (N. J. : Prentice--Hall, 1965).P.223.
A. Kuhn, *The Study of Society* (Homewood. Ill. : Irwin and the Dorsey Press, 1963), P.205.

註二〇：J. M. Pfiffner, F. P. Sherwood, *op. cit.*, PP. 225-226.

註二一：*Ibid.*, PP. 226-227.

註二二：關於減少變革的抗拒（Change of resistance)這幾年，學者研究很多，綜合各家意見，概納八點結論。

(一)在變革計畫與執行時，應讓受影響之有關機關同仁參加意見。這些同仁應該包括那些在變革計畫設計時，與實際執行時有關的人員。

(二)變革計畫不僅要由倡議者與受影響之有關同仁參加意見，並且要包括第三者人員，以求其平衡與客觀。

(三)推行一項變革時，應排除所有不必要的技術上的包袱。

(四)當利用工作人員的學識與經驗作爲變革時，則需由該工作人員參加計畫與執行。

(五)管理部門同時應減少變革所將引起的損害，將它們納入一些已經有的行爲中，或摻入一些已獲得接受的改革中。

(六)主持者最好把自己置身於他人的立場上，同仁對於變革的態度是發自其本身的觀點，而非計畫者的觀點。

(七)主管對於因變革所引起的反應，也不必驚訝，而應提供一項對於推行效力的測量。主管當局對於變革所得到的同仁支持情形，加以測量，也是很重要的。

(八)主管重視部屬的尊嚴是特別重要的，他們人性的尊嚴必須予以重視，由於變革勢將引起同仁對於本身工作安全感的憂慮，這是對於變革的一項阻力，對於那些直接受影響的同仁，更要特別予以注意。

註二三：R. Linton, The Study of Man (N. Y. : D. Appleton-Century Co., 1936), PP. 113-114.

註二四：E. B. Smullyan, " Status, Status Types, and Status Inter-relations ", *American Sociological Review*. (April, 1944), PP. 151-161.

註二五：W. G Scott, *Organization Theory: A Behavioral Analysis for Mnagement* (Homewood Ill. : Richard D. Irwin, 1967), P. 219.

註二六：H. Goldhammer, E. A. Shils, "Types is Power and Status", *American Journal of Sociology* (August, 1949) P. 179. also to see：G. C. Homans, *op. cit.*, P. 179.

註二七：C. I. Barnard, *Organization and Management* (Cambridge：Harvard University Press, 1949), PP. 207-244.

註二八：W. G. Scott, *op. cit.*, P. 229.

註二九：W. H. Newman, C. E. Summer, E. K. Warren, *The Process of Management；Concepts, Behavioral, and Practice* (N. J.：Prentice Hall, 1972), P. 196.

註三〇：姜占魁，行政管理論叢（台北市：五南圖書出版公司，民國六十五年），第五章，頁一六二——一六四。

註三一：同前註，頁一七一——一七四。

註三二：J. L. Gibson, J. M. Juancevich, J. H. Donnelly, Jr., *Organizations：Structure, Processes, Behavior* (Dallas, Texas：Business Publications, Inc. 1973), P. 22.

註三三：姜占魁，前揭書，第三、四兩章。

第九章　管理發展的高度開發

所謂管理發展（Management Development ）係指培植行政機關更佳領導人員的一種「過程」（註一）。其範圍包括管理學識、管理方法及管理人才之發展，其實三者是合而爲一的。因爲它們均爲促使一位管理者具有優良領導型態所不可或缺的條件。一位優秀的管理者，不但對其本身的工作應有充分的認識與時時在其方法上加以改進的能力，且應有豐富的經驗與責任知識及教導與領導的技能。此外，一位管理者其學養、作爲、想法及判斷等在在均與績效息息相關。因此，管理發展近爲歐美各國所極力提倡，且認爲是建立健全的管理核心及人力發展過程最重要的一環。

管理發展的「原則」大致相同，它們是：（註二）

⑴一切才能發展皆應以「自我發展」（Self-Development ）爲基礎。
⑵發展方法應因人而異。
⑶發展要積極，並需要有計畫。
⑷訂定進度嚴加控制，有助於發展。
⑸組織氣候（Organizational Climate ）影響發展。
⑹直接主管有最主要的影響力。
⑺發展才能是各級主管份內的職責。

(8)發展才能是長期性的工作。

(9)多運用「授權」、「逐漸加重權責」、「給予事實」及「分享學識」手段。

(10)使用觀察、診斷、說明、勸誘、引導及衡量等過程。

(11)誘導、仿傚、參與及激勵最能影響部屬成長。

「管理發展」可以分劃爲兩個時代：BST敏感性訓練以前時期（Before Sensitivity Training）與AST敏感性訓練以後時期（After Sensitivity Training），按年代來說，與敏感性訓練同時，尙有其他訓練方式開始被引用（在第二次大戰以後一段時期中），可是由於敏感性分析的深遠影響，使它在一九六〇年代已成爲最重要的哲學依據，可以說，一九五〇年代是流行的人群關係訓練工作發展最快速的年代（註三）。在這十年裏，已創造出一些訓練方法與思想，深受各方重視。

自從Haw thorne Study以來，管理界已經注意到人群關係範疇，是訓練工作合理的發展領域，大家都說，「管理是使別人工作的一項作業」，如果這句話是眞的，管理者應當强化他運用「人」的能力也成爲理所當然的事，以往，大家都只希望能藉訓練方式，來使管理者對人類爲何採取某種行動方式的原由，能有進一步的認識，現在則不只希望能作到這點，並且希望藉訓練的力量，能使主管更了解與部屬相處的道理與方法。

自第二次大戰結束以來，訓練工作發展迅速，一九五〇年代，是公認的人群訓練的黃金時代，在公私行政的訓練班裏，與大學所開的管理者講習會中，這類的訓練工作，不斷的展開。參與這種訓練的主管們，有機會學到一點點有關「非正式組織」的社會學理論，一點點心理學，以及往往很多的所謂領導技術，這些訓練往往同時採用幾種不同教學方式，在硏討主題時所用的是講述——討論方式，個案研究與「角色扮演」。

一九五〇年末期，管理階層對於人群訓練工作的興趣大爲減低，原因也不是由於他們認爲「好的人群關係」已經不太重要，其興趣下降的原委十分複雜：（註四）

第一，人群關係訓練已泛濫到成爲一種時尚的地步，組織的管理當局，往往在弄不清自己的屬員需要知道些什麼之先，就派他們去參與訓練，「趕熱鬧」的情緒如此高漲，使許多訓練計畫在未經深思熟慮之先就開始實施；一九五七年的經濟衰退現象，迫使不少管理者減少對這類訓練的支持，在這段期間中，管理階層已能冷靜的考慮這種主管培育計畫的目的何在，方法是否有效，結果一些不成熟的訓練方案被取消，對未開始的計畫也都能審愼的在事先加以硏討。

第二，原有的人群關係訓練計畫本身目的何在，就是大家都不太淸楚的事，受民主思想的主張參與領導學者們的影響，管理階層人士感覺到參與會議商討問題時，應當對屬員們的意見多加尊重，並且，他們感覺到能參與這種訓練計畫，至少可以使屬員們對人類動機與團體行爲有一般性的了解，這種知識，管理者相信可以補助主管人員原有的教育水準，最後，管理階層又認爲訓練方式中的模擬方法，能使受訓者於個案分析或角色扮演等課程中，獲得實際運用想像以啟發用人能力的機會，卽使在訓練中犯了錯誤，也不會像實物一樣，會導致嚴重的後果，他們希望受訓者接受了這些教導之後，返回工作崗位時能把所學到的東西，引用於改善人群管理方法上，簡單說，許多人群關係的訓練方案，都以加强主管用人能力的技巧爲目標。

第三，管理階層對於人群關係訓練計畫都會熱烈支持，並且也會强力的加以推動；但是對於追查工作則根本沒有注意到，他們根本沒有檢討一下訓練的結果是否與訓練目標相符，對於成果不能控制自然是一項嚴重的缺陷，這種欠缺控制之情況，係由許多因素所形成的（註五），其中有：⑴人群關係，本質上就是一項含混不清的事物。⑵由於人群關係的訓練目標本身就含混不清，所以想訂立具體的目標達成衡量準則非常困難。⑶通常對受訓人所發生的影響力，並不能很快的發覺出來，主管們管理能力進步的具體證明，往往要在相當長的時間以後才會表現出來，並且就是眞的有了進步，是否只是由於訓練成果所致呢？這項問題也不易解答，因此由於對人群訓練的有效控制方法難以擬定，管理階層只好在每次訓練結束時，聲稱訓練「成果輝煌」，內心上覺得已盡全力培養被派去受訓的人，學得如何與他人相處的才能。

其實，如果以人群訓練的偶有成就，與不斷發展的行爲科學與訓練技巧二者爲準繩，管理當局仍然有方法可以衡量訓練的成果，晚近行爲科學與訓練技術，已使如何研討人類行爲及個人在社會系統中的身份二項問題，達到更高的境地，而使人群訓練的方式變爲次要問題！

現在，首先探討有關訓練的哲理與範疇問題。

第一節　訓練的哲理與範疇

一、訓練的定義

「訓練」（Training and Development）一詞，有很多的定義，許多專攻人事管理的學者（註六），所認爲訓練是培育從事於某些特定的人力資源（註七），其他的學者們把發展與培育劃分爲兩大部份：教育、訓練。A. M. Whitehill, Jr., 的說法：「訓練」指如何使人能配合其擔任的工作所需條件，「教

育」則指如何使人能適應工作中與工作外的整體環境。(註八)

從行爲科學管理文獻中，搜集一條合適的管理訓練的定義，會是徒勞無功的事，由於行爲科學的特性，很難找出一項定義來，只說明管理訓練是什麼而不涉及教育的功能，自某一角度來看，如果承認行爲科學的知識有助於主管們改進他們的工作，則了解行爲科學的應用技術與它的概念，就可以用來作爲管理訓練的定義，自另一角度來看，行爲科學知識與增進管理者的教育水準有關聯，所以傳授主管以行爲科學知識也就是一種的管理訓練，當主管們將面臨日益繁雜的社會與組織環境時，有關組織原理與個性原理的新發現，對他們來說是必需具備的知識。

上述理由已爲管理訓練的實用性意義提供一項輪廓，以行爲科學爲基礎的輪廓，W. G. Scott 認爲：「在行爲科學中，訓練二字，代表以增進個人工作效率爲目的之作業，此項作業也可用來改進組織中的人群關係，並且使主管們能更加適應所屬的全部環境。」(註九)這就是說，訓練的短程目的是增進受訓者的工作效能，並且改善組織中的人群關係氣氛，訓練必需配合組織的總目標，就行爲科學知識加以訓練，其目的是使主管們能具備有關人類行爲的知識與應付態度，使他們能更有效的管理他的單位，並且有效的傳播其觀念於組織中的其他部門，簡單說，「訓練是改變受訓者行爲的一種方式」。(註一〇)

訓練的較長遠目標與較寬廣的教育功能二者不能明確劃分，在主管者發展培育中，自長遠觀點來看應具有訓練與教育的雙重含義，近代管理的視界已經超越現行作業範圍而注意到整個外在的社會環境，簡單的人群關係教條並不能滿足管理者的求知慾，他期望能具備足夠的能力，可以把基本學術研討結論，加以推廣引用，並且能了解各種不同的行爲狀態，彼此之間有何種關聯性。

二、行爲科學訓練的四項要點

與其他的訓練相同，H. J. Chruden A. W. Sherman Jr.，指出有關行爲科學訓練也同樣的企圖能傳達訊息，發展應有的氣質與改良工作技能（註一一），最近對訓練的成果顯然有一項新的要求傾向，就是對於行爲科學知識有高度興趣，希望能藉這種知識來啟發管理人員的概念性才能，以下逐一簡述以上各項訓練「要素」。

⑴傳達訊息：大多數訓練計劃的重心都是訓練的內涵事項，訓練的目的是就某一系統的知識中，摘取一些訊息來傳達於受訓人，所以有關行爲科學的訓練，只是想把人類個性問題、動機問題、意見溝通程序、組織原理，以及小組合的工作程序、領導方式……等等有關的智識擷精取華來傳達與受訓者，諸如社會學、心理學、社會心理學、人類學等學科的知識，則要靠訓練計畫擬定者與討論會主持人如何去提供這些資料。

⑵啟發應有的氣質：與灌輸知識密切關聯的是啟發應有的氣質，事實上更正確點說是設法改變受訓者的態度，在沒有受訓之前，受訓者心目中對於領導力，「消息」聲望的功能，與非正式組織等，都會具有某種的成見，受訓的管理工作者所原有的這種成見，加上他對其他有關組織問題的看法，對於他是否能成爲一位有效率的領導人物，有決定性影響。

行爲訓練專家們認爲只就這些範疇中灌輸與受訓者一些知識是不夠的，必需要設法能改變受訓者對人類行爲的觀點，所以在訓練計畫中，如何能發展應有的氣質永遠會特別受到重視，這項目的也是最難完滿達成的事項。

(3)改進工作技能：在訓練計畫中，如果已提供與受訓者足夠的各種知識，在受訓過程中也已經改變其氣質，這也就是說訓練的兩項重要目的已經達成之後，是否訓練工作就已大功告成了呢？可能的答案是「否」，因爲在此階段中，受訓者尚且沒有機會能把吸收到的知識，來綜合引用爲實際技術，所以下一階段的訓練重點應當是如何培養工作技術。

有人認爲把有關人群的知識轉換爲實際技術，是要在擔任現職工作時，才能獲得這種機會的，課堂中所運用的「個案研討」與「角色扮演」等等模擬方式，被認爲並不足以把涉及人群問題的技巧充份發揮，卽使負責的人員個個是專家，也不會收到太大的效果，他們也許不無道理，但是專門從事於訓練工作的人，他們都在時時刻刻的設想新方法新技術，藉以能在教室中提供類似眞實的工作經歷，使受訓者能眞正的改進其實際技巧。

(4)概念建立：引用行爲科學於管理實務的訓練或敎育工作，需要更進一步比較抽象的層次中求發展，是晚近的一項新思潮，這種構想是基於希望能把訓練水準提高一些，使之不只限於涉及如何直接應用問題，而能爲受訓者啟發一種開擴的視野，這種晚近的訓練目標是如何能發展管理工作者，使他們能按行爲科學路線來思考問題。

三、訓練與有影響力的程序

不會有人不同意訓練是用以改變人類行爲的工作，況且，也不會有人認爲這種工作不需要傳遞與知識，改變其氣質與培育其技能，但是當提到如何才是最佳的提供這些改進的意見呢？則會衆說紛紛莫衷一是？並且，爲什麼要改變別人？前一項問題是方式性問題，後一項則是原則性問題，以下按此種秩序來研討此二項問題。

㈠影響力模式

要有一套設計好的影響力發揮程序才能使別人的行爲改變，E. H. Schein 曾爲這種計畫描寫出一種最起碼應具備的條件來（註一二），他的影響力模式中所指出的各項要素，可以用來正確的批判一些現有的訓練程序，也可以用來提供擬具新訓練計畫的參考。

晚近幾年來快速發展，而已能相當正確的提供指引意見的學習原理是 Schein 模式的基礎，大前提是人人都有接受改變的傾向，此外參與受訓的人都有受訓的需要，他多少自己了解有這種需要也期望能予以滿足，後一半的假定顯然不是指受訓的人，對於自己需要了解些什麼完全能確知，也能把自己的需要一一詳細列舉出來，這項前提只是强調訓練的方式。計畫內容，應當按照受訓者的組織中所負責任，他事業發展的程序與他的心理狀態及社會觀念的成熟程度，而加以修正使能配合，這也就是說訓練應當能夠按照受訓者的「接受程度」而加以訂立。（註一三）

訓練模式也假定氣質的改變應先於行爲的改變，因此，這項模式的重心是需要加以改變的氣質型態，例如想改變的是領導方式，則訓練計畫的重點應當是如何才能改變受訓人對有效領導力的固有觀點，在此一基礎上，E. H. Schein 認爲：氣質改換模式具備有三項步序。

1解凍（Unfreezing）：最先要進行的工作是把會影響個性的影響力加以變動，藉以能使受訓者不再固持以往的成見，在這一步序中，重要事項有如何把影響受訓者固執態度之形成的環境與他隔離，而這些固有態度就是管理者想加以改變的事項，這種隔離步序應當與訓練的變革壓力配合運用，也同時要能減低受訓者對改變氣質所含的恐懼感。

2.改變：第二步是爲受訓者建立新的態度與價値觀念，如果是希望受訓者能夠「認同」（identifi-cation）於新的價値觀念，此時，希望受訓者已經能夠暫時的承認新的價値觀念可以採納，但是另一種結果將會發生，受訓者會以「內化」（internalization）的方式來記住所告之的新觀點，而並不認爲應當接受它，內化之後，受訓者只會暫時的引用這種行爲方式與觀點，這就是說，他學到了一套行爲方式與問題解答步序，並且了解這套知識引用於他現在的工作環境中對他有利，但他却並不能接受這種看法，也不能認同它。

3.再凍結（Refreezing）：最後一步的工作是使新的看法與價値觀念與受訓者的本性相結合，這一點需要訓練主辦單位不斷的强調此一問題，才能奏效，無論如何這種改變本來就是訓練主辦單位所希望產生的結果，如果使組織中具有相同觀點的人能夠保持經常接觸，就能產生良好的效果，但是如果受訓者返回原工作環境後，一切都與這種新觀念不符合，則舊的觀念會迅速的復原，而使訓練工作不見成效。

㈡訓練方案

有了影響模式後，應當如何按照行爲科學的標準來衡量管理訓練工作呢？一項典型的訓練方案與模式符合程度是怎麼樣的？有什麼不一致之處？自然，在此所談的訓練方案，是以改進主管們當與人相處範疇中的才能爲目標之訓練爲限。

二次大戰結束不久，管理當局就知道「人群關係訓練方案」可以用來解決他們所面臨的人事問題，每每這些方案都使他們失望，這種使管理方案失敗之最重要原因，是由於推行方案的理由每每與原始管理當局所希望達成的目的不相配合，因此想要能持久的改變行爲方式，光靠訓練是不夠的，必須整個組織都能對這項目標加以承諾，群力推動才會收效，這也就是說，組織中必須先有一種願意接納新觀點的氣氛存在，才能有效推行變化氣質的程序，前述的「再凍結」環境要求，在現實情況中絕少存在。

受訓者回返到工作崗位時的表現，如果能保持住他受訓時所傳授的行爲方式，則訓練計畫才會有效果，而是否能夠保持，往往與訓練本身的有效與否無關，縱使如此，在擬定訓練方案時，仍然要愼重考慮方案的具體目標是什麼，具備意義的訓練內容有些什麼，是否能給與合格的指導，能否配合受訓者的動機，以及如何才能控制訓練成果。

激發動機與控制成果二項對方案的成敗，最有直接影響力，往往一些訓練計畫只按照訂計畫的人個人之喜惡而擬定，毫未考慮到受訓者需求何種新知，如果受訓者認爲訓練內容對他們的需要毫無幫助，則這一方案絕無成功的可能，這就是說受訓者根本沒有準備來接受所給予的訓練。

未能追查訓練結果是一項最顯著的錯失，典型的情況是某一項訓練完成以後，根本沒有人檢查一下此一方案對於原定目標究竟達成了多少，各種流行的有關人群關係的訓練方案，最常見的缺點，就是缺乏一種考評方式來檢查此一方案對受訓者的行爲究竟產生了多少影響（註一四），只調查一下受訓者對於訓練方案是否滿意，內容是否充份，講師們教授方式好不好，訓練設備是否適用……等等，自「管制」觀點來看，是毫無用處的，這種調查的答案都會偏重於「說好聽的」，眞正有效的衡量要看看受訓者行爲上發生了多少變化。

組織中的訓練主管會有一套理由來爲他的訓練方案目標加以辯護，「我們倡導一種民主型的風範使主管們成爲更有效的領導者。」「我們想增進他們的表達能力」或是「我們想使他能更善於排解糾紛」，這些都在增進與人相處能力的範疇之內，所以都很難加以否定，除此之外，訓練工作人員們所注意的事，則只限於內容、講師，與訓練方法等問題，如果問他們如何管制訓練成果時，他們只有顧左右而言他！

確立有意義的成果管制方式，自然並不完全是訓練主管的責任，這種現象恰足以充份證明：在現行組織下流行的與能有收穫的主管行爲方式與在工作推進時，大家所希望能改進的環境情況，二者之間，並不配合，而且有相當的差距存在，不少訓練方案中，都强調民主的領導方式多麼重要，決策工作如何應當由部屬們參與執行，以及應如何消除阻塞意見溝通的現象，主管訓練的人都眞的以爲這種訓練能創造一種新的風氣，使組織效率能提高，而且成員也會獲得更高的滿足程度。

不少首長們原則上也同意這種看法，否則他們就不會出錢來支持這些訓練計畫！然而事實上訓練的成果對實際工作究竟發生什麼影響，則很少有具體的事實可以證明，在訓練階段中可能受訓者的成見已經解凍，並且也有了改變，但是當他們回到原來工作的環境中，這些不能爲環境所接受的新觀念能保持多久，則是一件無法預測的事！

總之，以往訓練主管們以增進他們處事能力的工作，由於以下各項原因，成效非常有限。（註一五）

1以往對於受訓人所需要的知識是什麼，並不能確切的指明，往往把從事於不同工作的主管們放在一堆，進行一種「塡鴨式」的啟發訓練，不少主管們根本就沒有接受這種訓練的願望。

2方案的評估方式十分脆弱，已往的與進行中的訓練有什麼缺陷無人過問，這也許是由於某些負訓練責任的主管們不願意自找麻煩，來研究一下訓練哲學與組織現實如何才能配合問題，這或許也是一種無法加以「融合」在一塊的問題。

3.專制的，作業第一的組織環境根本沒有變化，所以受訓的人所想到一些新民主思想「參與觀念」，即使他們眞正的信服這些想法，也無法引進實務去。

明顯的事實是，現行訓練方案缺點太多，即不能使「願意」受訓的主管們產生認同感，又不能保障他們回到工作崗位之後，仍然能操持新的觀念。

㈢訓練環境與方法

許多財力充份的訓練計畫，都注意到影響模式中所提到的，應當使受訓者與外界隔絕，以便進行解凍與變化氣質工作，在可能情況下，受訓者會被帶離工作環境與家庭環境幾天，以至幾個星期，毫無疑問的，如果能與分心事項隔絕，的確有利於改變舊觀念及建立新看法，所以把訓練工作安排在郊外山上，訓練中心，或是大學校區中，已成爲一項習以爲常的方式，但是所採用的解凍與變化觀念的方法却彼此大不相同。

已有各種的訓練技術曾被引用過，從單純的課堂講授法、研討法、個案討論法，以至「角色扮演」等等技巧都被引用過，許多有關人事管理的教本中已經清楚的解釋這些方法，但是在此願意提兩種對這些習用方式的批評意見以供參考（註一六）。

第一，如果在訓練過程中，特別重視講解—討論方法，則訓練的重心應當是傳達訊息，對於受訓者有一種「請用理智想一想」的暗示，使他們能在個人動機、團體行動，與領導方式等等事項中，改變原有的觀點，希望能做到的是：這種暗示能有足夠的力量，所提供的訊息也足以明確證明受訓者應當修正他原有的態度。

第二，偏重於模擬現實的訓練方式，如個案研討、角色扮演，以及偶發事件處理等等之採用，固然能使受訓者有「身臨其境」的感受，但是往往並不能使他認清所遭遇到的經驗，與日常工作會員的有什麼關聯，也就是說，想使他了解的行爲改變方式，並不能深入其腦海中，並且在這種方法裏，往往有太多好看而不中用的新花樣，使原意混淆，減低訓練效果，每每使受訓者感到「很好玩」，但是他却學不到什麼東西。

研究一下人群關係訓練方法的發展過程，發現愈來愈多的受訓人，自我參與型態的訓練技巧被採用，受訓者不再呆呆地坐在那裏聽講，他們會像參加會議那樣大家討論某一問題，也會自行研討某一個案，也會在角色扮演中擔任某一角色，這顯示，受訓的人有愈來愈多的機會參與訓練主題的擬定工作，愈來愈深的涉及訓練計畫中所想强調的價値觀點。因爲訓練的目的就是想以新觀點來代替舊看法，這種增加「涉及」（involvement）程度的方式，正好能增進訓練的效力，不過，達到高度的涉及程度時，受訓者的需求、課程內容以及訓練方法三者之間就不容易有清楚的界線，換句話說，當受訓者涉及訓練工作的程度上昇之後，他們的需求、課程內容，與訓練方法三者必需能高度的配合，才能使他們對新的價値觀點產生認同感（或是「內化」）。

參與涉及三者是互相關連的事項，然而却是兩種東西；這項事實在以往的訓練工作中往往被忽視，參與會被認爲是一項目的而不是手段，在訓練過程中常常會聽到人提起「讓我們大家來交換意見吧！」對於一群無可逃避的「聽衆」而言，這樣作並不太困難，大家只好交換意見，並且參加活動，否則只有乾坐在那裏煩得要死，無論如何，許多種的訓練方法，只要運用得當都能使受訓者「熱烈的」交換意見，參與討論，但是受訓的人是否能由此而能加深他們涉及訓練的目標與價值觀念呢？這點沒有人知道，只有聽任其自然發展，所以如果把訓練過程中的參與現象解釋爲「涉及」，則未必是過份武斷，更不必說這些能代表已達成訓練的改變氣質目的！

總之，習用的解凍與改變氣質方法，卽使在與外間隔絕的環境下執行，其效果仍然足以令人懷疑，這項問題對於學術研究者與受訓的人都十分重要，晚近的想法是如何設計出一些方法來，使訓練所想達到的行爲改變方式能更進一步爲受訓者所「涉及」，自這種觀點而言，以往常用的方法並未被忽略，參與方式也並沒有因之而減少其重要性，想改進的只是如何能用新的方法來發展訓練基本構想與技術。

㈣敏感性訓練

在主管培育工作中，敏感性訓練（Sensitivity Training）（註一七）是一項晚近引用的新方法，它是由實用團體動力學所演化出來的技巧（註一八）。

所謂敏感性訓練（或稱感受性訓練），或稱實驗室訓練方法（Laboratory Training Method），就是一種人際交互關係的情緒訓練。這項訓練的目標，是在增強管理者了解自己，以及對他人的影響，增強對於他人的感情與態度的感受性，同時了解他人對於自身的影響。這樣，可能導致改變對於自己與他人的態度與情感。我人可以E. H. Schein 改變程序的前述三項模式，簡單說明敏感性訓練的內容。

這項訓練，要在完全控制性實驗室情況下進行。參與訓練的大約爲五〇人，係來自不同組織的高級主管，因而彼此都不熟識。

在訓練開始的第一天，全部受到人員參加預備會議（定向會議），然後分爲五個訓練小組（5 T Group），每組十個人，加上一個領導者—他是受過特殊訓練的心理學家。

在開始的第一天，從領導者的致詞中，他有意創造一種沒有領導權威象徵，沒有特定目的的自由環境，但是，每一位參與份子，却都是從有組織，有規律的環境而來，領導者本身不參與任何意見，使這項訓練完全屬於參與份子的。

在訓練的頭幾天，是屬於 Schein 變動模式的「解凍舊態度階段」。原有的權力型式與領導觀念都慢慢的廢棄。

接著第二週的解凍期間之後，屬於「感應階段」。領導者要求批評團體的有效性，以及份子之間的交互反應。這期間，開始改變程序，建立新的團體交互關係。

到了第二與第三週實驗訓練期間，屬於「固守新態度階段」，是有關於改進團體的有效性，建立新的領導形式與團體參與方式。經過感受性訓練的份子，回到本機關之後，這種人際交互關係的感應，將會是持續的，因而有利於組織發展的成功。

這一程序，是用來使受訓者能發覺他自己行爲缺點的，也使他看到別人有些什麼缺點，以及彼此的缺陷如何能損害相互間的關係，如果受訓者在與小組交往時，由於自己行爲的不恰當而發生錯失，別人會告訴他這種情形，這樣作可能使他改變自己的觀點，最後也可能會由於看法變化而修正自己的行爲，以期能更好的與別人交往，顯然，這種實驗室的經驗，的確能產生高度的「涉及感」，因爲在訓練過程中，受訓者對自己行爲的基本設想以及他對別人行爲的看法，都會受到考驗。

這種訓練的目的，是在人群交往之間產生「眞切感」（Authenticity），只有在一個能使人有高度自覺性並且樂於接納他人的環境中，才會有這樣的成效，C. Argyris 曾說：「某人的成長與學習，毫無疑問的和與他交往的人群有關聯。」（註一九），只有當人人都能以高度自覺與敏感的態度來維持彼此的關係時，才會產生真切感，也才能使彼此的交往方式達到成熟階段。

這種訓練的特點是：

1. 無任何議程與討論題綱。
2. 沒有預定目標。
3. 不設小組主席或討論主持人。
4. 學員不分層次地位，所有頭銜與階級均暫予取消。

㈤管理柵極計畫（The managerial grid program）

上面所講的敏感性訓練，是屬於內省分析（Introspective analysis），而管理上的柵極計畫，是首重管理型態的訓練。它有五種基本的管理型態，如後圖所示：

1·1—以最低的努力，完成工作，但充分維持組織。
9·1—重視工作，最少的有關人為因素的干擾。
1·9—主要注意人的需要，與舒適的工作環境。
5·5—平衡的或同等的注意工作與人員。
9·9—經由組織成員的努力完成工作，組織目標與組織成員目標達成高度一致性。

管理柵極訓練（管理型態訓練），可以分為六方面。前面二個趨向於管理者訓練，後面四個有關於組織發展。前面一部份，是以實驗研究討論訓練方式，趨向於管理型態分析，第二部份是以在職訓練方式，著重團體發展。

這項訓練計畫，是由 Robert R. Blak 與 Jane S. Mouton 所發展的，期望改進管理者趨向於 9·9 的管理型態。

管理柵極計畫的管理型態如左圖所示（註二〇）

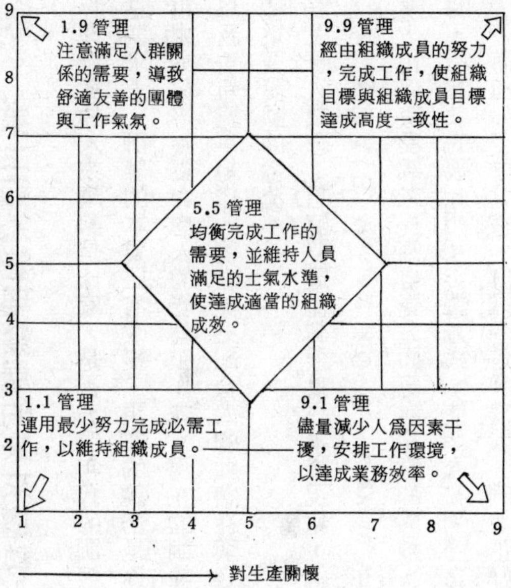

1.9 管理
注意滿足人群關係的需要，導致舒適友善的團體與工作氣氛。
9.9 管理
經由組織成員的努力，完成工作，使組織目標與組織成員目標達成高度一致性。
5.5 管理
均衡完成工作的需要，並維持人員滿足的士氣水準，使達成適當的組織成效。
1.1 管理
運用最少努力完成必需工作，以維持組織成員。
9.1 管理
儘量減少人爲因素干擾，安排工作環境，以達成業務效率。
對人關懷
對生產關懷
1 2 3 4 5 6 7 8 9

第二節　管理發展的未來趨勢——訓練工作的「爲什麼」？

管理發展的未來趨勢是什麼，是否五〇年代的訓練與六〇年代的訓練有所不同？可以相當正確的說，在重點要求上，訓練的本質已有改變，現在的趨勢是逐漸對「啟發人群關係技能」一項減低重視程度，而變爲重視如何培養更會處人的管理工作者。現在的訓練焦點，是如何能啟發個性，使人能了解自己的潛力，以及重新變革組織，使之能更配合人的社會性與心理性需求。從動機原理，與領導原理中，可以看出這兩種重要變動的主流。

需求層次概念：想解釋這種訓練重心轉移現象，就不能忽略需求層次概念說法，一些在這方面有特殊貢獻的人，諸如 A. H. Maslow 與 C. C. Argyris 在五〇年代就開始推動這種改變，現在改進很多的訓練計畫，在促使受訓者提高自覺方面已有相當的成效，實驗室訓練當然是爲啟發個人在社會方面的潛能而設計的，用有效的彼此相互影響方式，使個人在團體之中能獲得了解自己與自己對別人有什麼影響的更好機會，因而加强了自覺感，自這一角度來看，訓練正好是一種能使人類獲得更高一層需求——「自我調節的工具」。

一九五〇年代中，對於訓練的估評與期望，尙未達到這麼高的階段，誠然，這一時期中組織的環境與可用的方法也還沒有成熟，因而能使訓練工作無法以這種構想懸爲目標；現在已經有這種工具，更重要的是組織結構也有更改，使以這種較高的標的作爲目標，不再是唱高調。

領導力的型態：民主領導方式學派（Democratic Leadership School）對於訓練工作的基本構想，

可能貢獻最多，在此一學派中，有不少的代表性意見，其中D. Mcgregor R. Likert, W. G. Bennis等人的論點，最值得一提（註二二）。他們的立場是從E. Mayo 的新傳統管理學派中演繹而來的，可作爲近代工業人道主義思想的代表，新傳統學派則又吸收不少（K. Lewin ）與J. Dewey 的思想，他們以一種反專利的論點來批判一切—因爲傳統的層次性官僚系統，專制總是其特有的色彩。

在正統組織中，被賦與領導權責的人，很少是因爲他們具有領導能力，或是爲大衆所擁戴而選派的，往往是最佳的技術人員，或是最會玩弄權術的技術人員被選派爲首長，姑且不論誰是首長，如何作首長，只要在位之後，他立刻就會發現如何能影響別人是一件非常重要的事。

「如何推動屬員工作」這個問題，在管理學文獻中，多少年來已有成篇累牘的答案提出過，從事研究官僚制度與傳統組織原理的學者們，往往忽視問題中的人性變動，他們總以爲只要能分化工作，再以合理的方式把組織按照作業功能與層次原則加以組合，就會產生一種工作系統，把人按裝在此一系統之後，他們就會自動自發的達成組織目標，也同時由之而滿足其自我需求。

新傳統學派的組織原理，則强調人性的重要性，自此種立論方面，產生了一種新的領導力構想。此一學派主張領導者有賴於被領導者的「接受」，根據這種構想，他們對於藉主宰而產生的權力加以鄙視，這種思維路線有許多名稱，諸如：「民主」、「參與」，與「無壓力導引」（Non-Pressure Orientated）式的領導方式，最常用的是「民主領導方式」。

多年以來，特別是在第二次大戰以後，民主領導方式已爲大多數人所承認，是鼓勵組織成員的最恰當而有效力的方法，有研究實驗的證據，也據有人道的立場，因而這種理論十分堅强而有力，如果某一種領導方式的確能提高生產力，增進大家的快樂，又使組織更團結在一起，誰有理由去反對它呢？何況在今天的社會中，民主思想已經成爲衆人所信服的了！

在管理與行爲科學的文獻中，贊成民主領導方式的論著很多，一般認爲只要使人人對於社會影響所及的問題有發言權，就會使他工作好一些，快樂一些，當環境變動時也更易於加以適應，相反的想法是獨裁，在這種領導方式下，被領導者自主的權利是絕無僅有的。

這兩種不同的領導方式，學者曾將其加以列表比較，如左圖所示：（註二二）

獨裁式領導與民主式領導的比較：

獨裁式行爲範疇	民主式行爲範疇
專制式	平等式
獨裁式	平易性
以領袖爲中心	以團體爲中心
以生產爲中心	以屬員爲中心
約束式	採納別人意見式

民主式領導的精義，在以大衆的需求爲方向，特別是受領導的人的需求方向，上表所用的描述性文字與用語非常美妙，能把獨裁與民主兩種不同方式的精義一語道破，他們巧妙的指出來以團體爲中心，接納別人意見等構想，以及其他民主領導組織中的主要氣氛，總之民主領導的要義是允許大家表示團體的意見，所反對的是組織中任何方式的偶像崇拜（cults of personality）。

在一個原來具有專制型態與結構的組織中，引進民主領導方式會有何種困難，顯然，任何組織都不能從上至下，一切的決定都採用民主方式來解決，所以民主領導方式應當加以某種程度的修正。

被認爲引入民主領導思想最好的方法是「參與」管理，在最終極的參與管理制度中，所有的工作同仁對任何事務都有權參與決定，那就是說他們有權決定目標，以及用什麼方法來達成此一目標，和緩點的參與管理—爲保護指定領導人物的權力而設計的制度—，則屬員們只參與抉擇達成目標的幾種可行方案，這也就是說目標是由首長決定的；屬員們則有權參與討論應當用什麼方法來達成此一目標。

組織中的民主領導，其涵義遠超過參與管理的範疇，民主領導是一種「氣氛」，一種能助長成員成長的氣氛，在這種方式下的監督工作是容忍性的，也不是任意的糾正行爲，成員的氣質、人格受到誠心的尊重，所以民主領導是一種心理的狀態，管理階層承諾應當尊重部屬的尊嚴，認爲他們是「人」，而不是一種生產因素的「機械人」。

民主領導與敏感性訓練二者是並行不悖的構想，至此已顯然可見，只有在人人能自覺他對工作環境有承諾，也已「涉入」時，他才會產生自覺感，正如 C. Argyris 所說，如果恰好與他心理上的需求相矛盾，則不可能使他有眞實的自覺（註二三），所以創造民主領導氣氛，不僅有助於發展成員的靈感，使之能有上昇一層的需求滿足，並且往往是必需條件，使人能夠進一步發展其潛能，第一步要使組織中能允許屬員們自覺自動，專權式的限制方式會使其中的個人與組織同時遭受損害，以上就是最近有關啟發增長管理人員的一些有影響的思想，以及其立論根據。

附註

註一：B. J. Hodge, H. J. Johnson, *Management and Organizational Behavior-A Multidimensional Approach* (N. Y. : Intext Educational Publisher, 1974), Chap. 16.

註二：W. L. French, C. H. Bell, Jr., *Organization Development : Behavioral Science Interventions for Organization Improvement* (N. J. : Prentice-Hall, Inc., 1973), P. 15ff.

註三：F. J. Roethlisberger, "Contributions of the Behavioral Sciences to a General Theory of Management" in Harold Koontz, *Toward a Unified Theory of Management* (N. Y. : McGraw-Hill Book Co., Inc., 1964), PP. 54-58.

註四：W. G. Scott, *Organization Theory : A Behavioral Analysis for Management* (Homewood Ill : Richard D. Irwin, 1967), Chap. 16. P. 395ff.

註五：*Ibid.*, P. 397.

註六：Dale Yoder, *Personnel Management and Industrial Relations*, 4th ed., (N. J. : Prentice-Hall, Inc., 1956), chap. 9.

註七：W. W. Waite, *Personnel Administration* (N. Y. : The Ronald Press Co., 1952), PP. 219-204. also to see: F. A. Nigro, *Public Personnel Administration* (Reprinted in Taipei, 1968), chap. 7.

註八：A. M. Whitehill, Jr., *Human Relations* (N. Y. : McGraw-Hill Book Co., Inc., 1965), PP. 121-151. 張金鑑教授的看法：「教育」，係以個人的發展爲目的，偏重發揮個性；「訓練」，係以機關的需要爲需要，着重於群性的發揮；前者，以廣泛的知識爲主，後者，以特殊的知識爲主。

註九：W. G. Scott, *op. cit.*, P. 398.

註一〇：*Ibid.*, P. 399.

註一一：H. J. Chruden, A. W. Sherman, Jr., *Personnel Management* (Chicago : S-W Publishing Co., 1959),

PP. 153-154.

註一二：E. H. Schein, " Executive Development as a Process of Influence ", *Industrial Management Review* (Vol. 11, Auguest, 1961), PP. 61-64.

註一三：W. G. Scott, *op. cit.*, P. 401.

註一四：J. N. Mosel, " Why Training Programs Fail to Carry Over ", *Personnel* (11-12, 1967)PP. 56-64.

註一五：W. G. Scott, *op. cit.*, P. 404f.

註一六：*Ibid.*, PP. 406-407.

註一七：敏感性訓練(Sensitivity training)是於一九四七在美國Maine, Bethel這個地方由心理治療學者，不負直接管理責任的管理顧問，社會心理學家及教育人員所組成的一個小組爲實驗「團體動力理論」(Group Dynamic Theory)而所創見的一種訓練方式。它係由學習者藉「角色操演」(Role Playing)及「團隊建立」等方式，促使其在有意識或無意識的誘導之下，對自己的行爲更加敏感，並藉觀察其他成員的行爲增進其對他們的敏感度，然後再經「團體互動」(Group interaction)的過程瞭解一個團體的眞實特質。

註一八：D. Cartwright, A. Zander, *Group Dynamics : Research and Theory* (Ill : Row, Peterson and Co., 1970), Chap 3.

註一九：C. Argyris, *Interpersonal Competence and Organizational Effectiveness* (Homewood, Ill : Dorsey Press, 1962), P. 156.

註二〇：B. J. Hodge, H. J. Johnson, *op. cit.*, Chap. 16.

註二一：Douglas McGregor, *The Human Side of Enterprise* (N. Y. : The McGraw-Hill Book, Co., Inc., 1960), also to see : R. Likert, *The New Patstrns of Management* (N. Y. : The McGraw-Hill Book Co., Inc., 1961), also to see : W. G. Bennis, *Changing Organizations* (N. Y. : McGraw-Hill Book Co., Inc., 1966) chap. 8.

註二二：W. G. Scott, *op. cit.*, P. 414.

註二三：C. Argyris *op. cit.*, P. 105.

第十章　結論：組織設計的未來展望

第一節　組織設計的管理觀

雖然，就組織設計一行而言，現有成系統的知識，尙嫌不完整與粗略，但是不可否認的，組織設計學確實在成長之中，同樣的，組織技能與管理工具也正迅速的吸收早已爲自然科學所引用的系統研討方案，一如其他的學門一樣，科學進步，引用科學的藝術也同樣應當進步，因爲科學是很多種藝術的基礎。

組織管理知識的增長，還不是惟一的因素，在人類活動的每一範疇中—技術性的、經濟性的、社會性的，一如管理一樣也都在迅速的改變，通常是按幾何級數變化的，在過去的半個世紀中，兩次世界大戰，長期的冷戰，以及太空時代的來臨，都是形成劇烈變化的因素。

並且，技術知識的傳播，組織的日趨複雜與人力激增，這一切使人類活動的步調，與受激勵的程度，大大的加快與加强，行政機關在進行滿足社會上，那些惟有靠政府才能提供需求之工作時，就時時受到强烈的要求，行政機關就非增加工作效率與組織效能不可。

毫無問題，在行政組織的各個階層中，主管的工作份量，正日漸加重，新的知識與技術引用愈多，改造環境使工作者能有效率有效力的處理業務的要求也愈迫切，進一步，組織也愈會加强要求主管多吸收與引用科學的知識與工具，自然，不能滿足這種要求的主管會被淘汰，這是每一個主管都會面臨的挑戰，他們是否能掌握機宜，改進自己的作業方式，是十分容易爲人所發現的。

組織工作日益擴張，不能適應這種改變的主管就會落伍，如果只靠經驗就能學到管理知識，這種知識是不能可大可久的。現在，就是只靠「嘗試」的方式去學習，足以應付當前需要的管理技能已是不可能的事。

一、管理不是空想

組織的科學知識雖然日漸茁壯，但不將其引用於現實工作中，仍然是一件可慮的事，本文主要目的之一就是期望能把管理基礎知識，以如何能引用於行政實務爲重心，作一陳述，一切的知識都必需有實用價值，因而必需與現實符合，管理的藝術，就是如何引用知識以解決現實問題，如何改善工作環境與作業系統以便利工作，這話的含意有幾方面：只有組織知識是不夠的，任何一種科學的發展，都有可能會流於空談而不務實，任何科學都會只養成一批長願住在象牙之塔的學者，終不能對實際工作有任何幫助。

任何主管的工作重心都是爲了未來，現時也是隨着時代而演進的，展望未來的組織與管理，應當推測有那些可能發生的事項，也應想一想未來的主管主要面對的問題是些什麼，高度智慧的組織設計是如何迫切的需要？

二、以變革來適應變化

最有效的管理是能變革的管理，最有效的組織也是能應變的組織（註一）。行政機關存在於變動不居的環境中，成員的態度與動機時時變化，因而組織管理也要予以適應而有變革，有效能的主管不但要能認清變化情況，並且，也應要預知外界社會轉變的趨勢，才能及時提出因應措施之道。同樣的，主管所創立的內部環境，如果企圖使之能適合外在環境，也應能作有效的反應，時時加以變革是不可免的事。

在任何行政機關中，不可避免的，都會有一些缺少彈性的成規存在，此一事實，增加變革的困難，也加深變革的繁複性，我人時時能發現一些例證，證明組織會把它們的政策認爲一如刻在石碑上的經文，「神聖不可侵犯」，而並不知道政策只是用來指引如何思考，如何作「抉擇」的規範，同樣的，差不多任何機關都會有一些在缺乏全盤計畫下產生的作業程序，它們對工作推展有阻礙，並且會使人的頭腦痲木，除此之外，頑固的法令規章，以及「小習尙」而流傳下來的工作慣例，思維方式，在在都會對變革產生阻力，但是這一切的困擾，其影響力仍然不是最重要的，人類謀於保持現狀的天性，可能才是改革的眞正勁敵。E. Jayler，這位有名的原子科學家，他就曾經說過：他研究發現，世界上情性最深的物質，是人的頭腦，可是一群人的頭腦加在一起，則其惰性更深更大，這一些都是主管者爲什麼應當力求變革的理由。（註二）

對於各種阻礙變革的事物，管理的科學技術，尙無完善方法予以消除，我人只知道這是將面臨的一項課題而已，至少，知道改革之重要，已使組織設計在這方面進了一步。

三、培育能創造與有協同感的均衡環境

主管所面臨的重要問題之一，就是如何能「設計」與維持內部環境的均衡，使成員的創造力能夠獲得培育，同時「協同感」也能夠發揚，W. H. Whyte, Jr.，在他的「組織人」一書曾說：「太多的協同感，太多的依存性，太多的一致性，太多的個人責任感。」（註三）也許眞的是團體中個人的最佳寫實，也許對團體行動與委員會議已經有過份的信賴，也許正如一些心理學家的指責，太多的協同感會損害個人的創造力與思考力。但是，縱使我人承認 Whyte 與其他組織管理學的批評家的基本理論：「只有個人才能思考與創造，團體是很少有這種能力的。」（註四）有其可靠性，但是，我人仍應當了解協同感本身並無害處，害處只是程度是否恰當，一點協同感也沒有的人，根本不能參與團體工作，任何一種有效的團體活動都有「各安其位」的需要存在。

在正規管理制度中，無可置疑的，自然有一種權力的陰影存在，壓抑有知識的人的個人需求與慾望，把參與團體的人，區分為「X理論派」「Y理論派」是毫無意義的（註五）。團體工作的重心，是管理者應當如何善用正規組織，內外環境因素，藉以發揮工作效力。

顯然，問題是如何使二者能均衡，為組織中設立某一項職位，為組織擬具某一項目標或規劃，其含義，無論如何加以曲解，都並不是設立了一套限制個人創造力與思維力的樊籠。易言之，就全面環境而言，任何一職位，都應當在有必要運用思考與創造的範疇中，允許並且鼓勵在職者充分發揮其潛力，絕對的協同感，在不少現實情況下是必需的。

主管之是否高明，可以自他是否能為各種不同的情況，創設不同的環境一點看出，這有賴於他對管理工作的綜合了解力，他不但不要壓抑下屬的創造力與思考力，並且在適當情況下，還應當知道如何去創造能使之發揮的環境，使部屬都能成為一個具有創新性的創造人（ the innovative-creative man ）。

四、鞭策與引誘的併用

主管在將來所面臨的另一重大課題，是如何在鞭策與引誘兩種手段中，取得均衡，約在二十年前，英國經濟人雜誌中曾提到：「使如驢子一樣的人能好好的工作，皮鞭在後，葫蘿蔔在前是不可免的。」（註六）

也許，時至今日，吾人都只知談談葫蘿蔔，而忘記皮鞭了！也許，更壞一些，這兩者我們都不知道如何運用，平等觀念的熱潮，也許已消除。鞭策觀念的主動力，例如按年資晉昇、平等待遇、自動記功、考績甲等、主管加給等等，習用的規定都常與個人工作成績無關，這些，即等於取消了對工作者的鞭策力。

也許，不少的葫蘿蔔也被取消，如越來越多的保險方案，福利措施，都會使工作的誘惑力減少。

對主管而言，這些都是非常重要的問題，如何能善用「鞭策式」引誘，而不違反利益均霑的原則？機關中建立了適當的保險福利制度之後，又如何能使大家保持工作的熱誠呢？曾有一位有名的機關首長說道：「如何能善用葫蘿蔔與皮鞭，以使驢子能愉快的生活呢？」對主管的才智而言，如何更有力的運用皮鞭，與準備更誘人的葫蘿蔔，眞是一項重大的考驗。

五、如何適應日益增長的精巧程度

組織設計的任何一面，所需精巧程度，都日見增長，這也是管理者將來所面臨的一項課題，在規劃與管制方法，新技巧所帶來的影響力尤其顯著，從自然科學中學來的系統分析技巧，諸如作業研究、網路分析，與新的訊息理論之引用，使當代管理技術大爲改善，這些種科學家們已提供了不少新知，如果能善加引用，自可增加組織效能。

但是，事實證明，在行政機關中，這些新知識與技巧的運用尚不理想，說的太多，作的太少。我人認爲主要是因爲管理工作者並不能深切了解這些技巧，因而無法採用，負責的人尙了解，如何能有效的運用？造成這種現象的主要原因，還是由於有關學術範圍中的專家們，習慣於生活在神秘的氣氛中，喜歡引用一些爲人不懂的術語，來創造自己的專家地位，這樣一來，自然便有不少的主管們「不知所云」了。

在新發展的技能領域中，我人的考驗是如何增進現實工作成果，爲新知作進一步的探討固然有必要，但是更重要的是如何把現有的知識引用於實務中。

就是一些比較簡單的管理技能在實用中的推廣工作也嫌不夠，諸如一些屬於「初步」型的管理技巧：授權、分權、領導……等，其中並沒有什麼高深的學問，在概念上也並不甚複雜，但操作上已有困難，不過，下決心去推行這些方式的人，大多數已獲得豐碩的成果，似可定論。

六、訊息與資料的新面貌

訊息與資料以及有系統的處理它們的方法，已有新的面貌，這種轉變在實質上已大大的影響到管理人員，管理者的活動範圍是受他所有的訊息與資料所限制的，這話的含義是：訊息，特別是預測性的訊息，對管理者的工作會產生切實影響，他將藉此以衡量原定的目標是否合宜，分析何項工作爲什麼不能與目標配合。

「自動化」（automation）的全貌雖然尚未爲人所了解，但是訊息的幅度現在已有重大的擴張，則爲事實。

對訊息搜集應予以設計，這也是應特別强調的一點，消息不加以設計組合而成爲訊息，則只是一堆原始資料而已，雖然電子計算機發展驚人，但是如果不知道它想算些什麼，它想探討些什麼，也不知道如何整理原始資料以產生所要的訊息，則仍然不能有任何好成果，事實上，我人應當了解所謂的「資料革命」（information Revolution），目前尚談不到，人類不再進一步運用更高度的智慧來研討此一問題，則現有的基本工具並不能對我人有太多的裨益。

七、吸收新的發現

今日與未來的組織，所最應當感到興趣的一樁事是如何吸取數理科學與行爲科學的新知，用以融合於基本管理知識中。雖然有些人不公平的宣稱過：行爲科學的研究結果，在管理中實用價值甚少，但我人確實知道這些研究成果尚未充分的吸收於實務性管理思想中，實務工作者也並未能認眞的加以引用，則爲肯定的事實。

對於把數理科學方法引用於機關管理，是近代人類潛意識中一項最使人興奮的暗流，數理科學所引用的摹擬技術、系統觀念、符號代表、模型、近似值求法，以及其他的數學分析方法、合理性邏輯、「尋優邏輯」（logic of optimization）以及設計上的均衡觀念等等，都無可置疑的會對管理工作產生良好的影響，如果能予以善用—問題是到目前爲止，行政機關眞的曾經善用過這些技巧嗎？

也許最大的考驗，是如何找出方法來把這些新知與技巧綜合起來，納於實用管理的科學原理中。行爲科學大師M. Haire曾說：「我想我們所沒有作的是：把行爲研究結果在基本實用問題中，作任何有意義的引用。」（註七）

八、未來對組織設計的影響是什麼？

未來的「組織革命」（Organizational Revolution）（註八）會對管理產生什麼影響，是一項熱門問題。

1組織結構與管理自動化問題—較早的一項預測，推斷由於訊息技術的發展，管理的結構會遭到劇烈的變化。在一九五八年H. J. Leavitt, T. L. Whisler 二位教授的著述中曾提到（註九），這種新的訊息技巧會產生幾種影響：⑴規劃與工作的分野點，將在組織結構中上昇（其意爲規劃工作將逐漸由高級人員負責）。⑵權力將再度高度集中，高層主管人員，將從事更多的構想、規劃，與創造性的活動。⑶某些種中階層的主管地位與薪資將會減低，同時另一些的中級主管職務會提高。⑷在組織中將產生一條不能穿越的分界線，使高層人員與中層人員完全隔離。總之，他們兩位的想像是組織結構型態會變得像一個橄欖球（foot ball）放在教堂的鐘上（bell）一樣，（其意指在基礎很大如鐘口，逐漸減少如鐘頂，而鐘頂以上是高階層人員，又如一個橄欖球，低層的人由少逐漸加多，到最高層時又減少 ）另外G. L. Bach，則預測作業研究（OR）加上電子計算機將可以解決任何問題，不管問題是否已作完善的規劃，由此高度的自動化管理將可達成。他甚至推算電子計算將能模擬主管的思想。這一類的推想自然會對主管產生重大的心理影響，他們也自然會關切到未來的變化。（註一〇）

毫無疑問的，新的程序設計與解決問題的技術，正如訊息技術一樣，如果配合以電子計算機的驚人計算速度，對管理一定會發生重大的影響，但是所謂的這些發展能改變組織結構型態，或是使管理完全自動化，仍然不容易使我人輕易相信。

誠然，不少管理職務，尤其是中級職務，由於不需要耗費太多的時間去整理分析資料，其工作內容自然會有化，此外，有許多抉擇問題，也會不必再用思考，而可以由電子計算機加以解答。

這些預言家們忘記一項事實：組織的基礎是人，只要有人的因素的存在，有效的督導幅度，是可能有很大的變化的，因此組織結構層次也不會有太大的變化，此外，預言家們也忽略目前的主管們，由於案牘勞神的壓力，使他們並不能全心全力從事於他們應作的業務，當這種壓力減輕時，他們應能在本崗位上發揮更大的潛力，我人的預測是：未來的主管們其本身職務將會比現在作的更好些，並且在競爭的威脅下，他們也不得不作得更好一些。

對於所謂管理抉擇的自動化問題，我們的意見也與前述大同小異，不少有系統的抉擇事項，與偶發的抉擇問題在電子計算機的協助下，未來是可以作得快一些，但是今日管理者所面臨的問題也將與未來的主管所面臨者不同，今日的管理比三十年前的管理精密得多，資料也多得多，未來的主管自然必然更需有較高的智慧，才能面對日益繁複的問題，未來的事物也會牽涉到更多的資料，資料是否處理得夠快夠精確，仍然會是一項待決問題。（註一一）

總之，我人有充分的證據，可以相信未來管理工作在性質上會有更大的改變，規劃與構思都會愈來愈精密，競爭也將更尖銳，但是中階層管理者似乎不會消滅，管理自動化（Management Automation）也可能仍是幻想。（註一二）

2. 構思的規劃——競爭愈激烈，問題的解析愈進步，知識領域擴張，我人不難想到未來的主管對構思如何規劃會更加重視，今日在行政機關中，大家也都知道沒有新構想，組織就會衰亡，未來的主管們必需對如何能創立適於作有效規劃及決策的環境一事更加注意，這也就是說：根據目標創立不窒礙思維的政策以使大家思想方向一致，並設定能激發構思能力的職位，對一切能影響業務的外在環境因素保持高度的警覺，以及認清研究發展工作的結果如何才能對預期目標有所貢獻，這些事項的重要性已隨着時代而日益增加。

3. 消除變革的阻礙——我人知道在機關中必有一些主要的阻礙變革事項，消除這些阻礙，使組織能適時採取必要的變革，有賴於澈底研討產生這些阻礙因素的原委，在消除阻礙時，也需要最大的決心、耐心與毅力，就是一些似乎非主管人員所能控制的因素，諸如：福利待遇與服務態度的改善，如果能由負責的主管先加以透澈的研究，再提供正確的不感情用事的意見，以耐心來「為民服務」，阻礙的情況也並不是絕不能消除或修正的。

4.學習的意願——管理人應當知道一切信賴經驗的危險，否則他將無可避免的會由於過度信賴經驗而使頭腦鈍化或僵化，沒有經過分析的經驗，被用來引證現時的事物，會做出以非為是，以是為非的結論，因為時代是變化的，主管們不能只憑經驗，他更需要有學習的熱誠，才能善用新知，為他的成功，也為他本身條件的改善，他必需虛懷若谷，並應起自心的承認：管理發展，是永無有止境的。

5.管理研究發展的需要——上面已經提到不少未來組織工作中應注意的事項，其中最值得注意的恐怕是如何才能推動眞正有效的，對管理新知的研究發展工作，目前行政機關管理研究工作，水準甚低，支援缺乏，研究工作之落後程度，事實上比任何學門還要低！

理由很多，一般性的管理研究工作本身並非易事，情況複雜而多變動，在此一範疇中，事實與可證明的因果關係，頗為不易尋求，在實際有控制情況下所作的研討，更難完全作成掛一漏萬的結論，管理研究耗費很大，已支用的經費顯然太少，以美國為例，據估大約只有總研究經費百分之二，或是約相當國民生產毛額的一千二百分之一用於全部的社會科學研究中，如果管理與有關管理的研究工作經費佔全部社會科學研究經費的百分之十以上，（GNP的一萬二千分之一）已足告慰。

雖然症狀資料已經不少，症狀分析的缺乏仍然是管理發展上另一大阻礙，專業的管理顧問與個別的學者諮詢，廣泛的管理個案搜集，以及組織內部所作的研討與分析，毫無疑問的，都會提供一大堆沒有消化過的資料，沒有系統也沒有什麼實用價值的資料，如果能就這些症狀資料加以分析與彙整，正如醫藥科學中彙整的方式一樣，也許我人早就有一套能證明何項方案眞有實用價值，以及能幫助了解管理的缺陷何在的檔案。

進行這種形式的研究工作，自己的耐心與對別人的瞭解是不可缺少的，能把所有涉及的因素一一加以分析，自然是研究者可歌頌的成就，但是，在管理這一行裏，在黑暗無光的智識範疇中，星星之火也足以使人深爲滿意，我人不能「因善小而不爲」，只有這樣，經年累月，涓滴滙集，才有希望獲得廣泛的成就。

只有「研究」，不作「發展」，則眞是「爲山九仞，功虧一簣」，對未來管理人員的一項重大考驗就是要設法「發展」出一些新的管理技巧來，實物的設計與化學成份組合都吸引不少能創造的天才，出現不少新發明，爲什麼社會事務中卻不能有這種成就？二十世紀前期中發表的甘特圖（Gantt　Chart　）曾被人認爲是當代最重要的社會發明，此外諸如「組織系統表」，以及「計畫評核術」（PERT）等等也都被認爲是了不起的發現，對這些新知加以檢視，不難發現：只是一方有基本知識，另一方有社會需要，二者的配合才引導出這些創新式的工具，指出這些工具也可以使我人看出它們在管理藝術中能發揮那些改革效力。

某一種藝術的現行水準，可以從新發明的品質量上看出來，管理的新發明顯然的還是十分貧乏，就在目前這種藝術水準很低的管理藝術環境下，由於需要的迫切，仍然有推動構思的潛流存在，如果關切組織管理的人士願意費一點時間用一點金錢，致力於啟發新觀念的工作，仍然大有可爲，顯然可以看到的是本論文中所提到的一些新觀念、新技術，每一項都可以提高組織效能，增加工作效率，因此，在這方面的應用研究，無疑的是一項有利的投資。

第二節　組織設計的民主觀

本世紀來，組織設計中已充分染上科學管理、人群關係，及工業人道主義的色彩，雖然這三種學派各有其特徵，但是仍然都是以「救世軍」的教條出現的。這些學識提供一些簡化的方法，認爲可藉之以融合「人」與「組織」，獲得社會的協調，並且能同時使機關與個人都獲得滿足。這些運動中的主要人物，都有服膺教條的固執個性。每人有自己心目中的「好組織」型態。（the best organization）

一、組織設計學派

1.科學管理學派（Scientific Management School）

毫無疑問，科學管理的出發點是「組織」，用增加組織生產力的方法，使層次分劃的重要性增加，事實上也就是使層次「主宰性」合法化，除此之外，組織中個人的本性是受到壓抑的。科學管理曾想到如何能藉提高生產力的方式，來創造對團體中每一份子都有利益的環境，因而使大家能利害與共。這是解決糾紛的一項基本手段。使所有的人——長官與部屬——都得到好處，應當不會再有爭議，可惜的是不盡人意。

2.人群關係學派（Human Relations School）

人群關係是一項頗難用簡單的詞句來解釋的學說，因爲它的信仰教條，類似分裂藻類一樣，繁殖得太快速。大多數人群關係的立論出發點仍然是「組織」。這項行動創始者與一些熱誠的信徒的目標，則頗有點模糊，大致是藉助於改進對「人」的管理方式來增進組織的效能。這也就是說，管理技術之運用應當考慮到個人的特質，而這點在科學管理中卻完全沒有加以考量。

人群運動的後期，越發顯示出它們的主張與科學管理大不相同。人群運動認爲「人」有天賦的神聖性，他們名之爲「人性尊嚴」。但是他們又進一步說明人有可塑性，能夠逐漸的「學好」。最後這些學者們對於人格與動機之繁複多變，並不覺得可慮，他們反而覺得這點是可以運用，使組織能有變革，並且可以調整領導的方式，使機關組織的目的，能夠盡量利用個別能力上的差異來求得最大的進展。這就是說人群運動在如何能「誘發」部屬的動機，使他們在機關中發揮最高的合作效力。他們的理想，是獲得經濟、社會，與心理上的全盤福利。（註一三）

我人只要稍微把 Douglas McGregor 有名的「X理論」與「Y理論」拿來作一回憶比照，就可以了解科學管理與人群關係的差異。（註一四）

「和諧」，是一項人群關係運動的主要目的，它需要把滿足人類社會的與心理的需求列爲最優先、因爲不這樣作就會引起糾紛。正如生產力爲科學管理求協調工具一樣，人群關係理論也以「參與」，「意見溝通」，與「民主式的領導」爲立論的法寶，運用這些有目的作業方式，管理者就應當能夠影響到人類的行爲，使之一方面自己獲得了滿足，另一方面又能發揮生產力，善用這些技巧，可以使組織中爭議的泉源被阻塞，而工作的氣氛會變得更誘人。以這種心理尺度來衡量，組織中人類的需求可以具體的「顯示」出來。

人群運動在社會方面的運用影響更爲顯著。小群體（或非正式組織）自然是一項自然發生的情況。因此如果想消除小群體，以及它的溝通路徑——「謠言」——只會爲管理人員增加無限的困擾。人群關係的策略，並不是想去消除小集團，而是想如何能把其中的領袖人物吸收過來，並且設法從謠言中吸收想知道的情報。這樣的作法可以使幹練的主管們能夠運用小群體來爲達成正式組織目的而工作，使它能在人類自然社會集聚性上發展而不故意的去阻止它。（註一五）。

人群運動的主要構想，是把個人的社會性與心理性目標，和組織的目標綜合在一起。

3.工業人道主義學派（Industrial Humanism School）

由於工業人道主義的出發點不同，所以它的結論也與前述兩種學說頗不一樣。工業人道主義的出發點是「人」而不是「組織」一人群整體。此一學說强調在允許「自我發展」的情況下，人能有高度的自主能力，這樣才能使他們獲得高度的滿足。這種環境可以使人發展其特長。並且由於能逐步用教育的方式來啟發他的理解力，他就能逐步的達到較高的自我滿足境界。「重視個人」（individual），無疑地，將是未來組織的一項「文化環境」。（註一六）

Charles E. Merriam在他有關政治學的論述中，對工業人道主義構想以及如何把民主精神導引於組織之中，有一些頗有見地的看法，他對「民主」二字的解說，可以綜合爲下面幾條：（註一七）

⑴假定人類的尊嚴，以及他們保障與培育自己人格權利，不應當有層次的分別，而應當大家一致。
⑵假定有一項穩定的改善人類處境（Human Condition）力量存在，它會逐漸使人類趨於理想境界。

⑶假定組織之成就基本上只是其成員的成就，由此而獲得的利益（或需求的滿足），應當以最迅速的方法分配於對成就有貢獻的人。

⑷假定在組織中負責抉擇與管制的人，他們對事物的分析，最後的是非判定，應當看組織成員之能否同意而定。

⑸假定組織的變革，只有在對所有可行方案都已明確考量之後，並且參與者都已了解之後，才能進行。

如果有一組織，他們的作業哲學，正好是以上述的民主觀念爲骨幹，則其中成員的品格改進會加速，社會的和諧也因而更易於獲得。這樣說來，是否運用權力以維持控制或建立影響力就用不著了呢？答案是「否」（註一八）。不過工業人道主義思想中，對權力問題，仍難獲得良好的答案，則爲事實。

二、工業人道主義的組織設計

以上三種組織設計學派，有一共同的看法：認爲組織有變革的必要，組織可以「重整」（Re-organization）。而且，事實上也曾做過許多「重整」的措施。不過，工業人道主義者，A. S. Schlesinger 曾一語道破說：

「民主化的組織中，組織之改革成爲無法避免的事。但是改組機關並不能代替人的改革！」（註一九）

根據民主精神的精義，爲能保持人性尊嚴、善良，與自由，必須使人能獨立而盡量不依靠他人。換句話說，平等是個人快樂與社會和諧不可缺少的最重要因素。這句話的精義是人類天生是反專利，反層次，反集權的。人之所以「不良」，所以會與人爭吵，作出違反社會利益的行爲，只是由於他所處的社會機構不良好，使他們在層次壓迫下不能滿足自己天生的需求。這種情況，民主主義者認爲是反人性的，也是違反人類意志的。

如果眞是這樣，「人天生是反專制的」（註二〇），那麼他們爲什麼不曾自動自發的反抗這種專權的影響而「實現自我」？答案是人類已長遠的、而無知的被誤引入歧途，因此他們既沒有精神上的支援，又不知道應當如何下手，既得利益者，層次中的高高在上之人，都希望他的下屬永遠無知下去，以能滿足他們自知的願望，他們寧願維持現狀而不願推動發展一個世界大同的道義社會。

因此，在民主理論中，先把久已爲腐敗機關所帶壞了的「人」，加以改進，是應當列爲第一優先的事。改進後的人，應當知道自己的尊嚴，自己應有的自由，這樣他才能發揮他早已被剝奪去的民主權益。教育與輔導，都可以用來作爲改造「人」使之民主化的接觸劑。F. E. Kast 所謂之「民主人道體系」（Democratic-Humanistic System）就有發展的可能。（註二一）

W. Bennis 曾經指出：「組織之變爲民主化，只是時間早晚的問題。」（註二二）工業人道主義者曾公開指出：（註二三）

——有民主思想的人，是「先知先覺」者；

——有民主思想的人，能合乎理性，並能創造性地運用人群力量來解決「大衆」的問題；

——人類的民主傾向，只會由組織的價值觀予以强化，而不會因之而削弱。

主張組織「民主化」的學者，認爲未來的組織，會受以下的「價值觀念」所左右。（註二四）

(1)不分階層，充分的意見溝通。

(2)在解決糾紛時加强了對衆議的信賴，而對習慣使用的壓抑與仲裁方式減低了信心。

⑶影響力只能由熟練的技術與豐富的智識而產生，狂想與幻覺以及個人權勢，都不會再產生作用。

⑷有一種容忍甚至鼓勵情感表現的氣氛，對於作爲目的推進的行爲，也會有同樣的寬容。

⑸自基本上對人類較重視的觀點來推斷事物，並且承認組織與個人不可能事事融合，但是能自合理的立場，來誠懇的解決這些紛擾。

以上幾點可以算是民主想法，也可以算是人道主義想法，要看如何解釋而已。現在問題是：這些民主的趨勢，是否能使組織環境變得較合理想呢？言論自由，以合理性來解決糾紛，以衆議作爲抉擇的依據，等等，是否眞的能在組織中代替了領導的慾望，層次的分劃的直覺認識，以及個人權力的追求，是否有了這種轉換之後，在組織中的人群就獲得了情感的與理智的意見溝通工具呢？

工業人道主義者對這兩個問題的答案，是「一定會」——會達到一種前所未有的程度，我人沒有什麼理由來反駁這種想法。不管用什麼方式來使組織對其成員有一項更充實的人生，總歸是好事。

對「民主一定會實現」的預言之所以會被人懷疑，乃是深恐組織走上以「民主」爲名，而以「獨裁」爲實。這種「非此就彼」的兩極觀，是值得商榷的。在組織設計上，是否只有「民主」與「獨裁」？是否只有在這兩種極難折衷的理論中選擇一條？或是在組織設計中還會產生出一種新的方式，一種尚未爲人注意到的第三種方式呢？我人認爲一定會有這種「第三種」方式存在。就這是W. G. Scott所謂的：組織設計的憲政化（註二五）

三、組織設計的憲政化

根據 Scott 的看法：組織應予「憲政化」（Constitutionalization），强調法條在管理作爲中所應擔當的角色，目的在把上級對下屬所具有的權力加以限制，憲政組織的骨架是否合法化，對於組織成員在合約、契約，或公約中載明的權益予以强力的支持，在這種法條支助之外，另外加上訴願制度，使成員們感覺到自己法定權益受到管理階層的侵害時，可以提出異議來。

組織的「憲法」不會是眞正的一本文件。它應當包括許多的協議書（有些是按照外在力量擬具的，有的是由內在力量發動的，有的正規化明確指定一切，有的只是一種彼此間的諒解事項。）這些文件專門用來控制主管們的作爲，使之不能侵犯部屬的權益。

組織憲政化的構想中，並不需要事先對人性的「性善」或「性惡」問題作一假定，也不必就領導式的層次「有效率」或「不可用」先作評語，我人要有的假定只是「人是一種政治性的動物」，他們藉以追求共同目的的集體組合就是政治體系（註二六）。根據這種看法，權力，不必認爲是壞事，端在其運用之何如。

組織的憲章（Organizational Chart），應當能代表主管層次心目中的權利範圍，與組織成員心目中的權利範圍二者相符合之處。這並不是說任何一方應當放棄某些主權。只是說在彼此間的交往關係中，應當對主權有一項共同的認識。具體點說，它可能是一項正式的條件，規定全體成員的在職守則，也可能只是一項不成文的習慣，指出在工作中間休息時間可以作些什麼。也可能是一種程序，可以看成主管與部屬二者的主權觀點的統一化，使組織整體或是組織中的某一部門中，彼此的利益均能趨於一致。（註二七）

總之，工業人道主義運動，在組織成員的解救工作上頗有意義。它並不是想以另一種獨裁方式（New Despotism）來代替組織中主管層次，這項運動的精義在追求各類應有主權的人，能更「平等」一點的發揮自己的權力，使組織成員對於改變與制訂組織憲章時有更大的發言權，因爲這種憲章是大家都要恪守的。假定的情況是：如果能以參與方式導引於組織的管理行爲中，權力的均衡點，以及主管與部屬關係間，就會變得更如人意些。

附註

註一：G. W. Dalton, P. R. Lawrence, ed., *Organizational Change and Development* (Homowood, Ill. : The Dorsey Press, 1970), P. 105.

註二：J. S. Jun, *Tomorrow's Organizations : Challenges and Strategics* (Glenview, Ill. : Scott Forman & Co., 1973), P. 78.

註三：W. H. Whyte, Jr., *The Organization Man* (N. Y. : Simon and Schurter, 1956), P. 102.

註四：*Ibid.*, P. 106.

註五：Douglas McGregor, *The Human Side of Enterprise* (N. Y. : McGraw-Hill Book Company, Inc., 1960), Chap. 3, 4.

註六：H. Koontz and C. O'Donnell, *Principles of Management : An Analysis of Managerial Functions* (N. Y. : McGraw-Hill, 1968), Chap. 34.

註七：H.Koontz, *Toward a Unified Theory of Management* (N. Y. : McGraw-Hill Book Company, 1964), P.224.

註八：K. Boulding, *The Organizational Revolution* (N. Y. Harper Brother, 1953).

註九：H. J. Leavitt and T. L. Whisler, "Management in the 1980's", *Harvard Business Review* (Vol.36, November-December, 1958), PP. 41-48.

註一〇：G. L. Bach, ed., *Management and Organization* (N. Y. : McGraw-Hill Book Company, 1960), PP. 17—55.

註一一：H. Koontz and C. O'Domell, *op, cit.*, Chap. 34.

註一二：*Ibid.*

註一三：K. Davis, *Human Relations at Work*（N. Y.：McGraw-Hill Book Co., Inc., 1962）, P. 4.

註一四：Douglas McGregor, *op, cit.*, Chap. 3,4 詳見本論文第五章第五節。關於「Y理論」其要旨如左：

(1)人類在工作上所消耗的體力和精神的努力，一與其在遊玩和休息上的消耗無異，自動而樂意，無須加以強迫。

(2)外在的控制和懲罰的恐嚇，並非爲誘發其爲組織效命的唯一手段。當一個人參與某項服務時，他會自動發揮其「自我控制」和「自我領導」的潛能。

(3)對明確目標的參與，與其報酬有函數關係，而是項報酬與他們的成功，密切關聯。此種報酬的特質，乃是「精神勝於物質」，若就其明確者而言，如自我的滿足（Satisfaction of ego）和自我實現的需要（Self-actualization needs），即爲趨使其付出努力，奔向完成組織目標的直接產物。

(4)一個平均水平上下的人，在適當的環境之下，非但是「接受」而且是「尋覓」責任。

(5)發揮高度的靈感、機智（Ingenuity）和創造力（Creativity）於尋求組織問題的解決，乃是廣闊的而非爲狹隘的分佈於衆人之中，這也是人類的特具才能。

(6)在現行工業生活的條件下，一般工作者的潛在才能，只發揮少部份而已。

註一五：K. Davis, *op. cit.*, P. 256.

註一六：J. M. Pfiffner, F. P. Sherwood, *Administrative Organization*（N. Y.：Prentice-Hall, Inc., 1960）, Chap. 24.

註一七：C. E. Merriam, *The New Democracy and the New Despotism*（N. Y.：McGraw-Hill Book Co., Inc., 1949）, PP. 12-38.

註一八：W. G. Scott, *Organization Theory：A Behavioral Analysis for Management*（Homewood Ill.：Richard D. Irwin, 1967）, P. 511.

註一九：A. S. Schlesinger, Jr., *The Vital Center*（Boston：Houghton Mifflin Co., 1959）, P. 250.

註二〇：L. Baritz, *The Servants of Power*（Middletown, Conn.：Wesleyan University Press, 1960）, Chap. 10.

註一一一：F. E. Kast and J. E. Rosenzweig, *Organization and Management : A System Approach* (N.Y. :McGraw-Hill Book Company, 1970), P. 600.

註一一二：W. G. Bennis, *Changing Organizations* (N. Y. : McGraw-Hill Book Co., Inc., 1966), P. 188.

註一一三：如：Maslow, Argyris, Blake, Shepard, Mouton, Bennis, Sofer 等人，請見：W. G. Scott, *op. cit.*, PP. 517-518.

註一一四：W. G. Bennis, *op. cit.*, P. 522.

註一一五：W. G. Scott, *op. cit.*, P. 525ff, also to see : W. G. Scott, *The Management of Conflict*(Homewood, Ill. : Richard D. Irwin, Inc., 1965), Chap. 4 and 5.

註一一六：C. E. Merriam, *Political Power* (Glencoe : The Free Press, 1950), P. 16.

註一一七：H. M. Vollmer, *Employee Rights and the Employment Relationship* (Berkely : University of California Press, 1960), P. 105.

主要參考書目

一、中文部份（按本書參考之重要優先次序排列）

1. 張金鑑：行政學典範，增訂版，（台北市：中國行政學會印行，民國五十九年）
2. 張金鑑：行政學研究（台北市：商務印書館，民國五十五年）
3. 張金鑑：行政學概要（台北市：台灣聯合書局，民國四十九年）
4. 姜占魁：機關組織與管理（台北市：自印，民國五十九年）
5. 姜占魁：行政管理論叢（台北市：五南圖書出版公司，民國六十五年）
6. 姜占魁：人群關係（台北市：政大公企中心印行，民國五十四年）
7. 江炳倫：政治學論叢，上下兩集（台北市：華欣文化公司，民國六十五年）
8. 江炳倫：「台灣地區人民政治文化與投票指向之調查研究」（台北市：自印，民國六十二年）
9. 華力進：「台灣地區公民政治參與之調查研究」（台北市：自印，民國六十二年）
10. 華力進：「行政行為研究」（上課聽講筆記，民國五十八年）
11. 華力進：「行政行為的涵義及其研究發展」、「政治行為研究途徑」，政大學報，十九期及十二期。
12. 華力進：「賽蒙氏行政學研究方法」、「賽蒙氏決策理論」、「賽蒙氏行政學基本理論商榷」——東方雜誌，復刊三卷二期、二卷十二期、三卷四期。
13.仲肇湘：「革新、創新、求本、求實」，東方雜誌，復刊三卷三期（民國五十八年）
14.唐振楚：行政管理學（台北市：國防研究院印行，民國五十四年）
15.張潤書：行政學（台北市：三民書局出版，民國六十五年）
16.李長貴：組織社會心理學（台北市：台灣中華書局印行，民國六十四年）
17.雷飛龍譯：行政學（台北市：正中書局，民國五十三年）
18.雷飛龍：「談領導的基礎」，中國行政，六期（台北市：政大公企中心，民國五十五年）
19.林紀東：「行政機關組織之研究」（台北市：行政院研考會研究叢刊，民國六十四年）
20.傅宗懋：「台北市各區公所地位與職責之研究」（台北市：政大公共行政所印行，民國六十四年）
21.張劍寒：「加强基層行政機關組織功能之研究」（台北市：行政院研考會研究叢刊，民國六十四年）
22.張劍寒：「改進人民陳情案件處理程序之研究」（台北市：行政院研考會研究叢刊，民國六十五年）
23.李長貴：「基層行政機關作業程序之研究」（台北市：行政院研考會研究叢刊，民國六十四年）
24.高崑峯：「修正各機關分層負責實施準則之研究」（台北市：行政院研考會研究叢刊，民國六十四年）
26.張潤書：「改進行政機關內部分層授權之研究」（台北市：行政院研考會研究叢刊，民國六十四年）
26.湯絢章：現代行政管理學（台北市：自印，民國六十三年）
27.王雲五：岫廬論管理（台北市：華國出版社印行，民國五十四年）
28.張彝鼎：行政學概論（台北市政大公企中心印行，民國五十四年）

29.左潞生：行政學概要（台北市：三民書局印行，民國五十三年）
30.吳挽瀾：行政組織與管理（台北市：文景書局，民國五十五年）
31.易君博：政治學論文集：理論與方法（台北市：台灣省教育會出版，民國六十四年）
32.魏　鏞：社會科學的性質及發展趨勢（台北市：商務書館，民國六十五年）
33.呂俊甫：教育與學術（台北市：商務印書館，民國五十八年）
34.袁頌西：「社會科學方法論」（政大政治研究所，旁聽筆記，民國五十四年）
35.楊國樞等合譯：行爲統計學（台北市：國立編譯館出版，民國六十一年）
36.徐道鄰：行爲科學概論（香港：友聯出版社，一九六〇年）
37.陳少廷：現代科學管理（台北市：商務印書館，民國五十九年）
38.李序僧：行爲科學與管理心理（台北市：哈佛企業顧問公司，民國六十三年）
39.郭任遠：人類的行爲（台北市：萬年青書店，民國六十年）
40.郭任遠：行爲學的基礎（台北市：萬年青書店，民國六十六年）
41.蔡麟筆：參與式的領導和管理績效的研究（台北市：幼獅書局，民國六十二年）
42.張劍寒等合著：動態政治（台北市：商務印書館，民國六十一年）
43.吳聰賢等合著：淺說現代社會科學（台北市：中央月刊社出版，民國六十二年）
44.龔平邦：組織行爲管理（台北市：三民書局，民國六十一年）
45.雷動天：管理行爲（台北市：大林書局，民國六十三年）

46. 張建邦：行爲科學與教育行政（台北市：驚聲文物供應公司，民國六十一年）
47. 雲五社會科學大辭典（第七册），行政學（台北市：商務印書館，民國五十九年）
48. 郭俊次：組織與行政效率（台北市：中央組織工作會訓練叢書，民國六十三年）

二、英文部份（按本書參考之重要優先次序排列）

1. W. H. Newman, C. E. Summer, E. K. Warren, *The Process of Management : Concepts, Behavioral, and Practice* (N. J. : Prentice-Hall, 1972).
2. W. G. Scott, *Organization Theory : A Behavioral Analysis for Management* (Homewood Ill. : Richard D. Irwin 1967).
3. A. C. Felley and R. J. House, *Managerial Process and Organizational Behavior* (N. J. :Prentice-Hall, 1971).
4. D. I. Cleland, W. R. King, *Management :A System Approach* (N. Y. : McGraw-Hill, 1972).
5. H. Koontz and C. O'Donnel, *Principles of Management : An Analysis of Managerial Functions* (N. Y. : McGraw-Hill, 1963) 4 th ed.
6. H. Koontz and C. O'Donnel, *Essentials of Management* (N. Y. : McGraw-Hill, 1972).
7. Peter F. Drucker, *Management : Tasks, Responsibilities, Practices* (N. Y. : Harper and Row, 1974),
8. S. W. Gellermen, *The Management of Human Relations* (N. Y. : Holt, Rinehart and Winston, 1970).
9. D. McGregor, *The Professional Manager* (N. Y. : McGraw-Hill Book Company, 1967).
10. B. J. Hodge, H. J. Johnson, *Management and Organizational Behavior-A Multimensional Approach*(N. Y. : Intext Educational Publisher 1974).
11. O. M. Pfiffner, F. P. Sherwood, *Administrative Organization* (N. Y. : Ronald Press Co., 1960).

12. J. Galbraith, *Designing Complex Organizations* (Mass. : Addison-Wesley Publishing Company, 1973).
13. J. S. Jun, *Tomorrow' s Organizations : Challenges and Strategies* (Glenview, Ill, : Scott Forman & Col, 1973).
14. B. M. *Richman, Management & Organizations*(N. Y. : Random House, 1975).
15. J. L. Riggs, *The Arts of Management Principles & Practices* (N. Y. : McGraw-Hill, 1974).
16. E. T. Reeves, *Practicing Effective Management* (N. Y. : AMACOM, 1975).
17. J. B. Miner, *The Management Process Theory : Research & Practice* (N. Y. : The Macmillan, 1973).
18. D. Hellriegel & J. W. Slocum, *Management : A Contngency Approach* (Massachusetts : Addison-Wesley Pub. Co., 1974).
19. S. M. Davis, *Comparative Management : Organizational & Cultural Perspectives* (N. J. : Prentice-Hall, 1971).
20. H. J. Leavitt, (ed)., *Organizations of The Future : Interaction with the External Environment* (N. Y. : Praeger, 1974).
21. R. E. Milew, *Theories of Management : Implications for Organizational Behavior & Development* (N. Y. : McGraw-Hill, Book Company 1975).
22. M. K. Starr, *Management : A Modern Approach* (N. Y. : Harcourt Brace Jovanovich, 1971).
23. B. K. Scanlan, *Principles of Management & Organizational Behavior* (N. Y. John Wiley & Sons, 1973).
24. G. H. Rice, Jr. & D. W. Bishoprick, *Conceptual Models of Organization* (N. Y. : Appleton-Century-Crofts, 1971).
25. C. Perrow, *Organizational Analysis : A Sociological View* (Belmont, Calif. : Wadsworth, 1970).
26. A. J. Melcher, *Structure & Process of Organizations : A System Approach* (N. J. : Prentice-Hall, Inc., 1976).
27. R. E. Tannehill, *Motivation & Management Development* (Princeton : Auerbach Publesters, 1970).

28. J. G. Maurer, *Readings in Organization Theory : Open System Approaches* (N. Y. : Random House, 1971).
29. F. Luthans, *Organization Behavior : A Modern Behavioral Approach to Management* (N. Y. : McGraw-Hill, 1973).
30. F. Luthans, R. Kreitner, *Organizational Behavior Modification* (Glenview, Ill. : Scott Foresman, 1975).
31. H. Levinson, *Organizational Diagnosis* (Mass. : Harvard Univ. Press, 1972).
32. F. E. Kast & J. E. Rosenzweig, *Organization & Management : A System Approach, 2nd ed.* (N. Y. : McGraw-Hill, 1974).
33. H. L. Tosi, *Organizational Behavior & Management : A Contingency Approach* (Chicago : St. Clair Press, 1974).
34. J. W. Neuner, et al., *Administrative Office Management*, 6th ed., (Cincinnati, Ohio : S-W Publishing Co., 1972).
35. C. Argris, *Management & Organizational Development : The Paths from XA to YB* (N. Y. : McGraw-Hill, 1971).
36. A. G. Athos, R. E. Coffey, *Behavior in Organizations : A Multi-dimensional View* (N. Y. : Prentice--Hall, 1968).
37. H. R. Babbitt, et al., *Organizational Behavior : Understanding & Prediction* (N. Y. : Prentice-Hall, 1974).
38. F. Baker, ed., *Organizational Systems : General Systems Approaches to Complex Organizations* (N. Y. : Irwin, 1973).
39. G. W. Dalton, P. R. Lawrence, eds., *Organizational Structure & Design* (Harvard Business School, 1970).
40. Dowd, ed., *Some Dimensions of the Formal Organization* (Mass. : Info Publisher, 1972).
41. J. W. Lorsch & P. R. Lawrence, *Organizational Planning : Cases & Concepts* (Irwin, 1972).
42. H. L. Fromkin, J. J. Sherwood, eds., *Integrating the Organization : A Social Psychological Analysis* (

Ill. : Free Press, 1974).
43. E. F. Huse and J. L. Bowditch, *Behavior in Organizations : A Systems Approach to Managing* (N. Y. : A-W, 1973).
44. H. J. Leavitt, et al., *The Organizational World* (N. Y. : Harbrace J. 1973).
45. B. C. Lievegoed, *The Developing Organization* (N. Y. : John Wiley and Sons, 1973).
46. J. D. Thompson & V. H. Vroom eds., *Organizational Design and Research* (Pittsburgh : University of Pittsburgh, 1971).
47. H. Levinson, et al., *Organizational Diagnosis* (Ill : Harvard University Press, 1972).
48. P. M. Blan, *On the Nature of Organizations* (N. Y. : John Wiley and Sons, 1973).
49. J. R. Galbraith, " Organization Design : An Information Processing View, "*Working Paper*" No. 425-69, October 1969, *Sloan School of Management*, (Massachusetts Institute of Technology, Cambridge, Mass.)
50. J. L. Gibson, J. M. Ivancevich, J. H. Donnelly, *Organizations : Structure, Processes, Behavior*(Dallas, Texas : Business Publications, Inc., 1973).
51. W. E. Scott, L. L. Cummings, Readings in *Organizational Behavior and Human Performance* (Homewood, Ill. : Richard D. Irwin, Inc., 1973).
52. J. A. Litterer, ed., *Organizations : Structure, Behavior, Systems, Control and Adaptation* (N. Y. : John Wiley and Sons, Inc., 1969).
53. J. H. Turner, A. C. Filley, R. J. House, *Studies in Managerial Process and Organiztional Behavior* (Glenview, Illinois : Scott, Foresman and Company, 1972).
54. J. Kelly, *Organizational Behavior : An Existential-systems Approach* (Homewood, Ill. : Richard D. Irwin, Inc., 1974).
55. W. F. Whyte, *Organizational Behavior : Theory and Application* (Homewood, Ill. : Richard D. Irwin, Inc., 1969).

56. P. R. Lawrence, *Organizational Behavior and Administration : Cases, Concepts, and Research Findings* (Reprinted in Taipei, 1972).
57. R. H. Hall, *Organizations : Structure and Process* (Englewood Gliffs, N. J. : Prentice-Hall, Inc., 1972).
58. L. R. Sayles, G. Strauss, *Human Behavior in Organizations* (N. Y. : Prentice-Hall, Inc., 1966).
59. P. E. Mott, *The Characteristics of Effective Organizations* (N. Y. : Harper & Row Publishers, 1972).
60. W. H. Starbuck, *Organizational Growth and Development* (Reprinted in Taipei, 1972).
61. G. W. Dalton, P. R. Lawrence, *Organizational Change and Development* (Homewood, Ill. : Richard D. Irwin, Inc., 1970).
62. J. W. Lorsch, P. R. Lawrence, *Organization Planning : Cases and Concepts* (Homewood, Ill. : Richard D. Irwin, Inc., 1972).
63. P. R. Lawrence, *Developing Organizations : Diagnosis and Action* (California : Addison-Wesley Publishing Company, 1969).
64. K. E. Weick, *The Social Psychology of Organizing* (California : Addison-Wesley Publishing Company, 1969).
65. W. L. French, C. H. Bell, *Organization Development : Behavioral Science Interventions for Organization Improvement* (N. J. : Prentice-Hall, Inc., 1973).
66. E. H. Schein, *Organizational Psychology* (N. J. : Prentice-Hall, Inc., 1970).
67. D. A. Kolb, I. M. Rubin, *Organizational Psychology : A Book of Readings* (N. J. : Prentice-Hall, Inc., 1971).
68. G. Wijeyewardene, *Leadership And Authority : A Symposium* (Singapore : University of Malaya Press , 1968).
69. W. E. Parker, R. W. Kleemeier, B. V. Parker, *Front-Line Leadership* (N. Y. : McGraw-Hill Book Com-

pany, 1969).
70. R. T. Golembiewski, *Organizing Men and Power : Patterns of Behavior and Line-Staff Models* (Chicago : University of Georgia, 1967).
71. D. J. Murray, D. C. Potter, *Decisions, Organizations and Society* (Reprinted in Taipei, 1973).
72. D. W. Miller and M. K. Starr, *Executive Decisions and Operations Research* (Reprinted in Taipei, 1973).
73. H. A. Simon, *Administrative Behavior : A Study of Decision-Making Processes in Administrative Organization* (Reprinted in Taipei, 1957).
74. E. W. Hughes, *Human Relations in Management* (Oxford : Pergamon Press, 1970).
75. F. K. Berrien, W. H. Bash, *Human Relations : Comments and Cases* (N. Y. : Harper & Row, Publishers, 1961).
76. K. Davis, *Human Behavior at Work : Human Relations and Organizational Behavior* (N. Y. :McGraw-Hill Book Company, 1972).
77. R. Saltonstall, *Human Relations in Administration* (N. Y. : McGraw-Hill Book Company, 1959).
78. R. Dubin, *Human Relations in Administration* (Reprinted in Taipei, 1973).
79. K. Davis, W. G. Scott, *Human Relations and Organizational Behavior : Readings and Comments* (N. Y. : McGraw-Hill Book Company, 1969).
80. R. F. Tredgold, *Human Relations in Modern Industry* (N. Y. : International Universities Press, Inc., 1963).
81. B. B. Gardner, D. G. Moore, *Human Relations in Industry : Organizational and Administrative Behavior* (Homewood, Ill. Richard D. Inc., 1964).
82. S. G. Huneryager, I. L. Heckmann, *Relations in Management* (Chicago : S-W Publishing Company, 1967),
83. D. L. Flenter, *The Human Side of Business : Changing Role of the Corporation* (N. Y. : Exposition

Press, 1972).

84. C. C. Thomason, F. A. Clement, *Human Relations in Action : Problems and Cases in Dealing with People* (Westport, Con. : Greenwood Press, Publishers, 1970).

85. J. H. Morrison, *The Human Side of Management* (California : Addison-Wesley Publishing Company, 1971).

86. B. N. Schilling, *Human Dignity and the Great Victorians* (Archon Books, Columbia University Press , 1972).

87. T. N. Rudd, *Human Relations in Old Age* (London : Faber and Faber, 1968).

88. R. B. Levy, *Human Relations : A Conceptual Approach* (Scranton, Pennsylvania : International Textbook Company, 1969).

89. B. Berelson, G. A. Steiner, *Human Behavior : Sorter Edition* (Reprinted in Taipei, 1969).

9.0. G. D. Bell, *Organizations and Human Behavior : A Book of Readings* (N. J. : Prentice-Hall, Inc., 1967).

91. F. J. Carvell, *Human Relations in Business* (London : The Macmillan Company, 1970).

92. W. P. Rokes, *Human Relations in Handling Insurance Claims* (Homewood, Ill. : Ricahrd D. Irwin, Inc., 1967).

93. C. C. Calhoun, A. V. Finch, *Human Relations for Office Workers : A Case Approach* (Ohio : Charles E. Merrill Publishing Company, 1972).

94. R. Gotesky, E. Laszlo, *Human Dignity : This Century and the Next* (N. Y. : Gordon and Breach, Science Publishers, 1970).

95. S. W. Gellerman, *Management by Motivation* (Reprinted in Taipei, 1970).

96. E. Dale, L. C. Michelon, *Modern Management Methods* (Reprinted in Taipei, 1970).

97. Peter F. Drucker, *The Effective Executive* (N. Y. : Harper & Row, Publishers, Inc., 1967).

98. B. M. Gross, *The Managing of Organizations : The Administrative Struggle* (London : The Free Press

of Glencoe, 1970).

99. P. E. Torgersen, I. T. Weinstock, *Management : An Integrated Approach* (N. J. : The Prentice-Hall , Inc., 1972).

100. D. J. Lawless, *Effective Management : Social Psychological Approach* (N. J. : Prentice- Hall, Inc., 1972).

101. R. W. Morell, *Mangement : Ends and Means* (Reprinted in Taipei, 1970).

102. T. B. Glans, et al, *Management Systems* (N. Y. : Holt, Rinehart and Winston, Inc., 1970).

103. G. R. Terry, *Principles of Management* (Reprinted in Taipe, 1968).

104. L. A Appley, *Formula for Success : A Core Concept of Management* (N. Y. : P-H, 1974).

105. H. H. Albers, *Principles of Management : A Modern Approach* (Reprinted in Taipei, 1969).

106. K. E. Ettinger, *International Handbook of Management* (Reprinted in Taipei, 1967).

107. F. A. Shull, et al, *Organizational Decision Making* (N. Y. : McGraw-Hill Book Company, 1970).

108. F. Marini, *Toward a New Public Administration : The Minnowbrook Perspective* (Reprinted in Taipei, 1971).

109. J. M. Pfiffner, R. Presthus, *Public Administration* (Reprinted in Taipei, 1967).

110. M. E. Dimock, G. O. Dimock, *Public Administration* (Reprinted in Taipei, 1969).

111. H. M. Blalock, *Social Statistics* (Reprinted in Taipei, 1972).

112. W. Mendenhall, L. Ott, R. L. Scheaffer, *Elementary Survey Sampling* (Reprinted in Taipei, 1971).

113. J. T. Doby, ed., *An Introduction to Social Research* (Reprinted in Taipei, 1973).

114. F. A. Nigro, *Public Personnel Administration* (Reprinted in Taipei, 1965).

115. C. S. George, *The History of Management Thought* (Reprinted in Taipei, 1969).

116. P. P. Breton, D. A. Henning, *Planning Theory* (N. J. : Prentice-Hall, Inc., 1964).

117. M. C. Branch, *Planning : Aspects and Applications* (N. Y. : John Wiley and Sons Inc. 1966).

118. R. Travers, *An Introduction to Eductional Research* (N. Y. : Macmillan, 1964).
119. D. B. Van Dalen and W. J. Meyer, *Understanding Eductional Research* (N. Y. : McGraw-Hill, 1966).

組織設計學

基本定價六元八角

著作者 郭俊次
封面設計 張世雄
發行人 張連生
出版者
印刷所 臺灣商務印書館股份有限公司
登記證：局版臺業字第〇八三六號
臺北市10036重慶南路一段三十七號
郵政劃撥：〇〇〇〇一六五—一號
電話：（〇二）三一一六一一八
傳真：（〇二）三七一〇二七四

•中華民國七十二年一月初版第一次印刷
•中華民國八十年十月初版第二次印刷

ISBN 957-05-0365-3（平裝）
22003